조선후기 彫刻僧과 佛像 硏究

崔 宣 一

景仁文化社

책머리에

조선 후기 불교조각은 그 이전 시기와 비교하여 美的 완성도가 떨어지고, 양식적인 변천이 거의 없다는 선입견이 있다. 그러나 필자는 이 시기가 외부의 변화요인이 국내로 들어오지 않아 가장 한국적인 불교조각을 제작한 시기라 생각한다.

필자가 조선 후기(1600~1910) 불교조각에 관심을 갖게 된 것은 남도의 작은 박물관에 근무할 때부터이다. 당시 전남의 여러 사찰을 답사하면서 사찰 전각마다 얼굴의 인상이나 착의법 등이 다양하다는 것을 알게 되었다. 특히, 강진 정수사 나한상과 미국 메트로폴리탄 가섭존자입상(전남 해남 성도암 제작)을 만든 작가가 色難스님이라는 사실을 알게 되면서 남도의 다른 사찰에 봉안된 유사한 형태의 불상을 찾아다녔다. 안귀숙 선생님이 1990년대 조선 후기 佛畵僧 義謙스님과 鑄鐘匠 思印스님에 대한 논문을 학계에 발표하신 것을 계기로 불상을 만든 작가도 동일한 접근이 가능할 것이라 생각하였다.

2년간의 사찰 조사를 통하여 필자는 17세기 후반에 彫刻僧 色難이 하나의 계보를 형성하면서 독자적인 불상을 만들었다는 확신을 갖고 학회에 논문으로 발표하면서 본격적으로 조각승 연구를 진행하였다. 이후 2007년에 기존 모아놓은 造成發願文과 事蹟記 등의 문헌기록을 바탕으로 『朝鮮後期僧匠人名辭典-佛敎彫塑』를 출판하였고, 개별 조각승의 활동시기와 내용을 바탕으로 계보와 불상 양식을 중심으로 십여 편의 논문을 발표하였다. 이 가운데 17세기 조각승에 관한 논문은 2009년에 (재)한국연구원의 지원을 받아 『17세기 彫刻僧과 佛像 硏究』를 간행하였다. 그러나 한정된 적은 부수를 출간하고 일반판매를 하지 않아 시중에서

책을 구할 수 없어 경인문화사 편집부에서 조선후기 각 시기별로 활동한 조각승에 관한 책을 출판하자는 제의를 받아 기존에 발표한 논문 가운데 15편을 추리게 되었다.

조선후기 조각승을 연구하면서 발표한 논문이 (사)불교학연구지원사업회, (재)한국연구원, (재)솔벗, 한국불교선리연구원 등에서 우수 논문상 수상이나 학술 지원을 받아 전국의 사찰을 답사하였다. 앞으로도 필자는 조선 후기에 활동한 조각승에 관한 체계적인 조사·연구를 통하여 불교 미술사 연구를 사람을 중심으로 연구해 나갈 것이다.

필자는 홍익대학교 미술사학과에서 여러 훌륭한 은사님들의 지도를 받을 수 있었다. 특히 김리나 홍익대학교 명예교수님과 안귀숙 교수님의 가르침을 잊을 수 없다. 또한 송광사 성보박물관장 고경 스님, 명지대학교 이태호 교수님, 경인문화사 한정희 사장님과 신학태 편집부장님 등 많은 분들과 언제나 학문의 길을 걸을 수 있게 도와준 가족들에게 이 자리를 빌려 감사드린다.

2011년 동북아불교미술연구소에서

최 선 일 두손 모음

목 차

머리말

제1부 17세기 전반

제1장 17세기 전반 彫刻僧 元悟의 활동과 佛像 研究 ■ 3

Ⅰ. 머리말 ···3

Ⅱ. 彫刻僧 元悟의 記年銘 佛像과 發願文 ·································5

Ⅲ. 彫刻僧 元悟의 活動과 그 系譜 및 佛像 樣式 ···············17

Ⅳ. 맺음말 ···27

제2장 17세기 전반 彫刻僧 守衍의 활동과 佛像 研究 ■ 29

Ⅰ. 머리말 ···29

Ⅱ. 彫刻僧 守衍의 記年銘 佛像과 發願文 ·······························32

Ⅲ. 彫刻僧 守衍의 活動 ···45

Ⅳ. 彫刻僧 守衍의 系譜와 佛像 樣式 ·······································47

Ⅴ. 맺음말 ···60

제3장 파주 보광사 대웅보전 목조보살입상과 彫刻僧 英賾 ■ 62

Ⅰ. 머리말 ···62

Ⅱ. 파주 보광사 대웅보전 목조보살입상과 조성발원문 ···········64

Ⅲ. 조각승 영색의 활동과 그 계보 ···73

Ⅳ. 17세기 전반 목조보살입상의 양식 변천 ·········79

Ⅴ. 맺음말 ·········86

제2부 17세기 중반

제1장 京畿道 抱川 東和寺 木造如來坐像과 彫刻僧 思忍 ■ 91

Ⅰ. 머리말 ·········91

Ⅱ. 京畿道 抱川 東和寺 木造如來坐像과 發願文 ·········93

Ⅲ. 彫刻僧 思忍의 活動과 계보 및 불상양식 ·········99

Ⅳ. 맺음말 ·········107

제2장 全羅南道 和順 雙峰寺 木造地藏菩薩坐像과 彫刻僧 雲惠 ■ 109

Ⅰ. 머리말 ·········109

Ⅱ. 和順 雙峰寺 木造地藏菩薩坐像과 發願文 ·········111

Ⅲ. 雲惠와 그 계보 彫刻僧 作 紀年銘 佛像과 生涯 ·········118

Ⅳ. 맺음말 ·········132

제3장 17세기 중반 조각승 懷鑑의 활동과 불상 연구 ■ 135

Ⅰ. 머리말 ·········135

Ⅱ. 彫刻僧 懷鑑의 紀年銘 佛像 ·········136

Ⅲ. 彫刻僧 懷鑑의 활동과 그 系譜 및 佛像 樣式 ·········143

Ⅳ. 맺음말 ·········151

제3부 17세기 후반

제1장 彫刻僧 色難의 활동과 佛像樣式 ▪ 155

Ⅰ. 머리말 ··155

Ⅱ. 彫刻僧 色難 作 紀年銘 佛像 ···157

Ⅲ. 彫刻僧 色難의 활동과 불상 양식의 변천 ·····························177

Ⅳ. 맺음말 ··195

제2장 安城 七長寺 大雄殿 木造三尊佛坐像과
彫刻僧 摩日 ▪ 197

Ⅰ. 머리말 ··197

Ⅱ. 安城 七長寺 大雄殿 木造佛像의 形式的 特徵과 發願文 ·······198

Ⅲ. 조각승 마일의 활동과 그 계보 및 불상 양식 ·····················203

Ⅳ. 맺음말 ··208

제3장 17세기 후반 彫刻僧 勝浩의 활동과 불상 연구 ▪ 210

Ⅰ. 머리말 ··210

Ⅱ. 彫刻僧 勝浩의 紀年銘 佛敎彫刻과 造成發願文 ··················213

Ⅲ. 彫刻僧 勝浩의 활동과 그 系譜 ··223

Ⅳ. 勝浩 계열의 石造佛像 樣式과 變遷 過程 ·····························231

Ⅴ. 맺음말 ··238

제4부 18세기 전·중반

제1장 安城 七長寺 木造地藏菩薩坐像과 彫刻僧 金文 ■ 243

Ⅰ. 머리말 ···243

Ⅱ. 安城 七長寺 木造地藏菩薩坐像과 發願文 ·····························245

Ⅲ. 彫刻僧 金文의 活動 ··254

Ⅳ. 彫刻僧 金文의 系譜와 佛像 樣式 ···257

Ⅴ. 맺음말 ···265

제2장 高陽 祥雲寺 木造阿彌陀三尊坐像과 彫刻僧 進悅 ■ 266

Ⅰ. 머리말 ···266

Ⅱ. 京畿道 高陽 祥雲寺 木造阿彌陀三尊佛坐像과 發願文 ········269

Ⅲ. 彫刻僧 進悅 作 紀年銘 佛像과 그 系譜 ······························277

Ⅳ. 맺음말 ···292

제3장 18세기 중반 彫刻僧 尙淨의 활동과 佛像 硏究 ■ 294

Ⅰ. 머리말 ···294

Ⅱ. 彫刻僧 尙淨의 紀年銘 佛像과 發願文 ···································296

Ⅲ. 彫刻僧 尙淨의 活動 ··302

Ⅳ. 彫刻僧 尙淨의 系譜와 佛像 樣式 ···306

Ⅴ. 맺음말 ···320

제5부 18세기 후반

제1장 용주사 대웅전 목조석가삼존불상과 조각승 ■ 325

Ⅰ. 머리말 ·······325

Ⅱ. 龍珠寺 조성 관련 문헌 ·······327

Ⅲ. 조각승 계초의 기년명 불상 ·······332

Ⅳ. 18세기 후반 조각승과 불상조각의 특징 ·······340

Ⅴ. 맺음말 ·······348

제2장 湖林博物館 소장 木造佛龕에 관한 연구 ■ 350

Ⅰ. 머리말 ·······350

Ⅱ. 불감의 구성 및 형식적 특징 ·······351

Ⅲ. 實相寺 藥水菴所藏 木刻佛幀 본존과의 비교 ·······356

Ⅳ. 맺음말 -조선후기 불감의 系統에 관한 試論- ·······359

제6부 朝鮮 後期 彫刻僧과 佛像樣式의 변천

제1장 朝鮮 後期 彫刻僧과 佛像樣式의 변천 ■ 365

Ⅰ. 머리말 ·······365

Ⅱ. 조선 후기 불상의 제작과 중수·개금 현황 ·······367

Ⅲ. 조선 후기 불교조각의 흐름과 조각승의 활동 ·······370

Ⅳ. 조선 후기 조각승의 계보와 불상양식의 변천 ·······385

Ⅴ. 맺음말 ·······395

x

참고 문헌 ■ 397

찾아보기 ■ 414

조선 후기 불교조각 관련 首畵僧 ■ 421

도판 목록 ■ 423

제1부

17세기 전반

제1장
17세기 전반 彫刻僧 元悟의 활동과 佛像 硏究

Ⅰ. 머리말

한국불교조각사에서 17세기 전반은 조선 후기 불상 양식이 성립한 시기이다.[1] 이 기간에는 16세기 말에 일어난 임진왜란과 정유재란으로 減失된 三寶寺刹(합천 海印寺, 양산 通度寺, 순천 松廣寺)과 왕실의 願刹 (보은 法住寺, 고창 禪雲寺) 및 高僧大德이 머물던 사찰 등의 전각 건립과 동시에 불상이 제작되었다. 1600년대에 활동한 首畵僧들은 전쟁 이전부터 불상 제작과 중수·개금에 참여한 것으로 보이는데, 이들과 같이 造像 作業에 참여한 彫刻僧들은 1620년대 전국을 무대로 불상 제작을 주도하였다. 따라서 1600년대에 활동한 개별 조각승의 실체를 밝히는 것은 조선 후기 조각승의 계보와 불상 양식 등을 밝힐 수 있는 중요한 단서이다.

그럼에도 불구하고 終戰부터 1610년을 전후한 기간에 활동한 조각승의 紀年銘 佛像이 조사되지 않아 단편적인 문헌기록을 바탕으로 연구되었다.[2] 그런데 최근 불상의 改金 作業이나 문화재 지정조사 및 사찰문화

---

1) 崔宣一, 「朝鮮 後期 彫刻僧과 佛像樣式의 변천」, 『美術史學研究』 261(韓國美術史學會, 2009.3), 45~49쪽.
2) 崔宣一, 『朝鮮後期僧匠人名辭典-佛敎彫塑』(養士齋, 2007).

재 전수조사가 진행되어 불상 내에 봉안된 造成發願文이 점차 공개되고 있다.3) 이러한 불상의 체계적인 조사 작업은 한국조각사에서 양적으로 다수를 차지하는 조선 후기 불교조각의 양식과 변화과정을 밝힐 수 있는 계기가 될 것이다.4) 현재 이 시기의 기년명 불상은 십 여점 조사되어 적은 수의 조각승만이 알려져 있다. 이 가운데 최근 필자는 彫刻僧 元悟가 제작한 불상을 실견할 수 있었다.5) 이것을 계기로 조각승 원오가 조선 후기 불교조각사에 중요한 위치를 담당한 승려라는 확신을 갖게 되었다.

현재까지 조각승 원오와 관련된 문헌은 1599년에 수화승 碩俊과 강원 평창 상원사 목조문수동자좌상을 중수·개금한 발원문, 수화승으로 1605년에 경남 김해 선지사 목조여래좌상과 전남 익산 관음사 목조보살입상을 제작한 발원문이다. 따라서 원오는 최소한 1599년부터 1605년까지 활동한 승려로, 그와 같이 불상을 제작한 覺敏과 淸虛가 수화승으로 제작한 기년명 불상이 조사되어 17세기 전반에 가장 대표적인 조각승 계보임을 알 수 있다.

이 글에서는 조각승 元悟가 제작한 불상의 형태를 살펴보고, 내부에서 발견된 조성발원문을 검토하여 17세기 초반의 불상을 접근하여 보고자 한다. 그리고 원오와 관련된 문헌기록을 중심으로 그의 활동을 살펴

---

3) 전국에 산재하는 사찰문화재 조사는 성보물의 관리와 도난 방지를 목적으로 전국을 시도 단위로 묶어 조사보고서를 계속적으로 발간하고 있다. 이제까지 발간된 지역은 강원, 전북, 전남, 충북, 충남, 제주, 경북, 경남 일부이다(『한국의 사찰문화재』(문화재청·대한불교조계종 문화유산발굴조사단, 2002~2009)).

4) 조선 후기 활동한 조각승과 불교조각에 관해서는 崔宣一, 「朝鮮後期 彫刻僧의 활동과 佛像硏究」(홍익대학교 박사학위 청구논문, 2006. 8)를 참조할 만하다.

5) 이 보살입상에 관해서는 전북 군산 동국사 종걸스님과 佛敎新聞(2008. 12. 3)을 통하여 알게 되었고, 금년 3월 26일 익산 관음사를 방문하여 덕림 주지스님의 厚意로 목조보살입상에서 발견된 조성발원문을 확인할 수 있었기에 지면을 통하여 감사드리는 바이다.

보고, 원오와 같이 불상을 제작한 조각승들이 수화승으로 제작한 불상과 비교하여 불상의 변화과정을 알아보고자 한다. 마지막으로 이러한 결과를 토대로 조선전기에 제작된 불상이나 1610년을 전후하여 제작된 다른 계보의 조각승이 만든 불상과 비교하여 차이점을 밝혀보고자 한다.

Ⅱ. 彫刻僧 元悟의 記年銘 佛像과 發願文

현재까지 조각승 元悟가 제작한 것으로 밝혀진 불상은 1605년에 김해 선지사 목조여래좌상과 전남 익산 관음사 목조보살입상이다.

1. 김해 선지사 목조여래좌상

경상남도 김해시 주촌면 仙鶴山 仙地寺 요사에 봉안된 목조여래좌상은 지방문화재 신청조사를 계기로 조성발원문이 공개되었다(도1).

1) 목조여래좌상

木造如來坐像의 높이는 51.0센티미터로, 조선 후기 제작된 중소형 불상이다. 머리와 상반신을 약간 앞으로 숙여 구부정한 자세를 취하고 있다(도2). 앞으로 숙인 머리에는 螺髮이 촘촘하고, 肉髻의 표현이 명확하지 않으며, 정수리 부분에 원통형의 頂上髻珠와 이마 위에 은행(杏) 모양의 中央髻珠를 가지고 있다. 타원형의 얼굴에 눈꼬리가 약간 위로 올라가

도1. 원오, 목조여래좌상
1605년, 김해 선지사

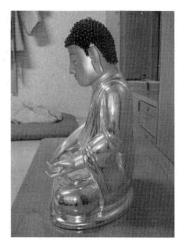

도2. 목조여래좌상 측면   도3. 목조여래좌상 얼굴

반쯤 뜬 눈, 원통형의 코, 살짝 미소를 머금은 입을 표현하였다(도3). 특히, 두덩이 눈과 작은 입은 눈여겨 볼 부분이다.

두꺼운 대의는 변형통견으로, 대의 자락은 오른쪽 어깨에서 팔꿈치까지 완만하게 늘어진 후 팔꿈치를 지나 복부에서 넓게 펼쳐져 왼쪽 어깨로 넘어가고, 반대쪽 대의자락은 왼쪽 어깨를 완전히 덮고 내려와 복부에서 자연스럽게 결가부좌한 다리 위에 펼쳐져 있다.

왼쪽 발바닥 위에 짧은 소매 자락이 늘어져 있고, 왼쪽 팔뚝 중간에서 옷자락은 ㅅ자형으로 갈라져 뒷자락이 길게 늘어져 있다. 手印은 오른손을 거의 편 상태로 降魔觸地印하고, 손목이 많이 드러난 왼손은 엄지와 중지를 맞대고 손바닥을 위로 향해 무릎 위에서 자연스럽게 올리고 있다(도4).

이와 같은 항마촉지인은 조선 후기에 제작된 대부분의 석가불의 수인이지만, 이 불상은 조성발원문 중에 "彌陀"를 만들었다는 내용이 있어 17세기 전반에 아미타불의 수인으로도 사용되었음을 알 수 있다. 또한 왼손이 소매 밖으로 길게 드러난 점은 조선 후기 제작된 불상들이 손목

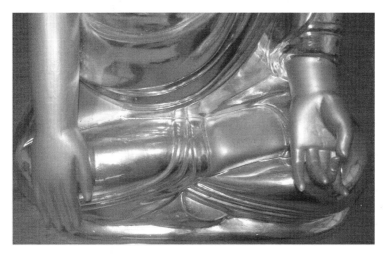

도4. 목조여래좌상 하반신

을 소매 안으로 끼워 넣는 것과 달리 조선전기에 제작된 불상같이 팔뚝의 일부까지 별조하여 끼워 넣었다.

2) 조성발원문

불상 내부에서 발견된 복장물은 梵字로 쓰여진 祈願文 2건, 造成記 1건, 經文 2건이다. 조성발원문은 직사각형의 韓紙 3매에 墨書로 조성시기와 시주자 및 연화질이 언급되어 있고, 현재 절첩본으로 표구되었다.

불상에서 발견된 발원문에 "萬曆三十三年歲次乙巳十一月日造成彌陀尊像 ··· 各各施主等開列于后 畵員 元悟

도5. 조성발원문 세부, 1605년

---

6) 曆은 原文에 歷으로 誤記되어 있다.

萬曆三十三年歲次乙巳十一月日造成彌陀
尊像已耳願以此功德普及於一切我等與衆生
皆共成佛道

元默	比丘
鄭連卜	兩主
安內世	兩主
舍今伊	兩主
惟勝	兩主
彩丹	比丘
淨海	比丘
普印	比丘
法衍	比丘
性安	比丘
法玄	比丘
法能	比丘
安同伊	比丘
金旲山	兩主
金彦守	兩主
金勿凱	兩主
朴撿山	兩主
金旀金	兩主

金毛世	兩主
朴流里	兩主
文奉守	兩主
姜旀世	兩主
崔大吉里	兩主
旲德只	兩主
十月伊	兩主
安旲無致	兩主
彦伐伊	体保
朴奇伊	兩主
朴奉伊	兩主
兪得守	兩主
春介伊	体保

各各施主等開列于后
畫員 元悟
忠信
清虛
信玄
神釰
別座供養主兼 太熙
持殿 戒岂

참고1. 조성발원문 1605년, 김해 선지사

忠信 淸虛 信玄 神釰 別座供養主兼 太熙 持殿 戒岂(필자 진하게)"이라 적혀 있다(도5, 참고1). 따라서 이 목조아미타불좌상은 1605년에 別座와 供養主인 太熙가 발원하여 畫員 元悟, 忠信, 淸虛, 信玄, 神釰이 제작하였다.8) 발원문의 내용 중에 造成地와 證明 등이 언급되지 않아 조성사찰은 구체적으로 밝힐 수 없다.

---

6) 목조여래좌상에서 발견된 조성발원문은 선지사 원천 주지스님의 厚意로 문화답사회 단디도 김주혜 선생이 촬영하였다.

2. 익산 관음사 목조보살입상

전라북도 익산시 갈산동에 위치한 觀音寺는 대한불교조계종 제17교구 金山寺 末寺로, 일제강점기인 1912년(明治45)에 淨土眞宗(念佛宗) 大谷派의 히가시혼간지(東本願寺)로 開創되었다가 해방 후 현재 이름으로 바뀌었다. 목조보살입상은 현대식 건물 3층 대웅전 안에 삼존불의 협시로 봉안되어 있다.

1) 목조보살입상

木造菩薩立像의 높이는 153센티미터이고, 어깨 폭은 34센티미터인 조선 후기 중대형 보살상이다(도6). 보살상은 머리를 약간 앞으로 숙인 채 크고 화려한 寶冠을 쓰고 있다(도7). 보관 안쪽에 높은 상투를 묶어 조선전기 보살상의 형태를 따르고 있다. 방형의 얼굴에 눈꼬리가 약간 위로 올라가 반쯤 뜬 눈, 원통형의 코, 살짝 미소를 머금은 입을 가지고 있다. 특히, 1605년에 제작된 김해 선지사 목조여래좌상과 같이 두꺼운 눈두덩이를 가져 편하고 순한 인상을 준다. 두꺼운 대의는 變形右肩偏袒으로, 대의 자락은 오른쪽 어깨에서 팔꿈치까지 완만하게 늘어져 팔꿈치와 腹部를 지나 왼쪽 어깨로 넘어가고, 반대쪽 대의자락은 왼쪽 어깨를 완전히 덮고 완만하게 내려와 배 부분에서 아래로 늘어져 있다. 왼쪽 팔뚝 위에 옷자락이 뾰족하게 삐쳐 ㅅ자형을 이루고 있고, 왼쪽 어깨 뒤에 길게 앞에서 넘어온 옷자락이 늘어져 있다(도8). 상반신에는 X자형으로 목걸이를 걸치고, 대의 안쪽에 승각기를 하고 있다. 手印은 엄지와 중지를 맞대고 연화 줄기를 들고 있지만, 1980년에 그려져 사찰 내에 소장된 油畵에 如意를 들고 있어 문수보살임을 알 수 있다(도9).

도6. 원오, 목조보살입상
1605년, 익산 관음사

도7. 목조보살입상 얼굴

도8. 목조보살입상 측면

도9. 유화
1980년대, 익산 관음사

2) 조성발원문

이 목조보살입상은 원래 사찰 내의 불교대학 법당에 모셔져 있던 것을 대웅전으로 移運하던 중에 복장조사를 실시하였다. 복장물은 조성 당시의 것과 근래에 넣은 것이 합쳐져 있었고, 내부에서 1장의 직사각형의 한지에 묵서된 발원문이 조사되었다 (참고2). 아래의 주요 내용을 번역해 보면 다음과 같다.9)

도10. 조성발원문 세부
1605년, 익산 관음사

"山人 儀庵이 큰 원을 세워 1594년에 길을 떠나 명산을 두루 돌아보던 중 北庵에 이르러 보니 1597년에 本寺가 병란으로 인하여 불전과 전각이 전부 불타서 흔적이 없고 그 자리에는 등나무 같은 넝쿨이 있는 밭으로 변하여 버린 것을 보고, 생각하며 둘러보니 이 자리가 기이하고 너무 좋아 보여 모든 이들에게 법당을 세우기를 두세 번 권하여 어렵게 **1601년 정월에 법당을 시작하여 다음 해인 1602년에 법당에 모실 불상 삼존을 조성하고 다음 해인 1603년에 영산도와 다른 전각에 단청을 다하여 마치니** 모든 사람들이 와서 둘러보고 말하기를 새로 지은 모든 것이 옛날의 북암과 같다 하였으며, **1605년 8월에 문수, 보현, 관음, 지장** 등 존상과 약사도, 미타도, 지장과 시왕도 등을 마쳤고, 11월에 경탄하기에 이르렀다. 원컨

---

9) 이 發願文의 譯文과 飜譯은 관음사 종무소에서 제공한 내용을 바탕으로 부분적으로 수정되었다.

대 이 공덕으로 널리 모두에게 이르러서 우리와 중생들이 모두 함께 불도를 이루기를 바랍니다(필자 진하게, 도10)"

山人儀奄發大誓願廻見名山甲午之間到於北庵丁酉之歲
本寺兵火盡賣佛殿與諸閣忽作藤羅之田菴時有觀之每
念空在於奇山好基又餘人皆勸言但而立於法堂再三勸之不得
已辛丑元月始於法堂兼像佛三晉已畢又次年
靈山會幀及別殿兼丹青悉皆終畢上於北庵人皆見者次年
作補處千萬可也懇以勸之不道其言乙巳八月始於文殊普賢
觀音地藏等尊像又畵相藥師會彌陀繪地藏幀十王各等造
成十一日已畢慶讚云亦
願以此功德 普及於一切 我等與衆生 皆共成佛道
萬曆三十三年歲次乙巳十一月日記

佛像大施主 李玉石 兩主　　　金內ㄱ文 兩主
佛像大施主 金加外 兩主　　　金彦世 兩主
佛像大施主 李江山　　　　　吳轉 兩主
佛像大施主 孫介 記付　　　　李勒 兩主
佛像大施主 趙於自畢 靈駕　　李世光 兩主
佛像大施主 金破回 兩主　　　金克文 兩主
佛像大施主 李貞　　　　　　李恩石 兩主

佛像大施主 宋億環 兩主　　　金修卜 兩主
佛像大施主 劉鶴孫 兩主　　　柳有良 兩主
佛像大施主 李宗 兩主　　　　金加外同 兩主
佛像大施主 朴得連　　　　　姜有ㄱ 兩主
佛像大施主 朴守 兩主　　　　朴目連 兩主
　　　　　　　　　　　　　　朴芽伊 兩主

上金大施主 崔介金 兩主　　　金早ㄱ孫 兩主
上金大施主 李致乾 兩主　　　晏古石 兩主
上金大施主 千德孫 兩主　　　金今回 兩主
上金大施主 金丁伊龍　　　　崔春世 兩主
上金大施主 韓連國
上金大施主 金雲水
上金施主 金同

上金施主 金破回 兩主
上金施主 崔泣夫 兩主
上金施主 亡孫介 兩主
上金施主 玄鑑 比丘
上金施主 覺敏 比丘
上金施主 高漢ㅏ 兩主
上金施主 億介 保體
上金施主 智細 比丘
上金施主 雲曇 比丘
上金施主 金莫世 比丘
上金施主 鄭當世 比丘
上金施主 元照 比丘
上金施主 任男連
上金施主 趙福 兩主
上金施主 朴金 兩主
上金施主 吳金 兩主
上金施主 李獻生 兩主
上金施主 沈億卜 兩主
上金施主 朴修金 兩主
上金施主 許山 比丘
上金施主 李龍卜 比丘
上金施主 德只 保體

元悟 比丘
忠信 比丘
清虛 比丘
信賢 比丘
神鈇 比丘
持殿
書員秩

青風袗子雲首道人勸緣大化士
儀庵比丘
勸善化士青信居士 金文儀 保體

戒膏比丘
別座兼供養主 太熙 比丘
春卜 保體

참고2. 조성발원문, 1605년, 익산 관음사

발원문에 의하면 山人 儀庵은
1597년에 병란으로 소실된 전각을
1601년 정월에 법당 건립을 시작하
여 1602년에 불상 삼존을 조성하고,
1603년에 靈山圖와 다른 殿閣에 丹
靑을 마쳤다. 1605년 8월에 化士 義
庵(儀庵), 金文儀이 발원하여 畵員 元
悟, 忠信, 淸虛, 信賢, 神釰이 文殊,
普賢, 觀音, 地藏菩薩像과 藥師, 彌
陀, 地藏 등의 불화를 제작하였다(도
11). 이 내용은 조선 후기 사찰의 중
건에 중요한 단서를 제공한다. 예를
들어 사찰의 중건은 殿閣 → 佛像 →

도11. 조성발원문 세부

丹靑 → 佛畵의 순으로 이루어졌고, 本尊과 菩薩의 제작은 2년간의 시
차를 두고 제작되었다. 특히, 조선 후기 제작된 三世佛과 四菩薩을 봉안
한 예는 1639년에 경남 하동 쌍계사 대웅보전, 1703년에 전남 구례 화
엄사각황전 등에 있지만, 조선 후기에 조성된 불화처럼 四菩薩 가운데
지장보살이 협시로 제작된 극히 드문 作例이다.

또한 조성발원문의 내용 가운데 조성사찰이 언급되지 않았는데, 이
보살상과 동일한 작품이 익산 혜봉사 대웅전에 봉안되어 있다(도12),[10]
또한 현재는 도난당해 所藏處를 알 수 없는 완주 위봉사 대웅전에 봉안
되었던 觀音像과 地藏像이 거의 유사한 얼굴과 대의처리 등을 하고 있
어 이 보살상들이 조성발원문에 언급된 네 구의 尊像일 가능성이 높다
(도13).[11]

---

10) 『한국의 사찰문화재-전라/제주』(문화재청·대한불교조계종 문화유산발굴조사단,
2003), 168쪽 圖813.

도12. 목조보살입상
익산 혜봉사

도13. 목조보살입상
완주 위봉사(도난)

　따라서 조성발원문에 보이는 北庵은 완주 위봉사에 소속되어 있던 암자로 추정된다. 완주 위봉사는 1911년에 조선총독부가 30本末寺로 구획할 때 전북 일원의 50여 사찰을 관할하는 本寺로 선정될 정도로 조선후기에 상당한 세력을 가졌던 사찰이다. 이 사찰은 고려 초기에 전주의 崔龍甲이 암자로 건립된 후, 고려후기에 懶翁和尙이 머물면서 가람을 정비하였다. 조선시대 國難이 일어났을 때 왕실의 影幀을 보관하기 위하여 사찰 주위에 威鳳山城을 축조하였다. 위봉산에 있던 암자는 北庵·撻摩庵·僧伽庵·益水庵 등으로 모두 至正年間(1341~1367)에 창건되었다고 한다.

　발원문에 등장하는 많은 인물들은 구체적인 활동이 밝혀지지 않았지만, 上金施主 覺敏은 17세기 전반에 원오와 조각승으로 활동한 승려일 가능성이 높고, 持殿 戒訔과 供養主 太熙는 1605년 김해 선지사 목조여래좌상 제작에도 동일한 所任으로 참여하였다. 뿐만 아니라 靑風衲子雲首道人勸緣大化士 義庵, 勸善化士靑信居士 金文儀는 이후에 살펴볼 개

11) 『불교문화재 도난백서』(대한불교조계종 총무원, 1999), 218쪽.

인 소장 불상의 조성발원문에 勸化比丘納子義庵, 金文儀로 동일하게 나
오고 있다.

3) 개인 소장 불상의 조성발원문

개인이 소장하고 있는 조성발원문은 1610년을 전후한 시기에 불상을
제작한 발원문으로 추정하였다(참고3).[12]

조성발원문에는 제작시기와 사찰 등이 언급되지 않는데, 불상 제작에
證明으로 참여한 浮休善修가 1615년에 돌아가셨기 때문에 1610년을 전
후하여 작성된 것으로 보았다. 그런데 이 불상의 제작에 참여한 畵員 元
悟, 覺敏, 德奇. 淸虛 중에 원오와 청허는 앞서 살핀 1605년에 익산 관음
사 목조보살입상이나 김제 선지사 불상 제작한 참여한 승려이다. 또한
불상 제작에 化主를 맡은 義菴과 金文儀는 1605년 보살입상의 제작에서
도 동일한 소임을 맡고 있어 완주 위봉사 보살상을 제작할 시점의 조성
발원문으로 추정된다. 뿐만 아니라 제작에 참여한 覺敏은 1605년 목조
보살입상 제작에 시주자로 참여한 후, 1612년에 전남 순천 송광사 불상
제작에 首畵僧으로 참여하였다. 또한 불상 제작에 參學 處明은 1634년
에 전북 고창 선운사 대웅보전 불상 제작에 證明으로, 首僧 元己는 1651
년에 전남 고흥 금탑사 목조아미타삼존불좌상 제작에 生銀大施主로, 住
持 宗仁은 1656년에 완주 송광사 오백나한상 제작에 복장시주자로, 持
殿 日玄은 1636년에 세워진 완주 송광사 개창비 후면에 시주자로, 隱珠
는 1641년에 완주 송광사 대웅전 소조석가삼세불좌상 공양주로 참여하
였다. 따라서 불상 제작에 관련된 승려들은 1630년대 이후 전라북도 완
주지역을 중심으로 활동한 浮休門徒에 속하는 인물들이다.

---

12) 조성발원문은 송광사 성보박물관장 고경스님이 조사하였다.

[상단]

詳夫植因之阿雖復千差萬別其中殊勝者無越乎尊像安邀之也功雖小
而易獲勝果然而是寺也者萬曆二十四年火難之秋乃被倭賊討亂焚火之傷
寶殿盡燒尊像爲燼累滅空止禾黍油油於是人義庵居士金文儀保体
等慨然久矣痛纏心腑故發志誠敬請良工造像普令群生瞻禮尊
顏同成正覺固所願焉

佛像大施主 金克文
佛像大施主 金吉万 兩主
佛像大施主 李宝石 兩主
上金大施主 宣德起
上金大施主 鄭訥金
施主 金云水 兩主
施主 玉只 兩主
施主 內伐
施主 洪命世 兩主
施主 吳世 兩主
施主 李正 兩主
施主 金丁龍 兩主
供養大施主 金億龍 兩主
烏金大施主 長麻田 兩主
施主 朴斤世
施主 朴目連
施主 金二龍 比丘
施主 乃湖 比丘
愁
施主 秀云 兩主
施主 春卜保体
施主 李宋 兩主
施主 梁湖 兩主
施主 金卜 兩主
施主 白龍 兩主

比丘玉熙
千德敎 兩主
朴失間 兩主
長碧公 兩主
金綾眞
金乭卜只 兩主
姜一石 兩主
張卜只 兩主

[하단]

施主 閔連國 兩主
姜宿介 兩主
施主 李春良 兩主
林德壽 兩主
今春 保体
施主 吳彦峯 兩主
施主 金石 両主
姈介 保体
施主 宋訥叱里 兩主
施主 姜莵金 両主
施主 金訥叱里 両主
施主 鄭是乃 両主
比丘 彦化
比丘 双玉
金億良 兩主
比丘 性道
比丘 雪仁
比丘 信惠
比丘 印心
比丘 淡敬
金欣 兩主
朴金伊 兩主
朴欣金 兩主
云今 兩主

朴憶文 兩主
朴銀孫 兩主
吉德 兩主
難介 保体
李春卜 兩主
李世光 兩主
朮介 保体
徐撿石 兩主
李宝孫 兩主
李秃 兩主
蔡順斤 兩主
柳壽万 兩主
朴從世 兩主
李薂市
赴万連 兩主
裴見守 兩主
沈憶卜
鄭彦龍
金己志
金本介
金水己 兩主
古芥 兩主
朴丁訖里 兩主
朴敬守 兩主
崔介山 兩主
朴葉 兩主

參學 處明 比丘
持寺 覺然 比丘
持寺 天令 比丘
首僧 元己 比丘
住持 宗仁 比丘
持殿 日玄 比丘
法己 比丘
別座 尙儀 比丘
供養主 志文 比丘
證明 善修大士
畵員 願悟
覺敏
德奇
淸虛

勸化比丘納子義庵
金文儀保体

참고3. 조성발원문, 개인 소장

Ⅲ. 彫刻僧 元悟의 活動과 그 系譜 및 佛像 樣式

조각승 元悟의 생애와 僧匠이 된 배경에 대한 기록이 전해진 것은 없지만, 기록을 통하여 활동 시기와 내용에 접근할 수 있다. 그리고 원오와 같이 불상 제작에 참여한 조각승의 계보와 수화승으로 제작한 기년명 불상과 비교하여 양식적인 차이를 밝힐 수 있다.

1. 조각승 元悟의 활동

조각승 원오에 관련되어 조사된 문헌기록은 다섯 건으로, 불상에서 발견된 발원문 세 건과 사적기 내용 두 건이 알려졌다(표1).

표1. 조각승 원오 관련 문헌기록

연도	지역	사찰	작업 내용	조각승	證明	化主 供養主	發願文과 奉安處
1599	강원 평창	상원사	목조문수동자좌상 개금	畫師 釋俊 元悟			重修·改金發願文
1605			목조아미타여래좌상 조성	畫員 元悟 忠信 淸虛 信玄 神釰		太熙	造成發願文 경남 김해 선지사
1605	전북 완주	위봉사 북암	목조보살입상 4위 조성	畫員 元悟 忠信 淸虛 信玄 神釰		義庵 金文儀 太熙 春卜	造成發願文 전북 익산 관음사와 혜봉원 소장 완주 위봉사 도난
1615 이전			불상 제작 발원문	畫員 願悟 覺敏 德奇 淸虛	善修	義庵 金文儀	造成發願文
1624	경남 합천	해인사	經板庫(法寶殿) 重營에 시주자로 참여	元悟			上樑文

도14. 중수발원문
1599년, 평창 상원사

표1의 기록에서 보듯이 조각승 元悟가 태어난 때와 僧匠이 된 배경에 대한 내용은 없다. 그러나 원오가 조성하거나 개금한 불상에서 발견된 發願文 등의 문헌기록을 통하여 활동 시기와 계보를 밝히는 것이 가능하다. 元悟와 관련된 가장 빠른 기록은 1599년에 강원 평창 상원사 목조문수보살좌상을 개금한 내용으로, 원오가 수화승 釋俊과 작업하여 그의 계보를 알 수 있다(도14).13) 원오는 1605년에 목조여래좌상과 목조보살입상을 忠信, 淸虛, 信玄, 神釰과, 1610년을 전후하여 畵員 覺敏, 德奇, 淸虛와 불상을 제작하였다. 이 불상들은 앞서 언급한 바와 같이 전북 완주 위봉사의 주변에서 조상 작업을 한 것으로 보인다. 개인 소장 불상 조성발원문에 證明으로 참여한 浮休善修(1543~1615)는 조선 후기 불교계를 대표하는 高僧으로 전라도를 중심으로 외세에 대해 항쟁하면서 사찰 보존과 의병 지원 등에 관여하였다. 浮休門徒에 속하는 의승군들은 전쟁 중에 西山休靜의 지휘를 받지 않고, 충무공 이순신 장군 휘하의 水軍으로 활약하였다. 이들 의승군은 좌수영(영취산 흥국사) - 조계산 송광사 - 지리산 화엄사로 이어지는 지휘 체계를 가졌다.14) 그리고 전쟁

---

13) "皇明萬曆己亥五月日 緣化比丘 智雲 本寺大衆普明等同發菩提之心重修童子文殊一尊 十六尊聖衆 華嚴會圖 西方會圖 圓覺會圖 彌圖陀會圖 毘盧會圖 靈山會圖 達磨眞儀 懶翁眞儀 安于福地 以比良緣大誓發願 … 證明 一學 畵師 釋俊 元悟 持殿 戒淳 供養主 學寶 學明 跋"(洪潤植,「朝鮮初期 上院寺文殊童子像에 대하여」,『考古美術』164(한국미술사학회, 1984.12), 12쪽).

14) 양은용,「임진왜란 이후 佛敎義僧軍의 동향－全州 松廣寺 開創碑 및 新出 腹藏記를 중심으로」,『인문학연구』4(원광대학교 인문학연구소, 2003), 127~140쪽.

이 끝난 후, 순천 송광사를 시작으로 보은 법주사, 김제 금산사, 구례 화
엄사, 완주 송광사, 강화 전등사 등에 중창·중수에 주도 세력으로 활동하
였다.15) 그리고 원오는 1624년에 경남 합천 해인사 經板庫(法寶殿) 중영
에 碧巖覺性 등과 시주자로 참여하였다.16)

　따라서 지금까지 알려진 문헌기록을 중심으로 元悟의 생애를 살펴보
면, 1570년대를 전후하여 태어나 임진왜란과 정유재란을 거친 후, 1599
년에 수화승 釋俊과 강원 평창 상원사 목조문수보살좌상 중수와 화엄도
등 조성에 참여하고, 1605년에 전북 완주 위봉사 북암에 목조보살입상
등을 제작하였다. 그는 1624년에 경남 합천 해인사 經板庫(法寶殿) 중영
에 시주자로 참여하였다. 그와 같이 활동한 釋俊이 1600년에 전북 김제
금산사 중창 세력으로 참가한 것을 보면 元悟가 전라북도 김제와 완주
등을 무대로 활동한 승려일 가능성이 매우 높다. 따라서 이제까지 밝혀
진 원오의 활동 시기는 1599년에서 1623년까지이다.

2. 元悟와 그 계보 조각승

　조각승 元悟가 제작한 기년명 불상과 관련된 문헌기록을 중심으로
　그와 함께 불상을 제작한 조각승들의 활동시기와 불상 양식을 밝혀보
겠다.

표2. 원오과 그 계보에 속하는 조각승의 문헌기록

연도	지역	사찰	작업내용	조각승	發願文과 奉安處
1599	강원 평창	상원사	목조문수동자좌상 개금	畵師 釋俊 元悟	개금발원문

---

15) 梁銀容,「丁酉再亂의 石柱關戰鬪와 華嚴寺義僧軍」,『伽山學報』4(伽山佛敎文化
　　研究院, 1995), 185쪽.
16) 孟仁在,「上樑文二件」,『考古美術』 6권 1호(『考古美術 1~100 合集』 下,
　　1979.12, 30쪽).

1605			목조여래좌상 조성	畵員 元悟 忠信 淸虛 信玄 神釰	發願文 경남 김해 선지사 봉안
1605	전북 완주	위봉사 북암	목조보살입상 조성	畵員 元悟 忠信 淸虛 信玄 神釰	發願文 전북 익산 관음사 봉안
1610 전후			불상 조성	畵員 願悟 覺敏 德奇 淸虛	發願文
1614	전남 순천	송광사	목조삼존불상 조성	畵員 覺敏 幸思 淸虛 寶玉 熙淳 心淨 應梅	事蹟記
1637			목조불감	畵員 賢允	發願文 동국대학교박물관 소장
1640	경남 거창	연수사	목조아미타여래좌상 조성	畵員 淸虛 法玄 賢允 勝浩	發願文 경남 거창 심우사 봉안
1648	전남 해남	도장사	목조아미타여래좌상 조성	師翁 幸思 養師 無染 首畵員 海心 性寬 勝 秋 宗稔 智准 敏機 三愚 道均 明照 敬聖	發願文 (문명대,「조각승 무염,도 우파 불상조각의 연구」)
1650	전북 김제	금산사 대장전	삼존불 조성	畵員 應冥 寬海 性律 魯元 思俊 雷忍	發願文 전북 군산 동국사 봉안

원오의 스승이나 선배로 여겨지는 승려들을 살펴보면, 표2와 같이 釋俊은 1599년에 강원 평창 상원사 문수동자상을 중수하는데, 원오보다 먼저 언급되어 있는 것으로 보아 스승이나 선배일 것으로 추정된다. 그런데 석준은 「金山寺事蹟記」에 보면 "丁酉에 이르러 不幸히 寺는 日本軍의 兵火에 全部 燒失되었다가 3年을 넘어 소 34年 庚子에 이르러 守文大師가 智訓, 德行, 釋俊, 天淨, 應元, 學蓮, 太顚, 雲根, 心允, 敬日, 文益, 寶還, 印彦, 智守, 天珠 諸德과 同心協力하여 再建에 着手하여 35年의 長久한 歲月을 소비하여 1635년에 이르러 落成하였다(필자 진하게)"는 기록이 남아있어 1600년에 수문과 김제 금산사를 중창하여 전북에서 활동한 승려임을 알 수 있다.[17] 현재까지 석준이 수화승으로 제작

---

17) 「金提郡金山面金山寺誌」, 『金山寺誌』(亞細亞文化社, 1983), 104~105쪽에 소 34年 庚子는 선조 33년이 庚子이고, 선조 34년은 辛丑이라 간지를 기준으로 보았다.

한 불상은 조사되지 않았지만, 그의 활동이 17세기 초반이라는 사실로
원오의 스승이 아닌 선배로 추정된다.

원오의 계보에 속하는 조각승 중에 가장 중요한 淸虛는 총 다섯 건의
문헌기록이 조사되어 있다. 1605년에 수화승 元悟와 목조여래좌상과 목
조보살입상을, 1614년에 전라남도 순천시 송광사 대웅전 불상을 제작하
였다. 이 불상은 한국전쟁 중에 소실되었지만, 『松廣寺誌』에 "萬曆四十
二年甲寅四月日始役九月日畢役慶讚終了 緣化秩 證明 信明 持殿 懷玉
畵員 覺敏 幸思 淸虛 寶玉 熙淳 心淨 應梅 供養主 心印 熟頭 智明
義修 鍊板 思祐 化主 德林 法玄
侍奉 白云 夢□(필자 진하게)"으
로 언급되어 있다.[18] 그리고 일
제침략기에 촬영된 사진이 남아있
어 대략적인 접근이 가능하다(도
15).[19] 그는 1640년 5월부터 8월
까지 法玄 등과 거창군 덕유산 연
수사 불상(경남 거창 심우사 봉
안)을 제작하였다.[20] 이 불상 제
작에 관여한 승려 가운데 印宗,
雪嚴, 惠元, 智謹, 智安, 天佑 등
은 碧嚴覺性의 碑文이나 『佛祖源
流』를 통하여 浮休門徒임을 알

도15. 각민, 비로자나삼존불상
1614년, 순천 송광사(소실)

18) 韓國學文獻研究所 編著, 『曹溪山松廣寺史庫』(亞細亞文化社, 1977), 717~718쪽.
19) 『朝鮮古蹟圖譜』 卷13(朝鮮總督府, 1933), 圖5637.
20) "崇禎十三年庚辰五月日始役八月畢□□□□山演水佛像三尊安于 … 本寺 智閑
　　應香 辛見 無雲 智玄 智海 印宗 雪嚴 惠元 山人大德 智謹 智海 證明 多信 持殿
　　德守 畵員 淸虛 法玄 賢允 浩勝 別座 敬海 供養主 戒嚴 智安 來往人 太英 淂男
　　幹善道人 天佑比丘 …"(김창균, 「거창·창녕 포교당 성보 조사기」, 『聖寶』 4(大韓
　　佛敎曹溪宗 聖寶保存委員會, 2002), 157~172쪽).

수 있다.21)

그리고 흥미로운 점은 원오의 후배로 추정되는 覺敏과 幸思가 같은 계보라는 것이다. 이들은 아직까지 구체적인 활동상황이 드러나지 않았지만, 이들에 의하여 17세기 중반에 전국을 무대로 활동한 청허와 무염의 계보가 성립된 것으로 보인다. 따라서 이들은 전라도 지역을 중심으로 전국 사찰에 초빙되어 불상을 만들었던 조각승으로 보인다.

현재까지 원오의 선배와 후배로 추정되는 조각승들이 제작한 기년명 불상이 많이 조사되지 않지만, 17세기 초반 불상에 대한 체계적인 조사가 이루어진다면 앞으로 이들이 수화승으로 제작한 기년명 불상이 발견될 가능성이 있다.

3. 조각승 元悟의 불상 양식

조선 후기 불상 가운데 문헌기록을 통하여 제작연대를 알 수 있는 불상은 200여 점에 이른다. 이 가운데 원오가 수화승으로 제작한 불상은 여래상 1점과 보살상 1점이다. 원오가 제작한 불상은 조선전기 불상의 형태를 따르고 있지만, 신체비례와 대의 처리 등에서는 차이가 있다. 1600년을 전후하여 활동한 원오가 제작한 김해 선지사 목조여래좌상은

---

21) 印宗은 1640년 거창 연수사 목조아미타불좌상 제작 시에 본사 거주로 나와 있고, 1641년 완주 송광사 불상 제작 시에 연화질을, 1663년에 건립된 「華嚴寺碧嚴大師碑」 裏面에 언급되어 있다(『朝鮮金石總覽』下, 916~920쪽). 雪嚴은 전남 구례 화엄사 재건의 주역 111명 가운데 98大德 외에 산중중덕으로 나온다. 惠元은 1605년 팔상전 탑지 서판내면에 연화질로, 1641년 완주 송광사 불상 제작 시에 화원과 서기로 언급되어 있으며, 법주사를 중창한 12인의 승려 가운데 하나로 『佛祖源流』에 碧嚴 覺性의 문도는 50명 가운데 동림 혜원일 가능성이 매우 높다고 본다. 智謹은 「송광사개창비」 裏面 중에 碧嚴門弟 가운데 中德 智勤과 동일인으로 추정된다. 智安은 전남 구례 화엄사 재건의 주역 111명 가운데 98大德 외에 주종장으로 언급되었다. 天佑는 임란 이후 전등사를 중건한 24인의 승려 가운데 한 명이다(韓國學文獻研究所 編著, 「傳燈寺事蹟頌」, 『傳燈寺本末寺誌』, (亞細亞文化史, 1977), 2~3쪽).

도16. 이중선, 목조아미타여래좌상
1458년, 영주 흑석사

도17. 목조아미타여래좌상
1482년, 국립중앙박물관

1458년에 李重善이 제작한 경북
영주 흑석사 목조아미타여래좌상
(도16), 1482년에 국립중앙박물관
소장 목조아미타여래좌상(도17)과
비교하여 보면, 신체에 비하여 머
리가 커지고, 얼굴형이 타원형에
서 각이진 方形으로 변화되었다.
뿐만 아니라 耳目口鼻에서도 사실
성이 점차 줄어들면서 도식적으로
표현되었다. 그런데 이러한 변화
는 1586년에 제작된 문경 봉암사
목조아미타여래좌상에서도 나타

도18. 목조여래좌상
1586년, 문경 봉암사

도19. 광원, 소조여래좌상
1603년, 안성 청룡사

도20. 현진, 목조보살좌상
1612년, 함양 상련대

나고 있다(도18). 그리고 조선전기에 제작된 불상들은 신체가 가늘고 길지만 조선 후기 불상은 짧고 다부진 형태로 변화되었다.

원오가 제작한 불상은 오른쪽 어깨에 걸친 대의자락이 목 주위에서 팔꿈치까지 완만한 곡선으로 늘어져 있어 앞서 살핀 조선전기 기년명 불상과 유사하다. 그러나 이 불상은 1603년에 수화승 광원이 제작한 경기 안성 청룡사 대웅전 본존과 많은 차이가 있다(도19). 또한 왼쪽 어깨에 길게 늘어진 옷자락은 1458년에 제작한 경북 영주 흑석사 목조아미타여래좌상이 원뿔형의 옷주름이 늘어진 반면, 원오가 제작한 불상은 ㅅ자형을 하고 있다. 그런데 현진이 1612년에 제작한 함양 상련대 목조보살좌상에서는 가는 한 가닥의 옷자락이 늘어지다가 끝부분이 둥글게 마무리되어 있다(도20). 이러한 옷자락의 처리는 1605년에 원오가 제작한 것으로 추정되는 완주 위봉사 목조관음보살좌상이나 1614년에 각민이 제작한 순천 송광사 불상에서 볼 수 있는 요소이다. 따라서 이러한 대의처

리를 하고 있는 불상들은 1620
년대를 전후하여 제작된 것으로
추정할 수 있다. 또한 하반신을
덮은 대의자락은 조선 전기에 제
작된 기년명 불상보다 옷자락이
자연스럽게 늘어지지 않고, 접힌
옷주름의 간격이나 높이가 일정
하여 형식적으로 표현되기 시작
하였다.

　1640년 수화승 淸虛가 제작한
경남 거창 심우사 목조아미타여
래좌상은 내부에서 조성발원문
이 발견되었다(도21).[22] 이 발원

도21. 청허, 목조여래좌상
1640년, 거창 심우사

문을 통하여 불상은 1640년 5월부터 8월까지 畫員 淸虛와 法玄 등이 제
작하여 거창군 덕유산 연수사에 봉안되었음을 알 수 있다. 목조아미타불
좌상의 전체 높이는 112센티미터로, 약간 상체를 앞으로 내밀어 구부정
한 자세를 취하고 있다. 앞으로 숙인 머리에는 나발이 촘촘하고, 肉髻의
표현이 명확하지 않으며, 정상부에 원통형의 낮은 頂上髻珠와 이마 위에
中央髻珠를 가지고 있다. 대의자락은 오른쪽 어깨에서 가슴까지 옷깃이
사선으로 접힌 한 가닥의 주름의 끝부분이 자연스럽게 U자형을 이루고,

---

22) 崇禎十三年庚辰五月日始役八月畢□□□□山演水佛像三尊安于 … 本寺 智閑 應
　　香 辛見 無雲 智玄 智海 印宗 雪嚴 惠元 山人大德 智謹 智海 證明 多信 持殿
　　德守 畫員 淸虛 法玄 賢允 浩勝 別座 敬海 供養主 戒嚴 智安 來往人 太英 淂男
　　幹善道人 天佑比丘 … (필자 진하게, 김창균, 「거창·창녕 포교당 성보 조사기」,
　　『聖寶』4(大韓佛敎曹溪宗 聖寶保存委員會, 2002), 157~172쪽 참조. 그러나 발원
　　문 사진을 보면 畫員 가운데 賢勝과 浩允은 賢允과 勝浩로, 韓善道人은 幹善道人
　　으로 읽어야 한다).

도22. 광원, 소조보살입상
1603년, 안성 청룡사

나머지 대의자락은 반원형으로 펼쳐져 팔꿈치와 배 부분을 지나 왼쪽 어깨로 넘어가고, 반대쪽 대의자락은 왼쪽 어깨를 완전히 덮고 내려와 복부에서 편삼과 U자형으로 접혀 결가부좌한 다리 위에 펼쳐져 있다. 하반신을 덮은 대의자락은 배 부분에서 완만한 곡선으로 내려와 늘어지고, 양쪽 무릎에는 세 가닥의 주름이 접혀 있다. 대의 안쪽에 입은 편삼은 왼쪽 어깨를 덮은 대의자락과 배 부분에서 안으로 접혀 있고, 僧脚崎는 가슴까지 끌어올려 수평으로 묶었다. 따로 제작된 손은 엄지와 중지를 둥글게 맞댄 阿彌陀手印을 취하고 있다. 따라서 원오가 제작한 1605년 김해 선지사 불상과 비교하여 신체비례와 대의처리 등에서 양식적인 차이가 있다.

조선 후기 菩薩立像은 조선전기와 달리 많이 제작되지 않았다. 17세기 전반에 좌상의 본존과 입상의 보살이 봉안된 작품은 1603년에 광원의 안성 청룡사 소조삼존불상(도22), 1605년에 익산 관음사 목조보살입상, 1614년 각민의 순천 송광사 목조비로자나삼존불상, 1639년 청헌의 하동 쌍계사 목조칠존상 등이다. 보살상은 여래상과 거의 유사한 이목구비와 대의처리를 하고 있으나, 앞으로 숙인 머리에는 화려하고 큰 보관을 쓰고 있다. 보관 안쪽에 상투를 높게 묶어 조선 전기 보살상의 상투 형태를 계승하고, 자연스럽게 흘러내린 치마의 옷주름이 표현되어 있다.

원오가 제작한 익산 관음사 목조보살입상은 광원이 제작한 안성 청룡사 소조보살입상과 비교하면 쉽게 알 수 있다. 원오가 제작한 보살상은 상반신에 X자형으로 목걸이를 걸친 반면, 광원이 만든 보살상은 커다란 원형의 장신구를 매달고 있고, 신체의 비례와 대의 처리 등에서 차이가 있어 양자 간의 관련성은 없었던 것으로 보인다.

Ⅳ. 맺음말

이상으로 17세기 전반 불상 제작에 가장 큰 영향력을 끼친 조각승 중에 전라북도 지역에서 활동한 元悟와 그 계보에 대하여 살펴보았다. 아직까지 얻을 수 있는 자료의 한계로 인하여 원오의 생몰연대나 다른 조각승과의 교류관계 등 많은 내용을 명확하게 밝힐 수 없었지만, 이제까지 막연하게 17세기로 추정되던 조선 후기 불상 가운데 원오와 그 계보 조각승이 제작한 불상을 중심으로 조각승의 계보와 그들이 제작한 불상 양식을 파악하였다.

이 연구를 통하여 조선 후기 불상을 제작하던 조각승 계보가 처음에는 몇 사람에 의하여 시작하여 1630년대부터 여러 계보에서 파생된 조각승의 계파에 의하여 전국적으로 불상이 제작되었음을 알 수 있다. 또한 17세기 전반에 지역을 무대로 활동하던 조각승들은 같은 계보가 아니면 서로 독자적인 활동하였음을 조각승 광원과 원오를 통하여 추정해 볼 수 있다.

발원문과 사적기를 중심으로 살펴본 元悟는 1570년 전후에 태어나 1599년에 수화승 釋俊과 강원 평창 상원사 목조문수좌상 중수와 화엄도 등 조성에 참여하고, 1605년에 전북 완주 위봉사 북암에 목조보살입상 등을 제작하였다. 그는 1624년에 경남 합천 해인사 經板庫(法寶殿) 중영에 碧巖覺性 등과 시주자로 참여하였다.

  그와 같이 활동한 釋俊이 1600년에 전북 김제 금산사 중창 세력으로 참가한 것을 보면 元悟가 전라북도 김제 금산사 등을 무대로 활동한 승려일 가능성이 매우 높다. 이제까지 밝혀진 그의 활동 시기는 1599년에서 1623년까지이다.

  元悟의 후배와 제자로 추정되는 覺敏, 幸思, 淸虛 등이 제작한 1610~1620년대 기년명 불상이 체계적으로 조사되면 원오와 그 계보 조각승의 상호관련성을 명확하게 밝힐 수 있을 것이다. 그리고 이를 바탕으로 17세기 전반에 제작된 것으로 추정된 무기년명 불상에 관한 구체적인 접근이 가능할 것으로 여겨진다.

제2장
17세기 전반 彫刻僧 守衍의 활동과 佛像 硏究

Ⅰ. 머리말

17세기 전반은 16세기 말의 임진왜란과 정유재란 기간에 燒失된 사찰의 중창과 중수가 본격적으로 이루어진 시기이다. 당시 사찰의 중창과 중수는 名山大刹을 중심으로 주요 전각부터 순차적으로 진행, 실시되었다. 이러한 전각의 건립 순서는 사찰의 宗風이나 승려와 신도들이 필요로 했던 信仰의 대상과 밀접한 관련이 있다.[1] 전각의 건립 후 불상, 불화, 범종 등이 봉안되어 종교적인 聖所로 활용되었다.

조선 전기는 이전 시기에 제작된 불상이 전래되어 왕실에서 발원한 불상을 제외하고 활발하게 제작되지 않았다. 왕실에서 발원한 불상은 내부에서 발견된 발원문을 통하여 대부분 관청에 소속된 官工匠이 제작하였음을 알 수 있다. 그러나 조선 후기부터 말기까지 佛像은 佛畵와 마찬가지로 僧匠만이 제작하였다. 이는 전쟁으로 인하여 사찰 경제가 붕괴된 상황에서 대량의 聖寶物을 제작하는데, 제작 기술을 가진 승장과 풍부한 승려들의 노동력을 활용하여 제작 비용을 절감하기 위한 것으로 추정된

---

1) 임진왜란과 정유재란 기간에 전국의 사찰 피해에 대해서는 구체적인 연구가 진행되지 않았지만, 여러 사찰의 사적기를 살펴보면 임진왜란 기간보다 정유재란 동안에 더 많은 피해가 있었음을 알 수 있다. 전쟁이 끝나고 사찰의 중창과 중수는 전국에 걸쳐 일시에 이루어지지 않고 중심 사찰이나 전각이 먼저 복원되었다.

다. 이러한 제작 집단의 변화는 불상 제작에 따른 사회적인 환경이나 사찰 경제력과 밀접한 관련이 있다. 조선 후기 불상을 제작한 조각승 연구는 2000년에 17세기 후반 전라도에서 활동한 조각승 色難(色蘭)비구가 밝혀지면서 주목받기 시작하여 현재 20여명의 조선 후기 조각승이 연구되었다.[2] 17세기 전·중반에 활동한 조각승 玄眞, 淸憲, 淸虛, 無染, 印均, 惠熙, 希藏,[3] 17세기 중·후반의 雲惠(雲慧, 云惠), 色難(色蘭),[4] 18세기 전반의 進悅, 太元,[5] 18세기 중반의 尙淨(相淨),[6] 18세기 후반의 奉玹(封玹, 奉絃)과 戒初 등이다.[7] 그럼에도 불구하고 조선 후기에 활동한 조각승의 계보와 불상 양식에 따른 변화 과정은 명확히 밝혀지지 않았다. 이

---

2) 조선 후기에 활동한 조각승과 불상 양식에 관해서는 崔宣一, 「朝鮮後期 彫刻僧의 활동과 佛像硏究」(홍익대학교 박사학위 청구논문, 2006. 8)을 참조할 만하다.

3) 玄眞에 대해서는 송은석, 「17世紀 彫刻僧 玄眞과 그 流派의 造像」, 『美術資料』 70·71(國立中央博物館, 2004), 69~106쪽 ; 淸憲에 대해서는 이희정, 「조선 17세기 불교조각과 조각승 淸憲」, 『불교미술사학』 3(통도사성보박물관 불교미술사학회, 2005), 159~184쪽 ; 無染에 대해서는 文明大, 「조각승 無染, 道祐派 불상조각의 연구」, 『講座 美術史 - 미술사의 작가와 유파』 26 - Ⅰ(韓國佛敎美術史學會, 2006), 23~54쪽 ; 勝日에 대해서는 李芬熙, 「조각승 勝一派 불상조각의 연구」, 『講座 美術史』 26 - Ⅰ, 83~112쪽 ; 惠熙에 대해서는 정은우, 「17세기 조각사 혜희(惠熙)와 불상의 특징」, 『미술사의 정립과 확산』 2(사회평론, 2006), 152~175쪽 ; 熙藏에 대해서는 송은석, 「고흥 능가사 대웅전의 목조삼방불좌상」, 『미술사의 정립과 확산』 2, 176~197쪽 ; 孫永文, 「조각승 印均派의 불상조각의 연구」, 『講座 美術史』 26 - Ⅰ, 53~82쪽을 참조할 만하다.

4) 운혜에 대해서는 崔宣一, 「全羅南道 和順 雙峰寺 木造地藏菩薩坐像과 彫刻僧 雲惠」, 『불교미술사학』 2(통도사성보박물관 불교미술사학회, 2004), 199~219쪽. 色難에 대해서는 崔宣一, 「朝鮮後期 全羅道 彫刻僧 色難과 그 系譜」, 『미술사연구』 14(미술사연구회, 2000), 35~62쪽과 「日本 高麗美術館 所藏 朝鮮後期 <木造三尊佛龕」, 『미술사연구』 16(2002), 137~155쪽을 참조할 만하다.

5) 崔宣一, 「高陽 祥雲寺 木造阿彌陀三尊佛坐像과 彫刻僧 進悅」, 『美術史學硏究』 244(한국미술사학회, 2004. 12), 171~197쪽.

6) 崔宣一, 「18세기 중반 彫刻僧 尙淨의 활동과 佛像 硏究」, 『美術資料』 75(국립중앙박물관, 2006. 12), 33~54쪽.

7) 崔宣一, 「용주사 대웅보전 목조석가삼존불좌상과 조각승 - 戒初比丘를 중심으로」, 『東岳美術史學』 4(동악미술사학회, 2003), 73~87쪽.

는 당시 불상 제작에 있어 외부의 영향이 거의 없어지면서 정형화 된 불상이 제작되었고, 조선 후기 제작된 불상의 내부에서 발견된 발원문이 전국적으로 공개되지 않았기 때문이다.

필자는 조각승 守衍을 17세기 중·후반에 활동한 雲惠에 대한 연구를 진행하면서 이들이 제작한 불상 양식이 유사하다는 것을 알게 되었다. 그러나 기존에 공개된 사적기와 발원문에서 두 승려의 관계를 밝힐 수 있는 단서를 찾지 못하였다. 최근 1649년에 제작된 서울 화계사 목조지장보살좌상의 발원문을 통하여 守衍과 雲惠가 靈哲을 사이에 두고 상호 연결됨을 알게 되었다.[8]

현재까지 수연과 관련된 문헌은 1615년에 전라북도 김제 금산사 칠성각 독성 조성 기록과 1619년에 충청남도 서천 봉서사 극락전 목조아미타삼존불좌상,[9] 1623년에 인천광역시 강화군 전등사 대웅보전 목조삼세불좌상, 1625년에 전라남도 나주 다보사 소조석가삼존불과 16나한상, 1634년에 전라북도 익산시 숭림사 명부전 목조지장보살좌상(옥구 보천사 제작), 1639년에 충청남도 예산군 수덕사 목조삼세불좌상(남원 풍국사 제작)에서 발견된 발원문이다. 따라서 수연은 최소한 1615년부터 1639년까지 활동한 승려임을 알 수 있다.

이 글에서는 守衍이 제작한 불상과 발원문을 검토한 후에 불상의 양식적인 특징을 살펴보고, 수연과 관련된 문헌기록을 중심으로 그의 활동에 대해 접근하여 보겠다. 그리고 수연과 같이 활동한 조각승들의 상호

---

8) 화계사 목조지장보살좌상에서 발견된 발원문은 1991년 온양민속박물관에서 개최한 특별전에 복사본이 공개되었다(『1302年 阿彌陀腹藏物의 調査硏究』(溫陽民俗博物館, 1991), 342쪽 사진39 참조). 守衍과 雲惠의 관련성을 밝힐 수 있게 자료를 주신 온양민속박물관 박종민 선생님께 지면을 통하여 감사드린다.

9) 필자는 조각승 수연에 대한 논문을 완성한 후, 2007년 2월 21일 방문한 서천 봉서사 심연 주지스님에게 불상을 만든 재료가 학계에 알려진 것과 달리 목재를 사용하였다는 이야기를 들었다.

관련성을 밝히면서 개별 조각승의 불상 양식과 변화 과정을 살펴봄으로서 전국에 산재한 무기년명 불상 가운데 17세기 전·중반에 제작된 것으로 추정되는 불상을 알아보고자 한다. 마지막으로 조선 후기 불교조각사에서 수연과 그 계보에 속하는 조각승들이 차지하는 비중에 대하여 살펴보겠다.

Ⅱ. 彫刻僧 守衍의 記年銘 佛像과 發願文

현재까지 조각승 守衍(-1615-1639-)이 제작한 것으로 밝혀진 불상은 1619년 서천 봉서사 극락전 목조아미타삼존불좌상, 1623년 강화 전등사 대웅보전 목조삼세불좌상, 1634년 익산 숭림사 목조지장보살좌상(옥구 보천사 제작), 1639년 예산 수덕사 목조삼세불좌상(남원 풍국사 제작)이 있다.[10]

1. 서천 봉서사 극락전 목조아미타삼존불좌상

충청남도 서천군 한산면 호암리 봉서사 극락전에 봉안된 목조아미타삼존불좌상은 이미 복장조사가 이루어졌다(도1).[11] 불상에서 발견된 발원문에 "願我永離三惡途 願我速斷貪嗔癡 願我常聞佛法僧 願我勤修戒定慧 願我恒修諸佛學 願我不退菩提心 願我決定生安養 願我速見阿彌陀 願

---

10) 조선 후기에 활동한 조각승 守衍은 17세기 전반과 18세기 전반에 활동한 두 명이 있다. 이들은 同名異人으로 본고에서는 17세기 전반에 활동한 조각승 수연을 대상으로 하였다.

11) 金春實, 「鳳棲寺 極樂殿 塑造阿彌陀三尊佛像과 腹藏遺物」, 『聖寶』2(大韓佛教曹溪宗 聖寶保存委員會, 2000), 99~104쪽. 불상에서 발견된 발원문 사진을 제공해 주신 충북대학교 김춘실 교수님께 지면을 통하여 감사드린다.

我分身偏塵刹 願我廣度諸衆生 發願已
歸禮三寶 … 緣化秩 證明 守衍 持殿
曇秀 畵員 守衍 性玉 靈招 應仁 宝
熙 飯頭 弘敏 熟頭 道全 永男 卜男 大
化師兼大施主雲(勸) 玉岑 匙箸食器施
主崔氾福兩主12)　　萬曆四十六年戊午
八月日爲始己未正月日終畢(필자 진
하게)"이라 적혀 있다. 따라서 불상은
畵員 守衍, 性玉, 靈招, 應仁, 宝熙가
1618년 8월부터 1619년 1월까지 6개
월에 걸쳐 제작하였다.13) 이 발원문에
서 주목되는 점은 首畵僧과 證明의 소

도1. 수연, 목조삼존불좌상 본존
1619년, 서천 봉서사

임을 守衍이 맡은 것이다. 현재까지 조선 후기 불상의 발원문에서 證明
과 畵員을 동시에 맡은 승려는 守衍이 유일하다(도2).

　목조삼존불좌상의 본존은 높이가 96센티미터로, 조선 후기 제작된 중
형불상이다. 불상은 약간 상체를 앞으로 내밀어 구부정한 자세를 취하

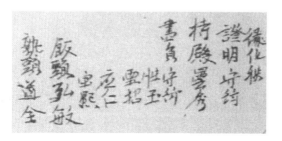

도2. 조성발원문 세부

---

12) 匙箸食器施主崔氾福兩主는 상단 餘白에 追記 補入되어 있다.

13) 기존 연구자는 앞의 논문에서 證明과 首畵僧을 맡은 승려를 守綺로 읽었다(김춘
실, 위의 논문, 101~102쪽). 필자는 원본 사진을 통하여 증명과 수화승이 守衍임
을 알게 되었다.

고, 목이 거의 표현되지 않았다. 머리는 뾰족한 螺髮과 경계가 불분명한 肉髻로 표현되고, 육계 밑에는 머리 정상부에 반원형의 中央髻珠와 정수리 부위에 원통형의 頂上髻珠가 있다. 타원형의 얼굴에 반쯤 뜬 눈은 눈꼬리가 약간 위로 올라갔고, 코는 콧날이 뾰족하며, 입은 살짝 미소를 머금고 있다. 오른손과 왼손은 무릎 위에 가지런히 놓은 채 엄지와 중지를 둥글게 맞대어 阿彌陀手印을 취하고 있다.

대의자락은 오른쪽 어깨에서 가슴까지 사선으로 접힌 옷깃이 부채 살처럼 늘어지고, 나머지 대의자락은 오른쪽 팔꿈치와 腹部를 지나 왼쪽 어깨로 넘어가고, 왼쪽 어깨를 완전히 덮은 대의자락은 복부에서 편삼과 접혀 U자형을 이루고 있다. 특히 하반신을 덮은 대의자락은 복부에서 직선으로 길게 늘어진 두 번째 옷주름이 가장 위쪽에 놓여 있고, 끝부분이 역삼각형(▽)으로 처리되었다. 이러한 끝부분 처리는 玄眞이 제작한 1626년 보은 법주사 불상과 1633년 부여 무량사 소조아미타삼존불좌상 등에서 볼 수 있어 17세기 전반에 유행한 옷주름 표현이라는 것을 알 수 있다. 왼쪽 무릎을 덮은 소매 자락은 잎사귀 모양으로 펼쳐져 있다. 대의 안쪽에 입은 僧脚崎는 가슴까지 올려 끝부분이 대각선으로 접혀 있다. 불상의 측면은 어깨선을 따라 한 가닥의 옷주름이 수직으로 내려와 끝부분이 ㅈ자형으로 마무리되었다.

협시보살은 신체와 의습 처리에서 본존과 거의 유사한 형태로 화려한 보관을 쓰고,

도3. 소조삼존불좌상 협시보살

끝부분에 술을 매단 X자형의 목걸이를 착용하고 있다(도3). 좌우 협시보
살은 수인이 대칭을 이루고, 왼쪽 팔뚝을 따라 한 가닥의 옷주름이 斜線
으로 내려와 끝부분이 꽃잎 모양으로 둥글게 마무리되었다. 이러한 옷주
름 표현은 임진왜란 이전에 제작된 불상에서 왼쪽 팔뚝에 수직으로 내려
오던 옷자락이 옆으로 표현된 것이다. 또한 대의 안쪽에 입은 편삼이 대
의 안쪽으로 접혀 들어가면서 넓게 펼쳐진 점이 가장 특이하다.

2. 강화 전등사 대웅보전 목조삼세불좌상

   인천광역시 강화군 전등사는 임
진왜란 중에는 큰 피해를 입지 않았
으나 전쟁이 끝난 후 1605년에 발
생한 화재로 전각의 반이 타고, 다
시 1614년 화재로 모든 전각이 소
실되었다고 한다. 이 사찰의 중창은
寺僧인 志敬을 중심으로 시작하여
1621년에 마쳤다.[14] 志敬은 1609년
순천 송광사 중수 시 天王門의 중수
를 맡겼던 智閃과 동일인으로 추정
되는데,[15] 이는 같이 활동한 승려

도4. 수연, 목조삼세불좌상
1623년, 강화 전등사

----

14) 志敬이 중건한 연대를 「전등사사적기약」에는 1625년으로 기록되어 있지만, 이는
구전에 의하여 잘못된 기록임을 『傳燈本末寺誌』의 편자인 金正爕이 지적하였다
(한국불교연구원 저, 『한국의 사찰 15 – 전등사』(일지사, 1978), 40쪽). 1916년 3
월 12일 대웅전 수리 중에 발견된 「양간록」의 대중질에 화주 志敬을 비롯하여
敬和, 儀尙, 應均, 天琦, 崇敏, 戒玉, 弘堅 등 24인의 승려가 언급되어 있는데, 전
등사는 1678년에 실록을 보관하면서 史庫를 지키는 사찰로서 왕실의 비호를 받
게 되었다.
15) 林錫珍 原著 / 古鏡 改正編輯, 『曹溪山 大乘禪宗 松廣寺』(松廣寺, 2001), 25~26
쪽 참조.

가운데 일부가 송광사 중창에 참여한 浮休善修의 문도로 송광사 중창에 참여하였기 때문이다.

대웅보전에 봉안된 목조삼세불좌상의 조성발원문은 市指定文化財 지정에 따른 사찰 내의 조사에서 발견되었다(도4).[16] 불상 내부에서 발견된 발원문에 "歸命西方大慈尊紫金光色彌陀佛四十八願度含生 接引郡迷登九品願我捨此五蘊聚速往安養蓮華中　親聞圓音悟無生恒沙菩薩因復遊虛空終爲破有盡 我願曠劫無能盡似此造像佛功德法界衆生同成覺 隨喜造成供養者見者禮者皆成佛天地洞然毫末 盡此像劫石如須臾 … 證明 坦悟 畵員 守衍 性玉 靈哲 察英 法林 惠祐 … 天啓三年癸亥四月十九日未[17]畢終雲守納子[18]大化師弘敏比丘(필자 진하게)"라 적혀 있다. 따라서 불상은 弘敏 등이 발원하여 1623년 음력 4월 19일에 畵員 守衍, 性玉, 靈哲 등이 제작하였다. 大化主로 나오는 弘敏은 1619년 守衍이 제작한 서천 봉서사 목조삼존불좌상 제작 시 飯頭로, 1639년 淸憲이 수화승으로 제작한 하동 쌍계사 불상 제작 시 시주자로 참여하였다. 그의 影幀은 충청남도 보은 법주사 조사전에 봉안되어 있다.[19]

목조삼세불좌상의 본존은 높이가 125센티미터이고, 양 협시불의 높이는 94.5센티미터이다. 본존은 약간 상체를 앞으로 내밀어 구부정한 자세를 취하고 있다(도5). 머리는 뾰족한 螺髮과 경계가 불분명한 肉髻로 표현되고, 육계 밑에는 머리 정상부에 반원형의 中央髻珠와 정수리 부위에 원통형의 頂上髻珠가 있다. 각이 진얼굴에 耳目口鼻는 서천 봉서사 불상의 인상과 달리 날카롭지 않고 온화한 느낌을 준다. 오른손은 降魔觸地

---

16) 전등사 불상에서 발견된 발원문의 복사본과 사진은 2005년 인천광역시 문화재위원이신 김형우 선생님과 안귀숙 선생님으로부터 얻을 수 있었고, 발원문의 감수는 송광사 성보박물관장 고경스님이 해주셨다.

17) 未는 未時인 오후 2시를 가르킨다(고경스님 교시).

18) 雲守納子는 雲水衲子의 誤記이다(고경스님 교시).

19) 禪敎兩宗影巖堂弘玟眞影『한국의 사찰문화재-충청북도』(문화재청·문화유산발굴조사단, 2006), 157쪽 圖109).

도5. 목조삼세불좌상 본존

도6. 목조삼세불좌상 협시불

도7. 본존과 협시불의 얼굴

印을 취하고, 왼손은 가지런히 무릎 위에 올려 놓은 상태로 바깥쪽에 걸친 대의는 엄지와 중지를 맞대고 있다. 오른쪽 어깨에 대의자락이 가슴까지 내려와 U자형을 이루고, 나머지 대의자락은 팔꿈치와 腹部를 지나 왼쪽 어깨로 넘어간다. 하반신을 덮은 대의자락은 낮게 펼쳐져 있고, 무룹부분에 완만하게 사선을 그리는 두 가닥의 옷주름이 접혀있다. 대의 안쪽에 입은 僧脚崎는 가슴까지 올리고 끈으로 묶어 상단의 주름이 蓮瓣形으로 표현되었다. 그러나 협시불좌상은 본존상과 전체적인 인상과 대의 처리가 다르다(도6, 7). 목조아미타불좌상은 오른쪽 어깨에 사선으로, 목조약사불좌상은 부채 살이 펼쳐진 것처럼 1619년 서천 봉서사 불상의 대의 처리와 동일하다. 대의 안쪽에 입은 僧脚崎도 본존은 仰蓮形이지만, 협시불좌상은 斜線으로 접고 있다.[20]

3. 나주 다보사 소조삼존불상과 16나한상

영산전 중앙 불단 위에는 主尊인 釋迦佛를 중심으로 阿難과 迦葉尊者를 배치하고, ㄱ자형 벽면을 따라 왼쪽에 홀수 번호의 나한상을, 오른쪽에 짝수 번호의 나한상과 제석천, 시자 등이 봉안되어 있다. 높이는 본존이 106.5센티미터이고, 가섭존자는 119센티미터이다. 목조석가불좌상은 전형적인 조선 후기 불상양식을 따르고 있지만, 세부에서 차이가 있다. 나한상 내부에서 발견된 발원문에는 "天啓五年乙丑 德龍山 雙溪寺 … 畵員秩 證師 持殿 靈慧 守衍 性玉 戒和 天琦 儀嚴 應仁 法林 雪珠…."라고 적혀 있다(필자 진하게, 도8, 8-1). 따라서 불상과 나한상은 1625년에 덕룡산 쌍계사에 봉안하기 위하여 수연, 성옥, 계화, 천기, 의엄, 응인, 법림, 설주가 제작하였음을 알 수 있다. 불상이 봉안된 쌍계사는 나주 봉황면 철천리에 위치한 덕룡산으로, 1711년에 月華坦天이 지은 「德龍山雲興寺事蹟」을 근거로 현재 운흥사가 있는 산이라 것을 알 수 있다. 또한 18세기에 신경준이 지은 『伽藍考』 羅州條에 "[雙溪寺]

---

20) 필자는 본존과 협시불이 크기, 인상, 세부 표현 등이 달라 수연이 제작한 불상은 협시불일 것으로 추정한다. 이는 전남 곡성 도림사 목조삼존불좌상이나 서울 봉은사 목조삼세불좌상 같이 한 전각에 봉안된 불상이라도 다른 시기에 조성된 불상들이 함께 봉안된 예가 있기 때문이다.

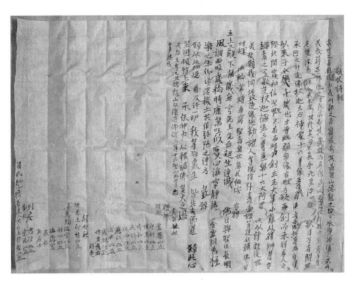

도8. 조성발원문(12존자 발견),
　　　1625년 나주 다보사(나주 쌍계사 조성)

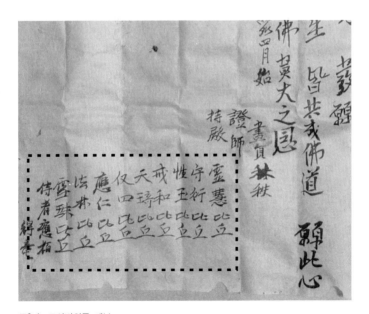

도8-1. 조성발원문 세부

도9. 수연, 소조여래좌상
　　1625년, 나주 다보사(나주 쌍계사 조성)

도10. 소조여래좌상 측면

州東七十里"로 언급되어 있다.

　소조로 만들어진 釋迦佛은 오른손을 무릎 밑으로 자연스럽게 내려 降魔觸地印을 하고, 왼손을 무릎 위에 가지런히 놓은 채 손바닥 쪽으로 엄지와 중지를 맞댄 手印을 결하고 있다(도9). 불상은 머리 위에 소라모양의 螺髮이 촘촘하고, 지혜를 상징하는 肉髻가 구분되지 않으며, 이마 위에 타원형의 中央髻珠와 머리 위에 낮은 頂上髻珠가 표현되어 있다. 각진 얼굴에 가늘게 뜬 눈, 뽀족한 코, 약간 미소를 머금은 작은입, 길게 늘어진 귀를 가지고 있다. 오른쪽 어깨에 걸친 대의 자락은 간단하게 몇 가닥 펼쳐지고, 나머지 대의 자락은 팔꿈치를 지나 腹部에서 넓게 펼쳐져 왼쪽 어깨에서 수직으로 내려온 옷자락과 겹쳐져 있다. 하반신을 덮은 대의자락은 왼쪽으로 몇 가닥의 옷주름이 늘어지고, 왼쪽 무릎을 덮은 소매자락은 나뭇잎 모양으로 늘어져 있다. 가슴을 덮은 승각기는 수평으로 간단하게 처리되어 있다(도10).

4. 익산 숭림사 명부전 봉안 목조지장보살좌상

전라북도 익산시 숭림사 명부
전에 봉안된 목조지장보살좌상
등은 원래 옥구 보천사에 봉안되
었다가 1926년에 현 위치로 옮
겨졌다(도11). 이러한 내용은
1955년에 작성된『崇林寺財産臺
帳』에 수록된 「地藏尊像等諸像
移安記」와 「地藏菩薩腹藏記文」
등에 자세히 언급되어 있다.21)
그 내용을 살펴보면 "大明崇禎
七年甲戌二月日 佛像化主敬一
者請工良匠刻彫成像尊 幽冥敎主

도11. 수연, 목조지장보살좌상
1634년, 익산 숭림사

地藏大聖尊及道明尊者無毒鬼王兩家眞俗作同行 十王判官諸鬼王將軍童
子及使者建立 諸形相皆以成佛道 硏時於三月初工訖于六月晦凡物有始必
有終必有始始成之終之得皆一揆也 … 主上殿下聖壽萬歲 王妃殿下睿笑齊
年 世子邸下鶴岑千秋 天下太平法輪轉 于戈息靜國太平 持事 玄淨比丘
三寶 性雨比丘 持殿 玉淨比丘 畵員秩 證明 泰守比丘 守衍比丘 双輝比
丘 靈哲比丘 性林比丘 大雄比丘 儀哲比丘 省敏比丘(필자 진하게)"으
로 알려져 있다. 그런데 기존에 알려진 발원문 내용은 같은 시기에 작성
된 발원문과 비교해 보면 적혀 있는 순서가 다르다. 예를 들어 證明 泰
守 앞에 畵員秩을, 다음에 守衍, 雙輝, 靈哲 등을 적어 놓았다. 그런데
조선 후기에 쓰인 발원문의 서술 방법과 1640년대에 활동한 조각승을
중심으로 발원문에 나오는 승려들을 검토해 보면, 證明 다음에 언급된

---

21)『韓國의 古建築』(국립문화재연구소, 2001.12), 214~215쪽 ;『崇林寺 普光殿 修
　　理報告書』(文化財廳, 2002.8), 122~123쪽 참조.

승려들이 畵員일 가능성이 있다.[22] 따라서 지장보살과 시왕은 1634년에 畵員 守衍, 双輝, 靈哲, 性林, 大雄, 儀哲, 省敏이 제작한 것으로 추정된다.

목조지장보살좌상은 높이가 104센티미터 되는 중형불상이다. 보살상은 타원형의 얼굴에 눈꼬리가 약간 위로 올라가 반쯤 뜬 눈과 원통형의 코, 그리고 살짝 미소를 머금은 입을 가지고 있다. 手印은 別造된 손을 손목에 끼워 넣었으며, 오른손은 첫째와 셋째 손가락을 둥글게 맞댄 中品下生印을 취하고 있다. 바깥쪽에 걸친 대의는 變形右肩偏袒으로, 오른쪽 어깨에 대의자락이 목에서 팔뚝으로 거의 사선으로 늘어지고, 나머지 대의자락은 팔꿈치와 腹部를 지나 왼쪽 어깨로 넘어가고, 반대쪽 대의자락은 왼쪽 어깨를 완전히 덮고 내려와 복부에서 편삼과 자연스럽게 접혀 있다. 하반신을 덮은 대의자락은 복부에서 수직으로 한 가닥이 늘어져 끝부분이 역삼각(▽)형으로 처리되었다. 이는 1619년에 서천 봉서사 불상의 옷주름 처리와 유사하다. 왼쪽 무릎을 덮은 소매 자락은 양쪽이 한 번씩 접혀 사선방향으로 길게 늘어져 있는 점이 강화 전등사 협시불과 유사하다. 僧脚崎는 가슴에서 완만하게 처리되었다. 보살상의 측면은 어깨선을 따라 두 가닥의 옷 주름이 수직으로 내려와 끝자락이 Y자형을 이루고 있다.

5. 예산 수덕사 봉안 목조삼세불좌상

현재 충청남도 예산군 수덕사 대웅전에 봉안된 불상의 복장조사는 국

---

22) 필자는 익산 숭림사 志光 주지스님의 배려로 『崇林寺財産臺帳』을 실견하면서 기존에 알려진 내용 가운데 몇 글자가 다르다는 것을 알게 되었다. 이 재산기록을 작성한 黃成烈 스님은 법명이 夢幻, 法號 無礙로 경남 양산 출생이다. 1890년에 태어나 1906년 충남 공주 계룡산 신원사 騰雲庵에서 득도하고, 익산 숭림사와 김제 금산사(1934~1941.8) 주지를 역임하였다. 그의 恩師는 德化(羅一峰)이고, 法師는 卓凌虛(法名 桂明)이다.

도12. 수연, 목조삼세불좌상, 1639년, 예산 수덕사

가지정문화재 조사를 계기로 알려졌다. 이 불상은 전라북도 남원 풍국사에서 제작되어 귀정사로 이전되었다가 수덕사의 中興祖인 滿空禪師에 의해 현 위치로 옮겨졌다(도12). 불상 내부에서 발견된 발원문에 "崇禎十二年歲次己卯秋冬兩節中萬行山豊國寺大雄殿釋迦尊像新造成 … 畵員 守衍 靈澈 省敏 思忍 信寬 明惠 印宗 … (필자 진하게)"이라 적혀 있다. 따라서 발원문을 통하여 1639년에 畵員 守衍, 靈澈, 省敏 등

도13. 수연, 목조삼세불좌상 본존

이 全北 南原 萬行山 豊國寺 大雄殿에 불상을 제작하였음을 알 수 있다.

목조삼세불좌상의 본존은 전체 높이가 155센티미터이고, 협시불상은 145센티미터인 중대형 불상이다(도13). 이 불상은 앞서 살펴본 서천 봉서사 불상, 강화 전등사 협시불상, 익산 숭림사 봉안 지장보살상과 전체적인 형태가 유사하다. 특히 서천 봉서사 불상보다 얼굴이 조금 작아지고 몸이 가늘어진 것을 제외하면 신체비례와 옷주름 표현 등이 동일하다(도13). 예를 들어 오른쪽 어깨에 걸친 대의자락이 1619년 서천 봉서사 불상과 같으면서 끝부분이 U자형으로 자연스럽게 늘어져 있고, 1623년 강화 전등사 협시불과 달리 하반신을 덮은 옷자락이 복부에서 수직으로 내려와 끝부분이 둥글게 처리되었다. 삼세불의 오른쪽 무릎을 덮은 소매자락은 모두 다르게 표현되었는데, 본존은 넓게 펼쳐진 대의자락 안쪽에 네 가닥의 주름이 펼쳐져 있고, 아미타불은 1619년 서천 봉서사 협시보살상 같이 넓적한 잎사귀 모양을 하고 있다.

이상으로 守衍이 제작한 불상에 대하여 살펴보았다. 그는 90~155센티미터 정도의 중형 목조불상을 주로 제작하였다. 그가 제작한 불상의 신체비례는 높이와 무릎 너비의 비율이 1619년 서천 봉서사 불상에서 1:0.77이고, 1639년 예산 수덕사 불상에서 1:0.67로 줄어들었다. 1619년 서천 봉서사 불상은 印象이 넓은 이마에 耳目口鼻가 얼굴 중앙으로 몰려 있고, 코는 짧고 뾰족한 편이다. 오른쪽 어깨에 짧게 걸친 대의자락의 형태는 1619년 서천 봉서사 불상과 1623년 강화 전등사 협시불이 대의 끝단이 동일한 위치에 펼쳐져 있고, 1634년 익산 숭림사 보살상은 대의자락이 목에서 팔뚝까지 거의 45도로 완만하게 늘어져 있으며, 1639년 예산 수덕사 불상은 옷깃이 U자형으로 늘어져 있다. 하반신을 덮은 대의자락은 1619년 서천 봉서사 불상, 1634년 익산 숭림사 보살상, 1639년 예산 수덕사 불상이 복부에서 가운데로 길게 늘어진 두 번째 옷자락이 가장 위에 펼쳐져 있고, 끝부분이 역삼각형, 사다리꼴형, 원형으로 처리되어 같은 시기에 제작된 불상의 옷주름 표현과 다르다.

그러나 왼쪽 무릎 위에 늘어진 소매 자락은 1634년 익산 숭림사 보살상에서 사선 방향으로 길게 늘어져 끝이 뾰족한 반면 1639년 예산 수덕사 불상에서는 넓고 길게 펼쳐져 있다. 마지막으로 대의 안쪽에 입은 僧脚崎 표현은 1623년 강화 전등사 불상의 본존만 蓮瓣形으로, 다른 불상은 수평이나 사선으로 접어 간단하게 표현하였다.

Ⅲ. 彫刻僧 守衍의 活動

조각승 수연의 生涯와 僧匠이 된 배경에 대한 기록은 전해지지 않았다. 다만 그가 활동한 기록을 통하여 활동 시기와 같이 활동한 조각승을 중심으로 계보를 밝힐 수 있다. 조각승 수연에 관한 문헌기록은 다섯 건으로, 불상에서 발견된 발원문 네 건과 사적기 내용 한 건이다.

표1. 수연 관련 문헌기록

연도	지역	사찰	조성 내용	조각승		문헌 기록과 봉안처
1615	전북 김제	금산사	독성 제작	畵員 太顚 應元 守衍 …		「大藏殿奉安佛像造成年代及七星閣」(『金山寺誌』)
1619	충남 서천	봉서사	목조삼존불좌상 제작	畵員 守衍 性玉 …		造成發願文 證明 守衍
1623	인천 강화	전등사	목조삼세불좌상 제작	畵員 守衍 性玉 靈哲 …		造成發願文
1634	전북 옥구	보천사	목조지장삼존상과 소조시왕상 제작	畵員 守衍 双輝 靈哲 …省敏		「地藏菩薩腹藏記文」(『崇林寺財産臺帳』) 익산 숭림사 봉안
1639	전북 남원	풍국사	목조삼세불좌상 제작	畵員 守衍 灵澈 省敏 …		造成發願文 예산 수덕사 봉안

萬曆四十三年乙卯 獨聖造成 化主竹衍 畵員太顚 應元 守衍 法令 印均

三綱 自弘 啓萱 性寬 化主居太元 志禪

山中老德 月峰有心 月谷斗定 影月應還 忠庵善奇 印潭喆銀 時幹事性允

淨潭慧紋 都監前僧統孟允 時僧統桐坡義永 前住持德英 典軒定仁

도14. 「大藏殿奉安佛像
造成年代及七星閣」

守衍이 제작한 불상의 내용을 정리한 표1에 의하면 현재까지 알려진 제작연대를 알 수 있는 불상보다 4년 앞선 1615년 전북 김제 금산사 칠성각 독성을 보조화승으로 제작하였다(도14).[23] 1615년에 독성 제작에 참여한 太顚, 應元, 法令, 印均은 모두 17세기 전반에 활동한 대표적인 조각승들이다. 守衍은 1619년 서천 봉서사 불상 제작 시 證明과 首畵僧을 맡은 것을 보면, 1610년대 후반 이미 상당한 지위와 실력을 갖춘 승려로 추정되어 太顚, 應元, 法令, 印均과 동년배일 가능성이 높다.

또한 守衍은 1623년 강화 전등사 불상을 제작하였는데, 전등사를 중건한 志敬과 불상 제작에 大化主를 맡은 弘敏은 모두 浮休門徒에 속하는 승려들이라는 점이 주목된다. 따라서 玄眞도 浮休門徒에 속하는 승려일 것으로 추정되기 때문에 현진과 수연이 공동 작업한 불상이 아직 발견되지는 않았지만, 같은 시대에 활동한 승려들로 이후 공동 작업을 한 불상이 조사될 가능성이 높다. 守衍은 1634년 익산 숭림사 봉안 목조지장보살좌상(옥구 보천사 제작)과 1639년 예산 수덕사 봉안 목조삼세불좌상(남원 풍국사 제작)을 제작하였다.

발원문과 문헌기록을 중심으로 守衍의 생애

---

23) 萬曆四十三年 獨聖造成 化主 竹衍 畵員 太顚 應元 守衍 法令 印均(「大藏殿奉安佛像造成年代及七星閣」, 『金山寺誌』(亞細亞文化社, 1983), 216쪽).

를 살펴보면, 그는 최소한 1615년 이전부터 불상 제작에 관여하였을 것이다. 이제까지 밝혀진 守衍의 활동 시기는 1615년부터 1639년까지 25년으로, 그가 불상을 제작한 지역과 사찰이 전북 김제 금산사, 충남 서천 봉서사, 인천 강화 전등사, 전북 옥구 보천사, 전북 남원 풍국사 등이기 때문에 전라북도와 충청남도를 중심으로 활동하였음을 알 수 있다. 또한 守衍이 제작한 불상 네 건은 모두 불상 형태와 세부 표현이 달라 다양한 조형감각을 가졌던 조각승일 것으로 추정된다.

Ⅳ. 彫刻僧 守衍의 系譜와 佛像 樣式

조각승 수연이 제작한 紀年銘 불상과 관련된 문헌기록을 중심으로 그의 생애에 대한 접근을 시도하여 보았다. 수연과 함께 불상을 제작한 조각승들을 중심으로 수연의 계보를 살펴보고자 한다. 그리고 수연의 계보에 속하는 조각승들의 기년명 불상을 중심으로 불상양식과 변화과정을 밝혀보겠다.

1. 조각승 守衍의 계보

彫刻僧 수연과 관련된 발원문과 사적기를 통하여 수연의 계보에 속하는 조각승을 정리하여 보면 표2와 같다.

표2. 수연과 그 계보에 속하는 조각승의 문헌기록

연대	지역	사찰	조성 내용	조각승	발원문과 봉안처
1615	전북 김제	금산사	독성 제작	畵員 太顚 應元 守衍 法令 印均	「大藏殿奉安佛像造成年代及七星閣」

1619	충남 서천	봉서사	목조삼존불좌상 제작	畵員 守衍 性玉 靈招 應仁 宝熙	發願文 證明 守衍
1623	인천 강화	전등사	목조삼세불좌상 제작	畵員 守衍 性玉 靈哲 察英 法林 惠祐	發願文
1625	전남 나주	쌍계사	목조삼존불상과 16나 한상 제작	畵員秩 守衍 性玉 戒 和 天琦 儀嚴 應仁 法 林 雪珠	發願文
1634	전북 옥구	보천사	목조지장보살좌상과 시왕상 제작	畵員 守衍 双輝 靈哲 性林 大雄 儀哲 省敏	事蹟記 익산 숭림사 봉안
1639	전북 남원	풍국사	목조삼세불좌상 제작	畵員 守衍 灵澈 省敏 思忍 信寬 明惠 印宗	發願文 예산 수덕사 봉안
1639	전남 고흥	능가사	불상 제작	金魚 雲慧 勝鈞 敬琳 坦旭 幸瓊 …	發願文
1649	황해 배천	강서사	목조지장보살좌상과 시왕상 제작	畵員 靈哲 印明 … 云 惠 玉淳 …	發願文 서울 화계사 봉안
1650	전남 해남	서동사	목조삼세불좌상 제작	畵員 雲惠 雲益 …	發願文
1650 1659	충남 공주	마곡사		前判事 勝衍, 雲惠, 雲 益, 雲日 등이 번갈아 주지를 함	事蹟記
1665	전남 곡성	도림사	목조아미타불좌상 제작	畵員 雲慧 瓊琳 處瓊 妙瓊 處機	發願文
1667	전남 화순	쌍봉사	목조지장보살좌상과 시왕상 제작	畵員 雲慧 印性 道日 碧雲 敬林 …	發願文
1678	전남 강진	백련사	목조아미타삼존불좌상 제작	畵員 敬琳 坦旭 三眼 …	發願文 목포 달성사 봉안
1680	전남 곡성	도림사	목조보살좌상 제작	畵員 雲惠 敬琳 … 三 眼 …	發願文
1740	서울	진관암	목조여래좌상제작	良工 印性 緇俊 智閑 三眼 忠信	發願文 서울 도선사 봉안
1748	강원 인제	백담사	목조여래좌상제작	良工 印性 緇俊 肯柔 … 最白 …	發願文 평창 보월암 제작

조각승 守衍이 제작한 네 건의 불상 내부에서 발견된 발원문을 통하
여 공동 작업을 한 것으로 밝혀진 조각승들은 대략 20여명에 이르고 있
다.

표3. 조각승 수연과 공동작업한 조각승

僧名	活動年代	活動 事項
太顚	-1601년경 -1615-	1601년부터 1635년까지 금산사를 守文과 중창 1615년 전북 김제 금산사 독성 제작(首畵僧)
應元 應圓	-1601년경 -1636-	1601년부터 1635년까지 금산사를 守文과 중창 1615년 전북 김제 금산사 독존 제작(次畵僧, 首畵僧 太顚) 1624년 전남 순천 송광사 응진전 목조삼존불좌상과 시왕상, 광원암 목조아미타여래좌상 제작(首畵僧) 1628년 전남 순천 송광사 사천왕상 제작(首畵僧) 1636년경 전남 구례 화엄사 대웅전 삼존불좌상 제작
印均	-1615-1655-	1615년 전북 김제 금산사 독성 제작(首畵僧 太顚) 1623년 경남 하동 쌍계사 목조원패 제작(首畵僧) 1624년 전남 순천 송광사 광원암 목조아미타불좌상 제작(首畵僧 應元) 1628년 전남 순천 송광사 사천왕상 제작 시에 司果의 소임을 맡음 1633년 전북 부안 내소사 목조석가삼존불좌상 제작(首畵僧) 1633년 전북 김제 귀신사 영산전 목조석가불좌상 제작(首畵僧) 1636년경 전남 구례 화엄사 대웅전 삼존불좌상 제작 1648년 전남 여수 흥국사 무사전 목조지장보살좌상 제작(首畵僧) 1655년 전남 여수 흥국사 응진당 석가모니불좌상 제작(首畵僧) 1663년 전남 구례 화엄사 「碧巖國一都大禪師碑」 후면에 摠攝 언급
性玉	-1619-1623-	1619년 충남 서천 봉서사 목조삼존불좌상 제작(首畵僧 守衍) 1623년 인천 강화 전등사 대웅보전 목조삼세불좌상 제작(次畵僧 ; 首畵僧 守衍)
靈澈 靈哲 灵澈	-1623-1649-	1623년 인천 강화 전등사 대웅보전 목조삼세불좌상 제작(首畵僧 守衍) 1634년 전북 익산 숭림사 영원전 봉안 목조지장보살좌상과 소조시왕상 제작(옥구 보천사 제작, 首畵僧 守衍) 1639년 충남 예산 수덕사 봉안 목조삼세불좌상 제작(남원 풍국사 제작; 首畵僧 守衍) 1649년 서울 화계사 명부전 봉안 목조지장보살좌상과 시왕상 제작(황해 견불산 강서사 제작하여 廣照寺 봉안, 首畵僧)
省敏	-1634-1639-	1634년 전북 익산 숭림사 영원전 봉안 목조지장보살좌상과 소조시왕상 제작(옥구 보천사 제작 ; 首畵僧 守衍) 1639년 충남 예산 수덕사 봉안 목조삼세불좌상 제작(남원 풍국사 제작; 首畵僧 守衍)
雲惠 雲慧 云惠	-1639-1680-	1639년 전남 고흥 능가사 불상 제작(首畵僧 雲惠) 大禪師 1649년 서울 화계사 명부전 봉안 목조지장보살좌상과 시왕상 제작(황해 견불산 강서사 제작하여 廣照寺 봉안, 首畵僧 靈哲) 1650년 전남 해남 서동사 목조삼세불좌상 제작(首畵僧)

		1650년부터 1659년 사이에 충남 공주 마곡사 주지를 맡음
		1665년 전남 곡성 도림사 목조아미타불좌상 제작(首畵僧)
		1667년 전남 화순 쌍봉사 목조지장보살좌상과 시왕상 제작(首畵僧)
		1680년 전남 곡성 도림사 목조협시보살좌상 제작(首畵僧)
敬林 敬琳 瓊琳	-1639-1678-	1639년 전남 고흥 능가사 불상 제작(西邊監首, 首畵僧 雲惠)
		1666년 전남 고흥 능가사 천왕문 건립(상량문 禪伯 敬琳24))
		1678년 전남 목포 달성사 봉안 목조아미타삼존불좌상 제작(강진 백련사 제작, 首畵僧)25)
		1750년 전남 고흥 능가사사적비 후면 嘉善 敬琳
印性	-1667-1748-	1667년 전남 화순 쌍봉사 목조지장보살좌상과 시왕상 제작(首畵僧 雲惠)
		1740년 서울 도선사 봉안 목조아미타삼존불좌상 제작(서울 진관암 제작 원통암 봉안, 首畵僧)
		1748년 강원 인제 백담사 봉안 목조아미타불좌상 제작(평창 보월암 제작, 首畵僧)
三眼	-1678-1740-	1678년 전남 목포 달성사 봉안 목조아미타삼존불좌상 제작(강진 백련사 제작; 首畵僧 敬琳)
		1680년 전남 곡성 도림사 목조협시보살좌상 제작(首畵僧 雲惠)
		1683년 전남 곡성 도림사 괘불 제작(首畵僧 戒悟)26)
		1740년 서울 도선사 봉안 목조아미타삼존불좌상 제작(서울 진관암 제작 원통암 봉안, 首畵僧 印性)27)

표3에서 알 수 있는 바와 같이, 太顚은 1601년부터 1635년까지 守文과 금산사를 중건한 승려이다.28) 당시 금산사는 이 지역에서 의승군의

---

24) 東方 持國天王 내에서 발견된 남방 증장천왕의 發願文 중에 禪伯 敬琳으로 나와 있다(장헌덕, 위의 논문, 80~81쪽 참조).

25) 成春慶,「達成寺 木造地藏菩薩 및 阿彌陀三尊佛」,『文化史學』14(한국문화사학회, 2000.12), 75~77쪽에서는 조각승 가운데 埠旭과 三服으로 읽었으나 雲惠의 다른 불상에서 발견된 발원문을 확인한 바로는 坦旭과 三眼이다.

26)『韓國의 佛畵 11 - 華嚴寺 本寺篇』(聖寶文化財研究所, 1988), 圖 24와 畵記 참조.

27) 文明大,「百譚寺 木阿彌陀佛坐像」,『講座 美術史』5(한국미술사연구소, 1993.12), 83~88쪽과 文明大,「印性派 木佛像의 조성과 道詵寺 木阿彌陀三尊佛像의 고찰」,『聖寶』5(大韓佛敎曹溪宗 聖寶保存委員會, 2003), 5~16쪽.

28) 당시 관련된 인물은 智訓, 德行, 釋俊, 守文, 天澤, 應元, 學蓬, 太顚, 雲根, 心允, 敬日, 文益, 寶還, 印彥, 智守, 天珠 등이다(「全羅北道金溝縣母岳山金山寺事蹟」,

총 본산으로 막대한 피해를 입었던 사찰로, 진신사리가 봉안된 금강계단이 있어 빠른 중창이 이루어졌다. 아직까지 太顚이 수화승으로 제작한 현존 불상은 조사되지 않았지만, 김제 금산사를 중심으로 활동한 승려일 가능성이 매우 높다.

應元(應圓, 1600~1636)은 守文과 太顚 등과 금산사를 중수하고, 태전이 수화승으로 제작한 1615년 금산사 독성 제작 시에 次畵僧으로 언급되어 있다. 1624년 순천 송광사 응진전 불상과

도15. 응원, 목조여래좌상
1624년, 순천 송광사 광원암

광원암 목조아미타불좌상(도15),[29] 1628년 순천 송광사 사천왕상을 首畵僧으로 제작하여 1620년대 활동한 조각승임을 알 수 있다.[30] 그가 제작한 불상은 거의 비슷한 형태로, 오른쪽 어깨에 반원형으로 걸친 대의자락이 거의 사선을 그릴 정도로 완만하게 팔꿈치로 넘어가고, 하반신의 대의자락 역시 간결하면서도 곡선 위주로 자연스럽게 펼쳐져 있다.

印均(1615~1655)은 1623년 수화승으로 경남 하동 쌍계사 목조원패를 제작한 후,[31] 1624년 순천 송광사 불상 제작 시 보조화승으로 참여하

『金山寺誌』(亞細亞文化社, 1983), 204~208쪽). 그러나 이 가운데 天澤은 天淨으로, 學篷은 學蓮으로 읽은 경우도 있다(「金堤郡金山面金山寺誌」, 위의 책, 104~105쪽).

29) 畵員 應元 高閑 思舜 心淨 印均 釋參 宗海 性宗 天曉 鳳翼(송광사 성보박물관장 고경스님의 교시로 알게 되었다).

30) 畵員 應圓 高閑 釋湖 法海 戒雄 釋參 懷澗 天翼 離幻 天然 性悅 三忍 信懷 法端 (林錫珍 原著/古鏡 改正編著, 『曹溪山 大乘禪宗 松廣寺』(松廣寺, 2001) 718쪽).

도16. 인균, 목조여래좌상
1633년, 김제 귀신사

도17. 청헌, 목조삼세불좌상 본존
1636년경, 구례 화엄사

고, 1628년 송광사 사천왕상 제작 시 司果를 맡았으며, 首畵僧으로 1633
년 전북 부안 내소사 목조석가삼존불좌상,[32] 1633년 전북 김제 귀신사
영산전 불상을 제작하고(도16),[33] 1636년경에 淸憲, 應圓과 구례 화엄사
대웅전 삼존불을 제작하였다(도17). 印均은 守衍, 法令과 불상을 제작할
때 발원문에 언급된 순서가 통일되지 않아 동년배임을 알 수 있다. 최근
조사된 바에 의하면 그는 수화승으로 1648년 전남 여수 흥국사 무사전
목조지장보살좌상(도18),[34] 1655년 여수 흥국사 응진당 목조석가불좌상

31) 『三神山 雙磎寺誌』(雙磎寺, 2004), 33쪽.
32) 필자는 현재 봉안된 불상을 18세기 중반에 제작된 것으로 추정한다.
33) 이분희, 「朝鮮前半期 阿彌陀佛像의 硏究」, 90~91쪽(梵玄 編著, 『천삼백년 고찰
호남의 화엄성지 歸信寺』(귀신사불서간행위원회, 1998), 112~113쪽 재인용). 그
런데 최근 발표된 손영문, 앞의 논문, 55~57쪽에는 1633년에 김제 귀신사 영산
전 석가모니불좌상을 제작한 내용과 조각승이 동일하다면서 몇 글자를 다르게 읽
었다. 이전 논문에는 조각승을 仁均, 大悟, 信戒, 寬海, 懷鑑, 天沾, 處心, 靈寬,
靈印, 沽敬, 尙儀, 學沾으로, 최근 논문에서 寬海 대신에 覺海, 天沾 대신에 天沽,
沽敬 대신에 沽敬, 學沾 대신에 學沽로 나와 있다.
34) 불상은 印均, 尙儀, 慈敬, 靈侃, 智玄, 善河, 淳玉, 淳一, 淸學, 明淡, 德軒, 頂峯이
제작하였다(손영문, 앞의 논문, 58쪽 註11).

도18. 인균, 목조지장보살좌상
1648년, 여수 흥국사

도19. 영철, 목조지장보살좌상, 1649년
서울 화계사(배천 강서사 조성)

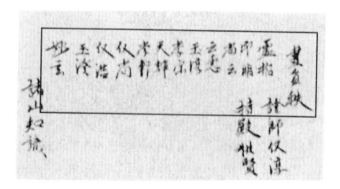

도20. 조성발원문 세부

을 제작하였다.[35] 이외 性玉(-1619-1623-)은 1619년 서천 봉서사 목조삼
존불좌상과 1623년 강화 전등사 불상 제작 시 次畵僧으로, 靈哲(-1623-
1649-)은 1623년 강화 전등사 목조삼세불좌상과 1634년 익산 숭림사 목
조지장보살좌상 및 1639년 예산 수덕사 목조삼세불좌상을 같이 제작하

---

35) 불상은 印均, 三忍, 慈敬, 海益, 淸敏, 思舜, 戒宗, 儀坦, 天信, 若六이 제작하였다
(손영문, 위의 논문, 59쪽 註12).

여 守衍과 가장 많이 작업하였다. 그런데 靈哲이 수화승이 되어 1649년에 황해도 견불산 강서사에서 제작하여 廣照寺에 봉안한 목조지장보살좌상과 시왕상이 현재 서울 화계사 명부전에 봉안되어 있다(도19, 20).[36]

2. 守衍의 계보 조각승의 불상 양식과 변화과정

조선 후기 불상 가운데 발원문과 사적기를 통해 제작연대를 알 수 있는 불상은 200여 점에 이른다. 이 가운데 수연이 수화승으로 제작한 불상은 여래상과 보살상으로 십여 점이 조사되었다. 수연이 제작한 불상은 조선 후기 불상의 전형성을 따르면서도 얼굴과 대의 처리 등에서 다른 조각승이 제작한 불상과 차이가 있다.

수연이 제작한 불상은 1612년 현진의 함양 상련대 목조보살좌상(도21a), 1636년경 청헌의 구례 화엄사 삼신불좌상(도21f) 등과 불상 양식에서 차이가 있다. 우선 얼굴형에서 수연이 제작한 불상은 얼굴의 양 미간이 좁으며, 耳目口鼻가 오밀조밀하여 강한 인상을 주고 있다. 신체비례는 높이와 무릎너비의 비율이 1619년 서천 봉서사 목조삼존불좌상(도21b)에서 1:0.77 정도이었다가 1639년 예산 수덕사 불상(도21g)에서 1:0.67로 줄어들었다. 이러한 신체 비례는 조선 후기 목조불상의 높이와 무릎 너비가 1:0.65~0.75 사이인 것을 보면 거의 유사한 신체 비례를 따르고 있다. 17세기 전반에서 후반의 대표적인 불상들을 살펴보면, 신체가 가늘고 긴 형태에서 짧고 다부진 어깨를 가진 형태로 변화되었다. 수연이 제작한 불상은 오른쪽 어깨에 걸친 대의자락이 가슴까지 늘어져 부채 살처럼 펼친 모양, 편삼 위에 대각선으로 늘어진 모양, 물방울처럼

---

36) 이 시왕상은 1877년 黃海道 白川郡 江西寺에서 옮겨왔다고 한다(「화계사약지」, 『華溪寺 實測調査報告書』(서울특별시, 1988), 50~57쪽 참조).

a. 玄眞, 목조보살좌상, 1612년, 함양 상련대	b. 守衍, 목조삼존불좌상, 1619년, 서천 봉서사	c. 守衍, 목조삼세불좌상, 1623년, 강화 전등사	d. 守衍, 목조삼세불좌상, 1623년, 강화 전등사	e. 守衍, 목조지장보살좌상, 1634년, 익산 숭림사(옥구 보천사 제작)
f. 淸憲, 삼신불좌상, 1636년경, 구례 화엄사	g. 守衍, 목조석가불좌상, 1639년, 예산 수덕사(남원 풍국사 제작)	h. 靈哲, 목조지장보살좌상, 1649년, 서울 화계사(배천 강서사 제작)	i. 雲惠, 목조석가불좌상, 1650년, 해남 서동사	j. 雲惠, 목조지장보살좌상, 1667년, 화순 쌍봉사

도21. 17세기 전·중반의 기년명 불상

길게 늘어진 모양이 있다(도22c, 22f, 22g). 이러한 다양한 형태의 대의자
락은 17세기 전반의 조각승 현진의 불상에서도 마찬가지로 다양하게 나
타나고 있다(도22a, 22b, 22d, 22e). 17세기 중반의 청허와 청헌이 제작
한 불상에서는 동일한 형태를 취하고 1630년 후반부터 개별 조각승의
조형성을 바탕으로 각자의 불상 양식이 성립되기 시작하였음을 알 수 있
다(도22i, 22j). 이러한 영향은 17세기 중반에 활동한 조각승 계보마다의
불상양식을 공유할 수 있는 계기가 되어 靈哲과 雲惠가 제작한 불상은
전체적인 인상과 대의처리 등이 거의 동일한 형태를 하고(도21i, 21j), 이
와 달리 17세기 중반 熙藏이 제작한 1653년 고흥 능가사 봉안 목조여래
좌상과 1662년 부산 범어사 목조석가삼존불좌상은 오른쪽 어깨에 걸친

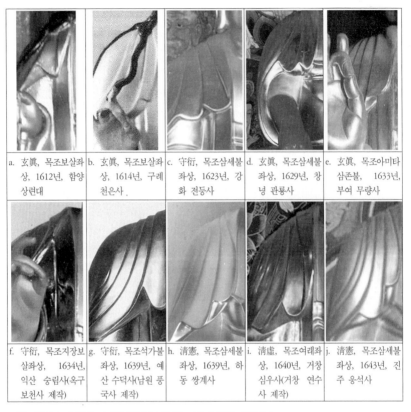

a. 玄眞, 목조보살좌상, 1612년, 함양 상련대	b. 玄眞, 목조보살좌상, 1614년, 구례 천은사.	c. 守衍, 목조삼세불좌상, 1623년, 강화 전등사	d. 玄眞, 목조삼세불좌상, 1629년, 창녕 관룡사	e. 玄眞, 목조아미타삼존불, 1633년, 부여 무량사
f. 守衍, 목조지장보살상, 1634년, 익산 숭림사(옥구 보천사 제작)	g. 守衍, 목조석가불좌상, 1639년, 예산 수덕사(남원 풍국사 제작)	h. 清憲, 목조삼세불좌상, 1639년, 하동 쌍계사	i. 清虛, 목조여래좌상, 1640년, 거창 심우사(거창 연수사 제작)	j. 清憲, 목조삼세불좌상, 1643년, 진주 응석사

도22. 17세기 전·중반 기년명 불상의 오른쪽 어깨에 걸친 대의자락

대의자락 일부가 V자형을 이루고,[37] 17세기 후반에 활동한 색난이 제작한 불상은 오른쪽 어깨에 걸친 대의 자락이 초생달 같이 늘어져 있어 조각승마다 조형감각이 다르다는 것을 알 수 있다.[38] 한편 수연이 제작한 불상의 하반신을 덮은 대의자락은 1619년 서천 봉서사 목조삼존불좌상, 1634년 익산 숭림사 목조지장보살좌상, 1639년 예산 수덕사 목조삼세불좌상이 복부에서 가운데로 길게 늘어진 두 번째 옷주름이 가장 상단

---

37) 崔宣一, 「18세기 중반 彫刻僧 尙淨의 활동과 佛像 硏究」, 48쪽.
38) 崔宣一, 「朝鮮後期 全羅道 彫刻僧 色難과 그 系譜」, 52~54쪽.

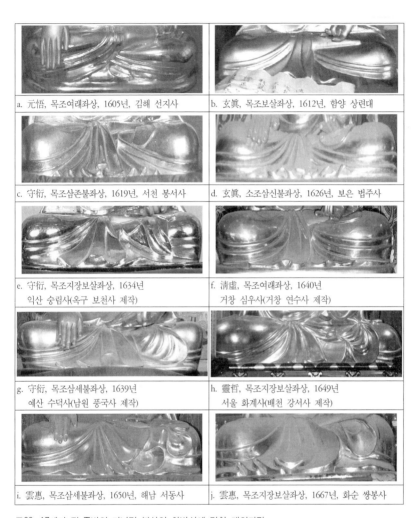

a. 元悟, 목조여래좌상, 1605년, 김해 선지사	b. 玄眞, 목조보살좌상, 1612년, 함양 상련대
c. 守衍, 목조삼존불좌상, 1619년, 서천 봉서사	d. 玄眞, 소조삼신불좌상, 1626년, 보은 법주사
e. 守衍, 목조지장보살좌상, 1634년 익산 숭림사(옥구 보천사 제작)	f. 淸虛, 목조여래좌상, 1640년 거창 심우사(거창 연수사 제작)
g. 守衍, 목조삼세불좌상, 1639년 예산 수덕사(남원 풍국사 제작)	h. 靈哲, 목조지장보살좌상, 1649년 서울 화계사(배천 강서사 제작)
i. 雲惠, 목조삼세불좌상, 1650년, 해남 서동사	j. 雲惠, 목조지장보살좌상, 1667년, 화순 쌍봉사

도23. 17세기 전·중반의 기년명 불상의 하반신에 걸친 대의자락

에 펼쳐져 있고, 끝부분이 역삼각형, 사다리꼴형, 원형으로 처리되어 다른 조각승이 제작한 불상과 많은 차이가 난다(도23c, 23e, 23g). 그러나 왼쪽 무릎 위에 늘어진 소매 자락은 1634년 익산 숭림사 목조지장보살좌상에서 사선 방향으로 길게 늘어져 끝이 날카롭게 처리된 반면에

1639년 예산 수덕사 불상은 길게 늘어져 넓게 펼쳐져 있다. 이러한 불상의 표현은 동시대에 활동한 현진이나 무염 등이 제작한 불상의 조각수법과 차이가 있다. 그리고 수연의 마지막 기년명 불상인 1639년 예산 수덕사 목조삼세불좌상의 하반신 대의 처리는 1649년 영철이 수화승으로 제작한 서울 화계사 봉안 목조지장보살좌상에 동일하게 표현되었다(도 23g, 23h). 이러한 대의처리는 운혜가 1650년에 제작한 해남 서동사 목조삼세불좌상에서 더 자연스럽고 볼륨감 있게 표현되었다(도23i). 雲惠가 제작한 불상은 스승인 守衍과 선배인 靈哲의 불상과 신체 비례가 비슷하고, 얼굴에서 강한 인상을 느낄 수 있다. 오른쪽 어깨에 걸친 대의자락은 짧게 늘어져 펼쳐 있고, 가슴에 늘어진 대의자락의 옷깃이 사선으로 外反되었다가 1667년 화순 쌍봉사 목조지장보살좌상은 가슴에 늘어진 대의자락이 완만한 곡선을 그리면서 끝부분이 U자형으로 늘어져 있다. 이러한 형태는 1619년 서천 봉서사 목조삼존불좌상이나 1649년 서울 화계사 목조지장보살좌상과 유사하다. 이와 달리 하반신을 덮은 대의표현은 1650년 해남 서동사 불상의 경우 각기 다르게 나타나다가 1665년 곡성 도림사 목조삼존불좌상과 1667년 화순 쌍봉사 목조지장보살좌상에서 대의자락이 복부에서 직선으로 길게 내려와 끝부분이 초생달 모양으로 처리되었다(도23j). 이러한 표현은 1639년 예산 수덕사 봉안 목조삼세불좌상(守衍 作) → 1649년 서울 화계사 봉안 목조지장보살좌상(靈哲 作) → 1665년 곡성 도림사 목조여래좌상(雲惠 作)으로 이어진다는 사실이 靈哲이 제작한 기년명 불상이 조사되면서 밝혀졌다. 수연과 그 계보 조각승이 제작한 불상 양식을 바탕으로 전국 사찰 전각에 봉안된 無紀年銘 佛像 가운데 17세기 전·중반에 제작한 것으로 추정되는 불상은 전남 장성 백양사 극락보전, 전북 정읍 내장사, 전북 군산 상주사, 전북 김제 문수사, 전북 완주 화암사 명부전, 충남 공주 동학사 대웅전(도24), 충남 공주 갑사(도25), 경기 가평 현등사 극락전 등에 봉안되어 있

도24. 목조삼세불좌상 본존
17세기 전반, 공주 동학사

도25. 소조삼세불좌상 본존
17세기 전반, 공주 갑사

다. 또한 수연의 제자로 추정되는
조각승 운혜 등이 제작한 것으로
추정되는 불상은 기존에 알려진
전남 강진 백련사, 충남 예산 향
천사 외에 전남 해남 미황사(도
26), 전남 영암 법흥사 등에 봉안
되어 있다.[39]

도26. 목조지장보살좌상
17세기 중반, 해남 미황사

---

39) 崔宣一, 「全羅南道 和順 雙峰寺 木造地藏菩薩坐像과 彫刻僧 雲惠」, 215쪽.

V. 맺음말

이상으로 17세기 전반에 활동한 조각승 중에 호남지방에서 활동한 수연과 그 계보에 대하여 살펴보았다. 현재까지 밝혀진 자료의 한계로 인하여 守衍의 생몰연대나 다른 조각승들과의 교류 관계 등 많은 내용을 명확하게 밝힐 수는 없었지만, 이제까지 막연하게 조선 후기로 추정되던 불상 가운데 17세기 전반 수연과 그 계보 조각승에 의하여 제작한 불상을 중심으로 조각승의 계보와 그들이 제작한 불상 양식을 파악하였다. 이 연구를 통하여 기존에 밝혀진 운혜와 그 계보의 조각승들이 수연의 계보를 계승하였음을 알 수 있다.

발원문과 사적기를 중심으로 살펴본 수연의 생애는 1580년대 전후에 태어나 임진왜란을 거친 후에 1615년 태진과 응원 등과 불상을 제작한 것으로 보아 1600년대 보조화승으로 활약하였을 것으로 추정된다. 1619년 서천 봉서사 불상을 首畵僧으로 진행하면서 證明을 맡은 것으로 보아 조선 후기 불교조각사에서 그의 위상이 매우 크다는 것을 알 수 있다. 그의 계보는 太顚(1600경~1615) → 守衍(1615~1639) → 性玉(1619~1623), 靈哲(1623~1649) → 雲惠(1649~1680), 敬琳(1665~1680) → 印性(1660~1753), 三眼(1678~1740)으로 이어졌으며, 수연은 전라북도를 중심으로 생활하면서 여러 사찰의 불상 제작을 주도한 것으로 보인다.

수연의 후배와 제자로 생각되는 영철과 운혜가 전라북도와 충청남도를 중심으로 여러 지역의 사찰에 불상을 조성하여 운혜의 계보 조각승의 불상조각이 18세기 전반까지 이어졌을 것으로 추정되지만, 17세기 후반부터 색난과 그 계보 조각승의 득세로 인하여 점점 쇠퇴하였을 것으로 여겨진다. 끝으로 전라도와 충청도 지역 불상 연구의 기초 작업이 이루어진다면 18세기에 활동한 수연과 운혜를 계승한 조각승의 계보와 불상

양식의 변화 과정을 밝힐 수 있을 것으로 기대된다.

제3장
파주 보광사 대웅보전 목조보살입상과
彫刻僧 英賾

Ⅰ. 머리말

조선 후기(1600~1910) 불교조각사 연구는 개별 조각승의 활동과 그
계보를 중심으로 불상의 양식적 특징을 밝혀내고 있다.[1] 조선 후기 사찰
내에 봉안할 불상의 제작과 중수·개금에 참여한 승려장인(이하 僧匠)은
950여명에 이르고, 그 가운데 불상 제작을 주도한 수화승(首畵僧)은 100
여명 정도로 조사되었다. 특히, 조선 후기 불상 양식의 성립기인 17세기
전반에 활동한 원오(元悟와 願悟, 1599~1615),[2] 현진(玄眞, 1612~
1637),[3] 수연(守衍, 1615~1639),[4] 응원(應圓, 應元, 1600~1636), 인균
(印均, 1615~1655), 청헌(淸憲, 1626~1643) 등이 활동 내용과 불상 양

---

1) 崔宣一, 「朝鮮 後期 彫刻僧과 佛像樣式의 변천」, 『美術史學硏究』 261(韓國美術
史學會, 2009.3), 45~49쪽.
2) 최선일, 「17세기 전반 彫刻僧 元悟의 활동과 佛像 樣式」, 『17세기 조각승과 佛像
硏究』(재단법인 한국연구원, 2009), 1~26쪽.
3) 송은석, 「17世紀 彫刻僧 玄眞과 그 流派의 造像」, 『美術資料』 70·71(국립중앙박
물관, 2004), 69~106쪽 ; 최선일, 「조선후기 조각승의 활동과 불상연구」(홍익대
학교 박사학위청구논문, 2006.8), 30~42쪽.
4) 崔宣一, 「17세기 전반 조각승 수연의 활동과 불상」, 『東岳學術史學』 8(동악미술
사학회, 2007), 149~171쪽.

식에 관한 접근이 이루어져 한국불교조각사에서 조선후기 불교조각이 차지하는 비중이 매우 크다는 것이 밝혀졌다.5) 이들은 임진왜란과 정유재란이 끝나고 사찰의 중창과 중건이 본격적으로 이루어진 시기에 활동한 승려들이다. 그러나 이 조각승들과 함께 불상 제작을 주도한 부화승(副畵僧)이나 차화승(次畵僧)들은 기년명(紀年銘) 불상이 발견되지 않아 양식적인 접근을 하지 못하였다.6)

본고에서 살펴볼 조각승 영색(英賾)은 필자가 17세기 전반에 활동한 조각승 현진과 청헌을 연구하면서 관심을 갖게 되었다.7) 영색은 현진, 청헌, 청허 등이 수화승으로 불상을 만들 때, 부화승이나 보조화승(補助畵僧)으로 참여한 승려이다. 필자는 2009년 5월에 경기도 파주시 보광사 대웅보전 내에 봉안된 목조오존불상(木造五尊佛像)의 수종(樹種)과 연륜연대(年輪年代) 등을 조사하면서 영색이 수화승으로 제작한 기년명 불상을 처음으로 조사할 수 있었다.8)

이제까지 필자가 조사한 조각승 영색이 제작한 불상은 1626년에 수화승 현진과 충청북도 보은 법주사 소조삼신불좌상을, 1636년경에 청헌, 인균 등과 전라남도 구례 화엄사 대웅전 삼신불상을, 1639년에 수화승 청헌과 경상남도 하동 쌍계사 목조삼세불좌상과 사보살상(四菩薩像)을, 1645년에 수화승 청허와 경북 상주 남장사 목조아미타삼존불좌상이다. 그리고 이번에 공개되는 보살상인 경기도 파주 보광사 대웅보전 목조보살입상(양주 회암사 조성)을 1633년에 수화승으로 제작하였다.

본고에서는 조각승 영색이 제작한 기년명 불상인 경기 파주 보광사

---

5) 孫永文, 「조각승 印均派의 불상조각의 연구」, 『講座 美術史』 26-Ⅰ(韓國佛教美術史學會, 2006), 53~82쪽.

6) 崔宣一, 『朝鮮後期僧匠人名辭典－佛教彫塑』(養士齋, 2007).

7) 기존 문헌에는 英賾과 英頤로 적혀 있는데, 이들이 동일인이라는 것을 이번에 발견된 조성발원문을 통하여 확인할 수 있다.

8) 조각승 영색의 기년명 불상을 밝힐 수 있게 도와주신 파주 보광사 초격 주지스님께 지면을 통하여 감사드린다.

대웅보전 목조보살입상을 중심으로 양식적 특징과 조성발원문(造成發願文)을 구체적으로 살펴보고자 한다. 그리고 수화승 영색과 불상 제작에 참여한 보조 조각승들의 활동에 대하여 알아보겠다. 이와 같은 연구를 바탕으로 조선후기에 제작된 목조보살입상의 양식적인 특징과 변천과정을 밝힐 수 있을 것이다.

II. 파주 보광사 대웅보전 목조보살입상과 조성발원문

보광사 대웅보전 내에 봉안된 목조석가오존상은 삼세불을 중심으로 좌우에 협시보살이 서 있다(도1).[9] 삼세불과 협시보살은 크기와 조각기법 등이 같지 않아 제작 시기와 작가가 다르다는 것을 쉽게 알 수 있다.[10] 필자는 2009년 5월에 사찰의 의뢰를 받아 충북대학교 목재연륜은행 연구팀과 목조불상의 수종과 연륜연대 등을 조사하면서 내부에 봉안된

---

9) 경기도 파주시 광탄면 高靈山에 위치한 보광사는 대웅보전, 지장전, 영산전 등으로 이루어진 사찰로 대한불교조계종 奉先寺의 末寺이다. 보광사는 임진왜란 기간에 소실되어 1602년에 雪眉와 德仁이 法堂과 僧堂을 건립하였다(權相老, 「高靈山 普光寺法殿重刱兼丹艧序」, 『韓國寺刹全書(上)』(동국대학교 출판부, 1979), 1631년에 덕인은 道元이 3년간 모은 80근의 청동으로 學岺과 제자인 智仸 등이 1633년에 범종을 제작하기 시작해서 1634년에 300여근의 寶鐘을 완성하였다(김희경, 「三幕寺 天啓五年銘鐘·普光寺 崇禎七年銘鐘」, 『梵鐘』(한국범종연구회, 1984.12), 88~96쪽). 1667년에 智侃(支干)과 石蓮(釋蓮)이 大雄寶殿, 觀音殿, 萬歲樓 등을 재건·단청하고, 1740년(또는 1730년)에 肅宗의 後宮으로 英祖를 낳은 淑嬪 崔氏의 陵인 昭寧園의 願刹로 삼아 大雄寶殿, 光膺殿, 萬歲樓 등을 중수하였다(『京畿道指定文化財 實測調査報告書』(京畿道, 1989), 364~365쪽).

10) 기존 목조불상은 1215년에 법민이 만든 佛像五位라고 보고 있다(『奉先寺本末畧誌』(봉선사, 1977), 71쪽). 그러나 삼존불좌상의 제작연대가 13세기 전반으로 올라갈 수 있는지는 이후 논문을 통하여 접근해보고자 한다.

도1. 목조석가오존상, 파주 보광사 대웅보전

복장물(腹藏物)을 조사하게 되었다. 중앙의 삼세불에서는 조성 시에 넣은 것으로 보이는 황초복자에 싼 후령통과 최근 만들어진 한지(韓紙) 덩어리가, 미륵보살입상에서는 조성발원문(2건), 후령통, 경전, 다라니 등이 조사되었다. 이 불상들은 1980년 1월에 복장물이 도난당한 후, 남아있던 일부 복장물을 1981년에 건립한 호국대불 내에 재복장하였다고 한다.[11]

1. 목조보살입상

목조미륵보살입상은 높이가 117㎝로, 조선후기에 제작된 전형적인 중형 보살상의 형태를 따르고 있다(도2). 얼굴은 앞으로 약간 내밀고, 신

---

11) 1980년 1월에 대웅전 보살상의 복장물이 도난당한 후, 남아있던 진신사리를 1981년에 호국대불 건립하면서 넣었다고 한다(『畿內寺院誌』(경기도, 1988), 433쪽과 『전통사찰총서 5- 인천·경기도의 전통사찰 Ⅱ』(사찰문화연구원, 1995), 394쪽).

도2. 영색, 목조보살입상,
1633년, 높이 117㎝,
파주 보광사(양주 회암사
조성)

도3. 광원, 소조보살입상,
1603년, 안성 청룡사

도4. 원오, 목조보살입상,
1605년, 높이 152.5㎝,
익산 관음사(완주 위봉사
북암 조성)

체와 머리(보관 포함)의 비중이 1:0.3 정도로 신체에 비하여 머리가 크게
강조되었다. 이러한 보살의 신체비례는 조선전기 보살입상을 계승한
1603년 경기 안성 칠장사 대웅전 목조보살입상이나 1605년 전북 익산
관음사 법당 목조보살입상(완주 위봉사 조성)과 비교해 보면 머리를 강
조하다보니 신체비례가 파괴되었다(도3, 4). 머리에 쓴 보관은 화염(火
焰)과 보주(寶珠)가 빽빽이 장식되고, 좌우에 커다란 관대가 밑으로 늘어
져 있다. 보관 아래로 흘러내린 머리카락은 귀를 따라 두 갈래 자연스럽
게 내려오다가 어깨 위에서 둥글게 틀어 묶고, 세 가닥으로 나뉘어 길게
늘어져 있다(도5). 방형의 얼굴에 반쯤 뜬 눈은 눈 꼬리가 약간 위로 올
라갔고, 코는 원통형으로 짧으며, 인중이 다른 불상에 비하여 넓은 편이
다(도6). 따로 제작된 손은 엄지와 중지를 둥글게 맞대고 어깨 높이까지

도5. 목조보살입상 측면 　도6. 목조보살입상 상반신 　　도7. 목조보살입상 후면

올리고 있다. 몸에 걸친 대의는 변형우견편단(變形右肩偏袒)으로 오른쪽 어깨에 사선으로 접힌 옷깃 한 가닥의 끝자락이 가슴까지 늘어져 있고, 나머지 자락은 복부를 지나 왼쪽 어깨로 넘어가고 있다. 대의자락이 양 손목에 길게 늘어지고, 나머지 자락이 복부에서 U자형으로 무릎까지 늘어져 있다. 그리고 왼쪽 어깨에 한 가닥의 두꺼운 옷주름이 길게 늘어져 있어 제작시기를 추정할 수 있다. 보살상의 뒷면에는 목에 대의(大衣) 자락이 둘러있고, 왼쪽 어깨에 앞에서 넘어온 대의자락이 길게 늘어져 있다(도7). 대의 안쪽에 승각기를 묶은 끈이 복부에 간략하게 표현되어 있다.

2. 조성발원문

협시보살 가운데 향좌측의 미륵보살에서는 동일한 내용의 조성발원문이 두 장 조사되었다. 하나는 백지(白紙)에 묵서(墨書)로(도8), 다른 하

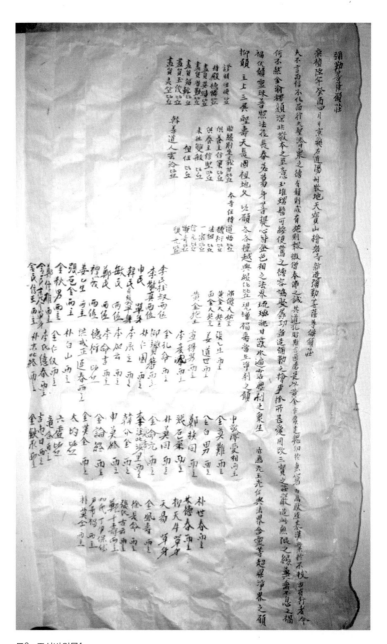

도8. 조성발원문1

도9. 조성발원문2

나는 옥색비단에 주서(朱書)로 쓰여 있다(도9). 두 장의 조성발원문은 몇 글자를 제외하고 대동소이(大同小異)하다 (참고 1). 백지묵서 된 발원문의 내용을 번역해 보면 다음과 같다.[12]

숭정6년 계유4월, 경기우도 양주목 천보산 회암사에서 미륵보살존상을 새롭게 조성하고 저희들은 삼가 원을 발하나이다.

무릇 말씀하지 아니하시나 믿게 하시며 교화하지 않더라도 행케 하시니, 대성께서 중생을 구제하는 덕은 원이 있으매 곧바로 이루어지고 베풂이 있으매 곧바로 보답이 돌아오나이다. 덕 있는 스님을 초빙하여 부처님을 모시는 예법과 정성은 그 이치가 너무나도 분명하고 그 말씀이 조금도 낡아진 게 아니나이다.

그러므로 다함없는 도량에 크나큰 원력의 공을 일으켜 절을 세우고 황금으로 미륵보살의 존상을 조성하여 모시니, 그 옛날 확고한 자리에 한 업의 터를 닦고 백마의 등에 부처님의 경전을 싣고 오심과 조금도 다름이 없나이다.

돌이켜 생각해보니, 옛날에는 행하는 이가 있었사오나 지금은 어찌하여 그렇지 아니하나이까? 금쪽같은 가르침과 석가모니 부처님의 존안이 실로 공경의 근본이 되지 아니하오니 과연 옥으로 깎은 나계인들 중생들의 신심의 끄나풀이 되기나 하겠나이까? 하오나 이제 그 옛날의 덕과 모습으로서 자그마한 공덕을 한데 모아 미륵존상을 새로이 조성하는 회암사의 이 거룩한 불사여! 마음깊이 애착하며 쓰던 것은 아낌없이 떨치고, 삼보의 장엄을 고쳐 한없는 인연을 지으니 느닷없이 닥치는 재앙은 길이 사라지고 조용히 다가오는 복은 드리워지나이다.

엎드려 바라옵나니, 영주 보조 법화 장춘 등은 비구의 몸으로서 보리심을 내어 색을 지니고 모양을 지닌 법계에 모두 오르게 하시고, 마침내는 유리병의 감로수로서 티끌세계의 한량없는 중생들을 빠짐없이 두루 적시게 하소서. 또 원하오니, 이미 승하하신 선왕과 선후께서는 법계의 중생들과 더불어 맑고 맑은 극락세계에 왕생하시옵고, 다시금 원하오니, 주상전하와 더불어 중궁전 동궁전 태후전 등 삼전은 성수를 다하시고 종묘사직께서는 세를 더하시옵소서. 다음으로 원하오니, 이 불사에 동참하신 시주 백의단월과 인연을 지으신 화주 비구스님이시여, 살아서는 복과 수명을 늘이시고 장차 생을 마치시면 부

---

12) 불상에서 발견된 조성발원문의 감수는 송광사 성보박물관장 고경스님이, 번역은 곤지암 우리절 동봉스님이 해주셨다.

彌勒菩薩願莊
崇禎陸年癸酉四月日京畿右道陽州牧地天寶山檜巖寺新造彌勒菩薩尊像願莊
夫不言而信不化而行大聖濟衆之德有願則成有施則報徵僧奉佛之誠其道孔昭云言匪老是以黃金作像建魏孔於無窮白馬馱經基漢業扵不拔古有行者今
何不然金諭釋顏求深非敬本之至意玉堆螺髻可綖復舊之德容鴈聚房功新造彌勒之檜事捴所甚愛用改三寶之莊嚴造此無限之緣冀垂不息之褊
福伏願靈珠普照法花長春花鈞身菩提心吡呈呈色相之法界琉璃甁甘露水過塵利之衆生　亦爲先王先后與法界含靈等超땜淨界之願
抑願　主上三殿聖壽天長國祖地久　次願各名檀越與緣化比丘現增福壽當生淨刹之願

證明　坦悟　比丘
持殿　德璘　比丘
書員　英顏　比丘
書員　省勤　比丘
書員　智軒　比丘
書員　玉俊　比丘
書員　靈竺　比丘

助緣別坐　義甘　比丘
供養主　信策　比丘
供養主　信堅　比丘
來往　雙敏　比丘

本寺住持　道悟　比丘
德衍　比丘
法坦　比丘
一宗　比丘
信元　比丘
懶奇　比丘
後元　比丘

祖住　比丘
幹善道人　雲浴　比丘

佛像大施主
黃金大施主　張乙生　兩主
面金大施主　姜道世　兩主
黃金施主

申敬澤愛相　兩主
金莫難　兩主
金日男　兩主
鄭儉同　兩主
裵乞屎　兩主
朴氏同　兩主
天易　單身
金命元
愛香
李洸沙里　兩主
韓介金　兩主
申莫終　兩主
金諭終
金漢金　兩主
金鳳壽
徐良命　兩主
張氏古云　兩主
鄭千壽　兩主
嚴氏丁伊　保體
尹希福　兩主
朴莫金　兩主

宣得男　兩主
金功命
朴莫同　兩主
柳贇番　兩主
朴仁國　兩主
李承主　兩主
李加云　兩主
李命吉　兩主
德應　比丘
洪戒正延春　兩主
朴白山　兩主
金仁儀　兩主
李氏億春　兩主
朴쵸紗　兩主

佛像大施主　單身
黃金大施主　兩位
面金大施主　兩位
黃金施主　比丘

李氏桂叔　兩位
李敬眞　兩位

申氏
韓氏貞順　單身
敏氏
鄭氏
禮氏
姜乙生　兩主
張夅金　兩主
金秋男　兩主
鄭信雄　兩主
金氏충介　單身
金氏信正　兩主
金氏信正　兩主
金鐵承　兩主

참고1. 조성발원문

도10. 대웅전 삼세불 조성발원문 일부
1623년, 강화 전등사

디 정토에 왕생하소서. 삼가 진정
으로 원하나이다.

이 조성발원문을 통하여
목조보살입상은 1633년에 경
기 양주 천보산 회암사에 봉
안하기 위하여 화원(畵員) 영
색(英賾), 성근(省勤), 지월(智
軐), 옥준(玉俊), 영축(靈竺)이 제작하였음을 알 수 있다. 그런데 두 장의
발원문에 수화승이 영색(英賾)과 영이(英頤)로 다르게 적혀 있다. 나머지
조각승은 동일한 것으로 보아 둘 중에 하나가 잘못 기재된 것이다. 이제
까지 영색과 영이는 서로 다른 스님으로 보았지만, 보광사 목조보살입상
에서 조성발원문이 발견되어 영이가 영색을 잘못 쓴 것임을 알 수 있
다.13) 또한 조선후기 승려들의 이름에 색(賾)을 쓴 경우는 많지만, 이(頤)
는 거의 없는 상황이다. 목조보살입상이 조성된 회암사는 1472년에 세
조의 왕비인 정희황후가 하성부원군 정현조를 시켜 중창한 후,14) 명종
연간에 문정왕후가 섭정을 할 때 보우스님을 통하여 불교 중흥을 꾀하다
가 뜻을 이루지 못한 사찰이다.15) 이 사찰에 대해서는 17~18세기 문헌
기록이 거의 남아있지 않고, 1800년대에 폐사(廢寺)되었다고 한다.16) 이
런 상황에서 보광사에 봉안된 미륵보살상이 1630년대 전반에 회암사에

---

13) 鄭彙憲 集錄, 「海東湖南道智異山大華嚴寺事蹟」, 『佛敎學報』6(東國大學校 佛敎
   文化研究所, 1966), 205~237쪽에는 영이로 적혀 있다.

14) 河城尉 鄭顯祖는 세조의 딸인 懿淑公主의 남편으로, 1446년 오대산 상원사 목조
   문수동자상을 조성한 인물이다(洪潤植, 「朝鮮初期 上院寺文殊童子像에 대하여」,
   『考古美術』164(한국미술사학회, 1984.12), 9~22쪽 참조).

15) 조선시대 회암사의 연혁을 알 수 있는 문헌기록은 『京畿道佛蹟資料集』(경기도박
   물관, 1999), 502~505쪽을 참조할 만하다.

16) 崔成鳳, 「檜巖寺의 沿革과 그 寺址 調査」, 『佛敎學報』9(東國大學校 佛敎文化研
   究所, 1972), 159~201쪽.

서 제작되었다는 것은 당시에 나한전이나 영산전이 건립될 정도로 사세(寺勢)가 있었음을 알려주는 단서이다. 특히, 불상 제작에 증명(證明)으로 참여한 탄오(坦悟)는 1623년에 조각승 수연(守衍)이 제작한 인천 강화 전등사 대웅보전 목조삼세불좌상 제작 시에도 증명으로 참여한 고승(高僧)이다(도10).[17] 1633년에 회암사의 주지(住持)는 도오(道悟)이고, 당시 사찰에 살던 스님은 덕연(德衍), 법탄(法坦), 일종(一宗), 신원(信元), 나기(懶奇), 후원(後元)이다.

Ⅲ. 조각승 영색의 활동과 그 계보

이제까지 영색과 그 계보의 조각승이 제작한 불상의 조성발원문을 종합해 보면, 그들의 활동 시기와 조각승 간의 관계를 파악할 수 있다. 조성발원문에서 조각승 영색이 불상 제작에 언급된 수는 다섯 건이 조사되었다.

1. 조각승 영색의 활동

조각승 영색과 불상 제작에 공동으로 참여한 조각승을 밝히는 것은 그들 간의 상호 관련성이나 조각승의 계보를 이해하는데 중요한 근거가 된다. 따라서 기존에 알려진 문헌 기록을 중심으로 영색의 활동시기와 조상 작업에 공동으로 참여한 조각승들을 살펴보면 다음과 같다.

---

17) 歸命西方大慈尊紫金光色彌陀佛四十八願度含生 接引郡迷登九品願我捨此五蘊聚 速往安養蓮華中 親聞圓音悟無生恒沙菩薩因復遊虛空終爲破有盡 我願曠劫無能 盡似此造像佛功德法界衆生同成覺 隨喜造成供養者見者禮皆成佛天地洞然毫末 盡此像劫石如須臾 … 證明 坦悟 畵員 守衍 性玉 靈哲 察英 法林 惠祐 … 天啓 三年癸亥四月十九日未畢終雲守納子大化師弘敏比丘

표1. 영색 관련 기록

연대	지역	봉안사찰	작업 내용	조각승	현존유무	비고
1626	충북 보은	법주사 대웅보전	소조삼신불좌상 제작	畵員 玄眞 淸憲 衍默 懷默 玉淨 道洞 英賾 雪梅 性覺 雪和 惠明 天浩 日暎 太先 雪源 性惠 信允	○	造成發願文
1633	경기 양주	회암사	목조보살입상 제작	畵員 英賾 性勤 智軒 玉俊 靈竺	○	造成發願文
1636 년경	전남 구례	화엄사 대웅전	삼신불상 제작	淸憲 英賾 印均 應元	○	『海東湖南道大華嚴寺事蹟』
1639	경남 하동	쌍계사	목조삼세불좌상과 사보살상 제작	匠人 淸憲 勝日 法玄 英賾 賢猷 應惠 希藏 尙安 學海 懶欽 靈湜	○	造成發願文
1645	경북 상주	남장사	목조아미타삼존불좌상 제작	畵匠 海東畵名 淸虛 英賾 玄旭 天輝 懶欽 法燦	○	造成發願文

　조각승 영색이 언제 어디서 출생하였는지는 아직까지 정확하게 알 수 없다. 그러나 그는 수화승으로 활동하기 이전인 1626년에 충남 보은 법주사에 봉안된 소조삼신불좌상 제작에 참여하였다. 발원문의 주요 내용은 "天啓六年丙寅三月日始役 於七月二十四日 佛像三尊已完點眼 安于願以此功德普及於一切我等 汝衆生 當生極樂 國皆共成佛道 與各各結願隨喜 施主等 … 證明 甘印 持殿 六行 畵員 玄眞 淸憲 衍默 懷默 玉淨 道洞 英賾 雪梅 性覺 雪和 惠明 天浩 日暎 太先 雪源 性惠 信允 …(필자 진하게)"이다.[18] 불상 제작에 참여한 영색은 현진(玄眞), 청헌(淸憲), 연묵(衍默), 회묵(懷默), 옥정(玉淨), 도형(道洞) 다음에 7번째 언급되어 보조화승으로 작업에 참여하였음을 알 수 있다. 이 소조삼신불좌상의 본존은 전체 높이가 509㎝로, 조선후기 제작된 초대형 불상으로 기념비적인 작품이다. 불상의 규모가 커서 여러 명의 조각승이 참여하였는데, 이

18) 尹鍾均,「法住寺 大雄寶殿 三身佛 腹藏調査」,『東垣學術論文集』5(韓國考古美術硏究所, 2002. 11), 127~153쪽.

러한 대형불상을 제작할 때는 여러
계보의 조각승들이 공동으로 참여
하였을 가능성이 높다고 생각한
다.[19] 따라서 법주사 소조불상 제
작에 참여한 조각승들이 동일 계보
에 속하는 조각승이라고 단정할 수
없는데, 최근 서울 지장암 목조비로
자나불좌상은 왕실에서 발원한 불
사(佛事)라서 17세기 전반을 대표
하는 조각승들이 모두 참여하였
다.[20] 영색은 1633년에 경기 양주
회암사 목조보살입상(현재 파주 보

도11. 청헌, 목조삼신불좌상 본존
1636년경, 구례 화엄사

광사 소장)을 수화승으로 제작하였다. 이 보살상은 조성 사찰과 봉안 사
찰이 다르지만, 조선후기 사찰의 폐사(廢寺)로 인하여 불상의 이운(移運)
이 이루어진 사실을 여러 사적기를 통하여 알 수 있다. 그 후 1636년경
에 영색은 전남 구례 화엄사 대웅전 비로자나삼신불좌상을 청헌, 인균,
응원 등과 제작하였다(도11).[21] 이 삼신불은 얼굴의 인상이나 대의 처리
등이 달라 여러 조각승의 계보가 각각의 불상을 제작하였을 것으로 생각
된다. 영색은 부화승(副畵僧)으로 1639년에 수화승 청헌과 경상남도 하
동 쌍계사 목조삼세불좌상과 사보살상(四菩薩像)을,[22] 1645년에 수화승

---

19) 조각승들의 공동작업에 대해서는 송은석, 「조선 17세기 彫刻僧 유파의 합동작
  업」, 『미술사학』 22(한국미술사교육학회, 2008), 69~103쪽을 참조할 만하다.

20) 文明大, 「17세기 전반기 조각승 현진파(玄眞派)의 성립과 지장암 목(木) 비로자나
  불좌상(毘盧遮那佛坐像)의 연구」, 『강좌미술사』 29(한국불교미술사학회 2007),
  355~380쪽과 宋殷碩, 앞의 논문, 69~103쪽.

21) … 像佛大化士懶默與希寶邀請淸憲英頤印均應元等傳得栴檀像手才蘇之塗之圓滿三
  十二相…(「華嚴寺事蹟」, 『求禮 華嚴寺 實測調査報告書』(文化公報部 文化財管理
  局, 1986), 221쪽).

도12. 청헌, 목조아미타삼존불좌상 본존
　　 1645년, 상주 남장사

청허와 경북 상주 남장사 목조아미타삼존불좌상을 제작하였다(도12).23)
따라서 이제까지 밝혀진 영색의 활동 시기는 1626년부터 1645년까지로
충북 보은 법주사, 경기 양주 회암사, 전남 구례 화엄사, 경남 하동 쌍계
사, 경북 상주 남장사에 불상을 제작하여 전국을 무대로 활동한 승려임
을 알 수 있다. 조각승 영색은 현진, 청헌, 청허가 주도한 불상 제작에
참여하였지만, 대부분 청헌과 같이 불상을 제작한 것으로 보아 같은 계
보에 속하는 조각승으로 여겨진다.

---

22) 時維 大明崇禎十一年己卯八月日造像 檀越與緣化及彫造匠人等發願文 … 匠人比
　　 丘 淸憲 勝日 法玄 英賾 賢凱 應惠 希藏 尙安 學海 懶欽 靈湜 持殿 印堅 證明
　　 明心與各各結願隨喜施主及功德主 學倫 靑眼 等 … 賜報恩闡敎圓照國一都大禪
　　 師都摠攝 碧巖堂 覺性 通政大夫前江原總攝 眞一 持寺 玉軒比丘.
23) 이 불상에서 발견된 조성발원문에 관한 자료는 은사이신 김리나 홍익대학교 명예
　　 교수님이 제공해 주셨다.

2. 영색과 관련된 조각승

조선후기 불교조각사 연구는 조성발원문과 사적기의 내용이 체계적으로 공개되면서 개별 조각승에 대한 연구가 진행되고 있다. 영색이 수화승으로 제작한 불상은 현재까지 파주 보광사 대웅보전에 봉안된 목조보살입상 두 구가 조사되어 여러 조각승과의 구체적인 접근에 한계가 있지만, 영색과 불상 제작에 참여한 조각승의 활동을 살펴보면 계보의 추론이 가능하다.

표2. 영색 관련 조각승의 문헌기록

연대	지역	봉안사찰	작업 내용	조 각 승	현존유무	비고
1626	충북 보은	법주사 대웅보전	소조삼신불좌상 제작	畵員 玄眞 淸憲 衍默 懷默 玉淨 道洞 英賾 雪梅 性覺 雪和 惠明 天浩 日暎 太先 雪源 性惠 信允	○	造成發願文
1633	경기 양주	회암사	목조보살입상 제작	畵員 英賾 性勤 智軒 玉俊 靈竺	○	造成發願文
1636 년경	전남 구례	화엄사 대웅전	삼신불상 제작	淸憲 英賾 印均 應元	○	『海東湖南道大華嚴寺事蹟』
1639	경남 하동	쌍계사	목조삼세불좌상과 사보살상 제작	匠人 淸憲 勝日 法玄 英賾 賢亂 應惠 希藏 尙安 學海 懶欽 靈湜	○	造成發願文
1641	전북 완주	송광사 대웅전	소조삼세불좌상 제작	畵員 淸憲 法令 慧澄 會海 法玄 雲賾 元澤 天元 靈竺 賢允 贊日 法密 惠熙 信雄 見牛 靈隱 惠遠	○	造成發願文
1643	경남 진주	응석사	목조삼세불좌상 조성	畵員 淸憲 法玄 元澤 賢允 …	○	造成發願文
1645	경북 상주	남장사	목조아미타삼존불좌상 제작	畵匠 海東畵名 淸虛 英賾 玄旭 天輝 懶欽 法燦	○	造成發願文
1657	경북 칠곡	송림사	목조삼존불좌상 제작	畵員 道雨 雙照 信冏 性明 惠瑞 敬信 性根 雪祐 宗信 靈澤 肯聖 道哲 海淳 學梅 印宗 戒能 智玄 惠淨	○	造成發願文

17세기 전·중반에 활동한 청헌(淸憲)과 청허(淸虛)에 대해서는 이명동인(異名同人)이라는 견해가 있다.[24] 그러나 필자는 이들이 같은 스승 밑에서 불상 제작을 배운 도반(道伴)일 가능성이 있다고 생각한다. 불상에서 발견된 발원문과 단편적인 문헌기록을 통하여 조각승 청헌의 활동 시기와 계보를 세우는 것이 가능하다. 1626년에 충북 보은 법주사 불상 제작 시 수화승 현진(玄眞) 다음에 언급되었고, 1636년경 구례 화엄사 대웅전 불상을 영색(英頤), 인균(印均), 응원(應元)과 제작하였다. 이 사찰의 중창은 벽암각성(碧巖覺性) 등 부휴문도(浮休門徒)가 주축이 되어 왕실의 적극적인 후원을 받아 이루어졌다. 그리고 그는 1639년에 경남 하동 쌍계사 목조삼세불좌상과 사보살상을, 1641년에 전북 완주 송광사 대웅전 소조삼세불좌상을, 1643년에 경남 진주 응석사 목조삼세불좌상을,[25] 1645에 경북 상주 남장사 목조아미타삼존불좌상을 제작하였다. 발원문을 중심으로 청헌의 생애를 살펴보면, 그는 1626년 이전부터 불상 제작에 관여하여 보은 법주사 불상 제작할 때 현진(玄眞) 다음으로 주도적인 역할을 하고, 1630년대 수화승으로 여러 지역 사찰에 불상을 제작하였다. 현재까지 밝혀진 그의 활동 시기는 1626년부터 1643년까지로, 그가 불상을 제작한 사찰은 모두 벽암각성과 밀접한 관련을 가져 부휴문도로 추정할 수 있다.

수화승 영색을 따라 회암사 목조보살입상을 제작한 조각승 성근(性勤), 지월(智軏), 옥준(玉俊), 영축(靈竺) 등은 17세기 전·중반에 여러 지

---

24) 이희정, 「조선 17세기 불교조각과 조각승 淸憲」, 『불교미술사학』 3(통도사성보박물관 불교미술사학회, 2005), 159~184쪽.

25) "崇禎十三年庚辰五月日始役八月已畢居昌縣大德山演水佛像三尊安于 … 本寺 智閑 應香 幸見 無雲 智玄 智海 印宗 雪嚴 惠元 山人大德 智儀 智海 證明 双信 持殿 德守 畵員 淸虛 法玄 賢允 勝浩 別座 敬海 供養主 戒嚴 智安 來往人 太英 淂男 幹善道人 天佑比丘 …"(김창균, 「거창·창녕 포교당 성보 조사기」, 『聖寶』 4(大韓佛敎曹溪宗 聖寶保存委員會, 2002), 157~172쪽 사진 참조).

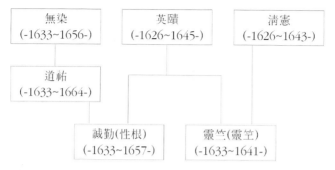

도표 1. 조각승 영색의 상호관계도

역의 불상 조성에 참여하였을 것으로 추정되지만, 수화승으로 불상을 제
작한 작품은 아직 발견되지 않았다. 성근은 1657년에 수화승 도우(道雨)
와 경북 칠곡 송림사 대웅전 목조삼존불좌상을,[26] 영축은 1641년에 수
화승 청헌과 전북 완주 송광사 대웅전 소조석가삼세불좌상 조성에 참여
한 조각승이다(도표1).[27]

Ⅳ. 17세기 전반 목조보살입상의 양식 변천

조선후기 불교조각 가운데 발원문과 사적기를 통하여 제작 연대를 알
수 있는 불상은 200여 점에 이른다.[28] 이 가운데 영색이 수화승으로 제
작한 작품은 1건 2점이다. 그런데 조선전기에 제작된 것으로 추정되는
기년명 보살입상은 15건 24점이고, 조선 후기에 기년명 보살입상은 7건
18점 밖에 조사되지 않았다.

26) 문명대, 「조각승 無染, 道祐派 불상조각의 연구」, 『講座 美術史』 26-Ⅰ(韓國佛敎
美術史學會, 2006), 23~54쪽.
27) 『完州 松廣寺 鍾樓 實測調査報告書』(文化財廳, 2000.12).
28) 최선일, 앞의 논문, 2006.6.

표3. 조선시대 제작된 것으로 추정되는 보살입상

연대	지역	봉안 사찰	작업 내용	수량	비 고
조선 전기	경북 문경	봉암사 대웅보전	목조보살입상 제작	1	
조선 전기	충남 서산	개심사 대웅전	목조아미타삼존상 제작	2	본존은 1280년 하한 보살은 1484년경 추정
조선 전기	전남 나주	불회사	소조아미타삼존상 제작	2	
조선 전기	경북 경주	기림사 약사전	목조약사삼존불상 제작	2	
조선 전기	경북 경주	불국사 대웅전	소조오존불 제작	2	
조선 전기			목조보살입상 제작	1	단양 구인사유물전시관 소장
조선 전기	전북 금산	신암사	목조삼존불상 제작 (관음과 지장보살)	2	
조선 전기	경북 예천	용문사 응진전	소조삼존불상 제작	2	
17세기 전반	대구	동화사 극락전	목조삼존불상 제작	2	현진 계열 작품
17세기 전반	전북 김제	금산사 미륵전	소조미륵오존상 제작 (대묘상과 법화림보살입상)	2	1620년대 작품 추정
17세기 전반	충북 보은	법주사 팔상전	석조보살입상 제작 (남면, 미륵과 제화갈라)	2	본존 목조
17세기 중반	전북 완주	위봉사 보광명전	목조삼존불상 제작	2	
18세기 전반	전북 군산	선종사	목조보살입상 제작	2	진열 계보 작품 추정
18세기 전 중반	전북 고창	선운사 영산전	목조삼존상 제작	2	

표4. 조선후기 기년명 목조보살입상

연대	지역	봉안 사찰	작업 내용	보살 수량	조 각 승	현존 유무	비고
1603	경기 안성	청룡사	소조삼존불상 제작	2	畵員 廣圓 副 萬珠 有一 李今貞 覺通 晶玄	○	
1605	전북 완주	위봉사	목조보살입상 제작	4	畵員 元悟 忠信 淸虛 信玄 神釦	○	익산 관음사 익산 혜봉원
1614	전남 순천	송광사	삼존불상 제작	2	畵員 覺敏 幸思 淸虛 寶玉 熙淳 心淨 應梅	소실	
1620			목조보살입상 제작	2		○	동대 박물관 의정부 약수선원
1627	전북 김제	금산사	소조미륵오존불입상 제작	2			
1639	경남 하동	쌍계사 대웅전	목조삼세불·사보살상제작	2	匠人 淸憲 勝日 法玄 英賾 賢亂 應惠 希藏 尙安 學海 懶欽 靈湜	○	造成發願文
1703	구례	화엄사 각황전	칠존불상 제작	4	造釋迦 觀音像八影山沙門 色難 造多寶文殊像曺溪山門 沖玉 造彌\陀像稜伽山沙門 一機 造普賢像 雄遠 造觀音像 秋朋 造智積像 秋平 順瑗 幸坦 勝梅 初卞 覺初 道還 道堅 德希 法融 大裕 進聰 定惠 進一 善覺 澄海 瑞行 仁陟 夏天	○	

위의 표 3, 4 에서 알 수 있듯이, 조선시대에 제작된 것으로 추정되는 보살입상은 총 22건 42점이 남아 있다.[29] 이 가운데 조선후기 기년명 보살입상은 1603년 안성 청룡사, 1605년 완주 위봉사, 1614년 순천 송

---

29) 17세기 후반에 제작된 목각탱과 불감의 보살입상은 본고에서 제외하였다.

도13. 목조보살입상, 1620년
동국대학교박물관 소장

도14. 소조보살입상
1627년경, 높이 879cm, 김제 금산사

광사(소실), 1620년 의정부 약수선원과 동국대학교 박물관(도13), 1627
년경 김제 금산사(도14), 1639년 하동 쌍계사, 1703년 구례 화엄사 각황
전 등에 봉안되어 있다. 이외에도 17세기 전반에 제작된 것으로 추정되
는 보살입상은 충남 공주 갑사, 김제 금산사, 예산 수덕사, 완주 위봉사
등에 남아있다. 따라서 조선 후기에 제작된 보살입상은 17세기 전반에
집중적으로 제작되었음을 알 수 있다. 이는 고려후기 보살상을 계승한
조선전기 보살 양식이 17세기 전반까지 영향을 주었다는 단서이다.

영색이 제작한 보살상은 조선후기 전형적인 보살상의 양식을 따르지
만, 신체 비례와 대의 처리 등에서 차이가 있다. 17세기 전반에 활동한
영색이 제작한 보살입상은 1603년에 광원이 제작한 경기 안성 청룡사
소조보살입상과 1605년에 원오가 만든 전북 관음사 목조보살입상(완주
위봉사 북암 조성)과 비교하여 신체에서 얼굴이 차지하는 비중이 커지

고, 얼굴형이 타원형에서 방형으로 바뀌었다. 이러한 얼굴 형태는 1629년에 현진이 제작한 창녕 관룡사 불상을 기점으로 변화된 것으로 보인다. 보살상은 턱선이 완만한 곡선이고, 이마가 넓어 이목구비가 밑으로 처져 있으며, 인중이 입과 코에 비하여 넓다. 특히 광원과 원오가 제작한 보살상에 비하여 어깨 폭이 넓어지고, 하반신이 짧은 것이 특징이다. 오른쪽 어깨에 걸친 대의자락이 가슴까지 이어진 형태는 1639년에 청헌이 제작한 하동 쌍계사 목조보살입상과 다르다. 청헌이 제작한 보살입상의 대의자락이 목에서 팔뚝까지 완만하게 늘어진 형태는 조선전기에 제작된 보살입상에서 볼 수 있는 요소이다.

영색이 제작한 보살상은 목걸이를 착용하지 않았다. 조선 전기에 제작된 보살입상은 주로 가슴에 둥근 화형(花形) 장식을 달고, 그 밑으로 2~3가닥의 장식이 밑으로 늘어진 형태가 주류를 이룬다. 가슴에 승각기를 묶은 끈의 매듭은 17세기 중반 이후에 제작된 보살상에서 볼 수 없다. 이와 달리 조선 전기에 제작된 보살상은 묶은 끈의 매듭까지 사실적으로 표현되어 시간이 지나면서 세부표현이 생략되는 것을 알 수 있다.

지금까지 영색이 제작한 보살상의 특징을 중심으로 17세기 전반에 제작된 보살상과 차이점을 살펴보았다. 조각승 계보마다 각각의 불상 양식이 성립되기 시작한 시점을 1650년대로 추정할 때, 17세기 전반에 제작된 보살상들은 조선 전기 보살상의 요소를 계승하여 승각기를 묶는 끈이나 목걸이 등이 표현되었다.

따라서 표 3 와 같이 제작시기를 알 수 없는 보살입상 역시 주로 17세기 전반에 제작된 것으로 추정할 수 있다. 17세기 후반에 제작된 보살입상은 불감이나 목각탱 등에 협시보살로 제작된 예가 있지만, 단독상으로 조성된 작품은 18세기 전반 대형 전각인 구례 화엄사 각황전이나 고창 선암사 팔상전 등에 봉안된 예만 남아 있을 뿐이다(도15, 16). 따라서 조선후기 보살입상은 17세기 전반(1600년~1630년대)에 주로 제작되다가

도 15. 색난, 목조보살입상
　　　1703년, 구례 화엄사

도 16. 목조보살입상
　　　18세기 전반, 높이 265㎝, 고창 선운사

17세기 중반 이후 중소형 규모의 사찰의 대웅전이나 나한전 등에 삼세
불좌상과 삼존불좌상이 조성되면서 거의 제작되지 않은 것으로 보인다.
임란 직후에 보살입상의 유행은 조선전기 아미타불상의 협시보살로 관
음보살과 지장보살이 입상으로 주로 제작되었다. 조선 전기는 불상의 제
작이 많지 않았던 시기로, 세조와 성종 초기에 왕실과 관련된 사찰에 불
상이 제작된 것이 대부분이다. 이 시기 불교사에서 주목할 부분은 1480
년대 초에 수륙재(水陸齋)의 거행을 목적으로 사찰의 중수가 여러 곳에
서 이루어진 것이다. 이는 1480년대에 전남 강진 무위사에서 수륙재 거
행을 위하여 건물의 중수와 불상, 불화의 제작이 연속적으로 이루어진
것이 대표적이다(도17).30) 또한 충남 서산 개심사 대웅전 삼존불 가운데
본존은 1280년 이전에 제작되었지만, 협시보살은 개심사를 중수한 1484

---

30) 최선일, 「康津 無爲寺 極樂寶殿 阿彌陀三尊壁畵」, 『경주사학』 14(경주대학교,
　　2003), 257~278쪽.

도17. 목조아미타삼존불좌상
1486년, 강진 무위사

도 18. 목조아미타삼존상
1480년대 추정, 관음보살입상 고 208㎝, 서산 개심사

도 18-1. 목조관음보살입상 세부

년경에 조성된 것으로 추정할 수 있다(도 18). 이는 보살상의 왼쪽 어깨
에 늘어진 대의자락이 1458년에 제작된 영주 흑석사 목조아미타불좌상
와 천주사 목조아미타불좌상(국립중앙박물관 소장) 등과 유사하기 때문

도 19. 이중선, 목조아미타여래좌상
1458년, 영주 흑석사

도 20. 목조아미타여래좌상
1482년, 국립중앙박물관(천주사 조성)

이다(도19, 20).

V. 맺음말

이상으로 조선후기, 17세기 전반에 활동한 조각승 현진, 청헌, 청허 등과 같이 활동한 영색에 대하여 살펴보았다. 현재까지 알려진 문헌기록의 한계로 인하여 영색의 생몰연대와 그의 선배로 추정되는 청헌 등에 대해 구체적인으로 접근할 수 없었지만, 영색의 계보는 청헌(1626~1643) → 영색(1626~1645) → 성근(1633~1657), 영축(1633~1641)으로 상호관계를 형성한 사실을 밝힐 수 있었다. 또한 영색과 청헌의 활동시기가 비슷하여 사제(師弟) 사이가 아닌 선후배 사이일 것으로 추정된다. 조각승 영색이 불상을 만든 지역은 전남 1곳, 경북 1곳, 경남 1곳, 경기 1곳, 충북 1곳으로 전국을 무대로 활동한 승려임을 알 수 있다. 조각승 영색은 임진왜란 이전에 태어나 1626년에 현진과 충북 보은 법주사 대웅보전 소조삼신불좌상을 조성할 때, 조각승 17명 가운데 7번째 언급된 것으로 중추적인 역할을 담당한 30대의 중반의 나이였을 것으로 추정된다. 1633년에 수화승으로 경기 양주 회암사 목조보살입상(파주 보광사 봉안)을 만든 후, 1636년경 수화승 청헌과 전남 구례 화엄사 대웅전 삼신불상을 제작하였다. 그리고 1639년에 청헌과 경남 하동 쌍계사 목조삼세불좌상과 사보살상을 만든 후, 1645년 경북 상주 남장사 목조아미타삼존불좌상을 제작하였다. 아직까지 영색이나 청헌 등의 조각승들이 거주하던 지역이나 사찰이 명확하게 밝혀지지 않았다.

16세기 말에 일어난 임진왜란 동안 소실된 사찰의 중창과 더불어 본격적인 불상의 제작이 17세기 전반에 이루어지기 시작하였다. 명산대찰(名山大刹)의 주요 전각에는 본존을 좌상으로, 협시보살을 입상으로 만든 경우가 조사되지만, 1650년대 이후에는 전국의 중소도시에 사찰이 중건되면서 대웅전 내에 삼세불이 주로 만들어지고, 나한전이나 응진전 등에도 삼존불과 가섭·아난존자 등이 배치되면서 보살입상이 더 이상 제작되지 않은 것으로 보인다. 따라서 조선후기에 제작된 것으로 추정되는 여러 사찰에 봉안된 목조보살입상은 대부분 17세기 전반에 제작되었다고 볼 수 있다.

앞으로 전국 사찰에 봉안된 조선후기 불상의 조성발원문이 체계적으로 공개된다면 17세기 전반에 불상을 제작한 영색, 성근, 영축 등의 활동을 밝힐 수 있을 것이다. 이러한 조사를 통하여 조각승 영색과 그 계보 승려들이 거주하던 지역이나 사찰 등이 밝혀져 조선후기 불교조각의 지역적 특성까지 연구의 폭을 넓힐 수 있을 것이다.

제2부

17세기 중반

제1장
京畿道 抱川 東和寺 木造如來坐像과 彫刻僧 思忍

Ⅰ. 머리말

17세기 중반에는 전국적으로 사찰 전각에 불상이 봉안되어 여러 조각
승 계보들이 활동하면서 다양한 형태의 불상이 제작되었다.[1] 이 기간에
불상 제작에 주도적인 역할을 한 조각승 가운데 20여명 - 無染, 印均,
淸憲, 淸虛, 勝一, 熙藏, 雲惠, 惠熙 - 에 대해서는 紀年銘 佛像을 중심으
로 활동과 조각승의 계보 및 불상 양식의 접근이 이루어져 있다.[2] 그러
나 이들과 같이 불상 제작에 주도적인 역할을 한 것으로 추정되는 조각
승들은 首畫僧으로 제작한 불상들이 발견되지 않아 활동 상황에 대해서

---

1) 崔宣一,「朝鮮 後期 彫刻僧과 佛像樣式의 변천」,『美術史學硏究』261(韓國美術
史學會, 2009.3), 41~75쪽.
2) 조각승 무연은 文明大,「조각승 無染, 道祐派 불상조각의 연구」,『講座 美術史』
26-Ⅰ(韓國佛敎美術史學會, 2006), 23~54쪽, 조각승 인균은 孫永文,「조각승 印
均派의 불상조각의 연구」,(『講座 美術史』26-Ⅰ, 2006), 53~82쪽, 조각승 청헌
은 이희정,「조선 17세기 불교조각과 조각승 淸憲」,『불교미술사학』3(통도사성
보박물관 불교미술사학회, 2005), 159~184쪽, 조각승 승일은 李芬熙,「조각승 勝
一派 불상조각의 연구」,『講座 美術史』26-Ⅰ(2006), 83~112쪽, 조각승 운혜는
崔宣一,「全羅南道 和順 雙峰寺 木造地藏菩薩坐像과 彫刻僧 雲惠」,『불교미술사
학』2(통도사성보박물관 불교미술사학회, 2004), 199~219쪽, 조각승 혜희는 정은
우,「17세기 조각가 혜희(惠熙)와 불상의 특징」,『미술사의 정립과 확산』2권(사
회평론, 2006), 152~175쪽을 참조할 만하다.

만 접근이 이루어졌다.3) 당시 불상의 제작은 몇 사람이 공동으로 참여하였기 때문에 개인의 작업 영역과 수준에 대해서는 알 수 있는 방법이 없다. 따라서 이 시기에 수화승으로 활동할 많은 조각승들의 기년명 불상의 발견과 양식 접근이 가장 시급하다.

본고에서 살펴볼 조각승 思忍(思印, 四印)은 17세기 중반에 제작된 전라북도 완주 송광사 나한전 목조삼존불좌상과 목조원패를 실견하면서 관심을 갖게 된 조각승이다. 이 작품들은 조선 후기 불교조각과 불교공예사를 대표하는 유물로 순치연간에 수화승 戒勳이 願牌를, 1656년에 수화승 無染이 佛像을 제작하였다. 이들은 17세기 중반을 대표하는 조각승으로 활동과 계보 및 불상 양식에 관한 연구가 진행되었다. 이 佛事에 보조화승으로 참여한 사인은 17세기 전반부터 중반까지 활동한 조각승이다. 그가 제작한 불상이 학계에 알려져 있지만,4) 발원문의 내용이나 불상 양식에 대해서는 구체적인 연구가 진행되지 못하였다.

필자는 조각승 思忍이 제작한 기년명 불상을 2007년에 경기도 문화재 지정조사를 계기로 경기도 포천시 이동면에 위치한 東和寺에서 조사할 수 있었다. 불상은 20005년 3월 3일에 대웅전에 외부인이 침입하여 복장물을 훔쳐갔으나 발원문은 1970년대 불상을 개금할 때 筆書한 내용이 남아있어 제작시기와 조각승을 알 수 있다.5)

필자가 조사한 바, 조각승 思忍은 1614년에 수화승 玄眞과 전남 구례 천은사 木造菩薩坐像을, 1639년에 수화승 守衍과 전북 남원 풍국사 木造三世佛坐像(예산 수덕사 봉안)을, 1649년에 수화승으로 회문산 만일사 木造釋迦如來坐像(포천 동화사 봉안)을, 순치연간順治年間에 戒勳과 전북 완주 송광사 대웅전 木造願牌를, 1656년에 수화승 무염과 완주 송광

---

3) 조선 후기 활동한 개별 조각승에 관해서는 崔宣一, 『朝鮮後期僧匠人名辭典-佛敎彫塑』(養士齋), 2007를 참조할 만하다.

4) 崔宣一, 위의 책, 62쪽.

5) 이 불상의 조사는 남양주 봉선사 밀운 회주스님의 후의로 이루어졌다.

사 木造釋迦三尊佛坐像 등을 제작하였다. 그리고 사인과 같이 회문산 만
일사 불상을 제작한 尙琳(尙林)은 1661년에 수화승 懷鑑과 전남 강진 무
위사 지장전 목조지장보살좌상 제작에 참여하였다.[6]

따라서 조각승 思忍이 수화승으로 제작한 1649년에 경기 포천 동화
사 목조석가여래좌상을 중심으로 양식적 특징과 발원문을 검토해 보고
자 한다. 그리고 사인이 불상 제작에 참여한 현황을 중심으로 활동내역
을 살펴보고, 이것을 바탕으로 불상의 양식적인 특징에 접근해 보겠다.
이와 같은 연구를 통하여 사인의 조각승 계보를 추정하면서 같은 시기에
활동한 조각승의 불상과 비교를 통하여 차이점을 알아보고자 한다.

Ⅱ. 京畿道 抱川 東和寺 木造如來坐像과 發願文

동화사는 경기도 포천군 동면 장암리에 위치한 사찰로, 대한불교조계
종 제25교구 본사인 奉先寺의 末寺이다. 이 사찰은 1957년 8월 15일에
李干大 보살이 창건하고, 밀운스님(속명 변희준)이 군대 시절부터 인연
을 맺어 출가한 사찰이다.[7] 현재 동화사는 大雄殿을 중심으로 요사와 범
종각 등으로 이루어져 있다.

대웅전 내부 수미단 위에는 木造如來坐像을 중심으로 좌우에 金銅十
一面觀音菩薩立像과 智拳印을 결한 金銅菩薩坐像, 陶磁器 梵鐘과 靑銅
塔이 봉안되어 있다(도1). 목조여래좌상은 2005년 3월 5일에 도둑이 들
어 수미단을 훼손한 후, 불상 바닥을 뚫고 내부에 봉안되어 있던 조성발
원문 등의 腹藏物을 훔쳐가 현재는 내부에 『地藏菩薩本願經』의 몇 장

---

6) 崔宣一, 앞의 책, 64쪽.
7) 윤승용·조현범, 「종교」, 『抱川郡誌』(抱川郡誌編纂委員會, 1997), 184쪽.

도1. 대웅전 내부, 포천 동화사

만이 봉안되어 있다. 이 목조여래좌상이 현재의 위치인 동화사에 봉안된 來歷은 봉선사 회주이신 밀운 큰스님의 증언을 통하여 알 수 있다.[8] 특히, 스님은 1970년대 불상을 개금하면서 발견된 造成發願文의 필서본을 가지고 계셔 불상의 조성시기와 조성사찰 및 연화질 등을 구체적으로 알 수 있다.[9]

---

8) 동화사 대웅전에 봉안된 목조여래좌상은 대청순치육년세재황우(大淸順治六年歲 在黃牛) 7월에 제작한 것으로 알려져 있고(『抱川郡誌』, 1984, 950쪽), 밀운스님에 의하면 "이 목조불상은 전 중앙정보부장인 이후락씨가 소유하던 것으로 나에게 기증하여 동화사에 봉안하였다"고 한다(2007.7.19 대담).

9) 밀운스님은 1934년에 황해 연백에서 출생하여 1954년에 경북 영주 초암사에서 大悟스님을 은사로 출가한 후, 1972년에 남양주 봉선사에서 운허스님 문하에 수학하였다. 제 5~9대 중앙종회의원, 총무원 총무부장, 부원장, 법규위원장, 봉은사와 봉선사 주지를 역임하시고, 현재 봉선사 회주와 대한불교조계종 원로의회 부회장으로 활동하고 있다(불교신문 재인용).

1. 木造如來坐像

대웅전 내부 수미단에 봉안된 목조여래좌상은 높이가 101.5센티미터로, 조선 후기에 제작된 중형 불상이다(도2).[10] 불상의 신체는 은행나무로, 바닥면은 소나무로 제작되었다.[11] 불상은 얼굴과 상반신을 약간 앞으로 내밀어 구부정한 자세를 취하여 앉은키에서 얼굴이 차지하는 신체비례는 1:0.3 정도이다(도3). 이와 같은 신체비례는 같은 시기에 제작된 불상과 유사한데, 17세기 전반에 제작된 불상보다 신체에서 차지하는 얼굴의 비중이 커졌다. 머리에는 뾰족한 螺髮이 촘촘하고, 경계가 불분명

도2. 사인, 목조여래좌상
　　1649년, 포천 동화사

도3. 목조여래좌상 측면

---

10) 규격은 高 101.5센티미터, 頭高 31센티미터, 頭幅 24센티미터, 肩幅 50.0센티미터, 膝高 16.0센티미터, 膝幅 62.0센티미터, 底面 73.5센티미터× 68센티미터(腹藏口 21.5센티미터× 21.0센티미터)이다.

11) 불상의 수종에 관해서는 충북대학교 농업과학기술연구소 부설 연륜연구센터 박원규 교수님의 敎示를 받았다.

도4. 목조여래좌상 얼굴   도5. 목조여래좌상 얼굴 측면

한 육계 밑에 반원형의 中央髻珠와 정수리 부위에 원통형의 頂上髻珠가 있다(도4). 얼굴은 작으면서도 두 귀가 옆으로 벌어지고 귓볼이 두툼하여 과장되게 보인다. 갸름한 얼굴에 반쯤 뜬 눈은 눈꼬리가 약간 위로 올라갔고, 코는 오똑하게 뻗었으며, 입은 옆으로 길면서도 끝이 살짝 올라가 미소를 머금고 있다(도5). 오른손은 무릎 밑으로 내려 降魔觸地印을, 왼손은 무릎 위에 수평으로 놓아 가운데 두 손가락을 구부린 전형적인 조선 후기 석가불의 수인을 취하고 있다.

바깥에 걸친 대의는 오른쪽 어깨에서 대의자락이 짧게 내려와 U자형을 이루고, 나머지 대의자락은 팔꿈치와 복부를 지나 왼쪽 어깨로 넘어가고, 반대쪽 대의는 왼쪽 어깨를 완전히 덮고 내려와 복부에서 넓게 펼쳐져 있다. 하반신을 덮은 대의는 앞에 펼쳐진 5겹 주름 가운데 안쪽에서 두 번째 주름이 가장 윗부분에 놓여있고, 나머지 주름은 규칙적으로 펼쳐져 있다. 왼쪽 무릎 위에는 나뭇잎 모양의 소매 자락이 펼쳐져 늘어져 있다(도6). 대의 안쪽에 입은 僧脚岐를 묶은 상단의 표현은 6개의 연

도6. 목조여래좌상 하반신　　　　　　　　　　도7. 목조여래좌상 후면

판이 표현된 仰蓮形이다. 불상 뒷면의 처리는 목둘레에 대의 끝단을 두르고, 왼쪽 어깨에 앞에서 넘어온 대의자락이 완전히 등을 덮고 있어 조선 후기 제작된 불상과 많은 차이점이 있다(도7).

2. 조성발원문

현재 불상 내부에는 분철된 『地裝菩薩本願經』몇 장만 남아 있다(도8). 불상에 관한 기록은 최근 도난당해 남아있지 않지만, 1970년대 불상 개금 중에 발견된 발원문의 필사본이 사찰에 남아있다(도9, 참고1).

조성발원문에 의하면 목조여래좌상은 1649년에 전북 순창 회문산 만일사에 봉안하기 위하여 畵員 思忍, 尙琳이 제작하였다. 내용 중에 "釋迦如來 迦葉阿難 左右帝釋 十六眞類 將軍使者 奉安"이라는 문구를 통하여 나한전이나 응진전 등에 존상을 제작하였음을 알 수 있다. 특히 불상 제작에 證明을 맡은 太浩(1564~1652)은 號가 浩然이고, 속성은 張씨이다. 전남 나주(錦城)에서 태어나 15세에 장흥 천관산 一宗에게 출가하여 30세에 충남 보은 속리산에서 靜觀의 법을 이었으며, 1652년에 나이 89세로 입적하였다.12) 그의 부도는 철원 보개산 심원사지에 남아있다.13) 화주인 德月은 山人이라는 명칭을 통하여 전북 순창 회문산에 거주하던

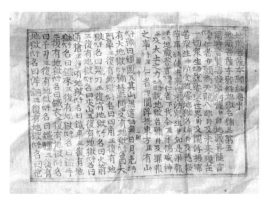

도8. 『지장보살본원경』 복장물 일부, 포천 동화사

造成大施主林萬龍水比丘　造佛大施主金德比丘　證明大禪師太浩比丘度者　住口禪師三賖餘苦隈沙　切好居有緣光延於之職欲蒙界笑行布而示顯十　種衲莫如大羅明葉稱阿名者其德有須須仗天造之半　霞迤今有如泉人以敬拳難密于左　誠造釋迦將來德迤月故轄隈賜人仁天之　天真寺類伏己軍不徐彌　日大敬誠福證明大大施主大施

（縱書 漢文 發願文）

宮與象生時與造化象生皆共成佛道　千江而成實座以廣化德緣之象生普及於一切　天而降此空像不遠本願若天中月普濟我尿影　大淸順治六年歲在黃牛七月旣望之秋端一誌

緣化秩　畵員　尚琳比丘　思忍比丘　日德日丘　太造比丘

도9. 조성발원문 필사본(봉선사 회주 밀운스님 작성)

---

12) 浩然太浩 姓張 錦城人 母韓夢神人 跪獻鞍韉圓瑩曰 願托身阿彌 以嘉靖申子生 十
　　五就天冠山一宗禪(獅巖 采永,『海東佛祖源流』)

13) 국립중앙도서관에 浩然堂大師碑銘(順治十三年丙申(1656)四月日建碑)의 拓本이
　　소장되어 있다.

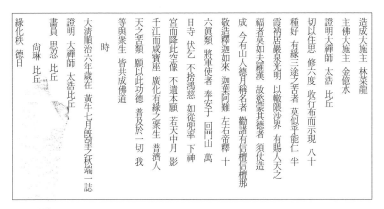

造成大施主 林采龍
主佛大施主 金億水
證明大禪師 太浩 比丘
切以住思 修六度 收行布而示現 八十
種好 有緣三途之苦者 莫似乎能仁 半
霞衲居嚴泉光明 以轍限沙界 有賜人天之
福者莫如夫羅漢 故欲竂其德者 須伏造
成 今有山人德月稱名者 觀謹有信檀信檀那
敬造釋迦如來 迦葉阿難 左右帝釋 十
六眞類 將軍使者 奉安于 回甲山 萬
日寺 伏乞 不捨鴻慈 如從兜率 下神
宮而降此究像 不遺本願 若天中月 影
千江而咸寶座 廣化有緣之衆生 普濟人
天之苦類 願以此功德 普及於一切 我
等與衆生 皆共成佛道
　　時
大淸順治六年歲在 黃牛七月旣望之秋端一誌
　證明 大禪師 太浩比丘
　畵員 思忍 比丘
　　　尙琳 比丘
　緣化秩 德日

참고1. 조성발원문

승려임을 알 수 있다.

회문산 만일사는 사적비와 1760년에 간행된 『玉川誌』에 의하면 백제시대에 건립된 사찰이고, 사적비에 無學自超가 조선을 건국한 이성계의 등극을 위하여 萬日 동안 이곳에서 기도하여 寺名을 얻은 것이라 한다. 1597년에 정유재란 때 소실된 것을 智弘과 元測이 중건하였는데, 당시 요사는 2채, 암자는 東庵, 七聖庵, 禪寂庵이 있었다고 한다. 일제강점기에 폐사되었다가 1946년에 이르러 주지 李錦潭 스님이 대웅전, 칠성각, 산신각을 짓고 불사를 추진하였지만, 1950년에 한국전쟁으로 대웅전이 소실되어 칠성각을 제외하고 폐허가 되었다고 한다. 전쟁이 끝나고 1954년에 현재의 위치로 사찰을 옮겨 법당과 삼성각 등을 건립하였다.

Ⅲ. 彫刻僧 思忍의 活動과 계보 및 불상양식

조각승 思忍은 1614년에 수화승 玄眞과 전남 구례 천은사 木造菩薩坐像을, 1639년에 수화승 守衍과 전북 남원 풍국사 木造三世佛坐像(예산 수덕사 봉안)을, 1649년에 수화승으로 회문산 만일사 木造釋迦如來坐像을, 順治年間에 戒勳과 전북 완주 송광사 대웅전 木造願牌를, 1656년에 수화승 무염과 완주 송광사 木造釋迦三尊佛坐像 등을 제작하였다.

1. 조각승 思忍의 活動

이제까지 사인과 그 계보의 조각승이 제작한 불상의 발원문 다섯 건의 기록을 종합해 보면, 사인의 활동 시기와 계보를 정확히 파악할 수 있다(표1).

표1. 사인 관련 문헌기록

연도	지역	사찰	작업내용	조각승	문헌과 봉안처
1614	전남 구례	천은사	목조보살좌상 제작 (2구)	畵士 玄眞 明隱 …… 四印	發願文
1639	경북 남원	풍국사	목조삼세불좌상 제작	畵員 守衍 灵澈 省敏 思忍 …	發願文 예산 수덕사 봉안
1649	전북	회문산 만일사	목조석가불좌상 제작	畵員 思忍 尙琳	發願文 포천 동화사 봉안
1654	전북 완주	송광사	목조원패 제작	畵員 戒勳 思印 … 法機 … 淳一	墨書銘
1656	전북 완주	송광사	목조석가삼존불좌상과 나한상 등 제작	畵員 無染 玄淮 首畵員 戒訓 思印 性淳 … 法器 熙淳 覺善 敬熙 丹應 天信 道均 海淨 三應 … 思忍 智修 覺林 沖衍 … * 思印과 思忍은 同名異人	發願文
1661	전남 강진	무위사	목조지장보살좌상과 시왕상 등 제작	首畵員主 懷鑑 … 尙林 …	發願文

아직까지 조각승 사인이 언제 어디서 출생하였는지 알 수 있는 기록은 없다. 단지 그가 수화승으로 활동하기 이전 불상 제작에 참여한 가장 빠른 작품은 전남 구례 천은사 목조보살좌상이다(도10). 이 불상에 발견된 발원문의 내용은 "… 大禪師 善修 玉井 覺性 省均 法雲 行機 道林

도10. 현진, 목조보살좌상
1614년, 구례 천은사

도11. 수연, 목조삼세불좌상 본존
1639년, 예산 수덕사

畵士 玄眞 明隱 蒙能 彦浩 思印 證明 太英 雪梅 … 執務秩 寶湛 智寒 印宗 性林 敏正 智照 幹善大化主 靈源 … 萬曆四十二年甲寅六月日 辨擧比丘 太能 拜手(필자 진하게)"이다. 따라서 목조보살좌상은 1614년에 대화주 영원이 발원하여 부휴선수, 벽암각성 등의 시주자로 참여하여 畵士 玄眞, 明隱, 蒙能, 彦浩, 思印이 제작하였다. 이 불상 제작에 사인은 화사들 가운데 맨 마지막에 언급되어 보조적인 역할을 담당하였다. 이 기록은 조각승 사인이 불상 제작의 수련기를 현진의 밑에서 시작하였음을 알 수 있다. 그러나 사인은 15년 후에 전북 남원 풍국사 목조삼세불좌상(현 충남 예산 수덕사 대웅전 봉안)을 수화승 守衍과 제작하였다(도11).14) 서울 지장암 목조비로자나불좌상이 발견되어 공동으로 작업을 하였음이 밝혀졌다.15) 그리고 사인은 1649년에 수화승으로 전북 순창

---

14) 崇禎十二年歲次己卯秋冬兩節中萬行山豊國寺大雄殿 釋迦尊像新造成發 願文 化主 惟演 … 畵員 守衍 灵澈 省敏 思忍 信寬 明惠 印宗 侍者夢還 … 大化士 惟演 …

도12. 계훈, 목조원패
1654년, 완주 송광사

회문산 만일사 목조석가삼존불좌상과 16나한상 등을 제작하였다. 이 때 두 명 밖에 언급되지 않았지만, 1633년에 수화승 응원이 제작한 전북 김제 귀신사 응진전 불상 25구를 12명의 조각승이,16) 1684년에 전남 강진 정수사 나한전 불상 23구를 9명의 조각승이 제작하여 언급된 인원보다 더 많이 참여하였을 것으로 여겨진다.17)

이후 사인은 1654년에 전북 완주 송광사 목조원패 세 점을 수화승 계훈과 제작하고(도12),18) 1656년에 수화승 무염과 완주 송광사 영산전 목조석가삼존불좌상과 오백나한상을 제작하였다.19) 이 불상을 만들 때 畵員 無染, 玄准, 首畵員 戒訓, 思印 등이 제작하여 실제적인 작업은 계훈과 사인이 하였을 가능성이 매우 높다.

---

15) 문명대, 「17세기 전반기 조각승 玄眞派의 성립과 지장암 木 毘盧遮那佛坐像의 연구」, 『강좌미술사』 29(한국불교미술사학회, 2007), 355~380쪽.

16) 畵員秩 印均 大悟 信戒 寬海 懷鑑 天沽 處心 靈寬 靈印 沽敬 尙儀 學沽

17) 良工秩 上工 色難 副工 道軒 次工 行坦 慕賢 楚卜 雄遠 哲玉 道見 文印

18) 畵員 戒勳 思印 法淨 寶衍 法機 善特 淳一

19) 畵員 無染 玄准 首畵員 戒訓 思印 性淳 太信 法器 熙淳 覺善 敬熙 丹應 天信 道均 海淨 三應 道允 行敏 印冏 法行 善文 冲學 議宗 心敏 性還 思忍 智修 覺林 冲衍 玉玄 行珠(이 조성발원문에는 두 명의 사인이 언급되어 있다).

따라서 지금까지 알려진 발원문과 사적기를 중심으로 思忍의 생애를 살펴보면, 1590년을 전후하여 태어난 사인은 1614년 현진 밑에서 補助畫僧으로 불상 제작의 수련기를 거친 후, 1639년에 전북 남원 풍국사 목조삼세불좌상(예산 수덕사 봉안) 제작에 8명의 조각승 가운데 4번째 언급되어 중년의 나이에 접어들었을 것으로 추정된다. 1649년에 수화승으로 상림과 전북 순창 만일사 목조여래좌상(파주 동화사 봉안)을 제작하여 조각승으로 명성을 가졌음을 알 수 있다. 1654년에 전북 완주 송광사 대웅전의 1m 넘는 목조원패 3점을 수화승 계훈과 만들고, 1656년에 완주 송광사 영산전 목조석가삼존불좌상과 500나한상 제작에 주도적인 역할을 담당하였다. 따라서 사인은 17세기 전반부터 중반까지 40여년 동안 불상 제작에 관여했다. 그가 불상을 제작한 지역은 전남 구례, 전북 남원, 전북 순창, 전북 완주 등으로 지리산을 중심으로 활동하였던 조각승으로 보인다.

조각승 사인이 불상에 참여한 현황은 그의 조각승 계보를 밝힐 수 있는 단서이다. 이제까지 사인이 불상 제작에 참여한 숫자는 다섯 건 조사되었다. 사인과 같이 불상을 제작한 승려는 20여명에 이른다.[20] 이 가운데 사인은 현진, 수연, 무염, 계훈과 불상을 제작하여 다양한 조각승과 교류를 하였음을 알 수 있다. 특히, 사인이 초반에 같이 활동한 현진과 수연은 아직까지 같이 불상을 제작한 단서를 찾을 수 없어 조각승의 계보가 다른 것으로 파악되고 있다. 그런데 흥미로운 사실은 17세기 중후반의 불교조각계의 작업 상황은 작은 규모의 불상은 독자적으로 제작한 반면, 대규모 불상은 여러 조각승의 계보가 공동으로 작업한 사실이다. 특히, 1630년대 구례 화엄사 대웅전에 봉안된 불상은 청헌, 인균, 무염 등이 참여하였지만, 이들이 같은 계보의 조각승이라 볼 수 있는 다른 근

---

20) 이들 승려에 관해서는 崔宣一, 앞의 책, 2007과 安貴淑·崔宣一, 『朝鮮後期僧匠人名辭典－佛教繪畫』(養士齋, 2008)에 인용한 참고 문헌을 구체적으로 언급하였다.

거는 아직 발견되지 않았다. 따라서 사인은 처음에 현진의 밑에서 작업
을 배우다가 수연과 같이 불상을 제작하였다. 그리고 1650년대에는 계
훈과 목조원패와 불상을 제작할 때 副畵僧으로 참여하여 無染(-1633-
1656-) → 戒勳(-1615-1641-), 思印(思忍, -1614-1656-)으로 이루어지는
조각승의 계보에 속할 가능성이 있다고 생각한다. 또한 조각승 사인과
같이 1649년에 전남 순창 회문산 만일사 목조여래좌상을 제작한 尙林
(尙琳)은 1661년에 수화승 懷鑑과 전남 강진 무위사 명부전 목조지장보
살좌상과 시왕상을 부화승으로 제작하여 그의 활동 시기가 1649년부터
1661년까지 라는 것을 알 수 있다.

2. 조각승 思忍과 그 계보의 불상 양식

조선 후기 불상 가운데 발원문과 사적기를 통해 제작연대를 알 수 있
는 불상은 250여 점에 이른다. 이 중 수화승으로 사인은 순창 회문산
만일사 목조여래좌상(포천 동화사 소장)을 제작하였다. 사인이 제작한
기년명 불상은 조선 후기 불상의 전형적인 불상의 형태를 따르고 있지
만, 인상이나 신체비례 및 대의 처리 등에서 같이 시기에 활동한 조각승
들이 제작한 불상과 차이가 있다.

a. 영철, 목조지장보살좌
상, 1649년, 서울 화계사 | b. 운혜, 목조여래좌상,
1650년, 해남 서동사 | c. 무염, 목조여래좌상,
1651년, 속초 신흥사 | d. 색난, 목조여래좌상,
1694년, 화순 쌍봉사

도13. 17세기 중·후반 기년명 불상

| a. 영철, 목조지장보살좌상, 1649년, 서울 화계사 | b. 운혜, 목조여래좌상, 1650년, 해남 서동사 | c. 무염, 목조여래좌상, 1651년, 속초 신흥사 | d. 색난, 목조여래좌상, 1694년, 화순 쌍봉사 |

도14. 17세기 중·후반 기년명 불상의 얼굴

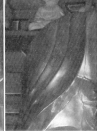

| a. 사인, 목조여래좌상, 1649년, 포천 동화사 | b. 운혜, 목조여래좌상, 1650년, 해남 서동사 | c. 무염, 목조삼존불좌상, 1656년, 완주 송광사 | d. 무염, 목조보살좌상, 1651년, 속초 신흥사 |

도15. 17세기 중·후반 기년명 불상의 오른쪽 어깨에 걸친 대의자락

17세기 중반에 활동한 思忍이 제작한 만일사 목조불상은 영철이 제작한 1648년에 서울 화계사 목조지장보살좌상과 운혜가 제작한 1649년에 전남 해남 서동사 목조삼세불좌상 및 무염의 1650년에 강원 속초 신흥사 목조아미타삼존불좌상과 부분적으로 유사성이 있다(도13). 신체에서 얼굴이 차지하는 비율이 1:0.35으로 같은 시기에 제작된 불상의 신체 비례와 비슷하다.

각진 얼굴에 비하여 타원형의 얼굴에 耳目口鼻가 크게 표현되었으며, 특히 뾰족한 콧날과 통통한 볼살이 비슷하여 전체적인 인상이 같다. 이는 17세기 후반에 활동한 색난 작 1694년 화순 쌍봉사 대웅전 불상의

a. 사인, 목조여래좌상, 1649년, 포천 동화사	b. 영철, 목조지장보살좌상, 1649년, 서울 화계사
c. 운혜, 목조여래좌상, 1650년, 해남 서동사	d. 무염, 목조여래좌상, 1651년, 속초 신흥사

도16. 17세기 중·후반 기년명 불상의 하반신에 걸친 대의자락

원통형의 코와 비교해 보면 쉽게 알 수 있다(도14).

그리고 사인이 제작한 불상은 바깥에 걸친 두꺼운 大衣가 오른쪽 어깨에 걸쳐 짧게 늘어지고, 복부에서 넓게 펼쳐져 왼쪽 어깨 방향으로 수직으로 올라가 뒤로 넘어가고 있다. 이러한 표현은 영철과 운혜가 1650년을 전후하여 제작한 불상에서 볼 수 있다. 그러나 무염이 제작한 불상은 사인이 제작한 불상보다 볼륨이 약하고 직선 위주로 옷주름을 처리하여 차이를 보인다(도15).

뿐만 아니라 하반신에 걸친 옷자락도 끝부분이 곡선 위주로 처리되어 무염이 제작한 불상의 하반신 대의처리와 차이점이 있다(도16). 왼쪽 무릎에 늘어진 소매 자락은 클로버 모양으로 펼쳐져 있는

도17. 무염, 목조여래좌상
　　　1656년 완주 송광사

데. 이 역시 같은 시기에 활동한 다른 조각승의 계보에서 제작한 불상에서 볼 수 없는 요소이다. 그러나 사인과 가장 밀접한 관련을 가진 조각승 계훈은 1656년 완주 송광사 나한전 불상을 제작하였는데, 신체비례와 대의처리 등이 많은 차이를 보인다(도17). 따라서 사인이 제작한 기년명 불상 한 건에서는 조각승 수연의 계보를 이은 영철이나 운혜가 제작한 불상과 관련이 있다.

Ⅳ. 맺음말

이상으로 17세기 중반에 전북을 중심으로 활동한 조각승 가운데 영향력이 있었을 것으로 추정되는 사인과 그 계보 승려에 대하여 살펴보았다. 아직까지 얻을 수 있는 자료의 한계로 인하여 사인의 生沒年代와 그와 밀접한 관련이 있었을 무염이나 계훈 등의 조각승과의 교류관계 등 많은 내용을 명확하게 밝힐 수 없었지만, 이제까지 막연하게 알려져 있던 조각승 사인에 관한 접근을 통하여 17세기 중반에 활동한 사인 계보와 계파의 조각승에 대해 접근한 것은 작은 성과일 것이다.

발원문과 사적기를 중심으로 살펴본 思忍의 생애를 살펴보면, 1590년을 전후하여 태어난 사인은 1614년 현진 밑에서 補助畵僧으로 활약한 후, 1639년에 남원 풍국사 목조삼세불좌상 제작에 참여한 8명의 조각승 가운데 4번째 언급되어 있다. 1649년 수화승으로 상림과 전북 순창 만일사 불상을 제작하여 조각승으로서 본격적인 활동을 하였음을 알 수 있다. 그리고 1654년에 전북 완주 송광사 대웅전의 1m 넘는 목조원패를 계훈과 만들고, 1656년 완주 송광사 영산전 목조석가삼존불좌상과 500나한상을 제작하였다. 따라서 사인은 17세기 전반부터 중반까지 40여년을 조각승으로 활동하였다. 그의 계보는 초창기에 현진이나 수연 등의 불상 제작에 보조화승으로 참여하다가 1640년대 후반경에는 수화승으로 활동한 것을 알 수 있다. 그가 불상을 제작한 지역은 전남 구례, 전북 남원, 전북 순창, 전북 완주 등으로 전라북도를 중심으로 활동한 승려일 가능성이 매우 높다. 그럼에도 불구하고 17세기 중반에 활동한 여러 명의 조각승과 상호관련성을 밝히지 못한 것은 이 시기 불상에서 발견된 발원문이 일부만 공개되었기 때문일 것이다.

이후 조선 후기에 제작된 불상 내에서 발견된 발원문이나 사찰 내에 秘藏된 사적기 등이 체계적으로 공개된다면 계훈의 기년명 불상이나 사인이 제작한 다른 불상이 발견될 가능성이 높다. 따라서 이들의 활동지역이나 사찰 등에 관한 구체적인 접근이 이루어진 후, 지역별 불상 양식의 차이 등에 관한 접근이 이루어져야 할 것이다. 조선 후기 조각승 가운데 거주 지역과 사찰이 확인된 조각승은 충북의 惠熙, 충남의 雲惠, 전남의 色難, 忠玉, 尙淨, 전북의 一機, 觀性, 守一, 奉玹, 戒初, 강원의 尙戒 밖에 없는 현 상황에서 개별 조각승의 거주 지역에 관한 체계적인 연구가 진행되어야 만이 조선 후기 佛畵와 梵鐘 연구 성과와 같이 지역성이 밝혀질 것으로 기대된다.

제2장
全羅南道 和順 雙峰寺 木造地藏菩薩坐像과
彫刻僧 雲惠

I. 머리말

불교조각 연구자들은 조선 후기 불상이 삼국시대와 통일신라시대 불상에 비해 조형성이 떨어지고, 작가의 개성이 반영되지 않아 양식적 특징을 찾아내기가 어렵다고 한다. 이러한 선입관은 조선 후기 불상이 불교조각사에서 양적으로 차지하는 비중이 낮지 않음에도 불구하고 현재까지 발표된 연구 성과가 적은 것을 보아도 알 수 있다. 그러나 최근 들어 전국 사찰에 봉안된 조선 후기 불상이 종단 차원에서 조사되면서 불상 내에 봉안된 發願文이 공개되어 불상을 제작한 조각승에 관한 연구가 진행될 수 있는 토대가 마련되고 있다.[1] 이미 조선 후기 불교미술 가운데 불화와 범종의 연구는 1990년을 전후하여 개별 僧匠의 생애와 계보를 중심으로 양식적 특징과 변화과정까지 밝혀졌다.[2] 이러한 접근

---

1) 문화재청과 대한불교조계종에서는 전국의 사찰에 봉안된 성보문화재를 연차적으로 발간하고 있다(『한국의 사찰문화재 – 강원도』(문화재청·대한불교조계종 문화유산발굴조사단, 2002)과 『한국의 사찰문화재 – 전라북도·제주도』(문화재청·대한불교조계종 문화유산발굴조사단, 2003).

2) 1990년대를 전후하여 조선 후기 불교미술에 관한 연구는 개별 승려 장인의 작품을 중심으로 활동시기와 양식적 특징 및 변화과정을 논의하면서 새로운 전환기

은 조선 후기 불상연구에서도 가장 쉽게 불상의 양식적 특징과 변화과정
을 밝힐 수 있는 방법으로 여겨진다.

필자는 미국 메트로폴리탄박물관 소장 목조가섭존자입상에 관한 논
문을 읽고,3) 그것을 만든 彫刻僧 色難비구 作 紀年銘 佛像을 조사·연구
하여 그가 1700년대를 전후하여 전라도에서 활동한 조각승임을 알아보
았다.4) 그리고 1790년에 정조대왕이 선친인 莊獻世子의 陵을 花山으로
옮긴 후, 陵寢을 관리하고 亡者의 명복을 비는 齋를 지낼 목적으로 건립
한 龍珠寺에 불상을 조성한 戒初비구와 封琜비구가 18세기 중·후반에
전라도를 중심으로 활동한 조각승임을 사적기와 발원문을 통하여 밝혀
내었다.5)

본고에서 살펴볼 조각승 雲惠(雲慧)는 1990년대 중반 전라남도 화순
쌍봉사 명부전에 봉안된 목조지장보살좌상의 복장조사를 통해 처음으로
알려진 조각승이다.6) 필자는 전라남도의 여러 사찰을 답사하면서 운혜

를 맞이하였다. 이러한 방법으로 밝혀진 인물은 鑄鐘匠 思印비구와 佛畵僧 義謙
비구이다(安貴淑, 「朝鮮後期 鑄鐘匠 思印比丘에 관한 研究」, 『佛教美術』 9동국대
학교 박물관, 1988), 128~181쪽 ; 安貴淑, 「조선후기 佛畵僧의 계보와 義謙比丘
에 대한 연구(상)」, 『미술사연구』 8(미술사연구회, 1994), 63~137쪽과 「조선후기
佛畵僧의 계보와 義謙比丘에 대한 연구(하)」, 『미술사연구』 9(1995), 153~201
쪽).

3) 김리나, 「뉴욕 메트로폴리탄박물관의 조선시대 가섭존자상」, 『미술자료』 33(국립
중앙박물관, 1982. 12), 59~65쪽. 이 가섭존자는 1998년 메트로폴리탄박물관 한
국실 개관을 즈음해서 나온 도록에 소개되었다(Chung, Yang~mo, Ahn
Hwi~joon, Yi Song~mi, Kim Le~na, Kim Hong~nam and Jonathan Best. et. al,
Arts of Korea(New York: The Metropolitan Museum of Art). fig. 34).

4) 崔宣一, 「朝鮮後期 全羅道 彫刻僧 色難과 그 系譜」, 『미술사연구』 14(2000), 35
~62쪽과 崔宣一, 「日本 高麗美術館 所藏 朝鮮後期 木造三尊佛龕」, 『미술사연구』
16(2002), 137~155쪽.

5) 崔宣一, 「용주사 대응보전 목조석가삼존불좌상과 조각승－戒初비구를 중심으로」,
『東岳美術史學』 4(동악미술사학회, 2003) 73~87쪽.

6) 崔仁善, 「雙峰寺의 遺蹟과 遺物」, 『雙峰寺』(木浦大學校博物館·和順郡, 1996),
101~156쪽.

가 제작한 쌍봉사 목조지장보살좌상과 양식적으로 유사한 불상이 여러 사찰에 봉안되어 있다는 사실을 알게 되면서 관심을 갖게 되었고, 그의 紀年銘 불상이 공개되면서 17세기 중반을 대표하는 조각승이라는 생각을 하게 되었다. 현재까지 조사된 조선 후기 불상 가운데 운혜가 제작한 불상은 1649년에 황해도 배천 강서사 목조지장보살좌상과 시왕상(서울 화계사 봉안)을 시작으로, 1650년에 전라남도 해남 瑞洞寺 목조석가삼세불좌상, 1665년에 전라남도 곡성 道林寺 목조아미타여래좌상, 1667년에 전라남도 화순 雙峰寺 목조지장삼존상과 시왕상, 1675년에 전라남도 고흥 楞伽寺에 불상을 조성한 발원문을, 1680년에 전라남도 곡성 道林寺 목조관음·대세지보살좌상 등이다. 그리고 운혜와 같이 활동한 敬琳비구가 首畵僧으로, 1678년에 전라남도 강진 白蓮寺에 조성한 목조아미타삼존불좌상이 현재 전라남도 목포 達成寺 극락전에 봉안되어 있다.

따라서 조각승 운혜의 양식적 특징이 가장 잘 반영된 1667년 화순 쌍봉사 목조지장보살좌상을 중심으로 양식적인 특징과 발원문을 검토해보고자 한다. 그리고 운혜와 그 계보에 속하는 조각승이 제작한 기년명 불상을 중심으로 변화과정과 그들의 생애에 대하여 접근해보겠다. 이와 같은 연구를 통해 전라도를 비롯한 여러 지역에 막연히 조선 후기 작품이라고 거론된 불상들 가운데 운혜와 그 계보에 속하는 조각승이 제작한 불상을 살펴봄으로써 맺음말을 대신하고자 한다.

Ⅱ. 和順 雙峰寺 木造地藏菩薩坐像과 發願文

전라남도 화순군 이양면에 위치한 쌍봉사는 대한불교조계종 제21교구인 송광사의 말사로, 우리나라 부도를 대표하는 澈鑑禪師 道允(798∼868)의 浮屠(국보 57호)와 법주사 팔상전과 쌍벽을 이루던 三層木塔이 있던 사찰이다.[7] 이 사찰은 임진왜란 동안 소실되어 1628년에 了誼선사가 대웅전을 중수하였는데,[8] 1786년에 건립된 「雙峰寺事蹟碑」에 의하면 당시 전각이 400여 칸에 이를 정도의 寺勢를 가졌음을 알 수 있다.[9]

1. 목조지장보살좌상

대웅전 뒤편 冥府殿에 봉안된 불상은 목조지장보살좌상을 중심으로 도명존자와 무독귀왕을 배치하고(도1), 향 좌측에 세 분의 대왕과 판관을, 향 우측에 일곱 분의 대왕과 시자 등을 봉안하였다(도2).

목조지장보살좌상은 높이가 104센티미터로, 민머리의 성문비구형이다(도3). 얼굴을 앞으로 내밀어 구부정한 자세를 취하여 얼굴과 앉은키

도1. 운혜, 목조지장삼존상
1667년, 화순 쌍봉사

7) 삼층목탑(당시 보물 163호)은 1984년 4월 3일에 信徒의 실수로 소실된 후, 1985년 8월 5일 복원 공사를 착공하여 1986년 12월 30일 준공하였다(대한불교조계종, 『사자산 쌍봉사』(무돌, 1995), 27~28쪽).

8) 崔仁善, 앞의 글, 134~135쪽(「綾州地獅子山雙峰寺諸殿記文輯錄」과 「雙峰寺事蹟記」 내용 요약 참조)

9) 이 사적비의 전문과 역문은 김동수, 「和順 雙峰寺 事蹟碑銘」, 『全南文化財』 8(전라남도, 1995), 145~150쪽과 崔仁善, 앞의 글, 126~131쪽을 참조할 만하다.

도2. 목조시왕상

도3. 목조지장보살좌상

도4. 목조지장보살좌상 얼굴

는 대략 1:3.2의 신체비례를 보인다. 이는 고려와 조선전기에 제작된 佛坐像이 1:3.5 이상의 신체비례를 가진 것에 비해 조선 후기 불상이 얼굴을 강조하고 있음을 알 수 있다. 방형의 얼굴에 耳目口鼻는 전형적인 조선 후기 불상을 따르지만, 턱이 약간 뾰족하고, 인중이 다른 불상에 비하여 넓으며, 목에 난 三道가 거의 수평으로 처리되어 있다(도4). 따로 제작된 오른손은 어깨 높이까지 올려 엄지와 중지를 맞대고, 왼손은 가지

런히 무릎 위에 올려놓고 엄
지와 중지를 맞댄 阿彌陀手印
을 취하고 있다.

바깥에 걸친 두꺼운 대의는
오른쪽 어깨에서 대의자락이
가슴까지 내려와 두 겹 접힌
후 팔꿈치와 복부를 지나 왼
쪽 어깨로 넘어가고, 반대쪽
대의는 세 겹으로 접혀 수직으
로 내려와 결가부좌한 다리 위
에 펼쳐져 있다. 하반신을 덮은
대의는 중앙에 두께가 일정한
주름을 중심으로 파도가 출렁
이듯 펼쳐져 있고, 반대쪽 주름
은 한 가닥 넓게 펼쳐져 있다.
특히 하반신의 대의 처리에서
가장 큰 특징은 복부에서 가운

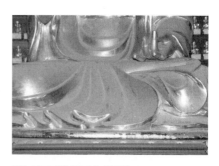

도5. 목조지장보살좌상 하반신

도6. 색난, 목조석가여래좌상 하반신
1694년, 화순 쌍봉사

데로 흘러내린 주름의 끝이 부메랑같이 표현된 것이다(도5). 표현은 조
선 후기 다른 조각승이 제작한 불상에서 거의 볼 수 없는 운혜가 제작한
불상의 특징이다. 이러한 특징은 20년 정도 늦게 활동한 色難(色蘭)이
1694년 제작한 화순 쌍봉사 목조석가여래좌상은 하반신을 덮은 대의가
잔잔한 물결처럼 곡선을 그리는 반면(도6),[10] 운혜가 제작한 불상은 가
운데 부메랑같이 생긴 주름을 중심으로 파도가 출렁이듯 표현되었다. 또
한 대의 안쪽에 입은 승각기 표현에서도 색난의 상은 조선 후기 전형적

---

10) 崔宣一, 「朝鮮後期 全羅道 彫刻僧 色難과 그 系譜」, 35~62쪽과 崔宣一, 「日本
   高麗美術館 所藏 朝鮮後期 木造三尊佛龕」, 137~155쪽 참조.

도7. 운혜, 목조지장보살좌상 측면
1667년, 화순 쌍봉사

인 불상과 마찬가지로 仰蓮形의 승각기 상단을 가진 것에 비하여 운혜의 불상에서는 둥근 상단에 양쪽 끝이 날카롭게 접힌 도끼날 같은 斧形으로 표현되어 있다. 이외에도 목조지장보살좌상의 왼쪽 측면에 보이는 대의자락이 두 가닥 수직으로 내려오다 Y자로 접힌 표현은 눈여겨 볼 부분이다(도7).

2. 발원문

쌍봉사 지장보살과 시왕을 처음으로 조사한 최인선 교수는 복장물과 발원문이 대부분 도난된 상태로 지장보살의 향우측 2번째 제3송제대왕에서 발원문이, 2, 3, 10 대왕과 인왕에서 황초복자에 쌓인 후령통이 발견되었다고 한다.11) 발원문은 가로 123.5센티미터, 세로 45.5센티미터인 직사각형의 한지에 조성목적과 관련인물들이 기록되어 있다(도8).12)

이 내용을 번역해 보면 다음과 같다.13)

全羅道綾州地仲條山雙峯寺新造成 地藏菩薩左補處道明尊者右補處無毒鬼王十 王造成安于 伏願

佛日慧燈14)長明不盡風15)調雨順歲稔時康　　主上三殿萬歲無窮萬國祈16)慶四

---

11) 崔仁善, 위의 논문, 111～113쪽.
12) 기존에 알려진 발원문(崔仁善, 위의 논문, 133～134쪽.)의 내용 중 몇 자는 문맥상 문제가 있어 원본 사진(崔仁善, 위의 논문, 156쪽 사진48)을 보고 수정하였다.
13) 발원문의 번역과 감수는 직지사 성보박물관장이신 홍선스님의 가르침을 받았다.

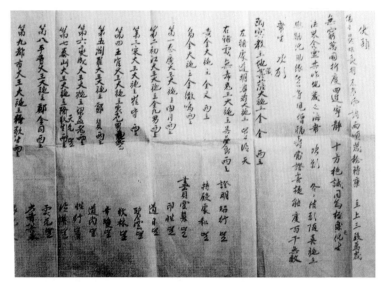

도8. 조성발원문 세부

邊[17]寧靜 十方抱[18]識同爲極樂之化生 法界含靈共作地藏之海衆 次願 各各結
願隨喜施主與勸化助緣比丘等現增福壽當證菩[19]提能度百千無數衆生 次願

幽[20]溟敎主地藏菩薩大施主金金兩主	證明 □行比丘
左補處道明尊者大施主 比丘	監天 持殿 處和比丘
右補處無毒鬼王大施主 吳夢良 兩主	畫員 雲慧比丘
黃金大施主 金文 兩主	印性比丘
烏金大施主 金徹鳴 兩主	道日比丘
第一秦廣大施主 肉月 兩主	碧雲比丘
第二初江大王大施主 金化男 兩主	敬林比丘
第三宋帝[21]大王大施主 崔守 兩主	幸瓊比丘

14) 앞의 글에 炬로 읽었지만, 燈으로 읽어야 문맥이 맞는다.
15) 앞의 글에 □□로 처리했지만, 盡風으로 읽을 수 있다.
16) 앞의 글에 折로 읽었지만, 祈으로 읽어야 문맥이 맞는다.
17) 앞의 글에 置로 읽었지만, 四邊으로 나누어 읽어야 한다.
18) 앞의 글에 絶로 읽었지만, 抱로 읽어야 문맥이 맞는다.
19) 앞의 글에 喜로 읽었지만, 菩로 읽어야 한다.
20) 발원문에 函로 적혀있지만, 조선후기 지장보살은 주로 幽明敎主로 부르고 있다.

第四五官大王大施主 裵乭男 兩主	道尙比丘
第五閻羅大王大施主 鄭贊 兩主	性行比丘
第六變成大王大施主 梁益老 兩主	監禪比丘
第七泰山大王大施主 徐敬生 兩主	處元比丘
第八平等大王大施主 鄭金同 兩主	少者善奉
第九都市大王大施主 徐敬生 兩主	緣化秩

(이하 原本을 확인하지 못하여 생략)

전라도 능주 땅 중조산 쌍봉사에 지장보살, 좌보처 도명존자, 우보처 무독귀왕 그리고 시왕을 새로 만들어 봉안하였습니다. 엎드려 원하오니 부처님의 가르침과 지혜의 등불이 길이 밝아 다함이 없게 하시고, 비바람이 순조로워 해마다 풍년들고, 어느 때나 태평하고, 주상 삼전(국왕, 왕비, 세자)께서는 만세토록 (목숨이) 다함이 없으시고, 온 나라에 경사가 들어 사방이 평안하고, 시방세계의 중생들이 다함께 극락정토에 태어나고, 법계의 모든 생명들이 더불어 지장보살의 바다 같은 대중이 되기를 원합니다. 다시 원하오니 각각 원력을 맺고 기쁘게 시주한 분들과 아울러 화주를 권하고 인연을 도운 비구 등이 현세에서는 복과 수명이 늘어나고, 내생에서는 깨달음을 이루어 백 천의 한량없는 중생을 제도하기를 바랍니다. 또 원하오니

유명교주지장보살 대시주 김금 양주	증명 □행비구
좌보처도명 대시주 비구 감천	지전 처화비구
우보처무독대시주 오몽양 양주	화원 운혜비구
황금대시주 김문 양주	인성비구
오금대시주 김철명 양주	도일비구
제일진광대시주 육월 양주	벽운비구
제이초강대시주 김화남 양주	경림비구
제삼송제대왕대주 최수 양주	행경비구
제사오관대왕대시주 배돌남 양주	도상비구
제오염라대왕대시주 정찬 양주	성행비구
제육변성대왕대시주 양익노 양주	감선비구
제칠태산대왕대시주 서경생 양주	처원비구
제팔평등대왕대시주 정김동 양주	소자 선봉

---

21) 발원문에 帝자가 생략되었다.

제구도시대왕대시주 서경생 양주　　　　　　연화질

이 발원문에 의해 쌍봉사 명부전에는 총 24구를 조성하여 봉안되었고, 雲慧, 印性, 道日, 碧雲, 敬林, 幸瓊, 道尙, 性行, 監禪, 處元, 善奉이라는 조각승들이 참여했음을 알 수 있다. 발원문에 조성시기가 언급되어 있지 않지만, 발원문을 처음 조사한 최인선 교수는 쌍봉사와 관련된 문헌 가운데 1667년 주지 善益비구가 목재는 인도에서, 도료는 중국에서 수입하여 명부전에 시왕 등을 조성하였다는 기록과 발원문에 大監으로 언급된 翠微堂 守初의 생애(1590~1668)를 근거로 이 불상들은 1667년에 제작되었다고 추정하였다.

Ⅲ. 雲惠와 그 계보 彫刻僧 作 紀年銘 佛像과 生涯

조각승 운혜가 제작한 불상은 1639년 고흥 능가사에 불상을 조성한 발원문을 시작으로, 해남 서동사 목조석가삼존불좌상, 곡성 도림사 목조아미타여래좌상, 화순 쌍봉사 목조지장삼존상과 시왕, 곡성 도림사 목조관음·대세지보살좌상이 확인되었고, 경림이 1678년 강진 백련사에 조성한 목조아미타삼존불좌상이 목포 달성사에 봉안되어 있다.

1. 雲惠와 그 계보 조각승의 기년명 불상

1) 해남 서동사 목조석가삼세불좌상

해남 화원면 寺洞 마을에 있는 서동사 대웅전 봉안 목조삼세불좌상은 전라남도 문화재 지정 신청을 계기로 발원문이 공개되었다.[22] 불상은 높이 120센티미터로, 석가를 중심으로 아미타와 약사를 배치한 목조석

도9. 운혜, 목조석가삼세불좌상, 1650년, 해남 서동사

가삼세불좌상이다(도9).

머리는 뾰족한 螺髮과 경계가 불분명한 肉髻로 표현되고, 육계 밑에는 반원형의 긴 中間髻珠와 원통형의 낮은 頂上髻珠가 있다(도10). 얼굴과 앉은키의 비례가 1:3.4으로 1667년 쌍봉사 지장보살보다 인체비례에 가깝고, 어깨선은 완만하게 내려와 자연스러운 느낌을 준다. 얼굴은 전체적으로 갸름하고, 耳目口鼻는 쌍봉사 지장보살보다 부드러우며, 자연스럽게 삼도를 표현하였다. 본존은 대의 안쪽에 扁衫을 입지 않고, 양 협시불은 편삼을 입어 착의방식이 다른데, 본존은 오른쪽 어깨에 대의자락이 겨드랑이가 보일 정도로 짧게 늘어져 세 번 접히고, 팔꿈치와 배를 지나 왼쪽 어깨로 넘어가고, 반대쪽 대의자락은 수직으로 내려와 하반신

---

22) 이 자료는 1999년 전남도청에 제출된 문화재 지정신청서를 확인하는 가운데 알게 되었다. 조사 당시 지정신청서를 필자에게 열람할 수 있게 도와주신 김희태 전문위원께 지면을 통하여 감사드리는 바이다.

도10. 목조석가삼존불좌상 본존

을 덮어 조선 후기 불상의 전형적인 착의 방식을 따르고 있다.

그러나 1667년 쌍봉사 목조지장보살좌상과 비교해 보면, 가운데 수직으로 내려오던 대의자락이 옆으로 뻗어 복주머니 같고, 협시불인 목조아미타여래좌상와 목조약사여래좌상의 하반신 대의처리도 각각 차이를 보인다(도11). 이는 1667년 쌍봉사 목조지장보살좌상의 하반신을 덮은 대의처리의 변화과정을 밝힐 수 있는 중요한 요소로 앞서 언

급한 바와 같이, 운혜가 제작한 불상의 가장 큰 특징인 대의 끝단이 부메랑같이 표현된 주름을 중심으로 파도가 출렁이듯 접혀있는 표현의 초

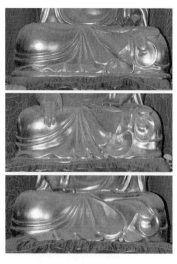

도11. 목조석가삼세불좌상 하반신

도12. 목조약사여래좌상 측면

기 형태이다. 또한 가슴을 덮
은 승각기는 상단을 한 번 말
아 도톰한 仰蓮形으로 표현되
었는데, 17년 뒤에 제작한
1667년 쌍봉사 목조지장보살
좌상에서는 어깨를 덮은 대의
간격이 좁아지고, 승각기 상단
의 표현이 도끼 날 같은 斧形
으로 바뀌었다. 뿐만 아니라
불상의 왼쪽 측면에 대의자락
이 두 가닥 수직으로 내려오다
Y자를 이루는 표현은 이후에
도 볼 수 있다(도12).

도13. 운혜, 목조아미타여래좌상
1661년, 제주 월계사(장성 백양사 조성)

불상에서 발견된 발원문은
1650년 조성발원문과 1804년 중수발원문이다. 조성발원문의 맨 마지막
에 順治八年 庚寅으로 연호와 간기가 있어 1650년에 雲惠, 雲益, 寶印,
學軒, 敏俊, 義尙, 義浩, 淨律, 妙玄이 제작에 참여하였음을 알 수 있다.

2) 제주 월계사 목조아미타여래좌상

제주 월계사에 봉안된 목조아미타여래좌상은 2007년 문화재지정조사
를 계기로 발원문이 조사되었다.[23]

목조아미타여래좌상은 높이 43센티미터로, 육계와 나발의 구분이 명
확하지 않고, 원통형의 정상계주와 이마에 넓은 반달모양의 중앙계주가

---

23) 김창화·김옥희, 『제주 불교문화재 자료집』(제주특별자치도 제주문화예술재단,
2008), 60~62쪽.

표현되어 있다(도13). 목조아미타여래좌상은 1650년 해남 서동사 목조
불상과 비교해 보면, 얼굴에 비하여 좁아진 어깨와 대의자락이 오른쪽
어깨에 짧게 펼쳐진 점, 하반신을 덮은 대의자락이 펼쳐진 형태 등에 차
이가 있다. 그리고 가슴을 덮은 승각기가 대각선으로 접힌 것이 다르다.
왼쪽 측면에 보이는 Y자형의 대의 처리는 1650년 해남 서동사 목조삼세
불좌상과 마찬가지로 나타나면서 등뒤에 앞에서 넘어온 대의자락이 넓
게 펼쳐져 있다.

불상 내부에서 발견된 발원문에 의하면 1661년 7월에 雲惠, 尙全이
전남 鴨城(현 長城) 白羊寺 藥師庵에 아미타삼존불상을 봉안하였다고 한다.

3) 곡성 도림사 목조아미타삼존불좌상

곡성 도림사 보광전에 봉안된 목조아미타삼존불좌상은 2002년 국립
광주박물관의 조사를 계기로 발원문이 공개되었다.[24] 그런데 흥미로운
사실은 삼존불이 같은 시기에 제작되지 않고, 본존은 1665년에, 협시보
살은 1680년에 조성된 점이다(도14). 이러한 발원문의 내용은 기존 전각
에 봉안된 삼존불이 모두 같이 조성되지 않을 수 있다는 중요한 단서를
제공한다. 본존과 협시보살의 제작에 공동으로 참여한 조각승은 雲惠(雲
慧)와 敬琳(瓊琳)이다.

1665년에 제작된 목조아미타여래좌상은 높이 122센티미터이며, 육계
와 나발의 구분이 명확하지 않고, 원통형의 정상계주와 이마에 넓은 반
달모양의 중앙계주가 표현되어 있다(도15). 목조아미타여래좌상은 1667
년 쌍봉사 지장보살좌상과 비교해 보면, 대의 안쪽에 편삼을 입고, 대의
자락이 오른쪽 어깨에 짧게 걸쳐 있는 점, 하반신을 덮은 대의자락이 펼
쳐진 점 등이 동일하다. 그러나 가슴을 덮은 승각기가 대각선으로 두껍

---

24) 『谷城郡의 佛敎遺蹟』(國立光州博物館, 2003), 87~100쪽.

도14. 운혜, 목조아미타삼존불좌상, 1665년과 1680년, 곡성 도림사

도15. 목조아미타여래좌상, 1665년

도16. 목조보살좌상, 1680년

게 접혀진 것이 다르다. 1680년에 제작된 목조보살좌상은 얼굴과 신체 표현 등에서 1665년에 만들어진 목조아미타여래좌상이나 1667년에 제작된 쌍봉사 목조지장보살좌상과 유사한 면이 보이지만, 세부적인 표현에서는 1678년 강진 백련사에서 조성된 목조아미타삼존불좌상과 친연성을 보인다. 예를 들어 1680년 도림사 목조협시보살상과 같이 보관은 얼굴에 비하여 크고 화려하고, 승각기의 상단 주름은 상부가 뾰족한 원통형의 주름이며, 하반신을 덮은 대의자락이 양 다리 사이에 U자형으로 몰려 접힌 부분이 하나로 줄어들었다.

각각의 불상 내부에서 한지에 작성된 발원문이 발견되었는데, 발원문에 의해 아미타불은 1665년에 雲慧, 瓊琳, 處瓊, 妙瓊, 處機가, 협시보살은 1680년에 雲惠, 敬琳, 坦禛, 道敏, 三眼, 楚明, 性日이라는 조각승들이 제작하였다.

4) 1675년 고흥 능가사 불상 발원문

전라남도 고흥 능가사 대웅전 해체·복원 시 목조석가삼세불좌상 내에서 발원문 세 점이 발견되었다. 세 점의 발원문은 1639년에 청헌이 불상을 조성한 「腹藏造成記」, 1653년에 고흥 佛臺寺 불상을 제작한 「腹藏發願文」, 1675년에 운혜가 불상을 조성한 「腹藏記」이다.25) 이들 발원문은 發願者와 彫刻僧이 각각 달라 다른 사찰의 전각에 불상을 봉안한 내용이다. 따라서 현존하는 대웅전 목조석가삼세불좌상이 누구의 작품인지 단정지을 수 없는 실정이다.

---

25) 장헌덕, 「연혁」, 『楞伽寺 大雄殿 實測調査報告書』(문화재청, 2003), 60쪽. 그런데 청헌과 관련된 「腹藏發願記」는 1639년 제작된 경상남도 하동군 쌍계사 목조불상에서 발견된 발원문의 조성자와 조각승 등이 동일하여 쌍계사 불상 제작에 관련된 것으로 추정된다(이 쌍계사 불상에서 발견된 발원문은 문화재 지정심의에 참여하신 홍익대학교 김리나 교수님을 통하여 복사본을 실견하였다).

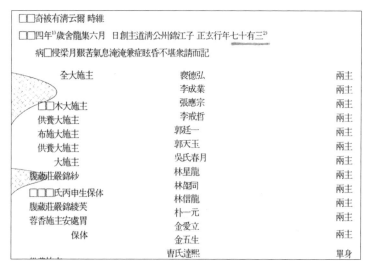

도17. 조성발원문 세부, 1675년

그러나 1675년 운혜가 언급된 「腹藏記」에는 능가사 중창주인 碧川 正玄이 證明을 맡아 능가사에 운혜가 불상을 제작한 것은 틀림없는 사실이다. 발원문에 大禪師 雲惠, 勝鈞, 西邊監首 敬琳, 坦旭, 敬琳, 東邊監首 幸瓊, 道敏, 德彦, 妙謙, 處元, 文淨, 惠雲, 楚明, 敏哲, 靈運, 太浩, 有聲, 敏勛이라는 조각승이 불상을 제작한 것으로 나와 있다. 그런데 조선 후기 전각에 삼존불을 조성하면서 협시불 제작에 각각의 책임자를 언급한 예는 거의 없다. 또한 운혜와 관련된 발원문이 발견되어 능가사의 중창과 관련된 몇 가지 사실을 밝힐 수 있는데, 우선 발원문의 序頭에 벽천 정현이 "公州錦江子"로 "正玄行年七十有三"이라는 문구를 통하여 그가 1602년에 충청도 공주 출신에서 태어났다는 점이다(도17).[26] 그리고 발원문에 불상의 化主는 慧英인데, 1750년에 건립된 능가사사적비에는 英惠로 적혀있어 사적비의 내용과 다르고,[27] 기존 고흥 능가사의 중창

26) 장헌덕, 위의 논문, 67∼68쪽 발원문 참조.
27) 능가사사적비(장헌덕, 위의 논문, 63∼65쪽 참조)에는 法堂 丹青 化主와 地藏殿

을 사적비에 나오는 "崇禎 甲申"(1644년)으로 보았지만 1675년에 불상
을 제작한 것을 보면, 능가사 중창이 기존에 알려진 시기보다 앞선다는
것을 알 수 있다.

5) 목포 달성사 목조아미타삼존불좌상

목포시 유달산 중턱에 있는 달성사는 1920년 초반에 세워진 사찰이
지만, 창건 시 여러 사찰에서 성보문화재를 옮겨왔기 때문에 조선 후기
불교미술품이 상당수 소장되어 있다. 사찰에 봉안된 성보문화재는 1565
년에 제작된 목조지장보살좌상과 1678년에 제작된 목조아미타삼존불좌
상, 1780년에 조성된 범종 등이 대표적이다.[28] 그 가운데 목조아미타삼
존불좌상은 발원문을 통해 1678년에 경림 등이 전라남도 강진군 도암면
백련사에서 조성하였음을 알 수 있다.

극락보전에 봉안된 불상은 아미타불을 중심으로 관음과 대세지보살
을 배치한 아미타삼존불좌상이다(도18). 목조아미타여래좌상의 높이는
124센티미터이며, 얼굴과 신체의 비례가 1:2.9로 1667년 쌍봉사 지장보
살상보다 신체에서 얼굴이 차지하는 비중이 커졌다(도19). 얼굴의 耳目
口鼻와 대의 표현은 운혜와 그 계보에 속하는 조각승이 제작한 불상과
유사하다. 특히 오른쪽 어깨에 걸친 대의자락이 가슴까지 내려와 한 번
접혀 있고, 대의 안쪽에 걸친 승각기의 상단이 뾰족한 원통형의 주름을
가지며, 하반신을 덮은 대의자락이 양 다리 사이에 U자형으로 몰려 있
으면서 접힌 부분이 하나 줄어든 점 등이 1680년 제작된 도림사 목조관

化主로 惠英이 언급되어 있다.
28) 이 불상은 지방문화재 지정조사를 계기로 발원문과 복장물들이 조사되었다. 달성
    사 방문시 발원문을 보여주신 법정 주지스님께 지면을 통하여 감사드린다. 달성
    사의 성보문화재와 불상에서 발견된 발원문은 成春慶, 「達成寺 木造地藏菩薩 및
    阿彌陀三尊佛」, 『文化史學』 14(한국문화사학회, 2000.12), 75∼77쪽 참조할 만하
    다.

도18. 경림, 목조아미타삼존불좌상
1678년, 목포 달성사(강진 백련사 조성)

도19. 목조아미타불좌상

도20. 목조보살좌상 측면

음·대세지보살좌상과 동일하다. 왼쪽 측면에 보이는 Y자형의 대의 처리
는 1650년 해남 서동사 목조삼세불좌상, 1665년 곡성 도림사 목조아미

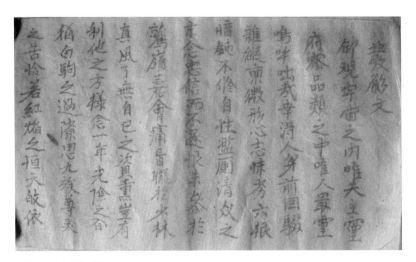

도21. 조성발원문 세부

타여래좌상, 1667년 쌍봉사 목조지장보살좌상에서도 꾸준히 나타나고 있어 특징적인 조각기법이라 생각된다(도20). 그런데 1678년 목포 달성사 불상은 首畵僧으로 경림이 언급되어 기존 운혜가 제작한 기년명 불상과 다른 차이점이 경림이 제작한 불상의 특징일 가능성이 높다. 그렇다면 1678년 목포 달성사 목조아미타삼존불상과 거의 동일한 1680년 곡성 도림사 협시보살은 수화승으로 운혜가 언급되어 있지만, 실제 불상 제작은 경림이 주도적으로 하였을 가능성이 높다고 생각한다. 불상 내부에서 한지에 작성된 발원문이 발견되었는데, 발원문에 의하여 1678년 강진군 만덕산 백련사에서 화원 敬琳, 坦旭, 道敏, 處元, 三眼, 萬江이 제작한 후, 1946년 완도군 고금면 玉泉寺로 다시 1958년 현 위치로 옮겨졌음을 알 수 있다(도21).[29]

　　이상으로 운혜와 경림이 제작한 기년명 불상을 제작시기별로 살펴보

---

29) 기존에 보고된 成春慶, 위의 논문, 75~77쪽에서는 조각승 가운데 埠旭과 三服으로 읽었지만, 운혜의 다른 기년명 불상과 발원문 원본을 확인한 결과 이들은 坦旭과 三眼이다.

았다. 이러한 검토를 통해 운혜가 제작한 불상의 표현기법을 살펴보면, 첫째는 방형의 얼굴에 턱이 약간 뾰족하고, 耳目口鼻가 뚜렷하여 강한 인상을 주며, 여래상은 이마에 넓고 길쭉한 타원형의 계주를 가지고 있다는 것이다. 둘째 승각기 상단의 주름은 처음에 조선 후기 불상의 일반형인 仰蓮形에서 1665년경에 도끼날 같은 斧形으로 바뀌고, 다시 경림에 이르러서는 상단의 중앙 주름이 원통형으로 바뀌고 뾰족하게 변하고 있다. 셋째 하반신을 덮은 대의자락이 가운데 주름의 끝이 부메랑 같이 표현되고, 옆으로 두 번 접힌 주름이 이후에 한 번으로 줄어든다. 넷째 불상의 왼쪽 측면에 늘어진 대의 주름은 수직으로 두 가닥 내려오다 Y 자로 접힌 표현이 운혜와 그 계보에 속하는 조각승들이 제작한 불상들에서 공통으로 보인다는 것이다.

2. 雲惠와 그 계보 조각승의 生涯

이제까지 운혜와 그 계보의 조각승이 제작한 불상의 발원문과 事蹟記에 나오는 기록을 중심으로 그의 활동 내역을 정리하면 표1과 같다.

표1. 운혜와 그 계보에 속하는 조각승이 제작한 불상

연도	지역	사찰	조성 내용	조각승	비고
1650	전남 해남	瑞洞寺 大雄殿	木造釋迦三尊佛坐像 제작	雲惠 雲益 외 7명	
1650 ~59	충남 공주	麻谷寺		雲惠 雲益 등이 주지를 번갈아 맡음 雲惠를 妙手匠師로 추대하여 僧堂을 건립	
1661	전남 장성	白羊寺 藥師庵	木造阿彌陀三尊佛坐像 제작	畫員 雲惠 尙全	제주 월계사 봉안
1665	전남 곡성	道林寺 寶光殿	木造阿彌陀如來坐像 제작	雲慧 瓊琳 외 3명	
1667	전남	雙峰寺	木造地藏三尊像과　十	雲慧 印性 敬林 외 8명	

	화순		王像 등 제작		
1675	전남 고흥	楞伽寺	木造釋迦如來坐像 제작	大禪師 雲慧 勝鈞 敬琳 坦旭 외 13명(불상에서 다른 내용의 발원문 3점 발견)	
1678	전남 강진	白蓮寺	木造阿彌陀三尊坐像 제작	敬琳 坦旭 三眼 외 4명	목포 달성사 봉안
1680	전남 곡성	道林寺 寶光殿	木造觀音·大勢至菩薩 坐像 제작	雲惠 敬琳 坦昴 三眼 외 3명	
1730	서울	津寬庵	木造阿彌陀三尊佛坐像 제작	印性 緇俊 三眼 외 2명 (도봉산 圓通菴 조성 후 진관암 봉안, 현재 서울 道詵寺 봉안)	
1748	강원 평강	寶月寺	木造阿彌陀如來坐像 제작	印性 緇俊 외 13명 束草 百譚寺	

　　조각승 雲惠에 관한 생몰년이라든가 그가 僧侶 匠人이 된 배경에 대해서는 남아있는 기록이 없어 자세히 알 수는 없지만, 그가 제작했던 불상에서 발견된 發願文을 통하여 활동시기에 대한 접근이 가능하다. 우선 운혜는 1649년에 수화승 영철과 황해도 배천 강서사 목조지장보살좌상(서울 화계사 봉안) 제작에 보조화승으로 참여하고, 1년 뒤인 1650년에 해남 서동사, 1661년에 장성 백양사 약수암(제주 월계사 봉안), 1665년에 곡성 도림사, 1667년에 화순 쌍봉사, 1675년에 고흥 능가사, 1680년 도림사 불상을 제작한 것으로 보아 그는 1649년부터 1680년까지 약 30여 년 동안 활발한 제작 활동을 하였다. 특히, 1675년 전라남도 고흥 능가사 佛像을 제작할 때, 大禪師의 직위를 가지고 있다.

　　그런데 운혜와 관련된 중요한 기록이 충남 공주 마곡사사적기에 남아 있다. 운혜는 1650년에서 1659년 사이에 前判事 勝衍, 雲益, 雲日 등과 번갈아 가며 주지를 맡고, 그 기간에 居士 朴野外와 覺淳이 재산을 시주하여 卓一 등과 함께 妙手匠師로 추대되어 僧堂을 건립하였다(도22).[30]

---

30) 「泰華山麻谷寺事蹟立案」, 『麻谷寺 實測調査報告書』(文化公報部 文化財管理局, 1989) 참조).

至今表其小岑日, 君王臺, 萬歲之春, 有如昨日.

壬辰. 丙子以後, 及我仁祖大王時, 通計滿六十歲, 僧俗咸逃, 文籍成灰, 昔日二百結國賜之田, 歸於莫推之地, 可勝歎哉.

至我孝宗大王即位之二年庚寅, 楡谷李監司泰淵, 爲本州牧使. 減月俸, 靑銅二千緡, 百米三百石以補寺, 役募集士僧, 再創舊樣, 復爲紙所矣. 半額之禪堂, 傾俗之薬師, 皆已重修矣.

自庚寅至己亥十年之間, 前判事僧勝衍, 玄應, 眞圭, 覺淳, 智元, 寶敬, 雲盈, 雲日, 義全, 雲惠, 玄澄, 德輝, 思淨, 玄頤, 冲色, 卓一, 性久, 幸安, 杜雲之徒, 先後主寺, 相次營建.

居士朴野外與覺淳, 皆豊饒而出私財, 與卓一等, 推雲惠以妙手匠師, 率諸工人, 造成僧堂, 遂年成之.

刹體已具則, 寺之屬田, 佛之坐垈, 雖得免稅, 減數不多, 其憂連凶, 其勢難保.

幸賴延城李公時, 坊延陽, 李公時伯兄弟, 適判度支奏, 達免稅四結五十五卜五束, 即寺之東西南北四界之內也.

도22. 「泰華山麻谷寺事蹟立案」

이런 경우 동명이인일 가능성을 검토해야 하는데, 1650년부터 1659년 사이에 운혜와 번갈아 주지를 맞은 운익은 표1에서 보이는 것처럼 1650년 해남 서동사 목조석가삼세불좌상을 운혜와 함께 조성한 승려이기 때문에 조각승 운혜와 마곡사 주지를 맡은 운혜는 동일인이다. 그리고 1675년에 고흥 능가사의 중창주인 벽천정현이 공주 출신이기 때문에 地緣으로 운혜는 충청도에서 전라도 고흥까지 내려와 불상을 조성할 수 있는 계기가 될 것이다. 그런데 운혜와 같이 활동한 경림이 1678년 강진 백련사 극락전 목조아미타삼존좌상의 조성시 首畵僧로 활동하고, 운혜가 제작한 1680년 도림사 목조협시보살좌상이 1678년 강진 백련사 목조아미타삼존불좌상과 표현기법이 유사하여 1680년경까지 살았지만, 이 시기 실제적인 불상 조성은 경림이 주도한 것으로 추정된다. 일반적으로 조각승에서 수화승이 되는 것이 40세쯤으로 보기 때문에 운혜는 1620년 이전에 태어나 1640년 전후하여 불상 제작의 수련기를 거친 후, 1650년대 후반 충청도 공주 마곡사의 주지를 역임하였으며, 전라남도 해남, 화순, 고흥, 곡성 등의 사찰에 불상을 조성하였다. 이외 운혜와 같이 활동한 敬琳, 三眼, 印性비구 등은 운혜의 계보에 속하는 조각승으로 운혜의 특징적 조각기법을 계승하였을 것으로 추정된다. 경림은 1666년 고흥 능가사 천왕문 건립 시 상량문에 禪伯 敬琳으로,[31] 1675년 고흥 능가사 불상 조성 시 西邊監首의 직책을 맡고, 1750년 건립된 능가사사적비 내에 嘉善 敬琳으로 나와 있어 운혜의 제자보다는 후배일 가능성이 더 높다. 그리고 삼안은 1678년 강진 백련사 불상을 경림과 1680년 곡성 도림사 불상을 운혜와 제작한 후, 1683년 도림사 괘불 조성에 참여하고,[32] 1730년 서울 도선사 불상을 인성과 같이 제작하였다.[33] 印性은 1667년 쌍봉사 목조지장보살좌상을 운혜와 제작한 후, 1730년 서울 도선사 목조아미타삼존불좌상과 1748년 강원도 백담사 목조아미타여래좌상을 제작하였지만, 현존하는 인성의 불상은 전형적인 조선 후기 불상을 따르면서 대의 처리와 승각기 표현 등에서 운혜가 제작한 불상과 차이를 보인다.

IV. 맺음말

이상으로 조선 후기, 17세기 중반을 전후하여 전라도에서 활동한 조각승 가운데 상당한 영향력을 형성한 것으로 추정되는 운혜와 그 계보에 속하는 조각승에 대하여 살펴보았다. 현재까지 찾아낸 자료의 한계로 인해 운혜의 생몰연대나 다른 조각승과의 교류관계 등을 구체적으로 밝힐 수 없었지만, 이제까지 막연하게 조선 후기나 말기라고 추정되던 조선 후기 불상 가운데 운혜가 제작한 불상의 조각기법과 변화과정을 알 수

---

31) 東方 持國天王 내에서 발견된 남방 증장천왕의 發願文 중에 禪伯 敬琳으로 나와 있다(장헌덕, 위의 논문, 80~81쪽 발원문 참조). 또한 1995년 천왕문 해체 복원하면서 상량문이 발견되어 송광사 성보박물관에 보관 중이다(한성욱·김문정·이은영·김상균, 「全南 高興 楞伽寺 四天王像 복장물 보존수리」, 『聖寶』 4(2002), 173~191쪽 참조).

32) 『韓國의 佛畵 11- 華嚴寺 本寺篇』(聖寶文化財硏究所, 1988), 圖24과 畵記 참조.

33) 文明大, 「百譚寺 木阿彌陀佛坐像」, 『講座 美術史』 5(1993.12), 83~88쪽과 文明大, 「印性派 木佛像의 조성과 道詵寺 木阿彌陀三尊佛像의 고찰」, 『聖寶』 5(2003), 5~16쪽.

있는 단서를 찾은 것은 작은 성과일 것이다. 운혜가 제작한 불상에서 보이는 표현의 특징은 앞에서 언급한 바와 같이, 강한 인상과 승각기 표현, 하반신 대의 처리 등으로 다른 조각승이 제작한 불상에서는 보이지 않는 운혜만의 특징이다. 이러한 운혜의 양식적 특징을 가진 조선 후기 無紀年銘 불상으로는 전라남도 강진 백련사 명부전에 봉안된 목조지장보살좌상과 충청남도 예산 향천사 목조아미타삼존불좌상 등 여러 지역의 사찰에 봉안되어 있다. 그 가운데 강진 백련사 지장보살좌상과 시상왕은 모두 腹藏口가 뜯겨진 상태로 복장물이 남아있지 않다(도23).[34]

그런데 이 목조지장보살좌상은 1667년에 쌍봉사 목조지장보살좌상과 비교하면, 얼굴, 승각기 표현, 대의처리에서 같은 조각가의 작품으로 보아도 무리가 없을 정도로 유사하다. 그러나 승각기 표현과 하반신을 덮은 대의 처리에서 1667년에 쌍봉사 보살상보다 조각의 깊이와 각진 선의 사용이 약화되었고, 1680년에 곡성 도림사 협시보살보다 자연스러움을 가져 1667년부터 1680년 사이에 제작된 것으로 추정된다. 그리고 충청남도 예산 향천사 극락전 목조아미타삼존좌상은 얼굴에 비하여 앉은키가 작아 얼굴이 많이 강조되었

도23. 목조지장보살좌상, 강진 백련사

---

34) 2004년 1월 20일 백련사 前 혜일 주지스님의 배려로 불상의 후면과 밑면을 확인하였다.

도24. 목조아미타여래좌상, 예산 향천사

지만, 하반신을 덮은 대의 처리와 승각기 표현에서 1650년에 해남 서동사 목조삼세불좌상과 유사성을 보여 운혜의 절정기 작품으로 추정되는 1665년 곡성 도림사 목조아미타여래좌상이나 1667년에 쌍봉사 목조지장보살좌상보다 이른 시기에 제작된 것으로 판단된다(도24). 이밖에도 운혜가 제작한 불상의 표현기법을 반영한 불상은 제주도 북제주군 금강사 대웅전 목조여래상, 전라남도 순천 정혜사 지장전 목조지장보살좌상, 순천 동화사 지장전 목조지장보살좌상 등이 있지만, 조각된 선이 약하고 단순화되어 운혜의 계보에 속했던 조각승들에 의하여 1700년을 전후한 시기에 제작된 것으로 여겨진다.

앞으로도 전국 사찰에 봉안된 조선 후기 불상의 발원문이 체계적으로 조사된다면 17세기 전반의 불상에서는 운혜의 스승이, 18세기 전반에서는 운혜의 제자가 명확하게 밝혀질 수 있을 것이다. 뿐만 아니라 이러한 개별 조각승의 생애와 계보를 중심으로 불상의 양식적 특징을 분석 검토해 나간다면 현재 전국에 산재해 있는 조선 후기 불상의 변화과정과 지역성을 더 명확하게 밝힐 수 있을 것이다.

제3장
17세기 중반 조각승 懷鑑의 활동과 불상 연구

Ⅰ. 머리말

조선 후기 불교조각에 대한 체계적인 연구는 2000년에 17세기 후반부터 18세기 전반까지 활동한 色難(色蘭)에 대한 연구가 진행된 이후에 본격적으로 이루어졌다.[1] 색난에 관한 논문이 발표된 이후 조선 후기 불교조각사 연구는 질적으로나 양적으로 발전하였다. 특히, 개별 조각승에 대한 활동과 불상양식에 대한 접근을 통하여 조각승의 계보와 불상의 변화과정을 밝힌 것은 제작연대를 알 수 없는 불상의 제작자와 시기를 추정하는 중요한 단서가 되고 있다.

조선 후기 불상은 다른 시기에 비하여 미적 아름다움이 없고, 변천과정이 명확하지 않다는 것은 잘 알려진 사실이다. 그럼에도 불구하고 한국조각사에 다수를 차지하는 이 시기 불상에 대한 연구는 조선 후기 사찰 경제, 승려 활동, 후원자 세력에 대한 다양한 접근을 가능하게 하는 것이라 여겨진다. 현재까지 필자가 조사한 조선 후기 紀年銘 佛像은 대략 250여건에 이른다. 이를 바탕으로 조선 후기 불상을 조성하거나 중수

---

1) 崔宣一, 「朝鮮後期 全羅道 彫刻僧 色難과 그 系譜」, 『미술사연구』14(미술사연구회, 2000), 35~62쪽과 「日本 高麗美術館 所藏 朝鮮後期 木造三尊佛龕」, 『미술사연구』16(2002), 137~155쪽을 참조할 만하다.

에 관여한 승려장인이 천여명에 이른다는 것을 알게 되었다. 이 중에 불상 제작과 중수에 주도적인 역할을 하였던 首畵僧과 副畵僧은 150여명에 달하고, 그 가운데 30여명에 대해서는 구체적인 접근이 이루어졌다.[2]

본고에서 살펴볼 조각승 懷鑑은 2001년에 강진 무위사 前 주지스님으로부터 받은 발원문을 통하여 알게 되었다. 당시 여러 사찰에 봉안된 불상의 조사가 이루어지지 않아 구체적인 접근을 할 수 없었다. 최근 문화재청과 조계종에서 실시한 전국 사찰문화재 전수조사를 통하여 그가 제작한 다른 기년명 불상이 조사되어 17세기 중반을 대표하는 조각승임을 알게 되었다. 이제까지 조각승 회감이 수화승으로 제작한 불상은 1661년에 전라남도 강진 무위사 목조지장보살좌상과 시왕상, 1666년에 전라북도 군산 불지사 목조아미타불좌상이다.

이 논문에서는 조각승 회감이 제작한 불상과 발원문을 통하여 양식적인 특징을 살펴보고, 회감과 관련된 문헌기록을 중심으로 활동상황에 접근하여 보고자 한다. 그리고 회감과 같이 활동한 조각승들과 상호관련성을 밝히면서 그들이 제작한 기년명 불상과 비교하여 조각승에 따른 불상양식과 변화과정을 알아보고자 한다. 이러한 결과를 토대로 전국에 산재한 불상 가운데 회감과 그 계보에 속하는 조각승에 의하여 제작된 것으로 추정되는 불상에 대하여 살펴보겠다.

Ⅱ. 彫刻僧 懷鑑의 紀年銘 佛像

조각승 懷鑑은 수화승으로 1661년에 전라남도 강진 무위사 목조지장보살좌상과 1666년에 전라북도 군산 불지사 목조아미타불좌상을 제작

---

2) 崔宣一, 『朝鮮後期僧匠人名辭典-佛敎彫塑』(養士齋, 2007).

도1. 회감, 목조지장삼존상, 1661년, 강진 무위사   도2. 목조지장보살좌상

하였다.

1. 강진 무위사 지장전 목조지장보살좌상과 시왕상

전라남도 강진군 성전면 월하리 월출산 밑에 위치한 무위사는 1739년에 작성된 「全羅左道月出山無爲寺寺蹟記」에 617년에 원효대사가 觀音寺를 창건한 것으로 적혀있다. 그러나 617년은 원효가 태어난 연도이고, 무위사 경내에 통일신라 이전에 제작된 유물이 남아있지 않아 창건연대를 믿기 어렵다. 그러나 946년에 세워진 선각대사편광탑비에 선각국사 형미(逈微, 864~917)가 905년에 無爲岬寺에서 거주한 기록이 남아있어 최소한 10세기 전반에 운영되었음을 알 수 있다. 무위사에는 삼층석탑, 극락보전, 목조아미타삼존불상, 목조지장보살상 등 다양한 시기의 유물이 남아있다.

지장전은 정면 3칸, 측면 2칸의 맞배지붕으로 내부에 목조지장보살좌상과 시왕상이 봉안되어 있다(도1). 기존 사찰에서 조사한 발원문은 "…順治十八年庚子六月二十七日占眼也 … 首畫員主 懷鑑 道能 賞敏 尙

도3. 목조지장보살좌상 상반신   도4. 목조지장보살좌상 상반신, 화순 쌍봉사

林 性學 神彦 能仁 尙俊 天性 印先 依玄 性楚 少者 愛生 … (필자 진하게)"이라 적혀 있다.[3] 따라서 목조지장보살좌상과 시왕상 등은 1661년에 회감, 도능, 상민, 상림 등이 제작하였다(도2).

목조지장보살좌상은 높이가 129센티미터로, 조선 후기 제작된 중형불상이다. 지장보살은 약간 상체를 앞으로 내밀어 구부정한 자세로, 머리는 민머리의 성문비구형이고, 타원형의 얼굴에 반쯤 뜬 눈은 눈꼬리가 약간 위로 올라갔고, 코는 콧날이 뾰족하며, 입에 살짝 미소를 머금고 있다(도3). 따로 제작된 오른손과 왼손은 무릎 위에 가지런히 놓은 채 엄지와 중지를 둥글게 맞댄 手印을 취하고 있다.

대의 안쪽에 편삼을 걸치고, 오른쪽 어깨에 대의자락이 가슴 위에서 짧게 한 번 접힌 후(도4), 옷자락은 팔꿈치와 腹部를 지나 왼쪽 어깨로

---

3) 필자는 발원문의 복사본을 2001년에 강진 무위사 前 주지 도범스님으로부터 얻었다.

도5. 목조지장보살좌상 하반신

넘어가고, 반대쪽 대의자락은 왼쪽 어깨를 완전히 덮고 내려와 복부에서 편삼과 자연스럽게 접혀있다. 특히 하반신을 덮은 옷자락은 배 부분에서 수직으로 내려와 좌우로 대칭이 되는 옷자락이 늘어져 있고, 옆으로 가늘게 몇 가닥의 주름으로 펼쳐져 있다. 이러한 표현은 이전에 제작된 紀年銘 불상에서 볼 수 없는 懷鑑이 제작한 불상의 하반신 표현이다(도5). 대의 안쪽에 입은 僧脚崎는 가슴에서 완만한 곡선을 그리고, 대각선 방향으로 완만하게 접혀 있다. 불상의 측면은 어깨선을 따라 두 가닥의 옷주름이 수직으로 내려오다가 앞자락에서 대각선 방향으로 한 가닥의 옷주름이 늘어져 접혀있다(도6).

목조지장보살좌상의 좌우에는 도명존자와 무독귀왕을, 나머지 좌우 벽면을 따라 시왕상을 배치하였다.

도6. 목조지장보살좌상 측면

도7. 회감, 목조도명존자
1661년, 강진 무위사

시왕상은 홀수 번호를 向右側에, 짝수 번호를 向左側에 놓고, 그 뒤로 귀왕과 판관을 배치하였으며, 입구에 인왕상을 세워 놓았다. 도명존자는 지장보살과 동일한 手印을 하고, 둥근 얼굴에 이목구비는 지장보살과 같다(도7). 이와 달리 무독귀왕은 역삼각형의 얼굴에 날카로운 인상을 하고 있다.

시왕상은 모두 의자에 앉은 자세로 염라대왕을 제외하고 높은 관을 쓰고, 융복과 곤룡포를 입고 있으며, 허리에 묶은 광다회가 길게 늘어져 있다(도8). 책이나 경전을 펼쳐든 2구의 시왕을 제외하고, 나

도8. 회감, 목조시왕상, 1661년, 강진 무위사

머지 시왕은 긴 홀을 들고 있다. 그런데 열 번째 시왕상은 다른 시왕상과 달리 이마에 잔주름이 표현되고 입은 복식이 많은 차이를 가져 다른 상과 시기와 제작자가 다를 것으로 추정된다. 이러한 추론은 발원문의 내용 중에 열 번째 시왕을 제작한 기록이 없기 때문이다.

2. 1666년 군산 불지사 목조아미타여래좌상 조성[4]

전라북도 군산시 불지사 대웅전에 봉안된 목조아미타여래좌상은 개금불사 시 내부에서 가로 62.5센티미터 세로 88센티미터 내외의 한지 1매에 기록된 발원문이 조사되었다.[5] 발원문에 의하면 "康熙五年歲次丙午仲春… 畵員 懷鑑 副 義玄 …"라 되어 있다. 따라서 불상은 1666년에 수화승 회감과 부화승 의현이 제작하였음을 알 수 있다.

도9. 회감, 목조아미타여래좌상　　　도10. 목조아미타여래좌상 상반신
　　　1666년, 군산 불주사

---

4) 佛柱寺로 적혀 있는 자료도 있다.
5) 『한국의 사찰문화재 – 전라북도·제주도』(문화재청·문화유산발굴조사단, 2003), 18쪽 圖50.

도11. 목조아미타여래좌상 하반신

목조여래좌상은 높이가 88센티미터로, 앞서 살핀 강진 무위사 목조지
장보살좌상과 머리 부분을 제외하고 유사한 형태를 취하고 있다(도9).
머리는 뾰족한 螺髮과 경계가 불분명한 肉髻가 표현되었고, 육계 밑에는
머리 정상부에 반원형의 中央髻珠와 정수리 부위에 원통형의 頂上髻珠
가 있다. 타원형의 얼굴에 반쯤 뜬 눈은 눈꼬리가 약간 위로 올라갔고,
코는 콧날이 뾰족하며, 입에 살짝 미소를 머금고 있다(도10). 따로 제작
된 오른손과 왼손은 무릎 위에 가지런히 놓은 채 엄지와 중지를 둥글게
맞대어 阿彌陀手印을 취하고 있다.

바깥쪽에 걸친 대의는 1661년 강진 무위사 목조지장보살좌상과 같이
오른쪽 어깨에 대의자락이 가슴 위에서 짧게 한 번 접힌 후, 옷자락은
팔꿈치와 腹部를 지나 왼쪽 어깨로 넘어가고, 반대쪽 대의자락은 왼쪽
어깨를 완전히 덮고 내려와 복부에서 편삼과 자연스럽게 접혀있다. 하반
신을 덮은 옷자락은 복부에서 한 가닥의 주름이 길게 늘어져 펼쳐져 끝
부분이 둥글게 마무리되고, 좌우로 몇 가닥의 주름이 펼쳐져 있다. 왼쪽
무릎에 늘어진 소매 자락은 둥글고 짧게 늘어져 있다(도11).

Ⅲ. 彫刻僧 懷鑑의 활동과 그 系譜 및 佛像 樣式

조각승 회감의 생애와 僧匠이 된 배경에 대한 기록은 전해지지 않는다. 그러나 그가 활동한 단편적인 기록을 통하여 활동 시기와 현황에 접근이 가능하다.

1. 조각승 懷鑑의 활동

조각승 회감에 관련된 문헌기록은 현재까지 네 건 조사되었다(표1 참조).

표1. 회감 관련 문헌기록

연도	지역	사찰	작업내용	조각승	문헌기록
1633	전북 김제	귀신사 영산전	목조석가삼존불좌상과 나한상 제작	畵員 印均 大悟 信戒 寬海 懷鑑 天沽 處心 靈寬 靈印 沽敬 尙儀 學沽	發願文
1661	전남 강진	무위사 지장전	목조지장삼존불상과 시왕상 제작	首畵員主 懷鑑 道能 賞敏 尙林 性學 神彦 能仁 尙俊 天性 印先 依玄 性楚 少者 愛生	發願文
1666	전북 군산	불지사	목조아미타불좌상 제작	畵員 懷鑑 副 義玄	發願文
1678	전남	小隱蘭若	목조대세지보살좌상 제작	畵員 應惠 印戒 海機 雷□ 大功德主 懷鑑 * 전남 광양 무등암 봉안	發願文

표1의 기록에서 보듯이 조각승 회감이 태어난 때와 僧匠이 된 배경에 대한 내용은 없다. 그러나 회감과 관련된 문헌자료를 통해 활동 시기와 계보를 밝히는 것이 가능하다. 회감은 1633년에 수화승 인균과 김제 귀신사 영산전 목조삼존불좌상과 나한상을 조성하였다(도12). 이 때 회감

도12. 인균, 목조여래좌상
1633년, 김제 귀신사

은 12명 가운데 다섯 번째 언급되어 1630년대부터 조각승으로 활동하였음을 알 수 있다. 이러한 내용은 나한전 낙성문에 "귀신사에 불상 삼존을 봉안하였다. … 숭정 6년에 낙성하였다(有僧德奇 佛像三尊安于)"고 적혀있다. 귀신사 응진전 불상을 조성한 수화승 인균은 17세기 전·중반에 활동한 대표하는 조각승이다. 그는 1620년대 원패와 불상 등을 조각한 승려로, 1615년부터 1655년까지 활동하여 인균과 회감은 30여년 차이가 나는 것으로 보인다.

조각승 회감의 기년명 불상은 2건 밖에 조사되지 않았지만, 그가 제작한 불상과 유사한 형태를 가진 불상들이 전국에 산재하여 17세기 중반에 여러 지역을 돌아다니며 불상을 제작한 것으로 보인다. 회감이 제작한 기년명 불상은 1661년과 1666년으로, 그가 1633년에 수화승 인균과 불상을 제작하여 최소한 1633년부터 1666년까지 활동하였음을 알 수 있다. 지금까지 알려진 문헌기록을 중심으로 회감의 생애를 살펴보면, 1610년 전후에 태어나 1630년대 보조화승으로 활약한 후, 1661년과 1665년 수화승으로 불상을 제작하였다. 그리고 응혜가 1678년에 제작한 목조보살좌상에 大功德主로 나와 최소한 1633년부터 1678년까지 살았음을 알 수 있다. 그가 제작한 불상은 현재 전라북도의 남부 지역에 남아있어 그 지역을 중심으로 활동한 것으로 보인다.

조각승 회감이 제작한 紀年銘 불상과 관련된 문헌기록을 중심으로 그

의 생애에 대한 접근을 시도하여 보았다. 회감과 함께 불상을 제작한 조
각승들을 중심으로 회감과 그 계보의 조각승을 살펴보고, 회감과 관련된
조각승들의 기년명 불상을 중심으로 17세기 중반 조각승 계보별 불상
양식과 변화과정을 밝혀보겠다.

2. 조각승 懷鑑과 그 계보

彫刻僧 회감과 관련된 발원문과 사적기를 통하여 회감과 관련된 조각
승을 정리하여 보면 다음과 같다.

표2. 회감과 그 계보에 속하는 조각승의 문헌기록

연도	지역	사찰	작업내용	조각승	문헌기록
1633	전북 김제	귀신사 응진전	목조석가삼존불좌상과 나한상 제작	畫員 印均 大悟 信戒 寬海 懷鑑 天沽 處心 靈寬 靈印 沽敬 尙儀 學沽	發願文
1649	전북 순창	回門山 萬日寺	목조석가삼존불좌상과 나한상 제작	畫員 思忍 尙琳 경기 포천 동화사 봉안	發願文
1661	전남 강진	무위사 지장전	목조지장삼존불상과 시왕상 제작	首畫員主 懷鑑 道能 賞敏 尙林 性學 神彦 能仁 尙俊 天性 印先 依玄 性楚 少者 愛生	發願文
1666	전북 군산	불지사	목조아미타불좌상 제작	畫員 懷鑑 副 義玄	發願文
1678	전남 광양	小隱蘭若	목조대세지보살좌상 제작	畫員 應惠 印戒 海機 雷□ 大功德主 懷鑑 전남 광양 무등암 봉안	發願文

위의 표2에 언급된 많은 조각승에 관해서는 대략적인 활동에 대하여
알려져 있다. 그 가운데 몇 조각승은 활동 시기와 수화승으로 활동하면서
불상을 제작하여 회감이 제작한 불상과 비교할 수 있다. 이 가운데 수화승
으로 활동하거나 회감과 2번 이상 활동한 조각승은 표3과 같다.

표3. 회감과 같이 활동한 조각승의 활동

조각승	활동 연대	활동 내용
印均	1615 ~1655	1615년 전북 김제 금산사 칠성각 독성 제작(首畫僧 太顚)
		1623년 경남 하동 쌍계사 목조원패 제작(首畫僧)
		1624년 전남 순천 송광사 광원암 목조아미타불좌상 제작(首畫僧 應元)
		1628년 전남 순천 송광사 사천왕상 제작 시에 司果의 소임을 맡음
		1633년 전북 부안 내소사 목조석가삼존불좌상과 나한상 제작(首畫僧)
		1634년 전북 김제 귀신사 목조석가삼존불좌상 제작(首畫僧)
		1636년경 전남 구례 화엄사 대웅전 삼신불좌상 제작
		1648년 전남 여수 흥국사 무사전 목조지장보살좌상 제작(首畫僧)
		1655년 전남 여수 흥국사 응진당 목조석가모니불좌상 제작(首畫僧)
		1663년 전남 구례 화엄사 「國一都大禪師碧巖碑」 후면에 摠攝으로 언급
依玄 義玄	1661 ~1666	1661년 전남 강진 무위사 지장전 목조지장보살좌상과 시왕상 제작(수화승 懷鑑)
		1666년 전북 군산 불지사 극락전 목조아미타불좌상 제작(副, 수화승 懷鑑)
賞敏 尚敏	1655 ~1661	1655년 충북 보은 법주사 목조관음보살좌상 제작(首畫僧 惠熙)
		1661년 전남 강진 무위사 지장전 목조지장보살좌상과 시왕상 제작(首畫僧 懷鑑)
		연대미상 충남 갑사 보장전 목조여래좌상 제작(首畫僧 惠熙)
尙琳 尙林	1649 ~1666	1649년 전북 순창 만일사 목조석가삼존불좌상 제작(수화승 思忍)
		1661년 전남 강진 무위사 지장전 목조지장보살좌상과 시왕상 제작(수화승 懷鑑)

위에서 알 수 있는 바와 같이, 인균은 17세기 전·중반을 대표하는 조각승으로 그의 활동시기는 1615년~1655년까지 알려져 있다. 1623년에 경남 하동 쌍계사 목조원패를 수화승으로 제작한 후,[6] 1628년에 송광사 사천왕상 제작 시 司果를 맡았으며, 首畫僧으로 1633년에 전북 부안 내소사 목조석가삼존불좌상,[7] 동년 전북 김제 귀신사 영산전 불상을 제작하고, 1636년경에 淸憲, 應元 등과 구례 화엄사 대웅전 삼신불을 제작하였다.[8] 印均은 守衍, 法令과 불상을 제작할 때, 발원문에 언급된 순서가

---

6) 『三神山 雙磎寺誌』(雙磎寺, 2004), 33쪽.
7) 필자는 현재 봉안된 불상이 18세기 중반경에 제작된 불상일 가능성이 있다고 생각한다.

도13. 인균, 목조지장보살좌상
1648년, 여수 흥국사

도14. 인균, 목조석가여래좌상
1655년, 여수 흥국사

동일하지 않아 선후배간으로 추정된다. 그는 수화승으로 1648년 전남 여수 흥국사 무사전 지장보살좌상과 시왕상(도13),[9] 1655년 여수 흥국사 응진당 목조석가여래좌상과 나한상을 제작하였다(도14).[10] 그가 제작한 불상은 얼굴이 둥글고, 눈두덩이 두툼하고 선한 인상을 주고 있다.

　의현은 조각승 회감이 제작한 불상에 모두 참여하였고, 다른 기년명

---

8) 이분희, 「朝鮮前半期 阿彌陀佛像의 硏究」, 90~91쪽(梵玄 編著, 『천삼백년 고찰 호남의 화엄성지 歸信寺』(귀신사불서간행위원회, 1998), 112~113쪽. 그러나 손영문, 앞의 논문, 55~57쪽에는 1633년에 김제 귀신사 영산전 석가모니불좌상을 제작한 내용과 조각승이 동일하다면서 몇 글자를 다르게 읽었다. 이전 논문에는 조각승을 仁均, 大悟, 信戒, 寬海, 懷鑑, 天沾, 處心, 靈寬, 靈印, 沾敬, 尙儀, 學沾으로, 최근 논문에서 寬海 대신에 覺海, 天沾 대신에 天沽, 沾敬 대신에 沽敬, 學沾 대신에 學沽로 나와 있다.

9) 불상은 印均, 尙儀, 慈敬, 靈侃, 智玄, 善河, 淳玉, 淳一, 淸學, 明淡, 德軒, 頂峯이 제작하였다(손영문, 앞의 논문, 58쪽 註11).

10) 불상에서 발견된 발원문에는 印均, 三忍, 慈敬, 海益, 淸敏, 思舜, 戒宗, 儀坦, 天信, 若六 등이 제작하였고 적혀 있다(손영문, 위의 논문, 59쪽 註12).

도15. 혜희, 목조보살좌상
1665년, 보은 법주사

도16. 사인, 목조여래좌상
1649년, 포천 동화사

불상에서 아직 조사된 예가 없는 조각승이지만, 1661년 강진 무위사 목조지장보살좌상 조성 시에는 14명 가운데 11번째로, 1666년에 전북 군산 불지사 극락전 목조아미타불좌상을 조성 시에는 부화원으로 언급되어 있다. 尙敏(賞敏)은 1661년에 수화승 회감과 강진 무위사 지장전 목조지장보살좌상과 시왕상을 제작하기 이전, 1655년에 수화승 혜희와 충북 보은 법주사 목조관음보살좌상(도15)과 연대미상의 충남 갑사 보장전 목조여래좌상을 제작하였다. 따라서 상민은 회감과 혜희와 같이 활동한 조각승이다.

尙琳은 수화승 懷鑑과 1661년 전남 강진 무위사 지장전 목조지장보살좌상을 제작하기 전에 수화승 思忍과 1649년 전북 순창 만일사 목조석가삼존불좌상을 제작하였음이 최근 밝혀졌다(도16). 사인은 17세기 전반에 활동한 조각승 현진과 수연, 17세기 중반에 활동한 계훈, 무염 등과 불상을 제작한 조각승이다.

3. 회감과 그 계보 조각승의 불상 양식

조선 후기 불상 가운데 발원문과 사적기를 통해 제작연대를 알 수 있는 불상은 300여 점에 이른다. 이 가운데 회감이 수화승으로 제작한 불상은 여래상과 보살상 및 시왕상 등이 조사되었다. 회감이 제작한 불상은 조선 후기 불상의 전형성을 따르면서도 얼굴과 대의 처리 등에서 다른 계보의 조각승과 차이가 있다.

17세기 중반에 활동한 회감이 제작한 불상은 1661년에 강진 무위사 목조지장보살좌상, 1666년에 군산 불지사 목조아미타불좌상이다. 이 시기에 제작된 1651년에 無染의 속초 신흥사 목조아미타여래좌상(도17a), 1667년 雲惠(雲慧)의 화순 쌍봉사 목조지장보살좌상(도17b), 1684년 色難(色蘭)의 강진 옥련사 목조석가여래좌상(도17c, 강진 정수사 제작)과 비교하면 차이를 갖는다.

우선 얼굴형에서 회감이 제작한 불상은 턱선을 둥글게 처리하여 타원형이고, 양미간이 좁으며, 耳目口鼻가 오밀조밀하여 강한 인상을 주고 있다. 17세기 전반에 제작된 불상과 비교해보면, 가늘고 긴 신체에 비하

a. 무염, 목조여래좌상, 1650년, 속초 신흥사

b. 운혜, 목조지장보살좌상, 1667년, 화순 쌍봉사

c. 색난, 목조석가여래좌상, 1684년, 강진 옥련사

도17. 17세기 중·후반 기년명 불상

도18. 목조대세지보살좌상
1661년, 평창 상원사

도19. 목조여래좌상
통영 안정사

여 짧고 다부진 신체로 변화하게 된다. 그리고 불상의 크기가 대형에서 중형으로 바뀌는 것은 봉안하는 전각이 주요 전각에서 부속 전각으로 바뀌는 것과 밀접한 관련이 있다.

한편 회감이 제작한 불상의 대의 자락은 중심에서 두 가닥의 옷자락이 내려와 끝단이 완만한 곡선으로 처리되어 특이한데, 이러한 대의처리는 현재 밝혀진 조각승들의 불상 표현에서 볼 수 없다. 회감이 인균과 같이 제작한 불상과 수화승 회감이 제작한 불상을 비교해 보면, 오른쪽 어깨에 걸친 대의 자락이나 하반신의 처리 및 승각기 표현 등에서 많은 차이를 보인다.

회감과 그 계보에 속하는 조각승이 제작한 불상 양식을 바탕으로 전국 사찰에 봉안된 無紀年銘 佛像의 제작 시기를 접근해 보면, 1644년 진주 성전암 목조여래좌상, 1661년 강원 평창 상원사 목지대세지보살좌상(도18), 경남 통영 안정사 대웅전 목조삼세불좌상 등이 회감과 그 계보에 속하는 조각승들이 제작한 불상으로 추정된다(도19).

Ⅳ. 맺음말

이상으로 17세기 중반 불상을 제작한 조각승 회감에 대한 구체적인 활동과 계보를 살펴보았다. 아직까지 얻을 수 있는 자료의 한계로 인하여 회감의 생몰연대나 다른 조각승과의 교류관계 등 많은 내용을 명확하게 밝힐 수 없었지만, 이제까지 막연하게 조선 후기나 말기라고 추정되던 불상 가운데 1661년 평창 상원사 목조대세지보살좌상과 통영 안정사 목조삼세불좌상 등의 제작시기와 조각승을 추정한 것은 성과라 할 수 있다. 이러한 연구를 통하여 17세기 전반과 달리 중반부터는 조각승마다 독자적인 불상양식으로 제작하였음을 알 수 있다. 이러한 불상 제작의 수요의 증가는 우수한 승장들이 활동할 수 있는 배경이 되었다. 회감은 인균과 같이 작업한 불상이 1건 밖에 조사되지 않아 그와의 사승관계를 단정하여 말할 수 없지만, 이후 조선 후기 불교조각사에 중요한 위치를 차지할 수 있는 조각승으로 추정된다.

발원문과 사적기를 중심으로 살펴본 회감은 1633년 수화승 인균과 김제 귀신사 목조여래좌상 등 제작에 보조화승으로 활약하여 1610년을 전후하여 태어난 것으로 추정된다. 그는 1660년대 수화승으로 활동한 것으로 보아 1650년대 수화승의 위치에서 작업하였을 가능성이 있다. 그가 제작한 불상은 오른쪽 대의자락, 하반신의 대의 표현, 승각기 등에서 같은 시기에 활동한 조각승들과 차이점이 있다.

조각승 회감과 같이 활동한 의현과 상민, 상림 등은 아직 수화승으로 활동한 단서를 찾을 수 없었지만, 이 가운데 몇 조각승은 수화승으로 17세기 후반까지 활동하였을 가능성이 매우 크다. 회감과 동시기에 활동한 무염과 운혜 등의 조각승과 구체적인 관련성은 밝히지 못하였지만, 그들과 다른 조형감각으로 불상을 제작한 것을 밝힌 것이 본고의 성과일 것이다.

제3부
17세기 후반

제1장
彫刻僧 色難의 활동과 佛像樣式

Ⅰ. 머리말

조선 후기 불교조각사 연구는 불상을 만든 개별 조각승의 활동과 그 계보 및 불상양식을 중심으로 활발하게 진행되고 있다.[1] 이러한 僧侶匠人(이하 僧匠)에 대한 접근은 조선 후기에 활동한 佛畵僧 義謙과 鑄鐘匠 思印에 관한 연구가 발표된 후,[2] 이를 바탕으로 17세기 후반에 전라도 지역을 중심으로 활동한 조각승 色難(色蘭)에 대한 연구가 이루어지면서 본격화 되었다.[3] 최근 조선 후기에 불상을 제작하거나 중수·개금에 참여한 僧匠과 주도적인 역할을 한 首畵僧에 관한 기초 자료까지 정리되었다.[4]

---

1) 崔宣一, 「朝鮮後期 彫刻僧의 활동과 佛像研究」(홍익대학교 박사학위청구논문, 2006. 8)과 宋殷碩, 「17세기 朝鮮王朝의 彫刻僧과 佛像」(서울대학교 박사학위청구논문, 2007. 2).

2) 조선 후기 주종장과 불화승에 관한 체계적인 연구는 安貴淑, 「朝鮮後期 鑄鐘匠 思印比丘에 관한 研究」, 『佛教美術』 9(1988), 128~181쪽과 安貴淑, 「朝鮮後期 佛畵僧의 系譜와 義謙比丘에 대한 研究(上)」, 『미술사연구』 8(1994), 63~137쪽 및 安貴淑, 「朝鮮後期 佛畵僧의 系譜와 義謙比丘에 대한 研究(下)」, 『미술사연구』 9(1995), 153~201쪽 등이다.

3) 최선일, 「朝鮮後期 全羅道 彫刻僧 色難과 그 系譜」, 『미술사연구』 14(2000), 35~62쪽.

4) 崔宣一, 『朝鮮後期僧匠人名辭典 - 佛教彫塑』(養士齋, 2007).

그런데 흥미로운 점은 조선 후기에 활동한 조각승 가운데 기년명 불상과 문헌기록이 가장 많이 남아있는 인물이 色難이라는 것이다. 그와 관련된 연구논문은 6편이 발표될 정도로 조선 후기 불교조각사 연구에 한 획을 긋는 彫刻僧이다.5) 따라서 2000년에 발표한 연구를 바탕으로 문화재 지정조사와 사찰문화재 전수조사를 계기로 밝혀진 불상과 문헌을 통하여 色難의 활동과 불상양식 및 변천까지 접근해 보겠다. 이와 같은 연구를 통하여 17세기 후반부터 18세기 전반까지 불상을 제작한 색난과 그 계보에 속하는 조각승의 불상양식과 같은 시기에 다른 지역에서 활동한 조각승들이 만든 불상과 비교하여 지역적인 차이까지 밝혀낼 수 있을 것이다. 그리고 이러한 연구 성과를 바탕으로 조선 후기에 제작된 무기년명 불상 가운데 색난파가 제작한 것으로 볼 수 있는 불상에 대하여 접근하여 보겠다.

본 논문에서는 조각승 色難이 제작한 기년명 불상을 시기별로 나누어 형식적인 특징을 구체적으로 살펴보고자 한다. 이와 같은 작업은 색난이 제작한 불상의 변천 과정을 밝힐 수 있는 단서를 찾기 위함이다. 그리고 색난이 제작한 불상과 사적기 등의 문헌 기록을 통하여 그의 활동과 불상양식을 검토하여 보겠다. 이러한 연구를 바탕으로 색난파에 속하는 개별 조각승의 활동과 불상양식에 대해서도 구체적으로 알아보고자 한다.

---

5) 金理那,「뉴욕 메트로폴리탄박물관의 조선시대 가섭존자상」『미술자료』33(국립중앙박물관, 1982. 12), 59~65쪽 ; 崔仁善,「康津 玉蓮寺 木造釋迦如來坐像과 腹藏」,『文化史學』1(한국문화사학회, 1994. 6), 129~158쪽 ; 崔宣一,「日本 高麗美術館 所藏 朝鮮後期 木造三尊佛龕」,『미술사연구』16(2002), 137~155쪽 ; 吳珍熙,「조각승 色難派와 華嚴寺 覺皇殿 七尊佛像」,『講座 美術史－미술사의 작가와 유파Ⅰ』26(韓國佛敎美術史學會, 2006), 113~138쪽 ; 송은석,「고흥 능가사 대웅전의 목조삼방불좌상」,『미술사의 정립과 확산』2(사회평론, 2006), 176~197쪽.

Ⅱ. 彫刻僧 色難 作 紀年銘 佛像

현재까지 조사된 色難이 제작한 불상은 1680년에 광주 덕림사 목조 지장보살좌상을 시작으로 총 13건, 백 여점에 이르고 있다. 이렇게 많은 불상이 남아있는 것은 17세기 후반부터 18세기 전반까지 그가 불교조각 에서 차지하는 비중이 컸음을 알려주는 것이다.

1. 1680년대 기년명 불상

1) 1680년 광주 덕림사 목조지장보살좌상과 시왕상

광주광역시 덕림사 지장전에 봉안된 목조지장보살좌상은 내부에서 발견된 발원문의 일부가 공개되었지만, 당시에 조각승이나 후원자에 관 한 관심이 적어 緣化秩과 施主秩 등을 구체적으로 밝히지 않았다.[6] 필자 는 이 불상을 색난이 제작한 것으로 추정하였고,[7] 2005년에 광주광역시 지방문화재 지정조사를 계기로 발원문의 내용이 공개되었다. 발원문의 주요 내용은 "地藏大聖造成願文 康熙十九年庚申夏化主守誾和南謹封 … 於仲夏之晦奉安靈鳳寺勝因已就願無量海 … 緣化秩 證明 玉念 首工 色 難 道軒 冲玉 慕賢 惠察 皎一 釋宗 得牛 楚卜 進機 性訓 …"으로, 1680 년에 色難, 道軒, 冲玉, 慕賢, 得牛, 楚卜 등이 전남 화순 靈鳳寺에 지장 보살상 등을 제작하였다.[8]

---

6) 朴春圭·千得琰, 『光州의 佛蹟』(光州直轄市 鄕土文化開發協議會, 1990), 244~246쪽.

7) 최선일, 「朝鮮後期 全羅道 彫刻僧 色難과 그 系譜」, 53쪽.

8) 불상에서 발견된 발원문 사진은 전남도청 정경성 선생님의 厚意로 확인할 수 있 었다. 이후 사찰문화재 전수 조사를 통하여 사진과 원문이 학계에 공개되었다(『한 국의 사찰문화재-광주/전남Ⅰ·Ⅱ·Ⅲ』(대한불교조계종 문화유산발굴조사단, 2006), 圖14).

도1. 색난, 목조지장보살좌상
1680년, 광주 덕림사(화순 영봉사 조성)

목조지장보살좌상의 크기는 높이가 99.5센티미터이고, 무릎 폭이 70센티미터인 중형불상이다(도1). 지장보살좌상은 민머리의 성문비구형으로, 약간 상체를 앞으로 내밀어 구부정한 자세를 하고 있다. 각이 진 얼굴에 눈 꼬리가 약간 위로 올라가 반쯤 뜬 눈, 원통형의 코, 살짝 미소를 머금은 입을 표현하였다. 두꺼운 大衣는 단정하게 목주위에 옷깃이 한 번 접혀있고, 오른쪽 어깨에 걸쳐 팔꿈치 뒤와 복부를 지나

왼쪽 어깨로 넘어가고, 반대쪽 대의 자락은 왼쪽 어깨를 완전히 덮고 내려와 복부에서 편삼과 겹쳐져 있다. 하반신을 덮은 대의자락은 가장 안쪽 자락이 완만하게 펼쳐지고, 소매 자락은 왼쪽 무릎 밑을 완전히 덮은 연판형으로 처리되었다. 이와 같은 소매 자락은 1648년에 印均이 제작한 전남 여수 흥국사 목조지장보살좌상에서 볼 수 있다. 대의 안쪽에 입은 僧脚崎는 가슴까지 올려 끈으로 묶어 도식화 된 5개의 蓮瓣形 주름으로 접혀 있다. 따로 만든 두 손은 佛身의 손목에 끼워 넣었고, 수인은 어깨 높이까지 들어 올린 오른손과 허벅지 위에 자연스럽게 놓은 왼손을 엄지와 중지를 맞대고 있다.

2) 강진 옥련사 목조석가여래좌상과 정수사 목조나한상

전라남도 강진군 옥련사 대웅전에 봉안된 목조여래좌상과 정수사 나한상은 1990년대 복장조사가 이루어졌다.[9] 발원문의 중요 내용은 "新造像記文 其惟阿羅漢歟歲在甲子之春山之衲明彦其名者有志新構聖殿 … 康熙二十三年歲在甲子南至月下澄雲溪寒衲天機記 … 良工秩 上工 色難 副工 道軒 次工 行坦 慕賢 楚卜 雄遠 哲玉 道見 文印 緣化秩 證明 性元 泰儀 應眼 …"으로, 1684년에 明彦이 정수사 나한전을 새로 만든 후, 玲運이 발원하여 色難, 道軒, 行坦 등이 불상을 제작하였다. 현재 본존은 1951년에 강진 옥련사 대웅전으로 옮겨졌고, 나한상은 조성사찰인 정수사 나한전에 봉안되어 있다.

목조석가여래좌상은 높이가 86센티미터, 무릎 폭이 56센티미터인 중형불상이다(도2). 앞으로 숙인 머리는 螺髮이 촘촘하고, 肉髻의 표현이 명확하지 않으며, 머리 정상부에 원통형의 頂上髻珠와 이마 위에 반원형의 中間髻珠(△)가 있다. 두꺼운 대의는 변형통견으로, 대의자락은 오른쪽 어깨에서 반달모양으로 걸친 후 팔꿈치와 腹部를 지나 왼쪽 어깨로 넘어가고, 다른 대의자락은 왼쪽 어깨를 완전히

도2. 색난, 목조석가여래좌상
1684년, 강진 옥련사(강진 정수사 조성)

---

9) 최인선, 「康津 玉蓮寺 木造釋迦如來坐像과 腹藏」, 129~158쪽.

도3. 색난, 목조나한상
1684년, 강진 정수사

덮고 내려와 결가부좌한 다리 위에 펼쳐져 있다. 불상의 뒷모습은 목 주위에 대의 끝단을 둘렀고, 왼쪽 어깨에 앞에서 넘어온 오른쪽 대의 끝자락이 길게 늘어져 있다. 오른손은 觸地印을, 팔목에 "釋迦"라는 명문이 적힌 왼손은 다리 위에 가지런히 놓은 채 손바닥을 펴고 엄지와 중지를 맞댄 형태를 하고 있다.[10] 전체적으로 강진 옥련사 불상은 1680년에 제작된 광주 덕림사 목조지장보살좌상과

身體比例, 印象, 大衣와 僧脚崎 처리 등이 유사하다.

정수사 나한전에 봉안된 16나한상은 바위 위에 結跏趺坐, 半跏坐, 遊戱坐, 椅子坐 등의 다양한 자세로, 해태와 코끼리 등을 잡거나 경전을 들고 있다(도3). 얼굴의 형태는 전체적으로 각이 진 얼굴에 눈 꼬리는 약간 위로 올라간 눈, 원통형의 코, 어깨까지 내려온 귀, 미소를 머금은 입 등이 강진 옥련사 불상과 같다. 나한상의 착의를 보면 장삼 위에 가사로 왼쪽 어깨를 덮은 방식은 동일하지만, 장삼 안쪽에 內衣를 입은 상과 입지 않은 상으로 구분할 수 있고, 대부분의 나한상이 앉은 바위 위에 가사 끝자락이 늘어져 옷 주름선이 좌우 대칭을 이루고 있다.

---

10) 최인선, 위의 논문, 131쪽.

3) 1685년 고흥 능가사 목조석가삼존불좌상과 목조나한상

전라남도 고흥군 능가사 팔상전 불상은 필자가 이전에 색난이 만든 것으로 추정하였다.[11] 불상에서 발견된 조성발원문의 중요 내용은 "新造成一如來六菩薩十六大阿羅漢二九童子二使者二帝釋兩金剛諸端嚴相記願　康熙乙丑六月日南閻浮提朝鮮國全羅道興陽縣八影山楞伽寺比丘尚機發大願生大信募諸檀那求諸妙工敬造　本師釋迦如來相與提花彌勒迦葉阿難文殊普賢六大菩薩及大阿羅漢十六帝釋二童子二九監齋直符二使若左右金剛諸端嚴相奉安… 康熙二十四年乙丑六月日秀演謹記　懶忍謹書 … 寺中秩 大禪師 正玄靈駕 大禪師 信熙靈駕 禪師 圓日靈駕 … 金魚 首 色難 道軒 順瓊 幸坦 楚祐 慕善 楚卜 得祐 徹玉 雄遠 文印 載軒 持殿 得俊 證師 玉念 … 大功德主 前行判 尚機"으로, 1685년에 色難, 楚祐, 徹玉,

도4. 색난, 목조석가여래좌상
1685년, 고흥 능가사

도5. 색난, 목조보살좌상
1685년, 고흥 능가사

11) 최선일, 「朝鮮後期 全羅道 彫刻僧 色難과 그 系譜」, 53쪽.

道軒, 慕善, 雄遠, 順瓊, 楚卞, 文印, 幸坦, 得祐 등이 불상을 제작하였다.[12] 발원문의 寺中秩에 중창주인 碧川正玄의 이름 뒤에 靈駕가 표시되어 불상을 제작하기 2~3년 전에 그가 열반에 들었음을 알 수 있다.[13]

목조석가여래좌상의 크기는 높이가 104센티미터, 무릎 폭이 69.5센티미터인 중형불상이다(도4). 불상과 나한상은 1684년에 강진 옥련사 목조여래좌상과 같은 模本을 사용하였을 것으로 추정될 정도로 양식적으로 동일하지만, 얼굴의 표정과 신체비례가 인체에 더 가깝다. 협시보살상은 본존과 동일한 형태로 조각되었고, 머리에 화려한 寶冠과 양손에 연화가지를 든 것이 다르다(도5).

도6. 색난, 목조가섭존자
1685년, 고흥 능가사

목조가섭존자상은 두 손을 가슴에 모아 깍지를 낀 자세로 장삼과 가사를 걸치고 있다(도6). 그러나 장삼과 가사에는 새롭게 改彩되어 고풍스러운 멋이 사라졌고, 가사는 붉은 색에 노랑색으로 선을 그려 대조를 이루는 마름모 모양으로 처리하였다. 어깨를 덮은 가사와 장삼은 손목에서 길게 늘어지고, 왼쪽 어깨에서 대각선으로 걸친 장삼은 무릎까지 길게

12) 이 불상은 2004년 4월에 송광사 성보박물관장 고경스님이 복장을 조사하였고, 필자는 2006년 1월 불상에서 발견된 발원문 내용을 확인할 수 있었다.
13) 능가사 대웅전 불상에서 발견된 발원문 중 1639년에 운혜가 불상을 제작한 것으로 보았지만(『楞伽寺 大雄殿 實測調査報告書』(文化財廳, 2003), 67~68쪽). 벽천 정현의 활동과 비교하여 발원문의 내용을 검토한 결과 己卯六月을 乙卯六月으로 잘못 읽었음을 알게 되었다. 따라서 운혜의 활동시기는 기존에 알려진 바와 달리 1649년부터 1680년까지이다.

늘어져 있다. 다리 사이로 늘어진 옷
단의 중간이 둥글게 뒤집혀 있어 주
목된다. 아난존자상은 얼굴형, 손의
자세, 의습 표현에서 가섭존자상과 같
지만, 젊은 얼굴에 정수리 부분이 튀
어나오지 않은 점이 다르다. 이외 16
나한상은 강진 정수사 나한상들과 같
이 다양한 동물이나 경전을 들고 바
위에 앉아 다양한 자세를 하고 있다
(도7).

도7. 목조나한상

4) 1689년 일본 교토 고려미술관 소장 목조삼존불감

일본 京都 高麗美術館에 소장된 목조삼존불감은 2004년에 필자가 복
장 조사를 하였다.[14] 불상의 내부에서 발견된 발원문의 내용은 "願文 造
像之緣 始自何人之作而出也 … 康熙二十八 己巳二月日 … 巧匠通政大
夫 色難 得牛 雄遠 證明 性元 …"으로, 1689년에 色難, 得牛, 雄遠이 불
감을 제작하였다.

목조삼존불감은 전체 높이가 48.5센티미터로, 中龕에 아미타불을 중
심으로 側龕에 관음과 대세지보살을 배치하였다(도8). 본존인 아미타불
은 전체 높이가 37.0센티미터로 蓮花줄기가 달린 대좌 위에 결가부좌한
자세를 하고 있다(도9). 앞서 살펴본 색난이 제작한 불상과 전체적인 형
태는 동일하지만, 크기가 작아 의습 처리 등이 생략되었다. 側龕에 들어
있는 보살은 寶冠에 각각 化佛과 淨瓶이 표현되어 관음과 대세지보살이

---

14) 崔宣一, 「日本 高麗美術館 所藏 朝鮮後期 木造三尊佛龕」, 137~155쪽.

도8. 색난, 목조삼존불감
      1689년, 일본 교토 고려미술관

도9. 목조아미타여래좌상   도10. 색난, 목조불감
                                1689년, 한국불교미술박물관

라는 것을 알 수 있다. 목조관
음보살입상은 높이가 31.0센티
미터로 둥근 얼굴에 높은 보관
을 쓰고, 보관 밑에는 짧은 細
線으로 머리카락을 새겼으며,
어깨 뒤로 치레머리를 길게 늘
어뜨리고 있다. 얼굴의 耳目口
鼻와 手印은 아미타불과 같지
만, 어깨가 좁으면서 신체에
비하여 머리가 큰 편이다. 신
체에 걸친 대의는 본존과 같이
대의 안쪽에 편삼을 입고 있다.
대좌는 仰蓮과 伏蓮으로 이루

도11. 목조불감, 단양 구인사

어진 二重蓮花臺座로 끝부분에 내부 바닥에 끼울 수 있는 작은 꼭지가
달려 있다. 이 목조불감과 동일한 형태의 유물이 1689년에 색난이 제작
한 서울 한국불교미술박물관 소장 木造地藏三尊佛龕(도10)[15]과 작자 미
상의 단양 救仁寺 소장 목조불감 등이 있다(도11).[16]

---

15) 이 불감은 2004년 특별전(『衆生의 念願』(한국불교미술박물관, 2004), 圖16)에 공
　　개되어 필자가 학예실에 발원문 사진이나 복사본의 실견을 문의했지만, 박물관
　　측에서 먼저 조사한 연구자가 논문을 발표할 예정이라는 의견을 들었다. 이후 색
　　난이 제작한 불감이라는 의견을 발표하였고(최선일, 「조선 후기 조각승과 불상양
　　식의 변천」, 100쪽), 최근에 불감 조성에 참여한 조각승이 알려졌다(吳珍熙, 「水
　　落山 念佛寺 木 觀音菩薩坐像 考」, 『講座 美術史』 29(2007.12), 111쪽 註5).
16) 이 불감은 본존의 인상과 대의처리 등을 바탕으로 1690을 전후하여 색난이 제
　　작한 것으로 생각한다.

2. 1690년대 기년명 불상

1) 1693년 구례 천은사 응진전 목조석가삼존불좌상과 나한상

도12. 색난, 목조여래불좌상
1693년, 구례 천은사

전라남도 구례군 천은사 응진전 불상은 色難이 제작한 것으로 추정되었고(도12),[17] 최근 발원문 조사를 통하여 1693년에 色難, 幸坦, 得牛, 雄遠, 文印, 執森, 秋鵬, 秋評이 불상을 제작하였다는 사실이 밝혀졌다.[18] 목조석가여래좌상의 크기는 전체 높이가 89센티미터, 무릎 폭이 68센티미터로 중형불상에 속한다. 이 불상은 앞서 살핀 색난이 제작한 1680년 광주 덕림사 목조지장보살좌상, 1684년 강진 옥련사 목조석가여래좌상, 1685년 고흥 능가사 응진전 목조석가여래좌상과 전체적인 신체비례와 耳目口鼻의 처리 및 대의를 걸친 방식이 동일하다.

2) 1694년 화순 쌍봉사 목조석가삼존불상과 목조아미타불좌상

전라남도 화순군 쌍봉사 대웅전은 1984년 4월 3일 소실되었지만, 다

---

17) 최선일, 「朝鮮後期 全羅道 彫刻僧 色難과 그 系譜」, 55쪽.
18) 吳珍熙, 「水落山 念佛寺 木 觀音菩薩坐像 考」, 『講座 美術史』 29(2007.12), 67~68쪽.

도13. 색난, 목조석가여래좌상
1694년, 화순 쌍봉사

도14. 색난, 목조가섭존자상
1694년, 화순 쌍봉사

행스럽게도 내부에 봉안되었던 목조석가삼존불상은 화재 시에 한 농부
가 구조하였다.[19)

　극락전에 봉안된 목조아미타여래좌상 대좌 밑바닥에 묵서의 주요 내
용은 "… 康熙三十三戊戌 … 彌陀殿彌陀左右觀音大勢至菩薩 三層寶殿
釋迦阿難迦葉尊者奉安 … 金魚秩 色蘭 慕賢 得牛 雄遠 執森 秋鵬 秋評
…"으로, 1694년에 色難, 慕賢, 得牛, 雄遠, 執森, 秋鵬, 秋評이 彌陀殿의
阿彌陀佛과 大雄殿의 釋迦佛을 제작하였다.[20)

　목조석가여래좌상의 크기는 높이가 123센티미터, 무릎 폭이 80.5센티
미터이다(도13). 불상의 인상과 착의법은 1680년에 광주 덕림사 목조지
장보살좌상, 1684년에 강진 옥련사 목조여래좌상, 1685년에 고흥 능가

─────────────

19) 대한불교조계종, 『사자산 쌍봉사』(무돌, 1995), 27~28쪽.
20) 최선일, 「朝鮮後期 全羅道 彫刻僧 色難과 그 系譜」, 52쪽.

도15. 색난, 목조아미타여래좌상
1694년, 화순 쌍봉사

사 목조여래좌상, 1693년에 구
례 천은사 목조여래좌상과 거
의 유사하지만, 무릎의 높이가
낮아져 인체비례를 따르고 있
다. 본존과 같이 제작된 가섭존
자는 두 손을 가슴에 모아 깍
지를 낀 자세로 長衫과 袈裟를
걸치고 있다(도14). 어깨를 덮
은 장삼은 손목에서 길게 늘어
지고, 왼쪽 어깨에서 사선으로
걸친 장삼이 무릎까지 내려와
있다. 다리 사이로 늘어진 옷단
이 둥글게 뒤집힌 표현은 1685
년에 고흥 능가사 응진전 목조
가섭존자상에서 볼 수 있었다.

극락전에 있는 목조아미타여래좌상은 전체 높이가 165센티미터로 中
品下生印을 결하고 있다(도15). 대웅전 목조석가여래좌상에 비하여 어깨
가 벌어져 당당하고, 대의 안쪽에 편삼을 입어 석가불과 착의법이 다르
게 표현되었다. 협시보살입상은 1989년에 도난당해서 근래에 새로 제작
해 봉안하였다.[21]

3) 1698년 제주 관음사 목조보살좌상 개금

제주도 제주시 관음사에 봉안된 목조보살좌상은 내부에서 발원문이
발견되었다. 그런데 발원문은 기존에 알려진 바와 달리 1698년에 전라

---

21) 『불교문화재 도난백서』(대한불교조계종, 1999), 209쪽.

남도 해남 성도암에서 조각승 色難 등이 이 보살상을 개금한 내용이다.[22] 이 보살상은 대흥사로 옮겨졌다가 1908년에 제주 관음사를 재건한 안봉려관 스님에 의하여 현재 위치로 옮겨 봉안되었다.

목조보살좌상의 전체 높이는 75센티미터로, 전체적인 형태와 대의 처리에서 1685년에 고흥 능가사와 1693년에 구례 천은사 보살상과 동일하여 1690년을 전후하여 제작된 것으로 보인다(도16).

도16. 색난, 목조보살좌상 개금
1698년, 제주 관음사

4) 1699년 목조여래좌상

개인 소장의 목조여래좌상은 2001년에 서울 마이아트 경매에 출품되면서 처음으로 공개되었다. 불상에서 발견된 조성발원문은 "願佛 阿彌陀佛像 造成大施主慈敬 增福永壽之願 證明 守和 持殿 鏡玲 匠手 色難 冲玉 雄遠 一機 … 大化主 性能 康熙二十六年乙卯五月十三日"로, 1699년에 色難, 冲玉, 雄遠, 一機가 불상을 제작하였다.

도17. 색난, 목조여래좌상
1699년, 개인소장

---

22) 이 보살상에서 발견된 발원문은 2005년에 김리나 홍익대학교 명예교수님이 필자에게 제공해 주었다.

목조여래좌상의 크기는 높이가 25.3센티미터이고, 상체를 약간 앞으로 내밀어 구부정한 자세로 연화대좌에 結跏趺坐하고 있다(도17). 불상은 소형으로 印象과 대의 표현에서 앞서 살핀 色難의 기년명 불상보다 세부표현이 단순하고 생략되어 있다.

3. 1700년대 기년명 불상

1) 1700년 미국 메트로폴리탄미술관과 영암 축성암 나한상

미국 메트로폴리탄미술관과 전라남도 영암 축성암에 소장된 목조나한상에서 발견된 발원문은 "康熙三十九年庚辰三月二十九日造成　一代敎主釋迦如來尊像迦葉阿難尊者等像又十六大阿羅漢等像奉安于靈岩郡南面頭輪山成道庵 … 緣化 善才良工 色蘭 一機 慕賢 秋鵬 秋平 …"으로, 1700년에 色蘭, 一機, 慕賢, 秋鵬 등이 해남 成道庵에 불상과 나한상을 제작하였다.[23] 현재 조사된 나한상은 迦葉尊者가 미국 뉴욕 메트로폴리탄미술관에, 那畔尊者가 영암 축성암에 봉안되어 있다.

메트로폴리탄미술관에 소장된 목조가섭존자는 전체 높이가 56센티미터, 대좌의 지름이 23센티미터이다(도18).[24] 가

도18. 색난, 목조가섭존자,
1700년, 메트로폴리탄미술관

---

23) 김리나, 「뉴욕 메트로폴리탄박물관의 조선시대 가섭존자상」, 64쪽 圖4 참조.

24) 목조가섭존자상은 1998年 메트로폴리탄박물관 韓國室 開館 때 나온 圖錄에 소개되었다. Chung, Yang~mo, Ahn Hwijoon, Yi Songmi, Kim Lena, Kim Hongnam and Jonathan Best. et. al, Arts of Korea, New York: The Metropolitan Museum

섭존자는 色難이 앞서 살펴본 1685년
에 고흥 능가사와 1694년에 화순 쌍봉
사 가섭존자와 비교하면, 얼굴과 耳目
口鼻, 裂裟와 長衫의 착의법 등이 동
일하다. 단지 깍지를 낀 양손이 위를
향하여 세운 각도만 차이가 난다. 축
성암 소장 목조나반존자상은 16나한
상 중 제 1존자로, 크기는 전체 높이가
46센티미터인 좌상이다(도19).[25] 나반
존자는 양손을 결가부좌한 다리 위에
가지런히 놓고, 머리를 약간 숙여 禪
定한 자세를 하고 있으며, 신체에 비
하여 두 손이 크게 강조되었다. 그러

도19. 색난, 목조나반존자상
1700년, 영암 축성암

나 色難이 제작한 나한상으로 禪定을 한 자세는 1684년에 강진 정수사
나한전, 1685년에 고흥 능가사 응진전, 1693년에 구례 천은사 응진전에
제작한 예가 없어 1690년대 후반에 나한상의 자세가 변화되었음을 알
수 있다.

2) 1701년 해남 대흥사 응진전 목조삼존불좌상과 나한상

전라남도 해남 대흥사 응진전 불상은 기존에 色難이 제작한 것으로
추정하였다(도20).[26] 최근 공개된 발원문을 통하여 1701년에 色難, 幸
坦, 慕禪, 雄源, 一機, 秋平, 致雄이 불상과 나한상을 제작하였음을 알게
되었다.[27]

of Art. 1998, fig.34과 註236 참조.
25) 최선일, 「朝鮮後期 全羅道 彫刻僧 色難과 그 系譜」, 47~48쪽.
26) 최선일, 「朝鮮後期 全羅道 彫刻僧 色難과 그 系譜」, 55쪽.

도20. 색난, 목조여래좌상
1701년, 해남 대흥사

목조석가여래좌상의 크기는 높이가 82.4센티미터, 무릎 폭이 51.5센티미터로, 앞서 살펴본 1684년에 강진 옥련사와 1685년에 고흥 능가사 응진전 및 1693년에 구례 천은사 응진전 불상과 전체적인 신체비례와 이목구비의 처리 및 착의법 등이 동일하다.

3) 1703년 구례 화엄사 각황전 목조삼존·사보살상

전라남도 구례 화엄사 각황전 木造三尊·四菩薩像은 내부에서 발견된 발원문이 근래에 공개되었다.[28] 그 내용은 "康熙四十二年癸未 … 造釋迦觀音像 八影山沙門 色難 造多寶 文殊像 曹溪山沙門 冲玉 造彌陀像 稜迦山沙門 一機 造普賢像 雄遠 造觀音像 秋朋 造智積像 秋平 順瑗 幸坦 勝梅 初卞 覺初 道還 道堅 德希 法融 大裕 進聰 定惠 進一 善覺 澄海 瑞行 仁陟 夏天 …" 으로, 1703년에 色難, 冲玉, 一機, 雄遠, 秋朋, 秋平 등이 불상을 제작하였다. 화엄사 각황전은 잘 알려진 바와 같이, 碧巖 覺性의 문도인 桂坡性能이 1699년에 장육전을 중수하여 1701년에 상량하고 그 이듬해 완공하였다. 각각의 불상은 책임자를 두고 제작한 점이 1675년에 운혜가 만든 고흥 능가사 불상에서 볼 수 있었던 작업방식이다. 이 발원문에서 가장 중요한 부분은 色難 앞에 八影山 沙門으로 언급된 것으로, 八影山은 高興 楞伽寺가 있는 산이다. 이 발원문이 공개되기 이전

---

27) 『한국의 사찰문화재-광주/전남 Ⅰ·Ⅱ·Ⅲ』, 388쪽.
28) 최선일, 「朝鮮後期 全羅道 彫刻僧 色難과 그 系譜」, 55쪽. 불상에서 발견된 발원문은 吳珍熙에 의하여 공개되었다(吳珍熙, 앞의 논문, 17~21쪽).

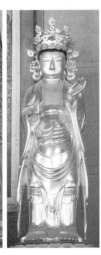

도21. 색난, 목조여래좌상　　도22. 목조보살입상　　도23. 색난, 목조보살입상
　　　1703년, 구례 화엄사　　　　　　　　　　　　　　1694년, 화순 쌍봉사
　　　　　　　　　　　　　　　　　　　　　　　　　　(도난)

에 色難이 고흥 능가사와 밀접한 관련이 있을 것으로 추정하였지만, 이
발원문이 공개되면서 色難이 고흥 능가사에서 생활하였음이 확인되었
다.29)

　木造三尊·四菩薩像의 본존은 전체 높이가 350센티미터, 무릎 폭이
250센티미터인 대형불상이다(도21). 목조석가여래좌상은 상체를 약간
앞으로 내밀어 구부정한 자세를 하고, 얼굴은 1680년에 광주 덕림사,
1684년에 강진 옥련사, 1685년에 고흥 능가사 불상 등 보다 얼굴이 넙
적하지만, 착의법은 거의 동일하다. 문수와 지적보살은 본존의 좌우에,
관음과 보현보살은 가장자리에 배치하였다(도22). 보살상들은 손의 위치
나 着衣法이 불상을 중심으로 좌우대칭을 이루고 있다. 보살상은 화려하
게 장식된 보관을 쓰고, 대의와 안쪽에 편삼을 입었으며, 僧脚崎와 무릎

29) 최선일, 「朝鮮後期 全羅道 彫刻僧 色難과 그 系譜」, 57~59쪽.

갑대를 착용하고 있다. 이 보살상은 현재 도난당한 1694년에 화순 쌍봉사 극락전 협시보살상과 이목구비의 처리와 착의법 등이 유사하다(도 23).

3) 1703년 서울 경국사 목조보살좌상

서울특별시 경국사에 봉안된 목조보살좌상은 내부에서 발견된 발원문에 1703년에 전라남도 영암 도갑사에서 색난이 제작한 것으로 적혀 있다.[30]

목조보살좌상의 크기는 전체 높이가 70센티미터로, 전체적인 형태와 이목구비의 처리 및 착의법 등이 1685년 고흥 능가사와 1693년 구례 천은사 보살상과 동일하다(도24).

도24. 색난, 목조보살좌상
1703년, 서울 경국사

4) 1707년 고흥 능가사 불상

전라남도 순천 송광사 성보박물관에 소장된 능가사 사적기는 秘藏되었던 필사본으로 1995년에 고경스님에 의해 조사되었다. 1941년에 필사된 사적기는 조선 후기부터 일제침략기까지 상량문이나 발원문 등이 실려 있다. 내용 중에 「願文」은 "康熙四十六年丁亥四月日敬造新塑像奉安於八影山楞伽寺大道場也 … 證明 行修 誦呪 淸日 … 持殿 信益 彫妙工 通政大夫 色難 幸坦 通政大夫 雄遠 一機 荷信 混平 大猷 善覺 夏天 …"

---

30) 필자는 서울시 문화재지정조사 보고서를 안귀숙 교수님을 통하여 얻을 수 있었다.

도25. 목조여래좌상
1707년 추정, 고흥 능가사

도26. 목조보살입상
1707년 추정, 고흥 능가사(도난)

으로 적혀 있다. 이 발원문은 1707년에 色難, 幸坦, 雄遠, 一機, 荷信, 混
平, 大猷, 善覺, 夏天이 능가사 大道場에 불상을 제작한 내용이다.

　필자는 이 원문이 현재 능가사 대웅전에 봉안된 삼존불상 중 본존과
협시보살을 제작한 내용으로 추정한다(도25).[31] 이는 본존이 앞서 살펴
본 색난이 제작한 불상과 인상이나 착의법 등이 유사하고, 현재 도난당
한 목조보살입상과 1694년에 화순 쌍봉사 목조보살좌상 등이 유사하기
때문이다(도26).

5) 1709년 고흥 송광암 목조보살좌상

　전라남도 고흥 송광암에 봉안된 목조보살좌상은 내부에서 조성발원

---

31) 2000년에 필자는 이 불상을 색난이 제작한 것으로 추정하였다(최선일, 「朝鮮後期
　　全羅道 彫刻僧 色難과 그 系譜」, 55쪽).

도27. 색난, 목조보살좌상
1709년, 고흥 송광암

도28. 목조여래좌상
1709년, 광주 덕림사(소실)

문이 발견되었다. 그 내용은 "造像發願文 裟婆世界勝金州海東朝鮮國全羅道興陽縣東南千燈山金塔寺 … 康熙四十八年四月日記 … 造像片手通政 色難 雄元 混平 一齊 德熙 大裕 善覺 夏天 雷習 廣惠…"로, 1709년에 色難, 雄元, 混平, 一齊, 德熙, 大裕, 善覺, 夏天 등이 전남 고흥 금탑사에 불상을 제작하였다.

목조보살좌상은 전체적인 얼굴 표정이나 대의 처리에서 색난이 제작한 앞서 살펴본 보살상과 유사하지만, 더 아담하면서 조형적으로 완숙한 美가 있다(도27).

이 보살상에서 발견된 발원문과 동일한 내용이 1709년에 제작된 광주 덕림사 목조삼존불좌상에서 발견되었다(도28).

내부에서 발견된 발원문은 "造像發願文 裟婆世界勝金洲海東朝鮮國全羅道興陽縣天燈山金塔寺弟資德行的玄等伏以得人身甚難遇 … 本師釋迦如來及彌勒提花竭羅三尊像次畵成八相幀影 … 康熙四十八年己丑孟夏日無用堂秀演撰"이다.[32] 이 불상은 1980년에 화재로 소실되어 남아있지

않지만, 사진을 보면 색난이 송광암 보살상과 동시에 제작한 불상이라는
것을 쉽게 알 수 있다.[33]

Ⅲ. 彫刻僧 色難의 활동과 불상 양식의 변천

1. 色難의 활동

조각승 色難이 태어난 때와 僧匠이 된 배경에 대한 기록은 전해지고
있지 않으며, 불상에서 발견된 발원문과 단편적인 문헌기록을 통하여 활
동과 조각승의 계보를 밝히는 것이 가능할 뿐이다. 색난과 관련된 문헌
기록은 이제까지 20건으로, 불상에서 발견된 발원문 16건과 사적기 등
의 문헌기록 4건이 알려져 있다.

표1. 색난 관련 문헌기록

연도	지역	사찰	조성 내용	조각승	발원문과 봉안처
1680	전남 화순	영봉사	목조지장보살좌상과 시왕상 제작	首工 色難 道軒 沖玉 慕賢 … 得牛 楚卞 …	發願文 광주 덕림사 봉안
1683	전남 고흥	능가사 능인전	가섭·아난존자상 제작	色難 得牛	서울 지장암 소장 오진희, 「수락산 염불암 목관음보살좌상」
1684	전남 강진	정수사 나한전	석가삼존, 아난·가섭, 16나한 등 제작	上工 色難 副工 道軒 次工 行坦 慕賢 楚卞 雄遠 …	發願文 玉蓮寺－석가상 淨水寺－나한상
1685	전남 고흥	능가사	석가삼존, 아난·가섭, 16나한 등 제작	金魚 首 色難 … 道軒 … 雄遠 … 楚卞 文印 幸坦 得祐 …	發願文 色難이 迦葉大施主

---

32) 『광주의 불적』, 243~244쪽.

33) 최선일, 「朝鮮後期 全羅道 彫刻僧 色難과 그 系譜」, 55쪽.

1689			목조아미타삼존불감 제작	巧匠　通政大夫　色難 得牛　雄遠	發願文, 日本 高麗美術館 소장
			목조지장삼존불감 제작	色難　得祐　雄遠	문명대, 「조선시대 불교조각사론」 ; 오진희, 「수락산 염불암 목관음보살좌상」, 한국불교미술박물관 소장
1693	전남 구례	천은사	석가, 아난·가섭, 16 나한 제작	色難　幸坦　得牛　雄遠 文印　執森　秋鵬　秋評	發願文
1694	전남 화순	쌍봉사	목조석가삼존상과 목조아미타삼존상 제작	金魚　色難　慕賢　得牛 雄遠　執森　秋鵬　秋評	發願文
1698	전남 해남	성도암	목조보살좌상 개금	色難 …	發願文 제주 관음사 봉안
	전남 고흥	능가사	범종 제작에 시주	通政　色難	銘文
1699			목조불상 제작	匠手　色難　沖玉　雄遠 一幾	發願文 個人 소장
1700	전남 해남	성도암	목조석가삼존, 아난·가섭, 16나한 제작	善手良工　色蘭　一幾 慕賢　秋鵬　秋平	發願文, 영암 祝聖庵 나반존자와 美國 메트로폴리탄박물관 가섭존자 소장
1701	전남 해남	대흥사 응진전	목조삼존불좌상과 나한상 제작	畵工　色難　幸坦　慕禪 雄源　一機　秋平　致雄	發願文 한국의 사찰문화재
1703	전남 구례	화엄사 각황전	목조삼존·사보살상 제작	色難　沖玉　一機　雄遠 秋朋　秋平… 幸坦　勝梅 初卞… 夏天	發願文 八影山沙門
	전남 영암	도갑사	목조보살좌상 제작	色難	서울 경국사 봉안
1707	전남 고흥	능가사	소조불상 제작	彫妙工　通政　色難　幸 坦　通政　雄遠　一機 … 夏天	
	전남 고흥	능가사	禪門拈頌說話 간행에 대시주자 참여	大施主　尙宗　大施主 色難　施主　德玄　書寫 全州金萬昌	
1709	전남 고흥	금탑사	목조보살좌상 제작	造像片手　通政　色難 雄元 … 夏天	發願文[34] 고흥 송광암 봉안 광주 덕림사 봉안(소실)

1711	전남 고흥	능가사	기와 제작에 시주	通政 色難	銘文
1730	전남 옥과	관음사 대은암	범종 제작에 시주	色難	銘文
1750	전남 고흥	능가사	사적비 후면 언급	嘉善 色難	事蹟碑

위의 표1의 기록에서 色難은 1680년에 화순 영봉사 불상(광주 덕림사 봉안)을 제작할 때, 수화승으로 활동한 것을 보면 최소한 1680년 이전부터 불상 제작에 참여하였음을 알 수 있다. 그리고 1684년에 강진 정수사 나한전과 1685년에 고흥 능가사 불상을 제작하였는데, 후자는 1941년에 간행된 『楞伽寺 史料』에 "新造成 一如來 六菩薩 十六大阿羅漢 二帝釋 二使者 二童子 兩金剛 諸端嚴相記願"이라고 無用 秀演이 적혀 있다.35) 그런데 최근 능가사 응진전 불상에서 발견된 발원문이 공개되면서 無用 秀演이 쓴 원문이 색난과 관계가 있음을 알게 되었다. 또한 1685년에 고흥 능가사 불상에서 발견된 발원문에 "迦葉大施主 通政兼金魚色難"으로 나와 있어 色難이 空名帖을 받은 시기가 기존 알려진 것보다 더 빠르다. 그러나 능가사 불상 발원문에서 施主秩에 通政大夫를, 緣化秩에 法名만 쓴 것을 보면, 연화질 내에서는 공명첩을 주로 쓰지 않음을 알 수 있다. 다만 1689년에 고려미술관 목조불감 발원문에서만 특이하게 "巧匠 通政大夫 色難"이라 적어놓았다. 아직까지 色難의 스승이나 선배가 누구인지 밝혀지지 않아 이후 1660년대부터 1670년대까지 色難이 보조화승으로 참여한 불상이 발견되기를 바랄 뿐이다.

---

34) 2006년 6월 전남 고흥 송광암 목조삼존불좌상에 대한 복장조사가 이루어졌다. 불상에서 발견된 발원문의 내용을 통하여 목조여래좌상은 1680년에 寶海가, 목조관음보살좌상은 1709년에 色難이, 목조대세지보살좌상은 1726년에 夏天이 제작하였음을 알게 되었다.

35) 한성욱·김문정·이은영·김상균, 「全南 高興 楞伽寺 四天王像 복장물 보존수리」, 『聖寶』 4(大韓佛敎曹溪宗 聖寶保存委員會, 2002), 176~177쪽 표10) 능가사 연표 참조.

도29. 범종, 시주질
1698년, 고흥 능가사

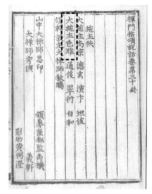

도30. 『禪門拈頌說話』 卷三十終
刊記 (大施主 色難)

　色難은 1693년에 구례 천은사 불상과 1694년에 화순 쌍봉사 대웅전과 극락보전 불상을 제작하고, 1698년 고흥 능가사 범종 주조에 시주자로 참여한 후(도29),[36] 해남 성도암 목조보살좌상(제주 관음사 봉안)을 개금하였다. 그는 1700년에 해남 성도암에 나한상을, 1703년에 화엄사 각황전 불상 가운데 釋迦牟尼와 觀音菩薩을 제작할 때 고흥 능가사에 거주하였다. 또한 색난은 1707년에 고흥 능가사 본존과 협시보살을, 1709년에 고흥 금탑사 보살좌상(고흥 송광암 봉안)과 목조삼존불좌상(광주 덕림사 화재로 소실)을 만들었다. 그러면서 그는 1707년에 『禪門拈頌說話』 간행(도30)과 1711년에 능가사 기와(도31) 및 1730년에 옥과 관음사 대은암 범종(곡성 서산사 소장)에 제작에 시주자로 기록되어 있다(도32). 이제까지의 고찰에 의해 색난은 최소한 1680년부터 1709년까지 造像 작업에 참여하고, 1730년까지 생존하였음을 알 수 있다.[37] 색난은 1750년에 건립된 高興 楞伽寺事蹟碑의 후면에 嘉善 色難으로 나와 있다

---

36) 梵鐘의 銘文은 『全南金石文』(全羅南道, 1990), 169~170쪽.
37) 관음사 범종 주조의 시주자 가운데 맨 마지막에 色蘭이 언급되어 있다(『谷城郡의 佛敎遺蹟』, 167쪽).

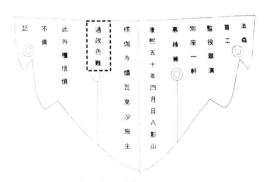

도31. 기와 1711년, 고흥 능가사

도32. 범종 시주질
1730년, 곡성 서산사

도33. 능가사사적비 후면 일부
1750년

(도33).38) 이 사적비에는 雲惠와 같이 활동한 조각승 敬琳이 1685년에 나한전 조성에 시주자로, 1750년에 사적비에 嘉善으로 나와 色難과 敬琳이 楞伽寺와 밀접한 관련이 있음을 알 수 있다.

---

38) 이 事蹟碑는 1750년에 건립되었음이 송광사 성보박물관장 고경스님에 의하여 밝혀졌다.

2. 色難 作 불상 양식의 변천

이제까지 색난이 제작한 기년명 불상을 중심으로 활동에 대하여 살펴보았다. 17세기 후반은 名山大刹의 주요 전각 내에 불상이 봉안되어 색난과 그 계보에 속하는 조각승들은 사찰의 응진전이나 암자에 주로 불상을 제작하였다. 그가 제작한 불상은 대부분 목조불상으로 크기가 75~355센티미터로 다양하지만, 주로 100센티미터를 전후한 크기의 불상을 제작하였다.

a. 色難, 목조지장보살좌상 1680년, 광주 덕림사	b. 色難, 목조불감 본존 1689년, 일본 고려미술관

c. 色難, 목조석가여래좌상 1694년, 화순 쌍봉사	d. 色難, 목조석가여래좌상 1701년, 해남 대흥사	e. 色難, 목조보살좌상 1709년, 고흥 송광암

참고1. 색난이 제작한 불상

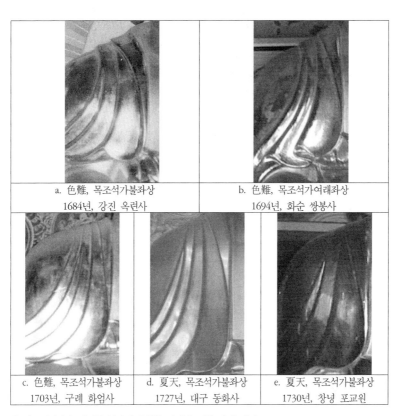

| a. 色難, 목조석가불좌상
1684년, 강진 옥련사 | b. 色難, 목조석가여래좌상
1694년, 화순 쌍봉사 | |
| c. 色難, 목조석가불좌상
1703년, 구례 화엄사 | d. 夏天, 목조석가불좌상
1727년, 대구 동화사 | e. 夏天, 목조석가불좌상
1730년, 창녕 포교원 |

참고2. 색난파가 제작한 불상의 오른쪽 어깨에 걸친 대의 자락

1680년대 광주 덕림사 보살상과 강진 옥련사 불상은 당당한 어깨에 다부진 신체를 지녔으며, 하반신의 높이와 너비가 상반신에 비하여 넓은 편이다. 1690년대 제작된 불상은 당당한 신체에 상반신과 하반신의 비례가 인체와 비슷해졌다. 1700년대 불상은 다양한 소재를 사용하면서 다양한 크기의 불상을 제작하여 약간씩 조형감각이 다르게 표현되었다. 마지막 기년명 불상인 1709년에 고흥 송광암 목조보살좌상은 커다란 보관을 쓴 머리에 비하여 어깨가 좁아졌지만, 아담한 얼굴과 신체의 비례가 적당한 편이다. 색난이 제작한 불상의 신체비례는 조선 후기 불상의

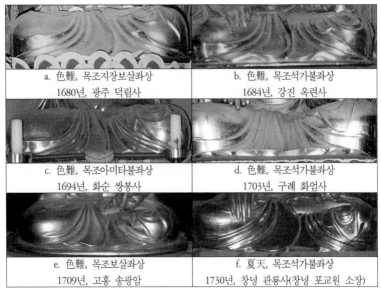

a. 色難, 목조지장보살좌상 1680년, 광주 덕림사	b. 色難, 목조석가불좌상 1684년, 강진 옥련사
c. 色難, 목조아미타불좌상 1694년, 화순 쌍봉사	d. 色難, 목조석가불좌상 1703년, 구례 화엄사
e. 色難, 목조보살좌상 1709년, 고흥 송광암	f. 夏天, 목조석가불좌상 1730년, 창녕 관룡사(창녕 포교원 소장)

참고3. 색난파가 제작한 불상이 하반신의 대의처리

신체비례인 1:0.65~0.68 정도를 따르지만, 1693년에 구례 천은사 불상이 전체 높이와 무릎 너비가 1:0.79로 가장 수치가 크다.

色難이 제작한 불상은 1680년에 광주 덕림사 불상부터 1709년에 고흥 송광암 목조보살좌상까지 거의 동일한 인상과 착의법을 하고 있다. 예를 들어 불상은 대부분 각이진 얼굴형에 눈두덩이의 두툼해지면서 편안한 印象이다. 오른쪽 어깨에 걸친 대의자락은 가슴까지 완만하게 펼쳐져 있고, 그 뒤로 세 겹으로 접힌 주름이 段을 이루면서 끝부분이 U자형으로 처리되었다. 이와 같은 대의 형태는 雲惠가 1667년에 제작한 쌍봉사 불상과 유사하지만, 색난의 불상은 자연스러운 곡선으로 조각되었다.

하반신을 덮은 대의자락이 결가부좌한 양다리 밑으로 늘어지고, 왼쪽 다리 복숭아 뼈부터 세 줄의 대의 주름이 규칙적으로 늘어져 있으며, 소매자락이 왼쪽 무릎을 완전히 덮어 蓮瓣形으로 처리되었다. 또한 色難이 제작한 불상은 대의 안쪽에 입은 僧脚崎를 가슴까지 올려 묶어 상단이 다섯 개의 仰蓮形으로 표현되어 있다. 그의 후배와 제자들도 색난이 제작한 불상양식을 그대로 답습하면서 점점 도식화 되어 불상의 미적 완성도는 떨어진다.

3. 色難의 계보에 속하는 조각승과 기년명 불상

色難과 같이 활동한 조각승은 40여명에 이르고, 색난과 불상을 제작한 조각승은 忠玉(沖玉, 沖玉), 楚卞(楚汴), 得牛(得牛), 一機, 慕賢, 道軒, 行坦(幸坦), 秋鵬, 秋評(秋平), 得牛(得牛) 등이다.

표2. 색난의 계보에 속하는 조각승

이름	활동 내용	활동연대
忠玉 沖玉 沖玉	1668년 전남 고흥 금탑사 목조아미타삼존불좌상 개금(首畵僧 天信) 1680년 전남 화순 영봉사 목조지장보살좌상과 시왕상 제작 　　　(광주 덕림사 ; 首畵僧 色難) 1684년 전남 순천 송광사 불조전과 화엄전 불상 제작(首畵僧) 1690년 전남 곡성 도림사 목조지장삼존상과 시왕상 제작(首畵僧) 1699년 개인소장 목조불감 제작(首畵僧 色難) 1703년 전남 구례 화엄사 각황전 목조삼불·사보살상, 관음보살좌상 제작 　　　(造多寶文殊像 曹溪山沙門, 首畵僧 色難)	1668 ~ 1703
楚卞 楚汴	1680년 전남 화순 영봉사 목조지장보살좌상과 시왕상 제작 　　　(광주 덕림사, 首畵僧 色難) 1684년 전남 강진 정수사 목조석가여래좌상과 나한상 제작 　　　(전남 강진 옥련사와 정수사 봉안, 首畵僧 色難) 1684년 전남 순천 송광사 불조전과 화엄전 불상 제작(首畵僧 忠玉) 1685년 전남 고흥 능가사 십육나한상 제작(首畵僧 色難) 1686년 전남 장흥 보림사 上輦, 願佛輦 새로 제작, 中下輦 중수 시 별좌로 　　　참여 1690년 전남 곡성 도림사 목조지장삼존상과 시왕상 제작(首畵僧 忠玉) 1703년 전남 구례 화엄사 각황전 목조삼불·사보살상, 관음보살좌상 제작	1680 ~ 1706

	(首畵僧 色難)	
	1706년 전남 영광 불갑사 팔상전 목조석가삼존불좌상과 나한상 제작(首畵僧)	
得牛 淂牛	1680년 전남 화순 영봉사 목조지장보살좌상과 시왕상 제작 (광주 덕림사, 首畵僧 色難)	1680 ~ 1694
	1683년 전남 고흥 능가사 아난·가섭존자 제작(首畵僧)	
	1685년 전남 고흥 능가사 십육나한상 제작(首畵僧 色難)	
	1689년 일본 쿄토 고려미술관 소장 목조삼존불감 제작(首畵僧 色難)	
	1689년 서울 한국불교미술박물관 목조지장삼존불감 제작(수화승 色難)	
	1693년 전남 구례 천은사 응진전 목조석가삼존상과 나한상 제작 (首畵僧 色難)	
	1694년 전남 화순 쌍봉사 목조석가삼존불상과 목조아미타여래좌상 제작 (首畵僧 色難)	
	1695년 서울 염불암 목조보살좌상 제작(首畵僧)	
一機	1698년 전남 해남 성도암 목조관음보살좌상 개금 (제주 관음사 봉안, 首畵僧 色難)	1698 ~ 1720
	1699년 개인소장 목조불감 제작(首畵僧 色難)	
	1700년 전남 해남 성도암 나한상 조성 (미국 메트로폴리탄 미술관과 영암 축성암 소장, 首畵僧 色難)	
	1703년 전남 구례 화엄사 각황전 목조삼불·사보살상, 관음보살좌상 제작 (造彌陀像 稜伽山沙門, 首畵僧 色難)	
	1718년 경기 안성 칠장사 목조관음보살좌상 제작(首畵僧)	
	1720년 전남 순천 송광사 사천왕상 개채(首畵僧)	
慕賢	1680년 전남 화순 영봉사 목조지장보살좌상과 시왕상 제작 (광주 덕림사, 首畵僧 色難)	1680 ~ 1700
	1684년 전남 강진 정수사 목조석가불좌상과 나한상 제작 (전남 강진 옥련사와 정수사 봉안, 首畵僧 色難)	
	1685년 전남 고흥 능가사 십육나한상 제작(首畵僧 色難)	
	1694년 전남 화순 쌍봉사 목조석가삼존불상과 목조아미타여래좌상 제작 (首畵僧 色難)	
	1698년 전남 해남 성도암 목조관음보살상 개금 (제주 관음사 ; 首畵僧 色難)	
	1700년 전남 해남 성도암 나한상 제작 (미국 메트로폴리탄 미술관과 영암 축성암, 首畵僧 色難)	
道軒	1659년 전남 고흥 금탑사 지장보살좌상과 시왕상 개금(首畵僧 忠玉)	1659 ~ 1685
	1680년 전남 화순 영봉사 목조지장보살좌상과 시왕상 제작 (광주 덕림사, 首畵僧 色難)	
	1684년 전남 강진 정수사 목조석가여래좌상과 나한상 제작	

	(전남 강진 옥련사와 정수사 봉안, 首畵僧 色難)	
	1685년 전남 고흥 능가사 십육나한상 제작(발원문, 고경 스님 제공)	
行坦 幸坦	1684년 전남 강진 정수사 목조석가여래좌상과 나한상 제작 　　(전남 강진 옥련사와 정수사 봉안, 首畵僧 色難) 1685년 전남 고흥 능가사 십육나한상 제작(首畵僧 色難) 1693년 전남 구례 천은사 응진전 목조석가삼존상과 나한상 제작 　　(首畵僧 色難) 1703년 전남 구례 화엄사 각황전 목조삼불·사보살상, 관음보살좌상 제작 　　(首畵僧 色難) 1720년 전남 순천 송광사 사천왕상 개채(首畵僧 一機)	1684 ～ 1720
秋鵬	1693년 전남 구례 천은사 응진전 목조석가삼존상과 나한상 제작 　　(首畵僧 色難) 1694년 전남 화순 쌍봉사 목조석가삼존불상과 목조아미타여래좌상 제작 　　(首畵僧 色難) 1698년 전남 해남 성도암 목조관음보살좌상 개금 　　(제주 관음사 ; 首畵僧 色難) 1700년 전남 해남 성도암 나한상 제작 　　(미국 메트로폴리탄 미술관과 영암 축성암, 首畵僧 色難) 1703년 전남 구례 화엄사 각황전 목조삼불·사보살상, 관음보살좌상 제작 　　(造觀音像, 首畵僧 色難) 1750년 전남 고흥 능가사 사적비 후면에 雪巖 秋鵬이 佛書 化主로 나옴	1693 ～ 1703
秋評 秋平	1693년 전남 구례 천은사 응진전 목조석가삼존상과 나한상 제작 　　(首畵僧 色難) 1694년 전남 화순 쌍봉사 목조석가삼존불상과 목조아미타여래좌상 제작 　　(首畵僧 色難) 1698년 전남 해남 성도암 목조관음보살좌상 개금(제주 관음사, 首畵僧 色難) 1700년 전남 해남 성도암 나한상 제작 　　(미국 메트로폴리탄 미술관과 영암 축성암, 首畵僧 色難) 1703년 전남 구례 화엄사 각황전 목조삼불·사보살상, 관음보살좌상 제작 　　(造智績像, 首畵僧 色難)	1693 ～ 1703
夏天	1703년 전남 구례 화엄사 각황전 목조삼불·사보살상 중 석가와 관음보살 　　좌상 제작(수화승 色難) 1707년 전남 고흥 능가사 소조불상 제작(수화승 色難) 1709년 전남 고흥 금탑사 목조보살좌상 제작(고흥 송광암 봉안, 수화승 色難) 1720년 전남 순천 송광사 사천왕상 개채(수화승 一機) 1722년 전남 장흥 보림사 능인전 불상 삼존 개금(首畵僧) 1724년 전남 장흥 보림사 나한 중수(首畵僧)	1703 ～ 1730

1726년 전남 고흥 금탑사 목조보살좌상 제작(고흥 송광암 봉안, 首畵僧)
1727년 대구 동구 동화사 대웅전 목조삼세불좌상 제작(首畵僧)
1730년 경남 창녕 포교원 목조석가불좌상 제작(首畵僧)
1730년 전남 고흥 금탑사 극락보전 미타삼존 개금·중수(首畵僧)

위의 승려 가운데 首畵僧으로 불상 제작이나 개금을 주도한 조각승은 忠玉, 楚卞, 得牛, 一機, 夏天 등이다. 色難과 공동작업한 조각승을 중심으로 17세기 후반에서 18세기 전반까지 제작된 불상에 대한 접근이 가능하다.

표3. 조각승 색난의 계보에 관련 문헌기록

연도	지역	사찰	조성 내용	조각승	발원문과 봉안처
1668	전남 고흥	금탑사	목조아미타삼존불좌상 개금	畵員 忠玉 天信 法海	發願文
1684	전남 순천	송광사	불조전과 화엄전 불상 제작	畵員 冲玉 云益 楚汴 覺初 …	發願文
1690	전남 곡성	도림사	목조지장삼존상과 시왕상 제작	畵員 忠玉 靈善 楚卞 … 覺初 …	發願文
1695	전남 장흥	봉일암 수도암	목조보살좌상 제작	畵員 得牛 德熙	發願文 서울 염불사 봉안
1706	전남 영광	불갑사	목조석가삼존불좌상과 나한상 제작	畵員 楚卞 靈善 覺楚 釋俊 …	發願文
1718	경기 안성	칠장사	목조관음보살좌상 제작	良工 一機 善覺 善一 斗吳	發願文
1720	전남 순천	송광사	사천왕상 개채	畵員 一機 幸坦 碩俊 … 夏天 得察	事蹟記
1722	전남 장흥	보림사	三尊佛像, 금강신 중수 개금	重修金剛 畵員 夏天	事蹟記
1724	전남 장흥	보림사	나한 중수	畵員 夏天 弼英 得察 宗惠	事蹟記
1726	전남 고흥	금탑사	목조보살좌상 제작	良工 夏天 宗惠	發願文 고흥 송광암 봉안
1727	경북 대구	동화사	목조삼세불좌상 제작	梓匠 夏天 碩俊 浔察 … 宗惠 … 宏陟	
1730	경남 창녕	포교원	목조석가여래좌상 제작	首畵師 夏天 副畵師 浔察 成桀 宗慧	發願文
1730	전남 고흥	금탑사 극락보전	主佛彌陀三尊位 改金 重修	改塗金片手 夏天 德熙 宗惠 畵成片手 鵬眼 得察 最祐 智雲 永賢	改金發願文

色難과 같이 활동한 조각승 가운데 가장 이른 시기에 수화승으로 활동한 승려는 忠玉(-1668-1703-)이다. 충옥은 1666년에 고흥 금탑사 목조아미타삼존불좌상을 수화승으로 개금하고,[39] 1680년에 화순 영봉사 지장보살좌상(광주 덕림사 봉안)제작 시에 3번째 언급되어 불상 제작에 주도적인 역할을 하였다. 忠玉은 1684년에 色難이 강진 정수사 불상을 제작할 때, 首畵僧으로 순천 송광사 불조전과 화엄전 불상을 제작하였다.[40] 불조전과 화엄전에 봉안된 불상은 色難이 제작한 불상과 유사한 인상과 대의 표현을 하고 있지만, 신체에 비하여 얼굴을 크게 강조하여 비례감이 떨어진다(도34). 충옥은 1690년에 곡성 도림사 목조지장보살좌상과 시왕상을 제작하였는데(도35), 지장보살상은 큰 얼굴에 벌어진 어깨를 가져 둔중한 신체와 대의자락이 도식화되어 간략하게 표현되었다. 그리고 色難을 수화승으로 1699년에 개인소장 불상과 1703년에 구례 화엄사 각황전 불상 제작 시에 多寶如來와 文殊菩薩을 제작하였다. 그는 화엄사 각황전 불상에서 발견된 발원문에 曹溪寺 沙門으로 나와 있어 순천 송광사에 거주하였던 승려라는 사실을 알 수 있다.

득우(得牛, 淂牛 : -1680~1695-)는 1680년에 수화승 색난과 전남 광주 덕림사 목조지장보살좌상과 시왕상을, 1683년에 수화승으로 전남 고흥 능가사 아난·가섭존자를 제작하였다. 수화승 색난과 1685년에 전남

---

39) 발원문을 조사한 송광사 성보박물관장 고경스님은 "발원문은 조사 후 불상에 다시 넣었고, 발원문 가운데 시주자가 다음에 忠玉, 畵員 天信, 法海 순으로 적혀 있으며, 시주자가 언급된 위치보다 안쪽에 忠玉과 法海가 동일한 위치에 적혀 있었다"고 말씀하셨다. 필자는 忠玉이 시주질의 안쪽에 언급되어 畵員으로 이해하였지만, 만약 忠玉이 시주질의 마지막에 걸린다면 불상의 개금에 주도적인 역할을 한 승려는 天信이다. 天信은 無染과 같이 1656년 완주 송광사 석가삼존불좌상과 나한상 제작 시에 참여했던 승려이다. 이러한 고찰을 통하여 조각승 色難派가 無染의 계보와 밀접한 관련이 있을 가능성도 있다.

40) 금탑사와 송광사 불조전 불상 발원문은 송광사 성보박물관장 고경 스님이 조사하였다.

도34. 충옥, 석조비로자나불좌상
1684년, 순천 송광사

도35. 충옥, 목조지장보살좌상
1690년, 곡성 도림사

도36. 득우, 목조보살좌상
1695년, 서울 염불암

도37. 일기, 목조보살좌상
1718년, 안성 칠장사

고흥 능가사 십육나한상을, 1689년에 일본 쿄토 고려미술관 소장 목조
삼존불감과 서울 한국불교미술박물관 목조지장삼존불감을, 1693년에 전
남 구례 천은사 응진전 목조석가삼존상과 나한상을, 1694년에 전남 화
순 쌍봉사 목조석가삼존불상과 목조아미타불좌상을 만들었다. 최근
1695년에 수화승으로 서울 염불암 목조보살좌상을 제작하였음이 확인
되었다(도36). 이 보살상은 1698년에 수화승 색난이 제작한 목조불감의
본존과 같이 대좌 밑까지 옷자락이 길게 늘어진 것이 특이하다.

一機(-1698-1720-)는 수화승 色難과 1698년에 전남 해남 성도암 목조
관음보살좌상(제주 관음사 봉안) 개금하고, 1699년에 개인소장 목조아미
타불여래좌상제작 시에 4명 가운데 맨 마지막에 언급되었다. 그러나
1700년에 영암 성도암에 제작한 나한상 발원문에는 慕賢보다 먼저 언급
되어 色難의 제자보다 후배일 가능성이 있다. 1720년에 수화승으로 순
천 송광사 사천왕상 改彩 때,[41] 정수사 불상 제작에 次工으로 참여했던
行坦을 대신하여 首畵僧으로 작업하여 行坦보다 지위나 연령이 높았을
것으로 추정된다. 一機는 1703년에 구례 화엄사 각황전 불상 내에서 발
견된 발원문에 阿彌陀佛을 주도적으로 제작한 승려로, 稜伽山 寺門으로
적혀 있어 扶安 邊山에 살았던 승려임을 알 수 있다. 그가 거주하던 전
북 부안은 전남 장흥과 마찬가지로 고려후기 몽고가 일본을 침략하려고
선박을 제작한 지역으로 양질의 목재가 생산되어 조각승들이 작업하기
에 좋은 자연조건을 갖추고 있다. 최근 1718년에 一機가 수화승으로 제
작한 목조관음보살좌상이 조사되었다(도37).

楚卞(-1680-1706-)은 1684년에 수화승 色難과 강진 정수사 불상과 수
화승 忠玉을 순천 송광사 불조전 불상을 제작하고, 1706년에 首畵僧으

---

41) 『曹溪山松廣寺史庫』第2目 片史 同五十九年庚子四月日四天王重修改彩(證明 以
    濟 持殿 致淨 化主 了眼 供養主 漢陟 獲軒 畵員 一機 幸坦 混平 碩俊 善覺 善日
    夏天 得察 斗珍) 참조.

도38. 초변, 목조석가여래좌상
1706년, 영광 불갑사

도39. 하천, 목조석가여래좌상
1727년, 대구 동화사

로 영광 불갑사 불상을 靈善, 覺楚, 釋俊, 定慧, 瑞行, 澄性, 致海, 寂勝, 澄海, 四祥과 제작하였다(도38).[42] 이들은 모두 色難이나 忠玉과 같이 활동한 조각승으로 색난파에 속하는 승려들이다.

夏天(-1703-1730-)은 1703년에 수화승 색난과 구례 화엄사 각황전 불상을 제작하고, 1720년에 수화승 一機와 순천 송광사 사천왕상을 개채하였다. 首畵僧으로 1722년에 장흥 보림사 능인전 삼존불상을 개금하고,[43] 1724년에 보림사 나한을 중수하였다. 수화승으로 1727년에 대구 동화사 대웅전 불상과(도39)[44] 1730년에 창녕 관룡사 불상을 제작하였다.[45]

---

42) 『靈光 母岳山 佛甲寺-地表調査報告書』(동국대학교 박물관·영광군, 2001), 166
 ~168쪽에 일부 조각승의 이름이 생략된 것은 발원문을 실견하면서 알게 되었다.

43) 고경 감수, 김희태·최인선·양기수 譯註, 앞의 책, 71쪽에 宗畵로 읽었으나, 원문에
 宗惠로 적혀 있다.

44) 김미경, 「八公山 桐華寺 木造三世佛坐像의 腹藏物 檢討」, 『불교미술사학』3(통
 도사성보박물관 불교미술사학회, 2005), 269~291쪽.

표4. 색난과 그 계보 조각승의 관계도

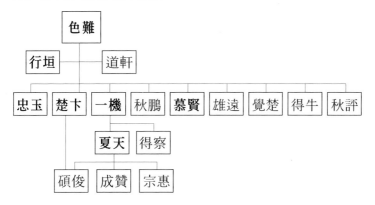

色難派에 속하는 忠玉, 得祐, 一機, 楚卞, 夏天이 제작한 불상은 色難이 제작한 불상의 신체비례를 따르고 있다. 불상은 오른쪽 어깨에 걸친 대의자락이 가슴까지 완만하게 펼쳐져 있고, 그 뒤로 세 겹으로 접힌 주름이 段을 이루면서 비스듬히 늘어져 있다. 하반신을 덮은 대의자락이 결가부좌한 양다리 밑으로 늘어져 완만한 곡선으로 펼쳐지고 그 뒤로 세 가닥의 옷 주름선이 규칙적으로 늘어져 있다. 소매자락은 왼쪽 무릎을 완전히 덮어 蓮瓣形으로 처리되어 色難과 그 계보 조각승이 제작한 불상에서 주로 보이는 특징이다. 大衣 안쪽에 입은 僧脚崎는 가슴까지 올려 묶어 僧脚崎 上段이 蓮瓣形을 이루고 있다. 이들이 만든 불상 양식은 18세기 중반까지 지속적으로 제작되지만, 시간이 지남에 따라 세부 표현이 생략되는 경향이 나타난다. 이와 같이 색난파에 속하는 조각승들은 17세기 후반부터 18세기 전반까지 불교조각을 주도적으로 이끌어간 세력이다.

이들은 주로 중소 사찰의 주전각이나 부속전각에 불상을 제작하였다.

---

45) 김창균, 「거창·창녕 포교당 성보 조사기」, 『聖寶』 4(大韓佛敎曹溪宗 聖寶保存委員會, 2002) 171쪽.

도40. 목조여래좌상
강진 백련사

도41. 목조삼세불좌상 본존
해남 대흥사

도42. 목조지장보살좌상
서울 봉원사

도43. 목조여래좌상
1702년, 순천 선암사

도44. 목조보살좌상
고성 옥천사 나한전

도45. 목조여래좌상
밀양 표충사 대광전

도46. 목조여래좌상
남원 실상사

도47. 목조보살좌상
인천시립박물관

도48. 목조여래좌상
해남 미황사 응진전

색난과 그 계보 조각승에 의하여 제작된 추정되는 불상은 전남 강진 백
련사 응진전 목조여래좌상(도40), 전남 구례 화엄사 원통전 목조관음보
살좌상, 전남 해남 대흥사 대웅보전 목조삼세불좌상의 본존(도41),[46] 서
울 봉원사 목조지장보살좌상(도42), 1702년에 전남 순천 선암사 불조전
53불상(도43),[47] 경남 합천 해인사 대적광전 목조비로자나불좌상, 전남
순천 선암사 원통전 목조관음보살좌상, 경남 고성 옥천사 나한전 협시보
살좌상(도44), 밀양 표충사 대광전 목조여래좌상(도45), 전북 남원 실상
사 목조여래좌상(도46), 인천 시립박물관 목조보살좌상(도47), 해남 미황
사 응진전 목조여래좌상(도48) 등이다. 따라서 색난은 기존 연구에서 전
라도를 중심으로 활동한 것으로 보았지만, 전국 사찰에 대한 체계적인
조사가 이루어지면서 남부 지역에 많은 사찰에 불상을 제작하였을 것으
로 추정하게 되었다.

Ⅳ. 맺음말

이상으로 조선 후기, 17세기 후반부터 18세기 전반까지 조각승 중에
가장 큰 영향력을 행사한 색난과 그 계보에 대하여 살펴보았다. 아직까
지 얻을 수 있는 자료의 한계로 색난의 生沒年代나 다른 조각승과의 교
류관계 등은 밝힐 수 없었지만, 제작연대를 알 수 없는 조선 후기 불상
중에 색난파의 조각적 특징을 가진 17세기 후반에서 18세기 전반에 추
정되는 불상을 살펴보았다.

---

46) 이 삼세불좌상은 복장조사가 되지 않아 제작연대나 제작자를 명확하게 알 수 없지
만, 본존과 좌우 협시불은 조각수법이 서로 다르다. 협시불은 대웅전 창건연대인 17
세기 전반에 제작된 작품으로 보이고, 본존상은 이후 제작된 것으로 보인다.
47) 선암사 불조전에 봉안된 60불 가운데 4구는 새로 제작되었다. 나머지 불상은『선
암사사적기』에 1702년에 제작되었다고 적혀있다.

발원문과 사적기 등을 중심으로 살펴본 色難은 1640년을 전후하여 출생하여 1670년경에 佛像製作의 수련기와 보조화승으로 거친 후, 수화승으로 1680년에 화순 영봉사 불상을 제작하였다. 그는 고흥 능가사, 강진 정수사, 구례 천은사, 화순 쌍봉사, 해남 성도암과 대흥사, 구례 화엄사, 영암 도갑사, 고흥 금탑사 등 전라도 지역에 많은 불상을 제작하였다. 뿐만 아니라 색난은 1698년에 고흥 능가사 범종, 1707년에 『禪門拈頌說話』 간행, 1711년에 고흥 능가사 기와, 1730년에 옥과 관음사 대은암 범종 제작에 시주자로 참여하여 사찰 운영에 경제적으로 많은 지원을 하였음을 알 수 있다. 색난파는 色難(-1680-1730-) → 忠玉(-1668-1703-), 楚卞(-1680 -1706-), 一機(-1698-1720-) → 夏天(-1703-1730-), 碩俊(-1706-1727-), 宗惠(-1724-1730-)로 이어졌다. 이 가운데 夏天은 1728년에 대구 동화사와 1730년에 창녕 관룡사에 불상을 제작하였고, 색난파가 제작한 것으로 추정되는 불상이 합천 해인사. 고성 옥천사, 밀양 표충사 등에 남아있어 색난과 그 계보 조각승의 활동범위가 경상도 지역까지 확대되었음을 알 수 있다. 색난은 고흥 능가사에 거주하여 조계산을 위주로 활동한 浮休門徒에 속하였음을 알 수 있다.

지금까지 한국불교조각사 연구에서 조선 후기 불상은 깊이 있는 연구가 이루어지지 않았다. 조선 후기 불상이 이상적인 조형미가 없어지고, 중국의 불교조각의 영향이 없어 다양한 불상양식과 변천이 적어 한국조각사에서 쇠퇴기로 단정하고 있지만, 이 시기는 한국불교조각사에서 가장 한국적인 불상을 제작한 시기로 새롭게 평가되어야 할 것이다.

제2장

安城 七長寺 大雄殿 木造三尊佛坐像과 彫刻僧 摩日

Ⅰ. 머리말

17세기 후반에 활동한 조각승에는 전남의 色難, 경북의 丹應, 충북의 金文 등이 조사되었다. 이들은 서로 독립적으로 활동하면서 불상을 제작한 것으로 여겨진다. 이들은 시·군 단위의 사찰의 주요 전각이나 부속 전각 등에 100센티미터 정도 크기의 불상을 7~9명 정도가 함께 제작하였다. 이러한 불상 제작에 참여한 승려의 숫자는 조각승의 계보와 불상 양식의 공유 측면에서 중요한 의미를 가진다.

따라서 이 시기에 활동한 여러 조각승 계보의 파악이 불상의 시기적인 특징이나 지역성을 밝히는데 중요하다. 본고에서 살펴볼 조각승 마일은 조선 후기에 불상을 제작하거나 중수·개금에 참여한 승려장인(이하 僧匠) 940여명과 불상을 주도적으로 제작한 首畵僧 110여명에 언급되지 않았던 승려이다.[1] 특히 처음 조사되었음에도 불구하고 수화승으로 불상을 제작하여 사승관계등을 밝히는데 한계가 있는 조각승이다.

조각승 마일의 기년명 불상은 경기도 안성시 칠장사 대웅보전에 봉안되어 있다. 이 불상은 2007년 불상을 改金하면서 내부에 있던 造成發願文이 발견되었다고 한다.[2] 조성발원문은 韓紙에 墨書된 형태로, 조성 시

---

1) 崔宣一, 『朝鮮後期僧匠人名辭典-佛教彫塑』(養士齋, 2007).

기와 연화질 등이 구체적으로 언급되어 있다. 이 조성발원문을 근거로 대웅전 목조삼존불좌상은 1685년에 조각승 摩日이 제작하였음을 알 수 있다.

따라서 안성 칠장사 대웅전에 봉안된 불상의 형식적 특징과 조성발원문을 검토해 보고자 한다. 그리고 개별 조각승의 활동과 그 계보 및 불상 양식에 접근하여 보겠다.

II. 安城 七長寺 大雄殿 木造佛像의 形式的 特徵과 發願文

경기도 안성시 죽산면 七賢山에 위치한 七長寺는 대한불교조계종 제2교구 용주사 末寺이다.[3) 이 사찰의 주전각인 대웅전에는 석가불을 중심으로 좌우에 협시보살이 봉안되어 있다.

1. 대웅전 목조삼존불좌상

대웅전에 봉안된 목조삼존불좌상은 2007년에 불상을 개금하면서 조

---

2) 전각에서 발견된 조성발원문을 실견할 수 있게 도와주신 안성 칠장사 지강 주지 스님과 충북대학교 박원규 교수님께 지면을 통하여 감사드리는 바이다.

3) 칠장사는 임진왜란 중에 소실되어 1623년에 인목대비가 죽은 아버지 김제남과 아들 영창대군을 위한 願堂으로 삼아 중건되었다. 1674년에 이 지역에 거주하는 세도가가 자신의 葬地로 쓰기 위하여 사찰 건물을 불태우고, 스님들을 쫓아내어 1676년에 中和玄運과 盧月印祥 등이 사찰을 북쪽으로 옮겨 중수하지만, 1694년에 다시 세도가의 침탈을 받아 전각이 소실되고 上室이었던 齋月스님이 焚殺되었다. 1703년에 坦明이 작은 법당을 지어 露地에 8나한상을 모시고, 명적암 아래에 53불명호패를 세웠으며, 1704년에 주지 碩奎가 思侃, 一俊, 精進, 尙元, 碩信 등과 佛事를 일으켜 56동의 건물을 새로 건립하였다. 1725년에 善眞과 斗漢이 원통전을 건립하여 1726년에 允英과 處輝가 관음상을 봉안하고, 思侃이 개울가에 명부전을 건립하였으며, 1736년에 雪暎과 道政이 법당과 천왕문을 중수하였다.

도1. 마일, 목조석가삼존불좌상, 1685년, 안성 칠장사 대웅전

성발원문이 조사되었다 (도1, 2). 목조불상은 모두 전형적인 조선 후기 불상 의 신체비례와 조각수법 을 따르고 있다. 목조석가 불좌상은 높이가 135센티 미터고 頭高가 47센티미 터로, 조선 후기에 제작된 중형 불상이다(도3). 불상 은 얼굴을 앞으로 내밀어 구부정한 자세를 취하고, 신체와 얼굴이 1:0.35의

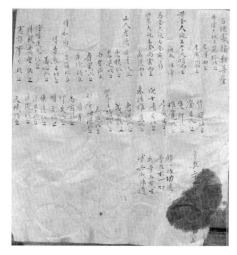

도2. 목조미륵보살좌상 조성발원문

비율로 17세기 전·중반에 제작된 불상보다 얼굴이 차지하는 비중이 커 졌음을 알 수 있다. 앞으로 숙인 머리에는 뾰족한 螺髮과 경계가 불분명 한 肉髻가 표현되고, 정상부에 원통형의 頂上髻珠와 이마 위에 반원형의

도3. 목조석가여래좌상

도4. 목조석가여래좌상 얼굴

도5. 목조석가여래좌상 측면

도6. 목조석가여래좌상 측면

中間髻珠가 있다. 각진 방형의 얼굴에 눈꼬리가 약간 위로 올라가 반쯤 뜬 눈, 콧등이 약간 평평한 삼각형 코, 살짝 微笑를 머금은 입을 표현하였다(도4). 왼손은 엄지와 중지를 둥글게 맞대고, 오른손은 손가락을 펴고 바닥을 가리키는 항마촉지인을 취하고 있다. 바깥에 걸친 두꺼운 大衣는 변형통견으로, 대의 끝단은 오른쪽 어깨에 비스듬히 걸쳐 팔꿈치와 복부를 지나 왼쪽 어깨로 넘어가고(도5), 반대쪽 대의는 왼쪽 어깨를 완전히 덮고 내려와 하반신에 펼쳐져 있다(도6). 특히, 하반신을 덮은 옷자락은 몇 가닥으로 자연스럽게 펼쳐지고, 끝단이 S자형을 이루고 있다(도7). 이러한 하반신의 옷자락의 처리는 17세기 후반에 활동한 색난이나 단응이 제작한 불상에서 볼 수 없는 특징이다. 대의 안쪽에는 편삼을 입지 않아 맨살이 드러나는데, 불상이 편삼을 걸치지 않은 착의법은 조선 후기 석가불에 공통으로 나타나는 특징이다.[4] 대의 안쪽에 입은 僧脚崎는 수평으로 접어 단순하게 처리하였다. 연화대좌는 상단이 앙련으로, 중대는 팔각으로 이루어져 있다.

도7. 목조석가여래좌상 하반신

---

4) 정은우, 「17세기 조각가 혜희(惠熙)와 불상의 특징」, 『미술사의 정립과 확산』 2권 (사회평론, 2006), 152~175쪽.

도8. 목조보살좌상

목조보살좌상은 본존과 같이 상체를 앞으로 내밀어 구부정한 자세를 취하고 있다 (도8). 화염보주로 장식된 커다란 보관 안쪽의 머리카락은 두 갈래로, 나머지 머리카락은 보관 밑으로 자연스럽게 늘어져 있다. 인상과 대의처리는 본존과 동일하지만, 손의 위치가 다르게 표현되어 오른손은 어깨까지 들고, 왼손은 무릎 위에 가지런히 놓았다. 연화대좌는 상단이 앙련과 복련으로 이루어지고, 중대는 팔각으로 전면에 꽃문양이 투각되어 있다.

2. 조성발원문

미륵보살에서 조성발원문의 내용은 "左補處彌勒菩薩 … 證明 道元 持殿 楚堅 畵員 摩日 尙玄 印文 明玉 懷信 信學 法俊 天機 … 康熙二十 四年乙丑六月日造成"이다(참고1, 도2) 따라서 대웅전에 봉안된 불상은 1685년에 畵員 摩日, 天機, 法俊, 信學, 懷信, 明玉, 印文, 尙玄이 제작하였다. 그런데 조선 후기에 제작된 불상 가운데 석가와 미륵·제화갈라보살은 원래 응진전이나 나한전에 봉안되었던 불상이다. 따라서 조성된후에 어느 시점인지 모르지만, 현 위치로 옮겨진 것으로 볼 수 있다. 이 불상을 만든 조각승 중에 신학, 인문, 상현은 기존 조각승 연구를 통하여 활동시기와 내용이 조사된 반면, 마일, 천기, 법준, 회신, 명옥은 처음으

左補處彌勒菩薩
佛像大施主 麗裕 比丘
黃金大施主 李澤 兩主　李成同 兩主
烏金大施主 李太明 兩主
供養大施主 海今 保体　金戒弼
山人老德　金尙雲 兩主
慈信 比丘　戒德 兩主

化士 清日 比丘
李愛男 兩主
惟寬 比丘
觀印 比丘
澄日 比丘
贊禪 比丘

來生 惟益 比丘
惠悅 比丘
惠英 比丘
戒英 比丘

供養主 就澗 比丘
太熙 比丘

別座 海湛 比丘
順業

尙玄 比丘
印文 比丘
明玉 比丘
懷信 比丘
信學 比丘
法俊 比丘
天機 比丘

時和尙 守海 比丘
持寺 熙日 比丘
證明 道元 比丘
持殿 楚堅 比丘
畵員 摩日 比丘
義心 比丘
惠根 比丘
省重 比丘
案琢 比丘
尙堅 比丘

康熙二十四年乙丑六月日造成
願以此功德
普及於一切
我等與衆生
皆共成佛道

참고1. 조성발원문

로 알려진 조각승들이다.5)

III. 조각승 마일의 활동과 그 계보 및 불상 양식

앞 장에서 칠장사 대웅전에 봉안된 불상의 형태와 조성발원문에 대하

---

5) 조각승은 발원문에 적힌 순서가 명확하지 않아 기존 조선 후기에 활동한 조각승
을 바탕으로 판단해 보았다.

여 살펴보았다. 이를 바탕으로 개별 조각승들의 활동시기와 내역 및 계보 등을 밝혀보고자 한다. 우선 조각승이 제작한 불상의 발원문과 중수·개금 한 사적기의 기록을 종합해 보면, 그들의 계보를 명확하게 밝힐 수 있다.

1. 개별 彫刻僧과 계보

칠장사 대웅전에 봉안된 불상을 제작한 조각승을 정리해 보면, 표1과 같다.

표1. 1685년 대웅전 봉안 불상 제작 조각승

작업 내용	조 각 승	비 고
석가불, 제화갈라보살, 미륵보살 제작	畵員 摩日 天機 法俊 信學 懷信 明玉 印文 尙玄	發願文

이 가운데 기존 연구를 통하여 17세기 후반부터 18세기 전반까지 칠 장사 대웅전 불상 제작에 참여한 조각승의 활동을 살펴보면, 표2와 같 다.6)

표2. 1685년 대웅전 불상 참여 조각승의 활동 상황과 그 계보

조각승	활동 상황	활동시기
法俊	▫ 1708년 충남 청양 長谷寺 阿彌陀後佛圖 조성 (東國大學校 博物館 所藏, 수화승 印文)	1685 ~1708
信學 神學	▫ 1661년 부산 범어사 대웅전 목조삼존불좌상 제작(發願文) 수화승 熙莊	1661 ~1685
印文	▫ 1704년 경북 영천 修道寺 掛佛 조성(上畵員 수화승) ▫ 1708년 경남 함양 碧松寺 地藏十王圖 조성(大畵成 수화승) ▫ 1708년 충남 청양 長谷寺 阿彌陀後佛圖 조성 (東國大學校 博物館 所藏, 畵員 수화승) ▫ 1709년 寧國寺 釋迦牟尼後佛圖 조성 (佛敎中央博物館 所藏, 畵師 수화승)	1685 ~1708

	▫ 1676년 전북 고창 선운사 목조지장보살좌상과 시왕상 제작 　(수화승 明俊) ▫ 1700년 전남 곡성 도림사 목조석가불좌상 제작 　(수화승 敬浩) ▫ 1716년 강원 양구 심곡사 목조아미타삼존불좌상 제작 　(수화승 應玉)	1676 ~1716
尙玄		

　대웅전에 봉안된 불상을 제작한 조각승은 畵員 摩日, 天機, 法俊, 信學, 懷信, 明玉, 印文, 尙玄이다. 이 중에 수화승 마일은 아직까지 활동이 밝혀지지 않았던 조각승으로 17세기 후반에 수화승으로 활동을 한 것을 보면, 1650년을 전후하여 불상 제작에 관여한 것으로 추정된다. 마일과 같이 작업한 尙玄은 1676년에 수화승 明俊, 敬浩 등과 전북 고창 선운사 목조지장보살좌상을(도9), 1700년에 수화승 경호와 전남 곡성 도림사 목

도9. 명준, 목조지장보살좌상
1676년, 고창 선운사

도10. 경호, 목조석가여래좌상
1700년, 곡성 도림사

6)　이들 승려에 관해서는 崔宣一, 『朝鮮後期僧匠人名辭典－佛敎彫塑』(養士齋, 2007) ; 安貴淑·崔宣一, 『朝鮮後期僧匠人名辭典－佛敎繪畵』(養士齋, 2008)에 구체적으로 인용한 참고 문헌을 적어놓았다.

조석가불좌상을(도10), 1716년에 수화승 琢璘, 應玉과 강원 양구 심곡사 목조아미타삼존불좌상을 제작하였다. 따라서 상현이 明俊, 敬浩, 琢璘, 應玉 등과 불상을 제작한 것을 보면 17세기 중반에 활동한 희장의 계보에 속하는 조각승과 관련이 있을 것으로 보인다. 또한 신학은 1661년에 희장과 부산 범어사 대웅전 목조삼존불좌상을 제작할 때, 조각승 일곱 명 가운데 여섯 번째 언급되었다. 印文은 불상 제작보다 불화를 많이 그린 불화승으로, 1704년에 경북 영천 수도사 괘불도를, 1708년에 경남 함양 벽송사 지장시왕도와 충남 청양 장곡사 아미타후불도(동국대학교 박물관 소장)를, 1709년에 영국사 석가모니후불도(불교중앙박물관 소장)를 조성하였다.

2. 개별 조각승의 불상 양식

안성 칠장사 대웅전에 봉안된 불상은 앞서 언급한 바와 같이, 기존에 밝혀지지 않았던 조각승이나 문헌으로만 활동이 밝혀졌던 조각승으로 조선 후기 불교조각사의 조각승의 계보와 계파를 밝히는데 중요한 단서를 제공하고 있다.

개별 조각승의 불상양식을 밝히기 위하여 같이 활동한 조각승이 제작한 불상과 비교하여 보겠다. 우선 대웅보전에 봉안된 불상은 앞서 언급한 바와 같이, 석가불을 중심으로 제화갈라보살과 미륵보살이 봉안된 점을 근거로 원래 응진전이나 나한전 등에 봉안되었음을 추정할 수 있다. 이러한 존상의 배치는 1695년 고흥 능가사 응진전, 1706년 전남 영광 불갑사 팔상전 등에 봉안된 예가 조사되었다. 수화승으로 나와 있는 마일이 제작한 불상과 같은 시기에 활동한 전라도 조각승 색난이나 강원도와 경상북도 조각승 단응이 제작한 불상과 비교해 보면(도11, 12), 전체적으로 신체에서 머리가 차지하는 비중이 커지고, 착의법에서 變形右肩偏袒으로 대의를 걸치고 있지만, 색난이 제작한 불상은 오른쪽 어깨에

도11. 색난, 목조석가여래좌상
1685년, 고흥 능가사

도12. 단응, 목조아미타여래좌상
1684년, 예천 용문사

대의자락이 반달모양으로 완만한 곡선을 그리며 가슴을 대부분 덮은 반면에 마일이 제작한 불상은 대의자락이 비스듬히 늘어져 겨드랑이가 노출되어 있다는 점이다. 또한 하반신에 걸친 옷자락 표현에서 색난이 제작한 불상은 결가부좌한 다리 위에 옷자락이 밑으로 여러 겹으로 늘어져 양쪽으로 자연스럽게 흘러내린 반면에 마일이 제작한 불상은 옷자락의 끝단이 S자형을 이루고 간격도 폭과 너비가 달라 자연스럽다. 뿐만 아니라 색난이 제작한 왼쪽다리 복숭아 뼈부터 세 줄의 大衣 주름이 규칙적으로 늘어지고, 소매자락이 왼쪽 무릎을 완전히 덮어 蓮瓣形을 이룬 반면에 마일이 제작한 불상은 소매자락이 무릎에 약간 늘어져 있을 뿐이다. 그러나, 얼굴이 각이진 모습이나 신체비례는 단응이 제작한 불상과 유사하다. 단응은 17세기 후반에 강원도와 경상북도에서 활동한 조각승으로 그의 대표작은 1684년 경북 예천 용문사 불상(도12)과 목각탱이다. 용문사 불상과 칠장사 대웅보전 불상을 비교해 보면, 예천 용문사 불상의 착의법은 두꺼운 대의 안쪽에 편삼을 입고, 대의자락은 오른쪽 어깨를 반달모양으로 덮고 팔꿈치와 배를 지나 왼쪽 어깨로 넘어가고, 왼쪽 어깨의 대의자락은 수직으로 내려와 편삼과 복부에서 겹쳐져 있다. 하반신을 덮은 대의자락은 중앙에 흘러내린 옷자락을 중심으로 좌우로 몇 가닥의 옷주름이 표현되었다. 가슴을 가린 僧脚崎는 수평으로 간략하게 처리되었다. 불상의 뒷면은 목 주위에 대의를 두르고, 왼쪽 어깨에 앞에서 넘어온 대의 자락이 전형적인 蓮瓣形으로 길게 늘어지지 않고 등 중앙에 수직으로 길게 늘어져 있다.

Ⅳ. 맺음말

이상으로 조선 후기, 1700년을 전후하여 활동한 조각승 가운데 상당한 영향력을 형성한 것으로 추정되는 마일, 금문, 일기와 그 계보의 조각승에 대하여 살펴보았다. 현재까지 공개된 자료의 한계로 인해 이들 조각승의 생몰연대와 그의 스승에 대한 구체적인 접근이나 불상양식에 관한 접근이 이루어지지 않았지만, 熙藏 → 摩日으로 이어지는 조각승의 사제관계를 추정해 볼 수 있었다. 또한 수화승을 제외한 부화원과 동원화원의 활동을 중심으로 이러한 접근을 시도해 본 것은 아직 밝혀지지 않은 조각승의 계보에 접근하기 위함이다.

그런데 여러 지역에서 활동하던 조각승들이 칠장사에서 작업을 할 수 있었던 배경은 불상의 조성에 참여한 승려들과 밀접한 관련성이 있을 것이다. 특히, 사적기에서 알 수 있듯이 칠장사 중건에 중요한 역할을 한 坦明, 碩奎, 思侃, 一俊, 精進, 尙元, 碩信, 善眞, 斗漢, 允英, 處輝 등의 禪僧 관계 등이 명확해지면 정확한 관련성을 밝힐 수 있을 것이다. 예를 들어 탄명은 칠장사 중건에 중심인물로, 1700년을 전후하여 경기도 안성 지역의 여러 사찰에 많은 불사를 주도한 승려이다.

앞으로 전국 사찰에 봉안된 조선 후기 불상의 체계적인 조사가 이루어진다면 17세기 후반부터 18세기 전반에 마일이 제작한 불상이 추가로 발견될 것이다. 이러한 조사를 통하여 개별 조각승의 생애와 계보를 중심으로 한 조선 후기 불상의 변화과정이 더 명확하게 밝혀질 것으로 기대된다.

제3장
17세기 후반 彫刻僧 勝浩의 활동과 불상 연구

I. 머리말

16세기 말에 일어난 임진왜란과 정유재란 기간 동안 전국에 걸쳐 滅失된 사찰은 終戰과 더불어 서서히 복구되기 시작되어 1630년대에 名山大刹의 重建과 重修가 마무리 되었다. 이러한 사찰의 중건과 중수는 전각 건립, 불상 제작, 불화 조성 순으로 진행되었는데,[1] 殿閣에 봉안된 불상은 은행나무나 오리나무 등으로 佛身을 만들고, 소나무로 바닥면을 붙인 木造佛坐像이 대부분이다.[2] 한편 영남지역에서는 17세기 중반부터 목조불상과 더불어 石材를 이용한 石造佛坐像이 많이 제작되었다.

이 석조불좌상은 주로 佛石, 滑石, 慶州石 등으로 부르는 石材로 만든 불상으로, 석질이 곱고 연하여 조각과 운반이 쉬운 장점이 있다.[3] 특히,

---

1) 익산 관음사에 봉안된 목조보살입상에서 발견된 발원문에 의하면 "山人 儀庵은 1597년에 병란으로 소실된 전각을 1601년 정월에 법당 건립을 시작하여 1602년에 불상 삼존을 조성하고, 1603년에 靈山圖와 다른 殿閣에 丹靑을 마쳤다"고 적혀있다(최선일, 「17세기 전반 彫刻僧 元悟의 활동과 佛像 硏究」, 『17세기 彫刻僧과 佛像 硏究』(재단법인 한국연구원, 2009), 19쪽).

2) 박원규 外, 「목조불상의 수종樹種의 변천: 전라도지역을 중심으로」, 『한국 목조각상의 수종과 연륜 분석 및 미술사적 해석』(충북대학교 목재연륜소재은행·명지대학교 미술사학과, 2009), 13-22쪽.

3) 이희정, 「기장 장안사 대웅전 석조삼세불좌상과 조선후기 석조불상」, 『문물연구』

조선 후기 사찰 내 천불전 등에 봉안한 小形石佛은 석재가 매장된 原籍地 근처에서 제작되어 봉안 사찰로 移運되었다는 문헌 기록이 남아있다.[4] 그러나 높이가 1m정도의 중형불상은 제작과 봉안에 관련된 문헌기록이 조사되지 않아 소형불상과 같을 것으로 추정할 뿐이다.

석조불상은 목조불상과 마찬가지로 불상 내에서 발견된 造成發願文과 연화대좌의 墨書를 보면, 전문적인 승려장인(이하 僧匠)에 의하여 제작되었다. 그 대표적인 조각승이 17세기 후반에 경주를 중심으로 활동한 勝浩이다. 조각승 승호가 만든 기년명 불상은 이미 개별적으로 학계에 소개되었다.[5] 그리고 勝浩(勝湖)보다 한 세대 앞서 활동한 조각승 鹿苑이 제작한 석조불상에 대한 연구가 진행되어 조선 후기 석조불좌상에 관한 연구의 토대가 마련되었다.[6] 그럼에도 불구하고 기존 발표된 논문은 승호가 만든 개별 석조불상 형태와 조성발원문을 소개하는 정도가 대부분이라 승호와 그 계보 조각승 및 석조불상의 양식적인 특징 등에 관한 구체적인 접근이 이루어지지 못하였다.

필자는 조각승 勝浩에 관하여 2007년 8월에 여명 스님으로부터 청도

14(동아시아문물연구학술재단, 2008), 159쪽 ; 황진연, 「경북 감포지역 제3기층에 산출되는 불석광물 및 점토광문의 산상 및 분포」, 『지질학회지』24-2(대한지질학회, 1988. 6), 105-112쪽.

4) 경상북도 김천 직지사 천불전에 봉안된 석조불상은 1656년에 처음 조성되었다. 그후 1784년 12월부터 이듬해 1월에 걸쳐 259위의 불상을 경북 경주 祇林寺에서 조성하여 1월 24일에 점안하고 26일에 가마(輦) 22대로 移運하여 2월 4일에 직지사에 도착하였다고 한다(千佛造成記 참조). 또한 전라남도 해남 대둔사 천불전에 봉안된 석조불상은 경주 石窟庵에서 여러 해 동안 조성하여 海路로 이송하던 중에 풍랑을 만나 일본으로 갔다가 돌아왔다고 한다(楓溪賢正,『日本瓢海錄』『韓國佛敎全書』제10책(조선시대 4) ; 吳世昌 편/ 東洋古典學會 역,『국역 槿域書畵徵』下(시공사, 1998), 810-811쪽 ; 정성일, 「해남 대둔사 승려의 일본 표착과 체험(1817-1818)」,『韓日關係史硏究』32(한일관계사연구회, 2009), 133-182쪽).

5) 金吉雄, 「彫刻僧 勝浩가 제작한 불상」, 『文化史學』27(한국문화사학회, 2007.6), 881-894쪽.

6) 이희정, 위의 논문, 137-163쪽.

덕사에 봉안된 석조불상과 조성발원문 사진을 얻으면서 관심을 갖게 되었다. 이후 문화재청 문화재사범단속반 허종행 선생님으로부터 경북 군위 인각사에서 유출되었던 조성발원문 사진을 얻을 수 있었다. 이 문헌기록을 분석한 결과, 조각승 승호가 17세기 후반 불교조각사 연구에 중요한 위치를 차지하는 승려라는 확신을 갖게 되었다. 또한 문화재청과 대한불교조계종이 시도별 성보문화재를 조사하여 개별 사찰에 봉안된 불상과 발원문 사진이 체계적으로 공개되면서 승호와 그 계보 조각승이 만든 기년명 불상을 알게 되었고, 17세기 후반부터 18세기 전반까지 영남 지역에서 제작된 석조불상의 양식적 특징과 변천과정을 접근할 수 있었다.[7]

현재까지 조각승 勝浩는 首畵僧으로 1678년에 경상북도 덕사 석조석가삼존불좌상과 석조지장보살좌상 등을, 1681년 경상남도 창원 성주사 석조지장보살좌상과 시왕상을, 1684년에 부산광역시 기장 장안사 석조석가삼존불좌상과 석조지장보살좌상 등을, 1685년에 경상북도 청송 대전사 석조석가삼존불좌상을, 1688년에 경상북도 군위 인각사 불상을 제작하였다. 그리고 승호의 스승으로 추정되는 조각승 道祐와 제자로 추정되는 守一(守日), 守衍, 法宗 등이 만든 기년명 석조불상이 조사되었다.

따라서 본고에서는 조각승 勝浩가 제작한 기년명 불상을 통하여 양식적인 특징을 살펴보고, 승호에 관한 문헌기록을 중심으로 그의 활동시기와 지역 및 조각승 계보에 대하여 접근해 보고자 한다. 그리고 승호의 계보에 속하는 조각승이 만든 불상을 통하여 조선 후기 석조불좌상의 양식과 변천과정을 알아보겠다. 이와 같은 연구를 통하여 조선 후기 제작

---

7) 『한국의 사찰문화재 – 대구광역시·경상북도 I』(문화재청·대한불교조계종 문화유산발굴조사단, 2007); 『한국의 사찰문화재 – 경상북도 II』(문화재청·(재)불교문화재연구소, 2008); 『한국의 사찰문화재 – 경상남도 I』(문화재청·(재)불교문화재연구소, 2009); 『한국의 사찰문화재 – 부산·울산·경상남도 II』(문화재청·(재)불교문화재연구소, 2010).

된 것으로 추정되는 無紀年銘 석조불상 가운데 승호와 그 계보의 조각 승이 17세기 후반부터 18세기 전반까지 만든 불상을 추정해 보고자 한 다.

Ⅱ. 彫刻僧 勝浩의 紀年銘 佛敎彫刻과 造成發願文

조선 후기 불상의 제작과 중수·개금에 참여한 僧匠은 수백 명에 이른 다.8) 이 가운데 불상 제작을 주도한 스님은 100여명으로, 그 가운데 30 여명의 조각승에 대해서는 활동시기와 불상 양식에 관한 연구가 이루어 졌다.9) 이 가운데 勝浩가 제작한 기년명 석조불상은 1678년에 청도 덕 사, 1681년에 창원 성주사, 1684년에 기장 장안사, 1685년에 청송 대전 사에 남아있고, 1688년에 군위 인각사 불상을 만든 조성발원문이 사찰 에 소장되어 있다.

1. 청도 덕사 석조석가삼존불좌상과 석조지장보살좌상

덕사 영산보전 석조석가삼존불좌상과 명부전 석조지장보살좌상은 문 화재 지정조사를 계기로 寺中에서 실시한 복장조사를 통하여 불상에서 각각 조성발원문이 발견되었다(도1).10)

---

8) 崔宣一, 『朝鮮後期僧匠人名辭典－佛敎彫塑』(養士齋, 2007).

9) 조선 후기 활동한 개별 조각승과 불상 양식에 관해서는 崔宣一, 「조선후기 조각 승의 활동과 불상연구」(홍익대학교 박사학위논문, 2006. 8)과 宋殷碩, 「17세기 朝 鮮王朝의 彫刻僧과 佛像」(서울대학교 박사학위논문, 2007.2))에 구체적으로 언급 되어 있다.

10) 조각승 승호에 관한 연구를 진행할 수 있게 자료를 제공해 주신 여명스님과 문화 재청 허종행 선생님, 조성발원문을 감수해 주신 송광사 고경스님과 발원문을 번

도1. 승호, 석조석가삼존불좌상, 1678년, 청도 덕사

석가불에서 발견된 조성발원문에 "時維歲次康熙拾柒年戊午六月初五日 … 釋迦主大施主 李戒伊 … 彌勒大施主 李加音未 竭羅大施主 … 第一施主 盧應拍 … 首頭畵員 勝湖 尙倫 學淨[11] 呂岑 天擇 卓獻 淸眼 自日 德藏 德雲 … 化主 敏美 …"이라 적혀 있다. 따라서 석가삼존불좌상과 16나한상은 1678년에 化主 敏美 등이 發願하여 勝湖, 尙倫, 學淨 등 10명의 조각승이 제작한 것이다. 그리고 지장보살에서 발견된 발원문에는 "康熙十七年戊午七月初五日 慶尙道 淸道 西嶺 華岳 天柱寺 地藏大施主 學文… 首頭畵員 勝湖 尙倫 學淨 呂岑 天擇 卓獻 淸眼 自日 德莊 德玄…"으로 적혀 있어 지장보살상과 시왕상 등이 화악산 천주사에 봉안되었던 것을 알 수 있다. 영산보전과 지장전에 봉안된 불상들은 조성시기와 제작자 등이 동일하여 같은 사찰에 봉안되었던 유물로 추정할 수 있다. 이 불상들이 봉안되었던 화악산은 청도읍 남서쪽, 경북 청도군과

역해 주신 광주 우리절 동봉스님께 지면을 통하여 감사드리는 바이다.
11) 발원문에는 尙淨이라 묵서된 부분 중 尙 위에 朱書로 學자를 적어놓았다.

도2. 승호, 석조석가여래좌상

경남 밀양시의 접경지에 위치한다. 그러나 원 조성사찰인 천주사에 관한 문헌기록이 거의 없고, 불상이 어느 시기에 덕사로 移運되었는지 알 수 없다.

영산보전에 봉안된 석조불상과 나한상은 경상북도 유형문화재 제399호로 지정되어 있다. 불상의 높이는 92.7㎝, 무릎 폭이 59㎝로 조선 후기 제작된 중형불상이다(도2). 석조석가불좌상은 약간 머리를 앞으로 내밀어 구부정한 자세를 하고 있다.

앞으로 숙인 머리는 螺髮이 촘촘하고, 肉髻의 표현이 명확하지 않으며, 머리 정상부에 원통형의 頂上髻珠와 이마 위에 반원형의 中間髻珠(△)가 있다. 방형의 각이진 얼굴에 반쯤 뜬 눈은 눈 꼬리가 약간 위로 올라갔고, 콧날이 뾰족한 원통형이며, 입은 살짝 미소를 머금고 있다. 오른손은 觸地印을, 왼손은 다리 위에 가지런히 놓은 채 손바닥을 위로 하고 손가락을 펼치고 있다.

도3. 승호, 석조석가여래좌상 하반신

바깥쪽에 걸친 大衣는 변형통견으로, 오른쪽 어깨에 대의 자락이 가슴까지 내려와 V자형을 이루고 있다. 나머지 대의 자락은 세 가닥으로 접혀 팔꿈치와 腹部를 지나 왼쪽 어깨로 넘어가고, 반대쪽 대의 자락은 왼쪽 어깨를 완전히 덮고 내려와 결가부좌한 다리 위에 펼쳐져 있다. 중앙에 수직으로 늘어진 옷자락의 끝부분이 옷깃같이 접힌 형태는 다른 조각승이 제작한 불상에서 볼 수 없다(도3). 소매 자락은 왼쪽 무릎에 짧게 늘어져 있다. 석조로 만든 석가불좌상의 착의법은 목조로 제작된 석가불과 동일하게 편삼을 입지 않아 오른쪽 팔뚝이 노출되어 있다. 가슴에 묶은 승각기는 상단에 5개의 仰蓮形 주름이 접혀 있다. 불상의 뒷모습은 목 주위에 대의 끝단을 두르고, 왼쪽 어깨에 앞에서 넘어온 대의 자락이 길게 늘어져 있다.

본존 옆에 봉안된 보살상은 조성발원문에 미륵과 제화갈라로 언급되어 있다.12) 보살상은 미륵이 높이 76.5cm이고, 제화갈라가 높이 82.5cm로 약간의 차이가 있다. 보살은 蓮花唐草文이 촘촘히 양각된 높은 보관을 쓰고, 보관 밑으로 짧고 단정한 머리카락이 늘어져 있으며, 귀 앞에 늘어진 머리카락이 귀의 중간을 가로 질러 뒤쪽으로 넘어가 꼬여서 어깨에서 둥글게 말린 후에 세 가닥으로 늘어져 있다(도4). 착의법은 오른쪽 대의 안쪽에 편삼을 입어 腹部에서 대의 자락과 접힌 부분이 표현되고, 오른쪽 어깨에서 가슴까지 내려온 옷자락의 형태가 본존과 약간 차이가 있다. 제화갈라의 오른손은 촉지인하고, 왼손 바닥은 위로 엄지와 중지를 붙인 반면 미륵보살은 손의 위치가 반대로 놓여 좌우 대칭을 이루고 있다.13)

명부전에 봉안된 지장보살좌상의 높이는 118cm이고, 무릎 폭이 73.5

---

12) 이는 석가불에서 발견된 조성발원문에 언급된 개별 尊像의 명칭에서 확인할 수 있다.

13) 대부분 승호가 만든 협시보살은 덕사에 봉안된 보살상과 손의 위치가 달라 이운·봉안하는 과정에 협시보살의 위치가 바뀌었을 가능성이 높다.

도4. 승호, 석조제화갈라보살좌상   도5. 승호, 석조지장보살좌상
1678년, 청도 덕사 명부전

㎝이다. 영산보전에 봉안된 석가삼존불상보다 다부진 신체에 얼굴이 약
간 작으며, 무릎의 높이가 높아져 전체적으로 당당한 형태를 하고 있다
(도5). 着衣法은 영산보전에 봉안된 협시보살과 같이 편삼을 입고, 하반
신의 옷자락이 늘어진 표현은 석가불과 유사하지만, 하반신을 덮은 옷자
락의 높낮이가 낮아 평면적인 느낌을 주고 있다. 오른손은 촉지인을, 왼
손은 앞으로 펼쳐 보주를 쥐고 있다.

2. 창원 성주사 석조지장보살좌상

성주사에 봉안된 석조지장보살좌상과 시왕상에서 발견된 조성발원문
은 문화재청과 (재)불교문화재연구소에서 실시한 사찰 문화재 전수조사
를 계기로 공개되었다. 발견된 발원문에 "主發願文 康熙二十辛酉年四月
日造成佛像十王安于佛母山熊神寺… 緣化秩 證明 誌公和尙 持殿 尙文

畵貝 勝湖 尙倫 學淨 卓文
天澤 宝藏 呂岺 쓴令 禪俊
法眼 處屹 守衍 處行 儀淨
法宗 敏俗 天龍 海發… 化
主 熙卞"이라 적혀 있다.[14]
따라서 지장과 시왕은 1681
년에 불모산 웅신사에 봉안
하기 위해 畵貝 勝湖, 尙倫,
學淨 등 18명이 제작하였
다. 조성 사찰인 熊神寺는
성주사의 옛 이름이다.

석조지장보살좌상은 최
근 경상북도 유형문화재 제
501호로 지정되었다. 보살

도6. 승호, 석조지장보살좌상
1681년, 창원 성주사 지장전

상의 높이는 113㎝, 무릎 폭은 83㎝로 앞서 살핀 덕사 석조지장보살좌
상과 크기가 거의 동일하다(도6). 지장보살은 성문비구형으로, 타원형의
얼굴에 눈꼬리는 약간 위로 올라가 반쯤 뜬 눈이나 원통형의 코는 덕사
지장보살좌상과 같지만, 三道가 거의 三字로 새겨져 있다. 착의법은 조
선 후기 보살상과 같이 변형우견편단으로, 하반신을 덮은 옷자락 중앙에
옷깃 같이 접힌 부분과 손의 위치가 1678년에 덕사 지장보살좌상과 차
이가 난다.

3. 기장 장안사 석조석가삼존불좌상과 석조지장보살좌상

장안사 영산전과 명부전에 봉안된 석조불상은 2년 전에 경상남도 문

---

14) 『한국의 사찰문화재 — 부산·울산·경상남도 Ⅱ 자료집』(2010), 329-330쪽.

도7. 승호, 석조석가삼존불좌상, 1684년, 기장 장안사

도8. 승호, 석조지장보살좌상
1684년, 기장 장안사

화재 지정신청을 계기로 조성발원문이 조사되었다.[15] 석가불에서 발견된 발원문에는 "機張縣地北嶺佛光山長安寺佛像記 康熙二十三年甲子六月日…良工 勝湖 熙衍 天輝 天澤 法能 法宗 守宗 處屹 道信…"이라 적혀 있다. 따라서 석조불상은 1684년에 기장 불광산 장안사에 봉안하기 위해 良工 勝湖, 熙衍, 天輝, 天澤, 法能, 法宗, 守宗, 處屹, 道信이 제작하였다. 불상 제작에 참여한 조각승 가운데 勝

---

15) 2010년 1월 30일에 영산전과 명부전 불상에서 발견된 조성발원문은 장안사 총무 스님과 성영찬 실장님의 후의로 실견할 수 있었다.

湖와 天澤 등은 1678년에 청도 덕사 불상과 1681년 창원 성주사 불상 조성에 참여한 스님이다.

응진전 석조석가삼존불좌상과 나한상은 부산광역시 유형문화재 제85호로 지정되어 있다(도7). 불상은 높이가 66.3㎝, 무릎 폭이 53.8㎝인 조선 후기 제작된 전형적인 중소형불상이다. 불상은 인상과 대의 처리 등이 1678년에 덕사 영산보전 석조삼존불좌상과 거의 비슷하다. 그러나 덕사 불상과 비교하여 크기가 작고, 얼굴과 하반신의 비중이 커져 신체 비례가 왜곡되었으며, 왼손은 앞으로 내밀어 손바닥을 위로 펼치고 있다.

지장전 지장보살좌상은 부산광역시 유형문화재 제86호로 지정되어 있다. 보살상의 높이는 102.5㎝, 무릎 폭이 78㎝로 앞서 살핀 청도 덕사와 창원 성주사 석조지장보살좌상과 크기가 거의 동일하다(도8). 영산전과 명부전에 봉안된 석조불상은 신체비례가 달라서 약간의 차이를 보이는데, 이러한 차이는 석조불상을 조각한 승려의 차이로 밖에 해석할 수 있을 것이다.

4. 청송 대전사 석조석가삼존불좌상

대전사에 봉안된 석조불상은 기존에 복장 조사를 통하여 조성발원문이 공개되었다(도9, 10). 석가불에서 발견된 발원문은 "… 慶尙左道 靑道地府東嶺 周王山大典寺 造像記文 … 畵員 勝湖 密倫 呂岑 天潭 守宗 靈遠 就旭 幸湜 處屹 守衍 覺訥 就譓 進明 寶海 守日 惟敬 學尙 幸淨 ○釋 勝玄 尙惠 斗明 處登 普藏 法能 坦悟 處旭 決宗 戒寬 末○ 成敬 萬興 … 緣化秩 證明 靈源 … 化主 德稔 康熙二十四年 乙丑 四月八日 衍俊 書"라고 적혀 있다.16) 따라서 이 불상은 1685년에 조각승 승호를 비롯한 20여명의 승려가 제작하였음을 알 수 있다. 이 불상 제작에 참여

---

16) 金吉雄, 앞의 논문(2007.6), 889-890쪽.

도9. 승호, 석조석가불좌상, 1684년, 청송 대전사   도10. 승호, 석조보살좌상

한 조각승 가운데 勝湖, 呂岑, 天潭, 守宗, 守衍, 守日 등은 기존에 활동
이 밝혀진 스님들이다.[17]

　보광전 석조여래좌상의 머리는 뾰족한 螺髮과 경계가 불분명한 肉髻
로 표현되었고, 육계 밑에는 반원형의 中間髻珠와 원통형의 頂上髻珠가
있다. 얼굴과 착의법은 1678년 청도 덕사 영산보전 불상과 1684년 기장
장안사 영산전 불상과 유사하다. 다만 얼굴이 신체에서 차지하는 비중이
크고, 신체를 덮은 착의법 등이 더 도식화 되었다.

5. 군위 인각사 불상 조성발원문

　인각사 내에서 석가삼존과 나한상을 제작한 조성발원문은 이전에 도
난당한 후, 문화재청 문화재사범단속반에 의하여 회수되어 사찰에 소장
되어 있다.[18] 조성발원문에 의하면 1688년에 영산전에 석가삼존불과 나

---

17) 崔宣一, 앞의 책(2007) 참조.

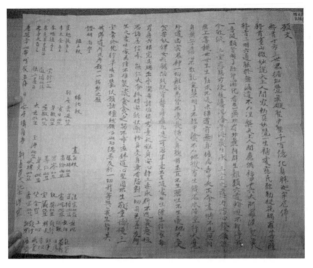

도11. 조성발원문, 1688년, 군위 인각사

한상 등을 봉안하기 위해 畵員 勝湖, 尙倫, 呂岑, 善仁, 卓文, 玉淨, 天擇이 제작하였다(도11). 그러나 현재 사찰 내에는 영산전이 없고, 전각에 석조아미타삼존불이 봉안되어 있다. 기존 발간된 도록에는 아미타삼존불을 1688년에 제작된 것으로 언급하였는데, 구체적인 근거를 달아놓지 않았다. 그러나 아미타삼존불좌상은 승호가 제작한 불상의 양식적인 특징을 반영하여 승호의 계보에 속하는

도12. 석조아미타불좌상
1688년 추정, 군위 인각사

18) 도난문화재 수 십억대 구입·소장한 "양심불량 제약사 대표"라는 기사를 통하여 발원문에 관한 내용이 언급되어 있다(세계일보, 2006. 4. 12).

조각승이 제작하였을 가능성이 높다(도12). 극락전 상량문인 「極樂殿中
修記」에 1677년에 전각이 중수되었다고 한다.[19]

Ⅲ. 彫刻僧 勝浩의 활동과 그 系譜

이제까지 승호와 그 계보의 조각승이 제작한 불상의 조성발원문과 사
적기 등을 종합해 보면, 그들의 활동 시기와 상호관련성을 정확하게 파
악할 수 있다. 그들과 관련된 문헌기록은 발원문 17개와 문헌기록 8개에
이른다.

표1. 승호와 그 계보 조각승이 제작한 기년명 불상과 문헌기록

연도	지역	사찰	작업 내용	조각승	참고문헌
1640	경남 거창	덕유산 연수사	목조아미타불좌상 조성	畵員 淸虛 法玄 賢允 勝浩	造成發願文 경남 거창포교원 봉안
1655	경북 칠곡	송림사 배전	목조아미타삼존불좌상 조성	畵員 道祐 勝浩 敬玉 敬信 …	造成發願文
1657	경북 칠곡	송림사 대웅전	목조석가모니불좌상 조성에 施主로 참여	施主秩 … 勝浩	造成發願文
	경북 칠곡	송림사 지장전	목조지장보살좌상 조성에 別座로 참여	別座 尙倫	造成發願文
1668	경북 경주	기림사	대웅전 기와 제작	康熙七年戊申大雄殿盖瓦 勝湖	祇林寺重創記懸板
1670	대구	동화사 칠불전	칠불상 조성	化主 尙倫	事蹟記

---

19) 기존 발간 도록은 석조아미타삼존불좌상의 제작시기를 1688년으로 보았다(『한국
   의 사찰문화재-경상북도Ⅱ』(2008), 312쪽). 사찰 측에 의하면 극락전에 봉안된
   불상은 건물 상량문에 제작이 언급되어 있다고 한다(2010년 1월 30일 사찰 방문
   중 주지스님과 통화).

1674	경북 청도	용천사	佛輦 제작 때 本寺秩에 언급	本寺秩 尙倫	佛輦
1675	대구 달성	소재사 명부전	목조지장보살좌상과 석조시왕상 조성	畵員 守日 儀唯 道堅 … 祖悅 …	造成發願文
1678	경북 청도	화악산 천주사	석조석가삼존불좌상과 나한상 조성	首頭畵員 勝湖 尙倫 學淨 呂岑 天擇 …	造成發願文 청도 덕사 봉안
	경북 청도	화악산 천주사	석조지장보살좌상과 시왕상 조성	首畵員 勝湖 畵員 學淨 尙倫 呂岑 天擇 …	造成發願文 청도 덕사 봉안
1681	경남 창원	성주사 지장전	석조지장보살좌상과 시왕상 조성	畵員 勝湖 尙倫 學淨 卓文 天潭 宝藏 呂岑 … 守衍 處行 …	造成發願文
1684	부산 기장	장안사	석조석가삼존불좌상과 나한상 조성	良工 勝湖 熙衍 天輝 天擇 … 守宗 …	造成發願文
			석조지장보살좌상과 시왕상 조성	良工 勝湖 熙衍 天輝 天擇 … 守宗	
1685	경북 청송	대전사 보광전	석조삼존불좌상 조성	畵員 勝湖 密倫20) 呂岑 天潭 … 守衍 … 寶海 守日 …	造成發願文
1688	경북 군위	인각사	석가삼존불상과 나한상 조성	畵員 勝湖 尙倫 呂岑 善仁 … 天擇	造成發願文 소재 불명
1695	전남 장흥	보림사 고법당	삼존불상 개금	工師 守一 法宗 등 6인	『譯註 寶林寺重創記』
1702	전남 순천	대흥사	석조오십삼불과 과거칠불 조성	碩德各現畵員 守日	造成發願文 제주 정방사 봉안 벌교 용현사 봉안
1703	경북 청송	대전사 명부전	지장보살좌상과 시왕상 조성	畵員 守衍 崇是 …	造成發願文
1703	경남 사천	와룡산 심적암	석조삼존불좌상 조성	畵員 守日 祖悅 …	造成發願文 거제 세진암 봉안
1704	경북 영천	수도사	盧舍那佛掛佛圖 조성	施主秩 … 勝浩	畵記
1707	전남 장흥	보림사 新法堂	불상 7구 개금과 불화 3점 개조	工師 守一 斗心 等 5人 畵工師 斗心 體俊 趣靜 勝湖 외10인	『譯註 寶林寺重創記』
1708	전북 김제	금산사	목조보살좌상 조성과 장육불상 중수	畵員 法宗 重修畵員 守一 祖悅	造成發願文 고흥 봉래사 봉안
1708		下西殿	아미타불 조성	畵員 法宗	造成發願文 전주 삼경사 봉안
1709			나한상(제1존자) 조성	畵員 守衍 崇湜 孝善 寂行	造成發願文

			呂哲 玉澄	여주 목아박물관 소장
1719	경북 경주	기림사		比丘 勝湖 靈駕	사적기
1730	전남 장흥	보림사 古法堂	삼존불상 개금	工師 守一 法宗	『譯註 寶林寺重 創記』

도13. 도우 석조지장보살좌상
1655년, 칠곡 송림사 배전

표 1에서 알 수 있듯이 조각승 勝浩의 생애와 僧匠이 된 배경에 대한 기록은 전하지 않지만, 그가 활동한 문헌기록을 통하여 활동 시기와 내용에 접근할 수 있다. 조각승 승호와 관련되어 조사된 문헌기록은 14건으로, 불상에서 발견된 발원문 10건과 사적기 등 4건이다

승호와 관련된 가장 빠른 기록은 1640년에 수화승 淸虛와 경남 거창 연수사 목조아미타불좌상(현재 거창 포교원 봉안) 제작에 보조화승으로 참여한 것이 다.21) 이후 1655년에 수화승 도우가 경북 칠곡 송림사 배전 석조아미타 삼존불좌상을 제작할 때 副畵僧으로 언급되어 있다(도13).22) 그리고

---

20) 필자는 조성발원문 원본을 보지 못하였지만, 밀륜이 상륜일 가능성이 있다고 생 각한다.
21) 김창균, 「거창·창녕 포교당 성보조사기」, 『聖寶』 4(大韓佛敎曹溪宗 聖寶保存委 員會, 2002), 157-172쪽.
22) 文明大, 「松林寺 大雄殿 石 阿彌陀三尊佛坐像의 연구」, 『講座 美術史』 27(韓國 佛敎美術史學會, 2006), 25-39쪽.

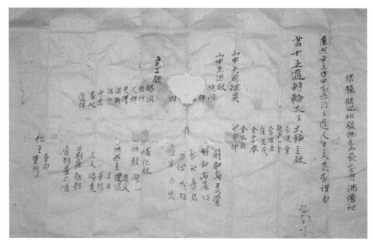

도14. 시왕상 조성발원문, 1684년, 기장 장안사

1657년에 칠곡 송림사 대웅전 목조석가불좌상 조성에 施主者로 참여하고,[23] 1668년에 경북 경주 기림사 대웅전 기와 제작에 관여하였다.[24] 1678년에 수화승으로 경북 청도 화악산 천주사 석조석가삼존불좌상과 석조지장보살좌상(현재 청도 덕사 봉안) 등을 尙倫, 學淨, 呂岑, 天擇 등과 제작하였다.[25] 그는 1684년에 수화승으로 부산 기장 장안사 석조석가삼존불좌상과 석조지장삼존상 등을 熙衍, 天輝, 天潭, 法孖, 法宗, 守宗, 虛藝, 道信과 조성하였는데(도14),[26] 장안사 불상 제작에 참여한 조각승들은 6년 전인 1678년에 청도 덕사 불상을 제작한 조각승과 중복되는 인물이 없다. 그후 1688년에 수화승으로 경북 군위 인각사 석조석가

---

23) 文明大, 「松林寺 大雄殿 木 釋迦三尊佛坐像의 연구」, 『講座 美術史』 27(韓國佛教美術史學會, 2006), 5-23쪽.

24) 姜裕文 編, 「祇林寺重創記」, 『慶北五本山古今記要』(慶北佛教協會, 1937), 92-93쪽 ; 「祇林寺重創記」(原本, http://yoksa.aks.ac.kr) ; 李康根, 「경주지역의 불교사원과 17·18세기의 再建役」, 『관광학논총』 6(경주대학교, 2001.6), 62쪽.

25) 金吉雄, 앞의 논문(2007. 6), 881-894쪽.

26) 造成發願文.

삼존불과 16나한상 등을 尙倫, 呂岑 등과 만들었다.27) 이외 승호는 1704
년에 경북 영천 수도사 노사나불괘불도 조성에 施主者로 참여하였고,28)
1707년에 전남 장흥 보림사 新法堂 불상 9구를 개금하면서 佛畵僧 守
一, 斗心 등과 불화 3점을 改造하였다.29) 그와 관련된 마지막 문헌기록
은 1719년에 경주 기림사 불상 중수·도금 발원문으로 勝湖 靈駕라는 내
용을 통하여 1717년~1719년 사이에 열반에 들었음을 알 수 있다.30)

따라서 지금까지 알려진 발원문과 사적기를 중심으로 조각승 승호의
일생을 살펴보면, 그는 1620년대 출생하여 승려가 된 후, 1640년대 불상
제작의 수련기를 거치고, 1650년대 부화승으로 활동하다가 1670년대 수
화승으로 경북 지역의 여러 사찰에 석조불상을 제작하였다. 특히, 경주
기림사에 승호와 관련된 몇 가지 문헌기록이 많이 남아있어 기림사를 중
심으로 활동한 승려일 것으로 추정된다. 이는 조선 후기에 제작된 석조
불상들이 경주 함월산 골굴암에서 채굴된 석재로 기림사에서 제작되었
다는 사실과 관련이 있다.31) 그는 1717년~1719년 사이에 열반하여 대
략 90세까지 살았을 가능성이 높다. 그가 보조화승으로 참여한 불상 제
작의 수화승은 淸虛와 道祐로, 이들은 17세기 전반에 활동한 玄眞과 無
染의 계보를 이은 조각승이다. 이 가운데 승호는 불상 양식에서 청허보
다 도우의 영향을 받은 것으로 추정된다. 그리고 승호는 1680년대 호남
에서 활동한 색난(도15), 경북에서 활동한 단응(도16), 충북에서 활동한
금문 등과 다른 불상양식을 제작하였다(도17). 특히, 승호와 같이 활동한

---

27) 造成發願文.
28) 『한국의 사찰문화재 – 대구·경북Ⅰ』(문화재청·대한불교조계종 문화유산발굴조사
    단, 2007), 201쪽.
29) 『長興府迦智山寶林寺法堂各殿閣僚舍重創燔瓦年月與工師化主別座等芳啣記錄』(고
    경 감수, 김희태·최인선·양기수 譯註, 『역주 보림사 중창기』(장흥문화원, 2001)).
30) 「慶州府東舍月山祇林寺大雄殿毘盧遮那如來重修鍍金化士檀越學比丘及引勸祭祀示
    發願文」, 『한국의 사찰문화재 – 대구·경북Ⅰ』(2007), 169쪽.
31) 註4) 참조

도15, 색난, 목조석가여래좌상
1684년, 강진 옥련사

도16. 단응, 목조아미타불좌상
1684년, 예천 용문사

수연과 수일 등이 수화승으로 제
작한 불상이 남아있어 조선 후기
석조불상의 변천과정을 밝힐 수
있다.

승호의 후배이거나 제자로 추
정되는 조각승 가운데 가장 많은
문헌기록이 남아 있는 승려는 尙
倫이다. 그가 수화승으로 제작한
기년명 불상이 아직까지 조사되
지 않았지만, 승호와 같이 불상을
제작할 때 副畵僧으로 참여한 것
을 보면 1670년대 수화승으로 불
상 제작을 주도하였을 가능성이

도17. 금문, 목조지장보살좌상
1707년, 안성 칠장사

높다. 그는 1657년에 경북 칠곡 송림사 지장전 목조지장보살좌상 조성에 別座로 참여하고, 1674년에 청도 용천사 佛輦 제작 때 本寺秩로 언급된 것으로 보아 용천사에 거주하였음을 확인할 수 있다.[32] 그는 1678년에 청도 화악산 천주사 석조석가삼존불좌상과 나한상 조성에 부화승으로 참여하고, 석조지장보살좌상과 시왕상 조성에는 學淨 다음에 세 번째 조각승으로 언급되었다. 그는 1688년에 수화승 勝湖와 군위 인각사 석조불상과 나한상을 부화승으로 제작하였다.[33] 따라서 현재까지 밝혀진 상륜의 활동 시기는 1657년부터 1688년까지이다.

그리고 조각승 守一(守日)은 승호와 같이 불상을 조성한 후, 17세기 후반부터 18세기 전반까지 수화승으로 불상을 제작하였다. 그는 1675년 수화승으로 달성 소재사 목조지장보살좌상과 석조시왕상을 만들고, 1685년에 경북 청송 대전사 보광전 석조삼존불좌상 조성 때 32명 가운

도18. 수일, 석조여래좌상
1702년, 제주 정방사(순천 대흥사
조성)

도19. 수일, 석조여래좌상
1703년, 거제 세진암(와룡산 심적암
조성)

32) 『한국의 사찰문화재 - 대구·경북Ⅰ』(2007), 284쪽.
33) 造成發願文.

데 15번째 언급되었으나, 10년 후인 1695년에 수화승으로 전남 장흥 보
림사 고법당 삼존불상을 개금하고,[34] 1702년에 전남 순천 대흥사 석조
오십삼불과 과거칠불 조성을 주도하였다(도18).[35] 당시 畵員이라는 명칭
앞에 碩德으로 언급되어 높은 지위에 있었던 승려임을 알 수 있다. 그리
고 1703년에 경남 사천 와룡산 심적암 석조삼존불좌상(거제 세진암 봉
안)을 주도하고(도19), 1707년
에 장흥 보림사 新法堂 7구의
불상을 개금하였다. 당시 승호
는 3점의 불화 改造에 두심과
같이 참여하였다.[36] 또한 1708
년에 조각승 법종이 지리산 甘
露寺 修道聖殿庵 목조보살좌
상을 조성할 때, 전북 김제 금
산사 장육불상을 중수하였
다.[37] 따라서 수일은 김제 금
산사에 거주하면서 1690년대
전국에 걸쳐 활동한 스님이
다.[38]

　　조선 후기 활동한 조각승

도20. 수연, 석조지장보살좌상, 1703년, 청송 대전사

---

34) 고경 감수, 김희태·최인선·양기수 譯註, 앞의 책, 39쪽.
35) 이 불상 가운데 2구는 제주 정방사(김창화 외,『제주 불교문화재 자료집』(제주특별
　　자치도 제주문화예술재단, 2008) 69-71쪽 ; 최인선, 「제주도 正房寺所藏 순천 大
　　興寺 石造如來坐像과 腹藏物」,『文化史學』23(한국문화사학회, 2005), 171-172쪽)
　　와 전남 벌교 용현사(최인선, 「筏橋 龍淵寺 大雄殿의 佛像」,『全南文化財』13(전
　　라남도, 2006), 207-222쪽)에 봉안되어 있다.
36) 고경 감수, 김희태·최인선·양기수 譯註, 앞의 책, 44쪽
37) 崔仁善,「高興 蓬萊寺 木造觀音菩薩坐像과 腹藏物」,『文化史學』27(한국문화사학
　　회, 2007), 913-924쪽.
38) 全羅道金溝金山寺畵僧

守衍은 17세기 전반과 후반에 각각 활동한 同名異人의 승려가 있다.[39] 17세기 후반에 활동한 守衍은 1685년에 수화승 승호와 청송 대전사 보광전 석조삼존불좌상 조성에 보조화승으로 참여하고, 1703년에 수화승으로 대전사 명부전 지장보살좌상과 시왕상을 제작하였다(도20).[40] 또한 1709년에 수화승으로 경기 여주 목아박물관 소장 나한상(제1존자)을 만들어 그의 활동 시기는 1685년부터 1709년까지로, 17세기 후반부터 18세기 전반까지 활동한 인물로 석재와 목재를 모두 사용하여 불상을 제작한 조각승이다.[41]

이외에도 조각승 法宗은 1684년에 수화승 승호가 제작한 기장 장안사 석조아미타삼존불좌상과 석조지장보살좌상 제작에 보조화승으로 참여한 후, 1695년에 수화승 守一과 전남 장흥 보림사 고법당 삼존불상 개금에 참여하고, 1708년에 수화승으로 전북 김제 금산사에서 지리산 甘露寺 修道聖殿庵 목조보살좌상(고흥 봉래산 봉안)과와 전주 삼경사 목조불상을 제작하였다.[42] 따라서 법종의 활동 시기는 1684년부터 1708년까지이다.

Ⅳ. 勝浩 계열의 石造佛像 樣式과 變遷 過程

조선 후기 불상 가운데 발원문과 사적기를 통해 제작연대를 알 수 있

39) 崔宣一, 앞의 책(2007), 88쪽. 17세기 전반에 활동한 수연에 대해서는 崔宣一, 「17세기 전반 彫刻僧 守衍의 활동과 佛像 研究」, 『東岳美術史學』 8(동악미술사학회, 2007), 149-171쪽.

40) 김길웅, 「靑松 大典寺 冥府殿 石造地藏三尊像에 관한 考察」, 『文化史學』 29(한국문화사학회, 2008.6), 111-123쪽.

41) 『1302年 阿彌陀腹藏物의 調査研究』(溫陽民俗博物館, 1991), 347쪽.

42) 崔仁善, 「全州 三景寺 木造佛像 2軀와 腹藏物」, 『文化史學』 21(한국문화사학회, 2004), 865쪽.

a. 승호, 석조석가존불좌상, 1678년, 청도 덕사

b. 승호, 석조제화갈라보살좌상, 1678년, 청도 덕사

c. 승호, 석조지장보살좌상, 1678년, 청도 덕사

d. 승호, 석조지장보살상, 1681년, 성주사 지장전

e. 승호, 석조여래좌상, 1684년, 장안 기장사

f. 승호, 석조지장보살좌상, 1684년, 기장 장안사

g. 승호, 석조석가불좌상, 1685년, 청송 대전사

h. 승호, 석조보살좌상, 1685년, 청송 대전사

i. 도우, 석조지장보살좌상, 1655년, 칠곡 송림사 배전

j. 수일, 석조여래좌상, 1702년, 제주 정방사 (순천 대흥사 조성)

k. 수일, 석조여래좌상, 1703년, 거제 세진암 (와룡산 심적암 조성)

l. 수연, 석조지장보살좌상, 1703년, 청송 대전사

m. 석조여래좌상, 대구 동화사(승호 작 추정, 1680년대)

n. 석조여래좌상, 울주 석남사(승호 작 추정, 1680년대)

o. 석조여래좌상, 창원 성주사(승호 계보 조각승 작 추정, 1680년대)

p. 석조아미타불좌상, 군위 인각사(승호 계보 조각승 작 추정, 1680년대)

도표1. 조각승 승호 관련 석조불상

는 석조불상은 30여 건에 이른다. 이 가운데 승호가 수화승으로 제작한 불상은 본존 3점, 보살 9점 등이다. 승호가 제작한 불상은 조선 후기 전형적인 형태를 따르지만, 신체 비례와 대의 처리 등에서 차이가 있다.

조각승 승호가 제작한 기년명 불상(도표 1a-h)과 승호 작 추정 불상(도표1 m-p) 및 그와 밀접한 관련성이 있는 조각승이 만든 불상이다(도표1 i-l). 승호가 제작한 석조불상의 높이와 무릎 너비는 1:0.62-1:0.80 사이이며, 이는 조선 후기에 조성된 목조불상의 신체비례와 유사하다.[43] 특히, 승호는 응진전에 석가삼존상과 나한상, 지장전에 지장삼존불과 시왕상을 주로 제작하였는데, 이는 17세기 중반에 중소지역의 주요 전각이 중건이 이루어지고, 1670~1680년대에 부속 전각이 건립되었기 때문이다. 승호가 제작한 불상의 높이와 무릎 너비가 1678년 덕사 석가불이 1:0.64로(도표1a), 1684년 기장사 석가불은 1:0.80로(도표1e), 1685년 대전사 석가불은 1:0.75로 변하면서 불상의 높이에 비하여 무릎 너비가 넓어졌음을 알 수 있다(도표1g). 이러한 신체비례의 변화는 지장보살에서도 동일하게 나타난다(도표1c, 도표1d, 도표1f).[44]

또한 승호가 제작한 불상은 시간이 지남에 따라 신체에서 머리가 차지하는 비중이 커진다. 예를 들어 1684년 장안 기장사 석가불은 얼굴과 무릎의 높이가 커지면서 상반신이 줄어들고, 어깨가 넓어지면서 다부진 느낌을 주고 있다. 조선 후기에 제작된 전형적인 불상은 각이진 방형의 얼굴에 눈꼬리가 약간 위로 올라가 있고, 코가 원통형이며, 입가에 살짝 미소를 머금고 있다. 조각승 승호가 제작한 불상의 얼굴은 계란형에서 각이진 방형으로 변하고, 얼굴에서 耳目口鼻가 차지하는 비중이 커지고

---

43) 목조불좌상의 신체비례는 높이와 무릎 너비가 1:0.79-1:0.62 사이에 놓여 있다(최선일, 「朝鮮 後期 彫刻僧과 佛像樣式의 변천」, 『美術史學研究』 261(한국미술사학회, 2009.3), 61쪽.

44) 지장보살좌상의 높이와 무릎너비 비례는 청도 덕사 1:0.62, 창원 성주사가 1:0.73, 청송 대전사가 1:0.76으로 변하였다.

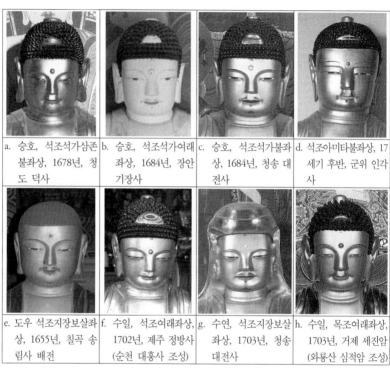

a. 승호, 석조석가삼존불좌상, 1678년, 청도 덕사	b. 승호, 석조석가여래좌상, 1684년, 장안 기장사	c. 승호, 석조석가불좌상, 1684년, 청송 대전사	d. 석조아미타불좌상, 17세기 후반, 군위 인각사
e. 도우 석조지장보살좌상, 1655년, 칠곡 송림사 배전	f. 수일, 석조여래좌상, 1702년, 제주 정방사 (순천 대흥사 조성)	g. 수연, 석조지장보살좌상, 1703년, 청송 대전사	h. 수일, 목조여래좌상, 1703년, 거제 세진암 (와룡산 심적암 조성)

도표2. 조각승 승호 관련 석조불상의 얼굴

있다(도표2a-c). 뾰족한 콧날은 점차 원통형 콧날로, 타원형의 눈두덩은 시간이 지남에 따라 一字로 변하면서 인중이 넓어지고 있다. 이와 같은 얼굴의 석조불상으로는 경상도 지역에 제작연대를 알 수 없는 무기년명 불상이 집중되어 있다. 그러나 승호가 활동하던 17세기 후반에 호남 지역에서 활동한 조각승 충옥은 다른 형태의 불상을 제작하였다. 예를 들어 그는 1684년에 전남 순천 송광사 불조전과 화엄전에 석조불좌상을 조성하는데(도21), 충옥은 잘 알려진 바와 같이, 색난의 계보에 속하는 조각승으로 曹溪山에 거주하였다.[45] 따라서 17세기 후반 석조불상은 영

45) 최선일, 「彫刻僧 色難의 활동과 佛像樣式」, 『博物館紀要』 23(檀國大學校 石宙善

남의 승호 계열과 호남의 색난 계
열이 공존하였다. 풍계현정이 해
남 대흥사의 불상을 경북 경주 석
굴암에서 제작한 것을 보면, 충옥
도 경주 지역에서 나온 석재를 사
용하여 불상을 만들었을 가능성이
매우 높다. 또한 승호의 계보에
속하는 조각승이 만든 불상의 얼
굴과 착의법에 차이가 나는 것은
주도적으로 불상을 조각한 조각승
의 조형감각이 다르기 때문이다
(도표2d).

도21. 충옥, 석조여래좌상
1684년, 순천 송광사

   승호가 제작한 불상은 바깥에
걸친 두꺼운 대의 자락이 오른쪽 어깨에 걸쳐 짧게 늘어지고, 복부에서
넓게 펼쳐져 왼쪽 어깨 방향으로 수직으로 올라가 뒤로 넘어가고 있다
(도표3a-c). 이러한 대의 처리는 도우가 1665년에 제작한 경북 송림사 배
전 아미타삼존상 가운데 지장보살의 오른쪽 어깨에 걸친 대의 끝자락이
완만하게 접힌 것과 비교하여 승호가 제작한 불상이 U자형이나 V자형
으로(도표3e), 수연과 수일이 조성한 불상에서는 펼쳐지거나 U자형으로
처리되어 시기적으로 차이가 있다(도표3f-g). 그런데 1688년에 승호가
제작한 군위 인각사에는 발원문이 남아있는 석가삼존불은 없지만, 아미
타삼존불상이 전각에 봉안되어 있다(도표3d). 이 불상은 눈두덩이 거의
一자에 가깝고, 승호가 만든 불상과 달리 몸에 걸친 대의 처리가 평면적
인 느낌을 주고, 오른쪽 어깨에 늘어진 옷주름이 부채살 같이 동일한 너
비로 펼쳐져 있다. 이 불상과 같은 인상과 옷자락의 처리를 하고 있는

紀念博物館, 2008.11), 101-102쪽.

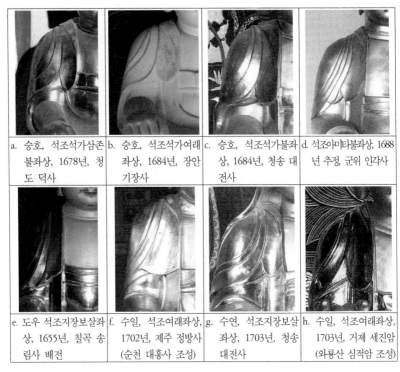

a. 승호, 석조석가삼존 불좌상, 1678년, 청 도 덕사	b. 승호, 석조석가여래 좌상, 1684년, 장안 기장사	c. 승호, 석조석가불좌 상, 1684년, 청송 대 전사	d. 석조아미타불좌상, 1688 년 추정, 군위 인각사
e. 도우 석조지장보살좌 상, 1655년, 칠곡 송 림사 배전	f. 수일, 석조여래좌상, 1702년, 제주 정방사 (순천 대흥사 조성)	g. 수연, 석조지장보살 좌상, 1703년, 청송 대전사	h. 수일, 석조여래좌상, 1703년, 거제 세진암 (와룡산 심적암 조성)

도표3. 조각승 승호 관련 석조불상 오른쪽 어깨의 대의 처리

불상은 창원 성주사 석조석가삼존불좌상으로, 승호가 지장전 보살상을 제작한 것으로 보아 같은 계보의 조각승이 만든 불상으로 보인다.

하반신에 걸친 옷자락 표현은 승호가 제작한 불상에서 가장 특이하다. 결가부좌한 다리를 덮은 대의 표현은 1678년 청도 덕사 불상의 하반신 중앙에 수직으로 흘러내린 끝부분이 옷깃 같이 접힌 반면(도표4a), 청송 대전사 불상에서 옷깃이 접힌 부분이 표현되지 않았다(도표4c). 왼쪽 무릎에 늘어진 소매 자락은 기장 장안사 불상부터 끝부분이 뾰족해지는데, 청송 대전사 불상에서 나뭇잎 모양으로 삐쳐 있고, 군위 인각사 불상에서 V자형으로 늘어진 소매 자락에 두 가닥의 주름이 도식적으로 표현

a. 승호, 석조석가삼존불좌상, 1678년, 청도 덕사	b. 승호, 석조석가여래좌상, 1684년, 장안 기장사

c. 승호, 석조석가불좌상, 1684년, 청송 대전사	d. 석조아미타불좌상, 1688년 추정, 군위 인각사

e. 도우, 석조지장보살좌상, 1655년, 칠곡 송림 　사 배전	f. 수일, 석조여래좌상, 1702년, 제주 정방사 　(순천 대흥사 조성)

g. 수연, 석조지장보살좌상, 1703년, 청송 대전사	h. 수일, 석조여래좌상, 1703년, 거제 세진암 　(와룡산 심적암 조성)

도표4. 조각승 승호 관련 석조불상의 하반신 대의 처리

되어 있다(도표4d). 이와 달리 수일이 제작한 제주 정방사와 거제 세진암 석조불상은 하반신을 덮은 대의 자락이 결가부좌한 양다리 밑으로 넓게 늘어지고, 왼쪽다리 복숭아 뼈부터 두세 줄의 옷주름이 늘어져 있다. 이러한 대의 처리는 색난이 제작한 불상에서 볼 수 있는 요소이다. 그러나 왼쪽무릎에 삐침이 강한 소매 자락은 희장과 보해가 제작한 불상의 특징

으로 여러 계보의 불상 양식을 받아들인 것으로 볼 수 있다.

조각승 승호가 제작한 불상 양식을 바탕으로 無紀年銘 불상을 접근해 보면, 양산 신흥사 대광전, 울주 석남사 대웅전, 대구 동화사 영산전, 부산 육주사(통도사 성보박물관 봉안), 달성 용연사 영산전, 달성 북지장사 대웅전(석조보살좌상), 청도 대비사 대웅전, 창원 성주사 영산전, 고성 옥천사 대웅전과 명부전 등에 봉안된 석조불좌상은 전체적인 인상이나 대의 처리 등에서 승호와 그 계보 조각승에 의해 1680년~1720년 사이에 제작된 것으로 추정된다.

V. 맺음말

이상으로 조선 후기, 17세기 후반에 경상도 조각승 가운데 많은 영향력을 발휘한 것으로 추정되는 승호와 그 계보의 조각승에 대하여 살펴보았다. 본고에서는 자료의 한계로 승호의 생존연대나 다른 조각승과의 교류관계 등 많은 사실을 밝힐 수 없었지만, 이제까지 막연하게 조선 후기나 말기라고 추정되던 석조불상 가운데 조각승 승호가 만든 불상의 양식과 그 계보를 바탕으로 불상 양식 변천과정을 밝힐 수 있는 단서를 찾을 수 있었다. 또한 조각승 승호는 경주 함월산 골굴암에서 석재를 채취하여 기림사에 불상을 조성하였는데, 17세기 후반은 군소도시의 사찰에 영산전과 지장전의 건립이 늘어나면서 그는 주로 석가삼존불상과 나한상, 지장보살과 시왕상 등을 제작하였다.

이제까지 밝힌 바와 같이, 조각승 승호는 1620년대 출생하여 승려가 된 후, 1640년대 불상 제작의 수련기를 거치고, 1650년대 중반에 副畵僧으로 활동하였다. 그는 1670년대 首畵僧으로 경주, 청송, 기장, 군위 등 경상도 지역의 사찰에 응진전이나 지장전 등에 많은 석조 불상을 조성하였다. 특히, 그는 경주 골굴암에서 불상을 만든 점이나 기림사에 시주를 한 것으로 보아 기림사에 거주한 승려로 보인다. 1719년 문헌기록에 勝湖 靈駕로 적힌 것으로 보아 1717년부터 1719년 사이에 사망한 것으로 추정된다. 그의 계보는 道祐(道雨, -1633-1664-) → 勝浩(勝湖, -1640-1719경-), 尙倫(-1657-1688-), 呂岑(-1678-1688-) → 守日(守一, -1675-1730-), 守衍(-1681-1709-), 守宗(-1684-1685-), 法宗(-1684-1730-) 등으로 이어져 조선 후기 하나의 조각승 계보를 형성한 것으로 볼 수 있다.

앞으로 경상도 지역에서 다양한 복장조사가 이루어지면 승호의 스승인 도우가 제작한 17세기 중반의 불상과 관련된 자료가, 18세기 전반에서 승호의 영향을 받아 활동한 조각승들의 구체적인 활동내용이 밝혀질 것이다. 또한 이 작업은 17세기 후반에 전라도에서 활동한 충옥 등이 만든 석조불상과 양식적으로 차이가 있어 불사의 지역성을 밝힐 수 있을 것으로 기대된다.

제4부

18세기 전·중반

제1장
安城 七長寺 木造地藏菩薩坐像과 彫刻僧 金文

I. 머리말

　朝鮮後期(1600~1910) 불교조각 연구는 2000년도에 17세기 후반 전라도를 중심으로 활동한 조각승 色難(色蘭)의 활동과 불상양식이 밝혀진 후,[1] 개별 彫刻僧이 제작한 불상을 중심으로 활동 시기와 계보 및 불상양식을 밝히는 방향으로 연구가 진행되고 있다.[2] 이러한 연구는 변화과정이 많지 않은 조선 후기 불교조각사 연구에서 작가론을 이끌어 낼 수있는 연구 방법의 하나라고 생각한다. 이와 같은 연구의 토대를 마련하고자 발원문이나 사적기 등의 문헌 기록에 나오는 승려장인을 체계적으로 정리한 결과, 불상의 제작과 중수·개금 작업에 주도적인 역할을 한首畵僧 120여명과 참여한 僧匠 950여명이 확인되었다.[3] 이러한 자료를바탕으로 조선 후기에 조각승의 활동과 불상 양식을 바탕으로 시기구분이 시도되었는데, 특이한 점은 조선 후기의 일정 기간 동안 대부분의 불

---

1) 崔宣一, 「朝鮮後期 全羅道 彫刻僧 色難과 그 系譜」, 『미술사연구』 14(미술사연구회, 2000), 35~62쪽.
2) 조선 후기 활동한 개별 조각승과 불상 양식에 관해서는 崔宣一, 「조선 후기 조각승의 활동과 불상연구」(홍익대학교 박사학위논문, 2006. 8)과 宋殷碩, 「17세기 朝鮮王朝의 彫刻僧과 佛像」(서울대학교 박사학위논문, 2007.2)에 구체적으로 언급되어 있다.
3) 崔宣一, 『朝鮮後期僧匠人名辭典－佛敎彫塑』(養士齋, 2007).

상이 제작되었다는 사실이다.[4] 그럼에도 불구하고 불상의 제작과 중수·
개금에 참여한 조각승이나 불화승 등에 관한 기록이 단편적으로 남아있
어 거주 사찰과 활동 지역에 대한 대략적인 접근 밖에 이루어지지 못하
였다. 더욱이 불화승이나 주종장 같이 특정한 집단에 의한 작업 경향을
바탕으로 지역적인 차이점을 밝혀낸 것과 같이 불교조각에서 지역성에
관한 논의를 하고 있지만, 그들이 거주했던 지역이 조사되지 않은 상황
에서 불상의 지역성을 이야기하는 것은 문제점을 발생시킬 수 있다고 생
각한다. 따라서 개별 조각승에 관한 체계적인 자료의 수집과 기년명 불
상에 관한 접근이 선행되어야 할 것이다.

필자는 2008년 4월에 충북대학교 농업과학기술연구소 연륜연구센터
와 공동으로 경기도 안성시 칠장사 전각에 봉안된 목조불상의 樹種과
年輪年代 등을 조사하였다. 이때 목조지장보살좌상 연화대좌 하단의 墨
書銘과 시왕상에서 발견된 造成發願文을 확인할 수 있었다. 이 기록을
통하여 지장보살과 시왕이 1706년에 조각승 金文, 淸允 등이 제작하였
음을 알 수 있었다. 이 조각승들은 기존 연구에서 보조 畵僧으로 불상
제작에 참여하거나 首畵僧으로 불상을 중수·개금한 기록만이 알려져 있
던 승려들이다.[5] 따라서 이 목조지장보살좌상은 조각승 금문과 청윤 등
의 불상 양식을 접근할 수 있는 중요한 단서를 제공한다.

현재까지 금문과 관련된 문헌기록은 1655년에 수화승 惠熙와 충북
보은 법주사 목조관음보살좌상을, 1668년에 수화승 勝日과 경북 김천
직지사 비로전 석조비로자나불좌상을, 1675년에 수화승 혜희와 전북 김
제 금산사 대장전 불상을 제작한 것이다. 그리고 수화승으로 1703년에
부산 기장 장안사 석조삼세불좌상을 중수·도금하고, 1706년 경기 안성

---

4) 崔宣一, 「朝鮮後期 彫刻僧의 활동과 佛像 樣式」, 『美術史學硏究』 261(한국미술
   사학회, 2009), 41~75쪽.
5) 전각에서 발견된 조성발원문을 실견할 수 있게 도와주신 안성 칠장사 지강 주지
   스님께 지면을 통하여 감사드리는 바이다.

칠장사 목조지장보살좌상 등을 만들었다. 따라서 그는 17세기 중반부터 18세기 전반까지 여러 지역에 불상의 제작과 중수·개금한 승려이다. 또한 지장보살 제작에 副畵僧으로 참여한 淸允은 1684년에 경북 영주 부석사 불상을 제작한 기록이 전해지는 인물이다.

이 글에서는 조각승 금문이 제작한 1706년 경기 안성 칠장사 목조지장보살좌상을 중심으로 양식적인 특징과 발원문에 관하여 구체적으로 검토하여 보고자 한다. 그리고 금문과 같이 활동한 조각승과 상호관련성을 밝히면서 그들이 제작한 기년명 불상과 비교하여 이 조각승 계보의 불상 양식을 접근해 보겠다. 또한 17세기 후반과 18세기 전반에 여러 지역에서 활동한 다른 조각승들의 불상과 비교하여 금문이 제작한 불상의 양식적 특징을 알아보고자 한다. 이러한 결과를 토대로 전국에 산재하는 불상 가운데 금문과 그 계보의 조각승에 의하여 제작된 것으로 추정되는 불상에 대하여 살펴보겠다.

Ⅱ. 安城 七長寺 木造地藏菩薩坐像과 發願文

경기도 안성시 죽산면 七賢山에 위치한 七長寺는 대한불교조계종 제2교구 용주사 末寺로, 임진왜란 기간에 왜구의 침탈과 17세기 후반에 지역 세도가들에 의하여 소실된 후, 1703년에 坦明이 露地에 8나한상을 법당에 봉안하고, 명적암 아래에 53불명호패를 세웠다. 1704년에 주지 碩奎가 思侃, 一俊, 精進, 尙元, 碩信 등이 佛事를 일으켜 56동의 전각을 새로 건립하였다.[6]

---

6) 안귀숙, 「七長寺의 遺物」, 『경기도지정문화재 실측조사보고서(상)』(경기도, 1996), 383쪽.

1. 목조지장보살좌상

칠장사 지장전에 봉안된 목조지장보살좌상과 목조시왕상은 작년에
불상 개금 과정에서 조성발원문이 조사되어 사찰에 보관되어 있다(도1).

목조지장보살좌상은 높이가 120센티미터로, 민머리의 성문비구형이
다(도2).[7] 지장보살은 하나의 은행나무를 이용하여 머리와 몸을 만들고,
얼굴(顔面)과 결가부좌한 다리를 따로 만들어 붙인 후에 쐐기를 박아 고
정하였다. 그리고 바닥면은 소나무를 사용하여 붙였는데, 머리, 등, 바닥
에 복장을 넣을 수 있는 복장구가 마련되어 있다. 따로 제작된 왼손은
어깨 높이까지 올려 가느다란 엄지와 중지를 맞대고, 오른손은 가지런히
무릎 위에 올려놓고 엄지와 중지를 맞댄 手印을 취하고 있는데, 이는 다
른 사찰에 봉안된 목조지장보살좌상과 비교하여 손의 위치가 반대이다.

도1. 금문, 목조지장삼존상, 1706년, 지장전

7) 박원규 外, 「칠장사 목조문화재 연륜연대 측정」(안성시청, 2008. 9), 9~12쪽.

도2. 목조지장보살좌상　　　　도3. 목조지장보살좌상 얼굴

　지장보살은 얼굴을 앞으로 내밀어 구부정한 자세를 취하고, 신체에 비하여 얼굴이 차지하는 비중이 약간 큰 편이다. 타원형의 얼굴에 반쯤 뜬 눈은 눈꼬리가 약간 위로 올라갔고, 콧등이 평평한 코는 삼각형을 이루며, 입은 살짝 微笑를 머금고 있다(도3). 특히 콧등이 다른 불상에 비하여 유난히 평평하여 특이하다. 두꺼운 大衣는 변형우견편단으로, 바깥에 걸친 대의는 오른쪽 어깨에서 대의자락이 팔꿈치까지 완만한 사선을 그리며 늘어져 팔꿈치와 腹部를 지나 왼쪽 어깨로 넘어가고, 반대쪽 대의는 왼쪽 어깨를 완전히 덮고 내려와 복부에서 펼쳐져 있다. 특히, 왼손 손목에 늘어진 옷자락의 끝단이 거치문으로 접혀 길게 늘어져 있다(도4). 하반신을 덮은 옷자락은 자연스럽게 펼쳐지고, 복부에서 바닥으로 펼쳐진 끝자락의 끝단이 S자형으로 접혀있다. 이러한 하반신에 걸친 옷자락은 17세기 후반에 전라도에서 활동한 색난,[8] 강원과 경북에서 활동

---

8) 金理那, 「뉴욕 메트로폴리탄박물관의 조선시대 가섭존자상」, 『미술자료』33(국립중앙박물관, 1982. 12), 59~65쪽 ; 崔仁善, 「康津 玉蓮寺 木造釋迦如來坐像과 腹

도4. 목조지장보살좌상 측면

도5. 색난, 목조석가여래좌상
1684년, 강진 옥련사

한 단응이 제작한 불상에서 볼 수 없는 요소이다(도5, 6).9) 지장보살좌상
은 대의 안쪽 오른쪽 어깨에 扁衫을 걸치고, 가슴에 입은 僧脚崎의 윗부
분이 仰蓮形으로 처리되었다. 불상 뒷면의 처리는 목 둘레에 大衣를 두
르고, 왼쪽 어깨에 앞에서 넘어온 대의자락이 길게 늘어져 있다(도7).

藏」, 『文化史學』 1(한국문화사학회, 1994.6), 129~158쪽 ; 崔宣一, 앞의 논문
(2000), 35~62쪽 :「日本 高麗美術館 所藏 朝鮮後期 木造三尊佛龕」, 『미술사연
구』 16(미술사연구회, 2002), 137~155쪽 :「彫刻僧 色難의 활동과 佛像樣式」,
『박물관기요』 16(단국대학교 석주선기념박물관, 2008), 81~110쪽 ; 吳珍熙, 「조
각승 色難派와 華嚴寺 覺皇殿 七尊佛像」, 『講座 美術史』 26-Ⅰ(韓國佛敎美術
史學會, 2006), 113~138쪽.
9) 沈柱完, 「龍門寺 木佛像의 작품과 그 영향」, 『講座 美術史』 26-Ⅰ(韓國佛敎美
術史學會, 2006), 139~161쪽.

도6. 단응, 목조아미타여래좌상
　　 1684년, 예천 용문사 대장전

도7. 목조지장보살좌상 후면

2. 발원문

　지장전에 봉안된 불상의 제작
시기와 조각승을 알 수 있는 문헌
기록은 지장보살의 연화대좌(도8)
와 시왕상에서 발견된 조성발원문
이다(도9).

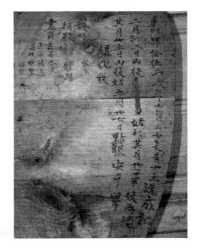

도8-1. 대좌 묵서 세부

도8. 대좌 묵서, 1706년, 안성 칠장사

康熙肆拾伍丙戌年七賢山七長寺十王造成記
二月初二日山役　始初其月廿一日畢役爲造
其月廿五日內役始五月廿七日點眼安于畢

緣化秩

證明　　　　　　性玄
持殿　　　　　　體閑
畵員　　　　嘉善　金文
　　　通政　妙聖
　　嘉善　清允
　　　　德莊
　　　　世均
　　　　覆善
　　　　熙日
　　　克沈
　　　呂燦
　　　儀閑
　　武男
時建

供養主　淨蓮
　　　　緇遠
　　　來往　學淳
　　　　　自瑛
鐵匠　通政　尹時滿
負木　弘敏
化主　思侃
　　　坦元
別座
儀談

참고1. 대좌 묵서명

위의 주요 내용을 번역해 보면, 다음과 같다.

　　강희 45년인 병술에 칠현산 칠장사 시왕 조성기
　　2월 2일에 산역(山役)을 시작하여 2월 21일에 일을 마쳤다. 그 달 25일에
내역(內役)을 시작하여 5월 27일에 점안하여 봉안하였다.
　　연화질
　　증명　　　성현
　　지전　　　체한
　　화원 가선 금문
　　　　가선 청윤
　　　　통정 묘성
　　　　　　　덕장
　　　　　　　새선
　　　　　　　세균
　　　　　　　희일

　　　　극침　　　　　　　　공양주 정련
　　　　여찬　　　　　　　　　　　치원
　　　　의한　　　　　　　　　　　학순
　　　　무남　　　　　　　　내왕 자영
　　　　시건　　　　　　　　철장 통정 윤시만
　　　　　　　　　　　　　　부목 홍민
　　　　　　　　　　　　　　화주 사간
　　　　　　　　　　　　　　　　　탄원
　　　　　　　　　　　　　　별좌 의담

　　강희45년 병술년 5월 28일 경기좌도 죽산도호부 남령 칠현산 칠장사 시왕
새로 조성 원문 (人名 中略)
　　각각 시주의 주인이고 이를 돕는 비구 등, 먼저 돌아가신 부모님들의 각각
영가시어. 서방에 왕생하시어 안양 국토를 보소서. 원컨대 이 공덕으로 널리
모두에게 이르러서 우리와 중생들이 극락국에 마땅히 태어나 모두 함께 불도
를 이루고 무량수불을 함께 보게 하소서

도9. 조성발원문(시왕상 출토)

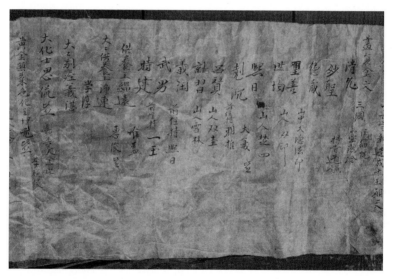

도9-1. 조성발원문 세부

　발원문에 의하면 1706년에 시왕상을 칠장사 전각에 봉안하기 위하여 畵員 金文, 嘉善 淸允, 通政 妙聖, 德藏(德莊), 璽善, 世均, 熙日, 剋沈, 呂贊(呂燦), 就習, 義閑(儀閑), 武男, 時建이 2월 25일부터 5월27일(또는 28일)까지 불상을 제작하였다.

　불상 제작에 化主를 맡은 思侃(-1704-1726-)은 1704년에 경기 안성 칠장사에 大法堂과 眞如門을 세웠고, 1720년에 안성 靑龍寺事蹟碑 건립에 山中大德兼大化士로 언급되어 안성 지역을 중심으로 활동한 승려임

참고2. 시왕상 발견 조성발원문

을 알 수 있다. 또한 그는 1726년에 칠장사 명부전을 건립하여 지장보살
과 시왕을 봉안하고, 태청루 아래쪽에 天王門, 解脫門과 사찰 북쪽에 彌
陀殿, 벽응대사 진영당을 건립하였다.[10]

시왕 제작에 大施主로 참여한 嘉善大夫 坦明(-1703-1711-)은 蓮心堂
으로, 1703년에 안성 칠장사 露地에 있던 나한상을 법당에 봉안하고, 明
寂庵 아래에 五十三佛名號碑를 세웠으며, 紅虛門 밖에 쓰러져 있던 28
층의 鐵幢竿을 고쳐 세웠다. 그는 1710년에 어머니를 위해 괘불과 괘불
함 조성에 대시주자로 참여한 후, 1711년에 충북 제천 慶恩寺에 동방
지국천 앞에 봉안할 石龕을 제작하여 경기 안성과 충북 제천 등의 중부
지역에서 활동한 승려임을 알 수 있다. 그의 석조형부도는 안성 칠장사
입구에 남아있다.

또한 嘉善大夫 一俊은 1704년에 칠장사에서 住持 碩奎, 思侃 등과 佛
事를 일으킨 스님이다. 法印은 1706년에 지장전 불상 제작에 山中大德

---

10) 충청북도 지방유형문화재 295호로 지정된 제천 慶恩寺 강희50년명 石龕 좌측면
에 4행 27자의 명문 "康熙五十年辛卯六月日 坦明比丘造成石室 獻于東方持口王
天王前"이 남아있다(문화재청 사이트 참조).

으로 언급되고, 1718년에 칠장사 원통보전 목조관음보살좌상을 제작할 때 證明으로 참여하였다. 持殿의 소임을 맡은 体閑은 海華堂으로, 법인과 체한의 부도가 칠장사 입구에 남아있다.

Ⅲ. 彫刻僧 金文의 活動

조각승 금문의 생애와 僧匠이 된 배경에 대한 기록은 전해지고 있지 않지만, 그가 활동한 기록을 통하여 활동 시기와 내용 등에 대한 접근이 가능하다. 조각승 金文에 관련되어 조사된 문헌기록은 불상에서 발견된 발원문 다섯 건이 알려졌다(표1 참조).

표1. 금문 관련 문헌기록

연대	지역	사찰	작업내용	조각승	發願文과 奉安處
1655	충북 보은	법주사 원통전	목조관음보살좌상 제작	畵師 惠熙 天允 … 處祥 摩日 … 金文 …	發願文
1668	경북 김천	직지사 비로전	석조비로자나불좌상 제작	佛像畵元 勝日 三應 宝悅 金文 文彦	發願文 (직지성보박물관 제공)
1675	전북 김제	대둔산 안심사	목조삼존불상 제작	通政大夫 惠熙 金文 性悅 寶 融 懷日	寺蹟記 김제 금복사 봉안
1703	부산 기장	장안사	석조삼세불좌상 중수도금	塗金善手良工嘉善大夫 金文 …	發願文
1706	경기 안성	칠장사 지장전	목조지장보살좌상과 시왕상 등 제작	畵員 嘉善 金文 嘉善 淸允 通政 妙聖 德莊 璽善 世均 熙日 克沈 呂燦 儀閑 武男 時建	發願文 臺座墨書

도10. 혜희, 목조관음보살좌상   도11. 승일, 석조비로자나삼존불좌상
   1655년, 보은 법주사   1668년, 김천 직지사 비로전

　표1의 기록에서 보듯이 조각승 金文이 태어난 때와 僧匠이 된 배경에 대한 내용은 없다. 그러나 金文이 개금한 불상에서 발견된 發願文을 통하여 활동 시기와 계보를 밝히는 것이 가능하다.

　金文과 관련된 가장 빠른 기록은 1655년 수화승 혜희와 충북 보은 법주사 원통보전 목조관음보살좌상을 제작 시 21명 가운데 17번째 언급되어 보조적인 역할을 하였다(도10).[11] 그는 12년 후인 1668년에 수화승 勝日과 경북 김천 직지사 비로전 석조비로자나삼존불좌상을 만들고(도11), 1675년에 수화승 혜희와 전북 김제 금산사 대장전 불상을 제작하였다. 이 기록은 "康熙十五年丙辰五月 大藏殿佛像(順治七年造成) 高山地大芚山安心寺所屬華藏庵 證明 大德 冲頤 畵員 通政大夫 惠熙 金文 性悅 寶融 懷日"로 안심사 화장암에 불상을 봉안한 것을 보면 그의 활동지역을 알 수 있는 단서이다.[12] 이후 금문은 수화승으로 1703년에 부산 기장 장안사 석조삼세불좌상을 중수·도금하였는데, "塗金善手良工嘉善大夫"

<hr>

11) 정은우, 「17세기 조각가 혜희(惠熙)와 불상의 특징」, 『미술사의 정립과 확산』 2권 (사회평론, 2006), 152~175쪽.
12) 韓國學文獻研究所 編著, 『金山寺誌』, 亞細亞文化社, 1983, 215쪽.

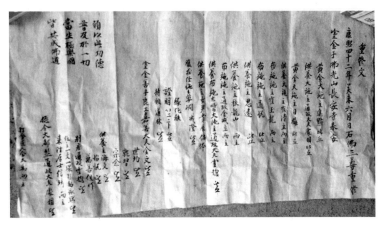

도12. 금문, 석조삼세불좌상 중수·도금발원문 1703년 부산 기장 장안사

으로 나와 있어 공명첩인 嘉善大夫를 이전에 받았음을 알 수 있다(도12
).[13] 그리고 1706년에 경기 안성 칠장사 목조지장보살좌상을 수화승으
로 제작하여 금문의 활동시기는 1655년부터 1706년까지이다.

지금까지 알려진 발원문과 사적기를 중심으로 金文의 생애를 살펴보
면, 1640년 전후에 태어난 金文은 1650년대 혜희 밑에서 補助畵僧으로
활약한 후, 1675년에 김제 금산사 대장전에 불상을 副畵僧으로 제작하
여 1680년대 불상을 수화승으로 제작하였을 가능성이 높다. 이는 1655
년에 법주사 원통보전 목조관음보살좌상을 보조화승으로 참여한 摩日이
1684년에 칠장사 대웅전 목조석가삼존불좌상을 제작하고, 1706년 칠장
사 목조지장보살좌상을 副畵僧으로 참여한 淸允이 1684년에 경북 영주
부석사 불상을 제작한 것을 보아도 알 수 있다. 금문은 18세기 전반에
수화승으로 불상의 제작과 중수·개금을 주도하여 50여 년간 활동한 승
려임을 알 수 있다. 그가 불상을 제작한 지역은 충북 보은과 청원, 경기
안성, 부산 기장 등으로 충북과 경기지역을 중심으로 활동한 조각승으로

13) 이희정, 「기장 장안사 대웅전 석조삼세불좌상과 조선후기 석조불상」, 『文物硏究』
14(동아시아문물학술재단, 2008), 137~160쪽.

추정된다. 이는 그의 스승인 惠熙가 충북 보은 속리산에서 거주한 것을 통해서도 추정이 가능하다.

Ⅳ. 彫刻僧 金文의 系譜와 佛像 樣式

조각승 金文이 제작한 紀年銘 불상과 관련된 문헌기록을 중심으로 그의 생애에 대한 접근을 시도하여 보았다. 金文과 함께 불상을 제작한 조각승들을 중심으로 金文의 계보를 살펴보고, 금문과 그 系譜에 속하는 조각승들의 기년명 불상을 중심으로 불상양식을 밝혀보겠다.

1. 조각승 金文과 그 계보

彫刻僧 金文과 관련된 발원문과 사적기를 통하여 살펴본 그의 활동시기와 계보를 금문과 같이 활동한 조각승을 정리하여 보면 다음과 같다.

표2. 금문과 그 계보에 속하는 조각승의 문헌기록

연도	지역	사찰	작업 내용	조 각 승	비 고
1615	전북 김제	금산사	독성 조성	畵員 太顚 應元 守衍 法令 印均	「大藏殿奉安佛像造成年代及七星閣」(『金山寺誌』)
1629	전북 군산	은적사	목조석가삼존불좌상 조성	畵員 法靈 太甘 天允 覺玄	『한국의 사찰문화재 – 전라북도·제주도』
1640	전북 옥구	불명사	불상 조성	大畵員 法靈 哲學 慧熙 祖能 惠元	『숭림사 보광전 수리보고서』 익산 숭림사 성불암 소장
1641	전북 완주	송광사 대웅전	소조석가삼존불 조성	畵員 淸憲 法令…法玄 …賢允…惠熙…惠遠	『完州 松廣寺 鍾樓 實測調査報告書』-
1655	충북 보은	법주사 원통보전	목조관음보살좌상 조성	畵師 惠熙 智修 天允… 性悅 處祥 摩日… 金文…	정은우, 「17세기 조각가 惠熙와 불상의 특징」

1668	경북 김천	직지사 비로전	석조비로자나불 좌상 제작	佛像畵元 勝日 三應 宝悅 金文 文彦	發願文 (직지성보박물관 제공)
1676	전북 고산	대둔산 安心寺 華藏庵	목조삼존불상 조성	畵員 通政大夫 惠熙 金文 性悅 寶融 懷玉	「大藏殿奉安佛像造成年代及七星閣」(『金山寺誌』) 造成發願文
1677	전북 고산	대둔산 龍門寺 비로전	목조약사불좌상 조성	畵員 慧熙 處祥 信一 灵坦 普融 懷一…	『한국의 사찰문화재－전북, 제주』 * 전주 일출암 비로전 조성
1684	경북 영주	부석사	목조삼존 제작	畵元 淸允 座臺 印海 童子 四尙	대좌 묵서
1685	경기 안성	칠장사 대웅보전	목조석가삼존불 좌상 제작	畵員 摩日 天機 法俊 信學…	發願文 대웅보전 봉안
1703	부산 기장	佛光山 長安寺	석조삼세불좌상 중수도금	塗金善手良工嘉善大 夫 金文 世均…	發願文
1706	경기 안성	칠장사 지장전	목조지장보살좌 상과 시왕상 등 제작	畵員 嘉善 金文 嘉善 淸允 通政 妙聖 德莊 璽善 世均 照日 克沈 呂燦 儀閑 武男 時建	發願文 臺座墨書

조각승 금문이 제작한 다섯 건의 불상 내부에서 발견된 발원문을 통하여 공동 작업한 것으로 밝혀진 조각승들은 대략 20명에 이른다. 이 가운데 활동상황이 조사된 조각승은 표3과 같다.[14]

표3. 조각승의 활동 상황과 그 계보

조각승	활동 상황	활동시기
太顚	▫ 1601년부터 1635년까지 금산사를 守文과 중창 ▫ 1615년 전북 김제 금산사 독성 제작(수화승)	-1601-1615-
惠熙 慧熙	▫ 1640년 전북 옥구 불명사 목조여래좌상 제작 (익산 숭림사 성불암 봉안, 수화승 法靈) ▫ 1641년 전북 완주 송광사 대웅전 소조석가삼세불좌상 제작 (수화승 淸憲) ▫ 1655년 충북 보은 법주사 목조관음보살좌상 제작(수화승)	-1640-1677-

14) 이들 승려에 관해서는 崔宣一, 『朝鮮後期僧匠人名辭典－佛敎彫塑』(養士齋, 2007)과 安貴淑·崔宣一, 『朝鮮後期僧匠人名辭典－佛敎繪畵』(養士齋, 2008)에 구체적으로 인용한 참고 문헌을 적어놓았다.

	▫ 1676년 고산 대둔사 안심사 화장암 불상 제작(通政, 수화승) ▫ 1677년 고산현 대둔산 용문사 목조약사불좌상 제작 (전주 일출암 봉안, 수화승) ▫ 연대미상 충남 갑사 보장전 목조여래좌상 제작(수화승)	
清允	▫ 1684년 경북 영주 부석사 목조여래좌상 제작(대좌 묵서, 수화승) ▫ 1706년 경기 안성 칠장사 지장전 목조지장보살좌상 제작 (수화승 金文)	-1684-1706-

德莊
德藏
	▫ 1678년 경북 청도 덕사 석조석가삼존불좌상과 나한상 제작
	  (수화승 勝湖)
	▫ 1678년 경북 청도 덕사 석조지장보살좌상과 시왕상 제작
	  (수화승 勝湖)
	▫ 1706년 경기 안성 칠장사 지장전 목조지장보살좌상 제작
	  (수화승 金文)
		-1678-1706-

世均	▫ 1703년 석조삼세불좌상를 중수·도금(수화승 金文) ▫ 1706년 경기 안성 칠장사 지장전 목조지장보살좌상 제작 (수화승 金文) ▫ 1713년 경북 문경 대승사 목조지장보살좌상 개금(通政, 수화승) ▫ 1723년 경북 영주 부석사 무량수전 불상 개금(수화승) ▫ 1723년 경북 영주 부석사 「安養門重修記」중 佛像緣化(수화승)	-1703-1723-

呂燦
麗贊
	▫ 1706년 경기 안성 칠장사 지장전 목조지장보살좌상 제작
	  (수화승 金文)
	▫ 1708년 충남 청양 장곡사 아미타후불도 조성
	  (동국대학교 박물관 소장, 造像畵員 수화승)
	▫ 1726년 강원 삼척 삼화사 목조지장보살좌상 제작(畵員 수화승)
	▫ 1729년 강원 고성 유점사 대종 개주(畵員)
	▫ 1746년 서울 봉은사 목조사천왕상 제작(嘉善 수화승)
		-1706-1746-

儀閑	▫ 1706년 경기 안성 칠장사 지장전 목조지장보살좌상 제작 (수화승 金文) ▫ 1742년 부산 범어사 지장보살도 조성(수화승 敏輝)	-1706-1742-

　금문의 스승이나 선배로 여겨지는 승려들을 살펴보면, 표2와 같이 수화승 혜희와 두 번, 승일과 한 번 불상을 제작하였다.[15] 17세기 중반을 대표하는 조각승 혜희는 太顚과 法靈(法令)을 따르는 계보에 속하는 조각승이다. 그는 1640년에 수화승 法靈과 전북 옥구 불명사 불상(현재 익

---

15) 조각승 勝日에 관해서는 李芬熙, 「조각승 勝一派 불상조각의 연구」, 『講座 美術史』 26-Ⅰ(2006), 83~112쪽과 최선일, 앞의 책, 92~93쪽을 참조할 만하다.

산 숭림사 소장)을, 1641년에 전북 완주 송광사 대웅보전 소조삼세불좌
상을 수화승 청헌과 부화승 법령과 같이 제작하였다.[16] 그후 혜희는
1655년에 수화승으로 충북 보은 법주사 원통보전 목조관음보살좌상을
제작하는데, 이때 1684년에 안성 칠장사 대웅보전 불상을 제작한 摩日
도 보조화승으로 참여하였다. 혜희와 금문은 1676년에 고산 대둔산 安
心寺 華藏庵 목조삼존불상을 수화승와 보조화승으로 각각 참여하였다.
따라서 이들의 활동연대를 고려하면 조각승 金文(-1655-1706-)은 太顚
(-1600-1615-) → 法靈(法令, -1615-1641-) → 惠熙(慧熙, -1640-1677-)로
이어지는 계보에 속하는 사실을 알 수 있다.

금문의 동년배로 생각되는 淸允은 1684년에 수화승으로 경북 영주
부석사 목조삼존불상을 제작하였다.[17] 그러나 이 기록은 부석사에서 소
장되어 있던 대좌에서 조사된 것이라 어느 불상의 대좌인지 밝히지 못하
였다. 그러나 안성 칠장사 목조지장보살좌상이 조사되면서 현재 부석사
장경각에 봉안되어 있는 목조여래좌상이 유사한 인상과 대의 처리를 하
고 있어 그 불상과 관련된 것임을 알 수 있다.[18] 따라서 청윤이 1680년
대 중반에 수화승으로 활동한 것을 보면 금문도 1680년대 중반에는 불
상 제작에 수화승으로 참여하였을 가능성이 높다. 이들은 모두 18세기
전반에 嘉善大夫의 공명첩을 받은 것으로 보면 오랜 기간 불상 제작에
참여하였음을 추정할 수 있다.

이외에도 금문의 후배나 제자로 추정되는 조각승 德莊(-1678-1706-)
은 1678년에 수화승 勝浩와 경북 청도 덕사 석조석가삼존불좌상과 석조

---

16) 『完州 松廣寺 鍾樓 實測調査報告書』(文化財廳, 2000), 61~64쪽.
17) "康熙二十三年甲子三月二十五日時爲始七月初一日終 學淨 勝寶 妙性 尙雲 畵元
　　清允 座臺 印海"(黃壽永, 『黃壽永全集 4－金石遺文』(도서출판 혜안, 1999), 306
　　쪽.
18) 『한국의 사찰문화재－경상북도Ⅱ』 2(문화재청·(재)불교문화재연구소, 2008), 111쪽.
　　도25.

지장보살좌상 제작에 보조화승으로 참여하고, 世均(-1703-1723-)은 수화
승으로 1713년에 경북 문경 대승사 목조지장보살좌상과 1723년에 경북
영주 부석사 무량수전 불상을 개금하였다. 또한 呂燦(-1706-1746-)은 불
화승 인문과 1708년에 충남 청양 장곡사 아미타후불도(동국대학교 박물
관 소장)를 조성하고,19) 1726년에 수화승으로 강원 삼척 삼화사 목조지
장보살좌상을 제작한 후,20) 1729년에 畫員으로 강원 고성 유점사 大鐘
改鑄에 참여하였다.21) 그는 1746년에 서울 봉은사 목조사천왕상을 조성
하여 18세기 전반부터 중반까지 활동한 僧匠임을 알 수 있다.22)

2. 조각승 金文과 그 계보의 불상 양식

조선 후기 불상 가운데 발원문과 사적기를 통해 제작연대를 알 수 있
는 불상은 220여 점에 이른다. 이 가운데 金 文은 안성 칠장사 목조지장
보살좌상과 시왕상 만이 조사되었다. 금문이 제작한 보살상은 조선 후기
불상의 전형성을 따르면서 얼굴과 대의 처리 등에서 다른 조각승이 제작
한 불상과 차이가 난다.

17세기 후반부터 18세기 전반까지 활동한 金文이 제작한 불상은
1667년 전남 화순 쌍봉사 목조지장보살좌상, 1684년 광주 덕림사 목조
지장보살좌상(화순 영봉사 제작)과 많은 차이점을 가지고 있다(도13,
14). 신체와 얼굴이 1:0.35의 비율로 17세기 중반에 제작된 지장보살보
다 얼굴이 차지하는 비중이 커지고, 각진 얼굴에 비하여 타원형의 얼굴
에 耳目口鼻가 크게 표현되었다. 특히 콧등이 평평하게 처리된 점은 금

19) 洪潤植 編, 『韓國佛畫 畫記集』 1(가람사연구소, 1995), 68쪽.
20) 秦弘燮, 「三和寺의 塔像」, 『考古美術』 129·130(한국미술사학회, 1976.6), 113~
　　116쪽.
21) 韓國學文獻硏究所 編著, 『楡岾寺本末寺誌(楡岾寺)』(亞細亞文化社, 1977), 100~
　　102쪽.
22) 『봉은사-수도산 봉은사 지표조사보고서』(대한불교조계종·봉은사, 2004), 263~264쪽.

도13. 운혜, 목조지장보살좌상
1667년, 화순 쌍봉사

도14. 색난, 목조지장보살좌상
1680년, 광주 덕림사

도15. 승일, 석조보살좌상
1668년, 김천 직지사

도16. 마일, 목조석가여래좌상
1685년, 안성 칠장사

문과 그 계보 조각승들이 주로 표현한 방법이다. 이와 같은 특징은 금문이 1668년에 승일과 같이 제작한 김천 직지사 석조비로자나삼존불좌상에서 본존과 달리 협시보살은 인상이나 1684년에 수화승 마일이 제작한 안성 칠장사 대웅전 목조석가삼존불좌상 등에서 볼 수 있다(도15, 16).

그리고 금문이 제작한 불상은 바깥에 걸친 두꺼운 大衣가 오른쪽 어깨에 걸쳐 완만한 사선을 그리며 늘어져 있고, 왼쪽 어깨에서 수직으로 내려오는 대의자락 상단에 사선 방향으로 접힌 부분이 표현되어 있다. 이러한 표현은 1684년에 마일이 제작한 불상에서도 그대로 나타난다. 그런데 스승인 혜희가 제작한 목조불상에서는 오른쪽에 걸친 대의자락의 끝자락이 완만하게 늘어졌고(도17), 왼쪽 어깨에 수직으로 흘러내린 깃 부분 상단에 자연스럽게 접혀 있어 惠熙와 금문이 불상제작에서 다른 조형 감각을 가지고 있음을 알 수 있다. 뿐만 아니라 금문이 제작한 불상은 하반신에 걸친 옷자락도 끝부분이 각진 형태를 하면서 복부에 앞으로 넓게 펼쳐진 옷자락 끝단이 S자형으로 처리되었다. 이러한 옷주름 처리는 같은 시기에 활동한 다른 조각승의 계보에서는 볼 수 없는 요소이다. 따라서 17세기 후반에 활동한 여러 조각승의 계보는 서로 다른 조형감각을 바탕으로 다른 유형의 불상을 제작하였다.

이러한 불상 양식을 바탕으로 조각승 금문과 그 계파에 속하는 조각승이 제작한 것으로 추정되는 無紀年銘 佛像의 제작 시기를

도17. 혜희, 목조여래좌상
1650년경 추정, 공주 갑사 보장각

도18. 목조관음보살좌상, 강릉 백운사

도19. 목조보살좌상, 봉화 중대사

접근해 보면, 강릉 백운사 목
조관음보살좌상(도18), 경북
봉화 중대사 목조보살좌상(도
19), 경북 고령 반룡사 목조지
장보살좌상(도20), 경북 문경
대성암 목조보살좌상이나 혜
국사 목조삼존불좌상, 충북 괴
산 개심사 목조아미타여래좌
상과 목조보살좌상, 충북 제천
무암사 목조여래좌상 등이다.
따라서 이들 불상의 제작 시기
를 17세기 후반에서 18세기 전
반으로 볼 수 있고, 대부분의

도20. 목조지장보살좌상, 고령 반룡사

지역이 충북과 경북 지역에 집중된 것으로 미루어 금문과 그 계보의 조각승들의 주요 활동 지역이 중부 지역이라는 사실을 알 수 있다.

V. 맺음말

이상으로 17세기 후반부터 18세기 전반까지 충북을 중심으로 활동한 금문과 그 계보에 대하여 살펴보았다. 아직까지 얻을 수 있는 자료의 한계로 인하여 금문의 生沒年代나 다른 조각승과의 교류관계 등 많은 문제점을 명확하게 밝힐 수 없었지만, 이제까지 막연하게 조선 후기로 추정되던 無紀年銘 불상 가운데 금문과 그 계보 조각승들이 제작한 것으로 추정되는 불상에 대하여 살펴보았다.

발원문과 사적기를 중심으로 살펴본 金文의 생애는 1640년을 전후에 태어나서 1655년 혜희와 보은 법주사 목조관음보살좌상 제작에 보조화승으로 참여한 후, 1675년에 고산 안심사 화장암 불상을 副畵僧으로 제작하였다. 그는 수화승으로 1703년에 부산 기장 장안사 석조불상을 塗金하고, 1706년에 안성 칠장사 목조지장보살좌상 등을 제작하여 오랜 기간 활동하였다. 그의 계보는 太顚(-1600-1615-) → 法靈(法令, -1615-1641-) → 惠熙(慧熙, -1640-1677-) → 金文(-1655-1706-), 淸允(-1684-1706-)으로 이어졌으며, 금문은 스승 혜희와 마찬가지로 충북를 중심으로 경북 김천, 부산 기장, 경기 안성 등에 불상을 제작한 것으로 미루어 그의 활동 지역이 중부 지역이라는 사실을 알 수 있다.

조선 후기 거주 지역이 확인된 조각승은 충북의 惠熙, 충남의 雲惠, 전남의 色難과 忠玉, 전북의 一機 밖에 없는 현 상황에서 개별 조각승의 거주 지역에 관한 체계적인 연구가 진행되어야 만이 조선 후기 佛畵와 梵鐘 같이 지역적 특성이 밝혀질 것으로 기대된다.

제2장
高陽 祥雲寺 木造阿彌陀三尊坐像과 彫刻僧 進悅

I. 머리말

조선후기 불교미술 연구는 1990년대를 전후하여 개별 僧侶匠人(이하 승장)의 작품을 중심으로 논의되면서 새로운 전환기를 맞이하였다. 이와 같은 접근으로 밝혀진 승장은 鑄鐘匠 思印비구와[1] 佛畵僧 義謙비구가 대표적이다.[2] 이들 승장이 알려지면서 조선후기 범종과 불화 연구는 개별 승장의 활동 시기를 바탕으로 양식적 특징과 변화과정을 연구하는 방향으로 전개되고 있다.[3] 또한 조선후기 불상연구에서도 事蹟記와 發願

---

1) 주종승 사인은 安貴淑, 「朝鮮後期 鑄鐘匠 思印比丘에 관한 硏究」, 『佛敎美術』 9(동국대학교 박물관, 1988), 128-181쪽 참조.

2) 불화승 의겸은 李殷希, 「雲興寺와 畵師 義謙에 관한 考察」, 『文化財』 24(문화재연구소, 1991), 195-211쪽; 安貴淑, 「조선후기 佛畵僧의 계보와 義謙比丘에 대한 연구(상)」, 『미술사연구』 8(미술사연구회, 1994), 63-137쪽과 「조선후기 佛畵僧의 계보와 義謙比丘에 대한 연구(하)」, 『미술사연구』 9(미술사연구회, 1995), 153-201쪽을 참조.

3) 심효섭, 「朝鮮後期 畵僧 信謙 硏究」, 『韓國文化의 傳統과 佛敎』(蓮史洪潤植敎授 停年退任紀念論叢 刊行委員會, 2000), 564-590쪽 ; 이용윤, 「『佛事成功錄』을 통해 본 남장사 괘불」, 『통도사 괘불탱 특별전 - 尙州 南長寺 掛佛幀』(통도사성보박물관, 2001) ; 이종수, 「조선후기 畵僧 快允에 관한 고찰」, 『통도사 괘불탱 특별전 - 순천 선암사 掛佛幀』(통도사성보박물관, 2002) ; 姜永哲, 「18세기말-19세기초 경기지역 首畵僧 考察 -楊州牧·水原府 首畵僧들의 畵籍을 중심으로」, 『東岳美術史學 - 瓦本 金東賢博士 停年紀念論叢』 3(동악미술사학회, 2002), 242-244쪽.

文을 토대로 개별 조각승의 생애와 기년명 불상의 양식적 특징에 대한 접근을 통해 17세기 중반의 雲惠(雲慧)비구,[4] 1700년을 전후한 시기의 色難(色蘭)비구,[5] 18세기 후반의 戒初·封玹(奉玹)비구 등의 활동이 밝혀졌다.[6] 뿐만 아니라 최근 들어 전국 사찰에 봉안된 조선후기 불상을 종단 차원에서 조사하면서 불상 내에 봉안되었던 발원문이 공개되어 17세기 전반의 淸憲비구,[7] 17세기 중반의 無染비구,[8] 18세기 전반의 印性비구가 알려졌다.[9] 그럼에도 불구하고 조선후기에 활동한 많은 조각승이 파악되지 않아 각 시기별 불상의 양식적 특징과 변화과정까지 접근하지 못하는 실정이다.

　　본고에서 살펴볼 조각승 進悅비구는 필자가 1790년 화성 용주사 대

---

4) 최선일, 「全羅南道 和順 雙峰寺 木造地藏菩薩坐像과 彫刻僧 雲惠」, 『불교미술사학』2(불교미술사학회, 2004), 199-219쪽.

5) 김리나, 「뉴욕 메트로폴리탄박물관의 조선시대 가섭존자상」, 『미술자료』33(국립중앙박물관, 1982. 12), 59-65쪽; 崔仁善, 「康津 玉蓮寺 木造釋迦如來坐像과 腹藏」, 『文化史學』創刊號(한국문화사학회, 1994. 6), 129-158쪽; 최선일, 「朝鮮後期 全羅道 彫刻僧 色難과 그 系譜」, 『미술사연구』14(미술사연구회, 2000), 35-62쪽과 「日本 高麗美術館 所藏 朝鮮後期 木造三尊佛龕」, 『미술사연구』16(미술사연구회, 2002), 137-155쪽.

6) 최선일, 「용주사 대웅보전 목조석가삼존불좌상과 조각승 - 戒初比丘를 중심으로」, 『東學美術史學』4(동학미술사학회, 2003), 73-87쪽.

7) 통도사에서 2004년 11월 5일부터 6일까지 열린 제 4차 불교미술사학회 추계학술대회에서 조각승 청헌비구에 대한 접근이 이루어졌다(이희정, 「조선 17세기 불교조각과 조각승 청헌」, 『2004년 추계학술대회 발표문집』(불교미술사학회, 2004), 46-56쪽).

8) 文明大, 「무염파(無染派) 목불상의 조성과 설악산 신흥사(新興寺) 목아미타삼존불상」, 『고려·조선 불교미술사연구 ; 三昧와 平淡美 - 한국의 불상 4』(예경, 2003), 402-416쪽.

9) 文明大, 「인성파 목불상의 조성과 도선사 목아미타삼존불상의 고찰」, 『聖寶』5(대한불교조계종 성보보존위원회, 2003), 5-16쪽. 문명대 교수는 인성비구가 제작한 기년명 불상 2구를 조사하여 인성파로 분류한 바에 따르면, 인성은 17세기 중반에 활동한 운혜의 계보에 속하는 조각승이다(최선일, 앞의 논문(2004), 214-215쪽 참조).

응보전에 목조석가삼세불좌상의 본존을 제작한 戒初비구의 스승인 尙淨
비구를 연구하면서 관심을 갖게 되었다. 상정은 18세기 중반에 활동한
조각승으로 현재 그가 제작한 불상이 학계에 공식적으로 소개되지 않았
지만, 필자는 2002년 10월 경기도 모 사찰에 봉안된 그의 불상을 실견하
였다. 그러나 사찰 측에서 비공개를 전제로 불상과 발원문을 보여주었기
때문에 구체적인 언급을 할 수 없는 형편이다.[10] 이런 상황 속에서 여러
사찰에 봉안된 조선후기 불상의 발원문이 조사되면서 상정의 스승이 太
元비구이고, 태원이 참여한 불상 제작에 首畵僧으로 진열이 등장하는 사
실을 알게 되었다.

필자가 조사한 바, 진열은 1706년에 전라남도 곡성 서산사 목조관음
보살좌상(곡성 관음사 대은암 조성)을 조성할 때부터 首畵僧으로 등장하
여 경기도 고양 상운사 목조아미타삼존불좌상(노적사 조성)과 부산광역
시 범어사 관음전 목조관음보살좌상 등을 제작하였다. 그리고 진열과 같
이 활동한 太元, 태원과 같이 활동한 尙淨이 불상을 조성하고 중수·개금
한 기록이 남아 있고, 상정의 제자인 계초가 1754년 전남 곡성 수도암
목조관음보살좌상과 1790년 왕실에서 발원한 화성 용주사 대웅보전 목
조석가삼세불좌상의 본존을 조성하였다.

따라서 조각승 진열이 제작한 기년명 불상 중 1713년 경기도 고양 상
운사 목조아미타삼존불좌상을 중심으로 양식적 특징과 발원문을 검토하
고자 한다. 그리고 진열과 그 계보에 속하는 조각승이 제작한 기년명 불
상을 중심으로 불상의 변화과정과 생애에 대하여 접근해 보겠다. 이와
같은 연구를 통해 막연히 조선후기 불상이라고 거론되었던 불상 가운데
진열과 그 계보에 속하는 조각승이 18세기에 제작한 것으로 볼 수 있는

10) 필자가 한국미술사학회 제131차 월례발표회(2002년 9월 28일)에서 「朝鮮後期 彫
刻僧 尙淨과 그 系譜」를 발표할 당시 몇 분의 연구자는 상정은 조각승이 아니라
개금승이라는 의견도 개진되었지만, 필자는 동년 10월 말 경기도 모 사찰에 봉안
된 상정 작 기년명 불상을 실견하였다.

불상을 살펴보겠다.

Ⅱ. 京畿道 高陽 祥雲寺
木造阿彌陀三尊佛坐像과 發願文

경기도 고양시 상운사는 북한산 靈鷲峯 남쪽 중턱에 위치한 사찰로, 대한불교조계종 본사인 조계사의 직할 사찰이다. 이 사찰은 1711년 북한산성이 축성된 후, 산성의 수비와 관리를 위하여 건립되었던 11개의 사찰 중 하나로, 1745년에 性能대사가 간행한 『北漢誌』에 "영취산 아래 133칸 건물로 승장 회수가 창건하였다"고 언급되어 있다.[11] 또한 1943년 安震湖가 편찬한 『奉恩本末寺誌』에 "1722년 승장 회수가 창건하였는데, 편액은 露積寺로 되어 있고, 대략 133칸이다. 1813년 승장 太月智聰이 중창하였다"는 기록들을 통하여 상운사의 대략적인 연혁을 알 수 있다. 그러나 후자의 1722년 상운사 창건과 노적사가 상운사로 바뀌었다는 기록은 본고에서 살펴볼 목조아미타삼존불좌상이 1713년에 노적사에 봉안되었고, 관련 인물 가운데 창건주 회수가 참여하지 않아 전적으로 믿기 어렵다.[12]

1. 목조아미타삼존불좌상

상운사 극락전에 봉안된 목조아미타삼존불좌상은 대한불교조계종 총무원 불교문화재발굴조사단의 북한산 불적조사를 계기로 1999년에 발

---

11) "在靈鷲峯下一百三十三間僧懷秀所刱", 원영환 역, 『國譯 北漢誌』(서울특별시사편찬위원회, 1994), 75쪽.
12) 1813년에 작성된 「祥雲寺極樂殿重創記」에 의하면 노적암이 상운암으로 바뀌었다고 한다.

도1. 진열, 목조아미타삼존불상, 1713년, 고양 상운사

원문이 처음으로 공개되었다
(도1).[13] 목조아미타삼존불좌
상은 모두 전형적인 조선후기
불상으로 아미타불과 대세지보
살은 신체비례와 조각기법이
동일한 반면, 관음보살은 본존
과 비교하여 크기와 조각수법
이 달라 다른 시기에 조성된
것으로 판단된다.

목조아미타여래좌상은 높이
가 61㎝로, 조선후기에 제작된
중형 불상이다(도2). 얼굴을 앞
으로 내밀어 구부정한 자세를
취하여 얼굴과 앉은키는 1:3.1

도2. 진열, 목조아미타여래좌상
1713년, 고양 상운사

---

13) 김창균, 「북한산지역의 불적과 불교미술」, 『北漢山의 佛敎遺蹟』(대한불교조계종
총무원 불교문화재발굴조사단, 2002), 175-179쪽.

의 신체비례를 보인다. 이는 같은 시기에 제작된 불상과 거의 동일한 신
체비례로 17세기 전반에 제작된 불상보다 얼굴이 차지하는 비중이 커졌
다. 머리는 뾰족한 螺髮과 경계가 불분명한 肉髻로 표현되고, 육계 밑에
는 반원형의 中間髻珠와 정수리 부위에 낮은 원통형의 頂上髻珠가 있다.
방형의 얼굴에 반쯤 뜬 눈은 눈꼬리가 약간 위로 올라갔고, 코는 콧날이
곧게 뻗었으며, 입은 살짝 미소를 머금고 있다. 따로 제작된 손은 엄지와
중지를 둥글게 맞대고 있는 阿彌陀手印을 취하고 있다. 바깥에 걸친 대
의는 오른쪽 어깨에서 대의자락이 가슴까지 내려와 긴 물방울 같이 U자
형을 이루고, 나머지 대의자락은 팔꿈치와 복부를 지나 왼쪽 어깨로 넘
어가고, 반대쪽 대의는 왼쪽 어깨를 완전히 덮고 내려와 복부에서 오른
쪽 어깨를 덮은 대의자락과 겹쳐져 있다. 특히, 하반신의 대의처리는 4
겹 주름 가운데 가장 안쪽 주름이 넓게 펼쳐지고, 나머지 주름은 물결이
일렁이듯 접혀져 있다. 반대쪽 무릎에 걸친 대의자락은 연판형으로 길게
늘어져 있는데(도3), 이는 1700년을 전후하여 활동한 색난이 제작한 불
상에서 볼 수 있던 특징이다(도4). 대의 안쪽에 입은 僧脚崎 표현은 조선

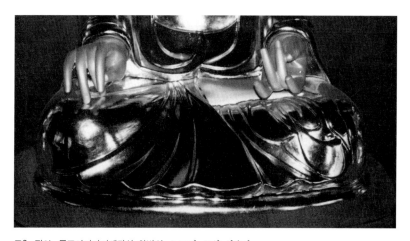

도3. 진열, 목조아미타여래좌상 하반신, 1713년, 고양 상운사

도4. 색난, 목조석가불좌상
1684년, 강진 옥련사

도5. 진열, 목조아미타여래좌상 후면
1713년, 고양 상운사

도6. 진열, 목조대세지보살좌상
1713년, 고양 상운사

후기 불상에서 흔히 나타나는 仰蓮形으로 처리되지 않고, 수평으로 접은듯 단순하게 표현되어 있다. 불상 뒷면의 처리는 목둘레에 大衣 끝단을 두르고, 왼쪽 어깨에 앞에서 넘어온 대의자락이 길게 늘어져 있다(도5).

목조대세지보살좌상은 본존 같이 상체를 앞으로 내밀어 구부정한 자세를 취하고 있다(도6). 화염보주로 장식된 커다란 보관 안쪽의 머리카락은 두 갈래로 따고, 나머지 머리카락은 보관 밑으로 자연스럽게 늘어져 있다. 기존에 제작된 다른 보살상과 달리 어깨와 무릎의 폭이 좁아 얼굴이 더 강조되고 있다. 대의처리는 본존과 동일하고, 손의 자세만 다른데, 오른손을 무릎 위에 가지런히 놓고, 왼손을 가슴까지 들어 연화가지를 쥐고 있다. 그러나 이전에 촬영된 사진을 보면, 지물을 들고 있지 않아 1990년대 개금하면서 연화가지를 보수한 것으로 보인다.

대좌는 상단와 하단만으로 이루어진 간단한 연화좌로, 본존이 앉은 대좌는 연잎 끝이 두 갈래로 갈라진 형태로 잎마다 간엽이 새겨져 있고, 연잎마다 바깥부터 흰색, 적색, 흰색, 녹색 순으로 칠해져 있다. 이와 달리 보살상이 앉은 대좌는 2구 모두 복엽으로 바깥부터 흰색, 녹색, 적색, 청색 순으로 채색되어 있다.

2. 발원문

불상에 관한 기록은 대좌의 상단 위와 아래에 조성발원문과 개금발원문이 적혀 있고, 이외에도 관음보살상 대좌에는 다른 개금발원문이 묵서되어 있다. 조성발원문은 몇 글자를 제외하고 동일한 내용이 기록되어 있다.

A. 조성발원문(도7)

① 하단

康熙五十貳年癸巳自七月初五日始役于至

八月念六日畢大成功也奉安于露積寺

極樂寶殿左補處觀音蓮臺也又

造成處則露積寺別室也

② 상단

緣化秩

證明　天機比丘

持殿　宗辨比丘

畵員　進悅比丘

　　　靈熙比丘

　　　太元比丘

　　　處林比丘

　　　淸徽比丘

供養主　智日比丘

　　　太淸比丘

別座　　三彦比丘

化主　　智暹比丘

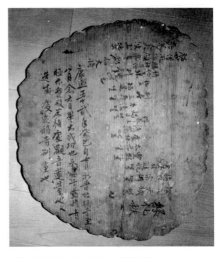

도7. 관음보살 대좌 상면 조성발원문
1713년, 고양 상운사

時任主□　斗謹比丘[14]

時任首僧

祐世僧風摠領察事都摠大將

嘉善大夫 敀(歸와 同字)玉比丘

B. 개금발원문(도8)

擁正八年庚戌六月日

彌陀尊像改金三角山祥雲寺奉安于

　　緣化

證師　致仁[15]

持殿　處遠[16]

---

14) 위의 보고서에는 "斗□"으로 나와 있으나 "斗謹"이다.

15) 위의 보고서에는 "□仁"으로 나와 있으나 "致仁"이다.

畵員 白基
　　　玄特
供養 義允
別座 一湖
化主 懷秀

도8. 아미타불 대좌 하면 개금발원문
1730년, 고양 상운사

위의 발원문을 번역해 보면, 아래와 같다.17)

A. 강희 52년 **계사 7월 초닷새에 시작하여 8월 26일에 이르러 성공리
에 마쳤다. 노적사 극락보전** 좌보처 관음을 연화대좌에 봉안한다.
조성한 곳은 노적사 별실이다.

연화질 **증명 천기비구** 지전 종변비구

화원 진열비구 영회비구 태원비구 처림비구 청휘비구

공양주 지일비구 태청비구　별좌 삼언비구　화주 지섭비구

시임주□과 시임수승 두근비구

우세승풍총령찰사도총대장　가선대부 민옥비구 (필자 진하게)

B. 옹정 8년 경술 6월 일 삼각산 상운사 봉안 미타존상을 개금하였다.

---

16) 위의 보고서에는 "□遠"으로 나와 있으나 "處遠"이다.

17) 발원문의 교정과 감수는 직지사 성보박물관장이신 홍선스님의 가르침을 받았다.
지면을 통하여 감사드리는 바이다.

연화 증명 치인 지전 처원

화원 백기 현특 공양 의윤

별좌 일호 화주 회수 (필자 진하게)

　발원문 A에 의하면 목조아미타삼존불좌상은 1713년에 노적사 극락보
전에 봉안하기 위하여 북사 별실에서 畵員 진열, 영희, 태원, 처림, 청휘
가 제작하였다. 특히, 불상 제작에 證明을 맞은 天機대사는 색난이 제작
한 1684년 전남 강진 정수사 목조석가여래좌상에 시주와 발원문을 쓴
승려이다.[18] 그는 號가 雲溪이고, 전남 강진 출신으로 碧巖 覺性(1575
~1660)의 제자였음을 1663년 건립된 華嚴寺碧巖大師碑 후면에서 확인
할 수 있다.[19] 그는 1686년 李判兼守禦使로 재직하고, 정수사 주지를 맡
았을 때 통정의 관직을 가졌으며, 이후 教都摠扶宗樹教八道都摠攝兼僧
大將과 資憲大夫 北漢山摠攝을 역임하였다.[20] 그런데 흥미롭게도 북한
산성 축조에 관여한 桂坡堂 性能大師 역시 벽암 각성의 문하에서 수행
하고, 1699년에 구례 화엄사 丈六殿 공사를 시작하였으며, 같은 해 색난
이 제작한 개인 소장 불상 조성에 대화주로 참여하고 있다. 1711년 한양
수비의 요충인 북한산성 축성을 위임받아 八道都摠攝의 직위를 받고 9
개월 만에 축성을 완료하고, 화엄사로 돌아와 『山城記事』를 집필한 후
에 1745년에 『北漢誌』를 판각하여 신임 都摠攝인 瑞鳳에게 인계하였다.
따라서 천기와 성능은 모두 벽암각성의 제자로 전라도 지역에서 활동한
승려이기에 조각승 진열이 활동한 지역을 밝히는 단서가 된다.

---

18) 발원문의 施主秩에 "前判事天機", 마지막 부분에 "康熙二十三年歲在甲子南至月
　　下澕雲溪寒衲天機記"로 나와 있다(崔仁善, 앞의 논문(1994), 129-158쪽.

19) 朝鮮總督府 編, 『朝鮮金石總覽(下)』(아세아문화사, 1976년 영인), 916-920쪽과 『全
　　南金石文』(全羅南道, 1990), 65쪽.

20) 『湖南左道金陵縣天台山淨水寺興地勝覽』 人物條 참조(양광식 역, 『정수사지』(강
　　진문헌연구회, 1995), 82-84쪽과 174쪽).

발원문 B는 1730년에 상운사를 창건한 懷秀가 화주로 나오고, 화원 白基비구와 玄特비구가 불상을 개금한 내용이다. 그런데 이 불상을 개금한 백기는 1698년에 장릉 봉릉과 1718년에 민회빈 봉묘 조성 시 畵僧으로 참여하고,[21] 강원도 춘천시 어린이회관에 소장된 1727년 原州 龜龍寺 三藏圖를 주도적으로 그린 불화승이다.[22]

Ⅲ. 彫刻僧 進悅 作 紀年銘 佛像과 그 系譜

조각승 진열이 수화승으로 제작한 불상은 1706년 전라남도 곡성 서산사 목조관음보살좌상을 시작으로, 1713년 고양 상운사 목조아미타불좌상과 1722년 부산광역시 범어사 관음전 목조관음보살좌상이 확인되었고, 그와 함께 활동한 태원이 수화승으로 1724년 강원도 춘천 청평사 불상을 제작한 기록이 남아있다.

1. 조각승 진열 작 기년명 불상

1) 전남 곡성 서산사 목조관음보살좌상

전라남도 곡성군 곡성읍 서산사 관음전에 봉안된 목조관음보살좌상의 발원문은 2003년 국립광주박물관에서 실시한 곡성지역 불교미술 조사를 계기로 공개되었다(도9). 보살상 바닥에 쓰인 묵서 발원문의 내용은 "…全羅道玉果縣縣南嶺聖德山也四山之中 下奇山其山腰有觀音寺也其

---

21) 백기가 『莊陵封陵都監儀軌』(奎章閣 14830호)과 『愍懷嬪封墓都監儀軌』(奎章閣 14837호)에 참여한 사실은 朴廷蕙, 「儀軌를 통해서 본 朝鮮時代의 畵員」, 『미술사연구』 9(미술사연구회, 1995), 203-290쪽을 참조하였다.

22) 『韓國의 佛畵 10 - 月精寺 本末寺篇』(聖寶文化財研究所, 1997), 圖17.

도9. 진열, 목조관음보살좌상
1706년, 곡성 서산사

山之頭有大隱菴旣已建成無 佛像之
故… 是於始役於二月念五日也旣畢
於四月初五日觀音獨尊造成移運…
緣化秩 證明 健標比丘 畫員 進悅比
丘 畫員 太元比丘 化主 海天比
丘…(필자 진하게)"이다.23) 따라서
발원문을 통하여 목조관음보살좌상
이 1706년에 곡성 옥과현 성덕산
관음사 대은암에 봉안하기 위하여
畫員 진열과 태원이 제작하였음을
알 수 있다.

목조관음보살좌상은 전체 높이가
72.4㎝, 무릎 폭이 39.8㎝인 중형
불상으로, 얼굴과 상반신을 약간 앞으로 숙여 구부정한 자세를 취하고
있다. 커다란 보관은 중앙에 頭光과 身光을 갖춘 化佛을 배치하고 좌우
에 화불을 향하여 수평으로 날고 있는 봉황과 화염 등을 장식하여 화려
하다. 방형의 얼굴에 눈은 눈꼬리가 약간 위로 올라간 채 반쯤 뜨고, 코
는 곧게 뻗은 원통형이며, 입은 살짝 미소를 머금고 있다. 따로 제작된
오른손은 가느다란 엄지와 중지를 둥글게 맞대어 아미타수인을 취하고,
왼손에는 엄지와 중지를 맞댄 손바닥에 목이 길고 注口가 달린 병을 살
포시 쥐고 있다.

오른쪽 어깨에 대의자락 일부가 긴 물방울 모양으로 가슴까지 내려와
있고, 나머지 대의자락은 어깨 일부를 감싸고 팔꿈치와 복부를 지나 왼
쪽 어깨로 넘어가고, 반대쪽 대의는 왼쪽 어깨를 완전히 덮고 수직으로
내려와 반대쪽 대의자락과 겹쳐져 U자형을 이루고 있다. 하반신을 덮은

23) 『谷城郡의 佛敎遺蹟』(國立光州博物館, 2003), 163-167쪽.

대의는 네 겹으로 접혀 가장 안쪽의 자락이 짧게 늘어져 S자를 이루고, 나머지 자락은 오른쪽으로 펼쳐져 있다. 그리고 반대쪽 무릎에 걸친 대의자락의 가장자리가 곡선을 그리고 길게 늘어져 있다. 이러한 대의자락의 표현은 앞서 살핀 1713년 상운사 목조아미타삼존불좌상과 많은 차이가 있다. 대의 안쪽에 편삼과 가슴에서 대각선으로 접은 僧脚崎를 걸치고 있다. 뒷면의 대의자락은 목 주위를 따라 두르고 있으며, 왼쪽 어깨에는 앞에서 넘어온 오른쪽 대의 끝자락이 엉덩이까지 길게 늘어져 있다.

2) 부산 범어사 관음전 목조관음보살좌상

부산광역시 범어사 관음전 목조관음보살좌상은 2002년 경성대 한국학연구소의 조사를 계기로 대좌의 묵서명이 조사되었다(도10). 發願文에 1722년 화원 進悅, 淸雨, 淸徽, 母大性, 玉摠이 제작된 것으로 알려져 있는데,[24] 『梵魚寺誌』의 「梵魚寺毘盧三尊重修改金誌金像觀音新造記」에는 화원 進悅, 寬性, 玉聰, 淸愚, 淸徽가 비로전 비로자나불을 중수·개금하고, 관음전 목조관음보살좌상을 조성한 것으로 적혀 있다.[25] 이 중 진열과 청휘는 1713년 고양 상운사 목조아미타삼존불좌상과 1719년 목포 달성사 목조지장보살좌상과 시왕의 중수에 같이 참여하였다.

목조관음보살좌상은 높이 102㎝인 조선후기 중형 불상으로, 상체를 약간 앞으로 내밀어 구부정한 자세를 취하고 있다. 화려하게 장식된 보관은 앞서 살핀 진열 작 보살상의 보관과 달리 원통형으로, 화염보주가 빈틈이 없이 장식되어 있다. 방형의 얼굴에 눈은 눈꼬리가 약간 위로 올라가 반쯤 뜬 형태이고 콧날은 곧게 뻗어 있으며, 입가에는 살짝 미소를 머금고 있다. 수인은 엄지와 중지를 둥글게 맞대고 있는 阿彌陀手印을

---

24) 『梵魚寺聖寶博物館 名品圖錄』(梵魚寺聖寶博物館, 2002), 188-189쪽.

25) 韓國學文獻研究所 編, 『梵魚寺誌』(亞細亞文化社, 1989), 59쪽.

도10. 진열, 목조관음보살좌상
1722년, 부산 범어사

하고 있다. 대의는 변형통견으로 두 어깨에 걸친 후 팔뚝을 지나 복부에서 U자형으로 겹쳐져 있고, 어깨에 걸친 天衣는 손목을 지나 결가부좌한 다리 위에 복잡하게 엉켜있다. 이러한 변형통견과 천의 표현은 1654년 제작된 법주사 원통전과 통도사 원통전 목조관음보살좌상 등에서 그 원류적인 형태를 찾을 수 있다. 목에는 영락과 화염보주를 단 목걸이를 걸치고, 僧脚崎는 가슴에 수평으로 접혀졌다. 이 보살상의 가장 큰 특징은 늘어진 머리카락, 천의를 묶은 보주, 하반신에 걸친 천의자락 등이 좌우대칭을 이루고 있는 것이다. 그런데 이러한 특징은 기존에 진열이 제작한 1706년 서산사 목조관음보살좌상과 1713년 상운사 목조대세지보살좌상과 얼굴의 印象만 유사할 뿐, 신체비례와 대의처리가 상당히 다르다.

2. 진열과 그 계보 조각승의 생애

이제까지 진열과 그 계보의 조각승이 제작한 불상의 발원문과 중수·개금한 사적기의 기록을 종합해 보면, 그들의 활동 시기와 사제관계를 정확히 파악할 수 있는데, 그들과 관련된 기록은 발원문 7개와 사적기와

현판의 내용 11개가 있다(표1).26)

표1. 進悅 관련 기록

연대	지역	봉안 사찰	작업 내용	조각승	현존 유무	비고
1695	전북 흥양	백련사	보처보살과 나한상 조성	性沈…震悅…	O	「發願文」 전주 서고사 소장
1706	전남 곡성	관음사 대은암	관음보살좌상 조성	進悅 太元	O	「發願文」 곡성 서산사 소장
1713	경기 고양	노적사 극락보전	아미타삼존불 조성	進悅 … 太元 … 淸 徹	O	「改金發願文」 고양 상운사 소장
1719	전남 남평	운흥사	지장보살 개금과 시왕 개채	進悅 太元 … 道眼	O	「改金發願文」 목포 달성사 소장
1722	부산	범어사 비로전 관음전	비로자나불 개금과 관음보살좌상 조성	進悅 寬性 玉聰 淸 愚 淸徹	O	『梵魚寺誌』
1728	강원 춘천	청평사	삼존불 조성	太元 道眼 외2인	X	「淸平寺事蹟記」 (『楡岾寺本末寺誌』)
1748	전남 장흥	보림사	신법당 개금	太元 相淨 외9인	X	『寶林寺重修記』
	전남 영광	불갑사	대웅전삼존불 개금	太元 常淨 宇允	O	「改金發願文」
1754	전남 곡성	관음사 무진암	목조관음보살 조성	戒初 … 稱淑 …	O	「發願文」
1757	전남 구례	화엄사	대웅전삼존불 개금	尙淨 戒初	O	『華嚴寺事蹟記』
1767	경북 영주	부석사	무량수전미타존상 개금	尙淨 稱淑 宇允 …	O	『無量壽殿彌陀尊像 改金記』
1769	경북 경주	불국사	대웅전 삼존과 관음 전 독존 개금	塗金良工 湖南 尙 淨	O	『佛國寺古今創記』
1771	경북 김천	직지사	불상 개금	尙淨 戒心	O	「直指寺佛像改金施 主秩」
1779	전북	원적암	아미타, 관음 조성	默讓堂 戒心 …	O	「改金發願文」

26) 필자는 은사님으로부터 진열이 제작한 불상과 발원문의 사진을 얻었으나, 비공개 로 조사된 상황이라 본고에서 소개하지 않았다.

	정읍		선운사 백련암 봉안			온양민속박물관소장
1780	전남 장흥	보림사	천왕	戒心 稱淑 聖民 …	O	『寶林寺重修記』
			금강, 문수, 보현		X	
1782	전남 남원	실상사 약수암	목각탱	封玹 …	O	「發願文」 금산사성보박물관 소장
1787	전북 고창	선운사	대웅전, 장륙전 불상 개금	戒心 … 封玹 … 融鑑 …	O	「禪雲寺大法堂丈六殿八相殿改金各帖重修記」
1790	경기 화성	용주사	대웅전삼존불 조성	奉玹 尙戒 戒初	O	「願文」

조각승 진열이 언제 어디서 출생하였는지는 아직까지 정확하게 알 수 없다. 단지 그가 수화승으로 활동하기 이전에 제작한 불상이 전북 전주 서고사 나한전에 봉안된 사실이 2003년 대한불교조계종 문화유산발굴 조사단에 의하여 조사되었다. 가섭존자에서 발견된 발원문의 내용은 "願文 歲次康熙三十四年乙亥五月卅三日   朝鮮國全羅道興德內居施主 文萬英伏爲敬請良工新造成補處 迦葉尊者旣畢功安可西嶺逍遙山白蓮社 而伏願特爲己身 …… 施主秩 大施主 文萬英兩主 證明 道云比丘 持殿 能 學比丘 畵員 性沈比丘 体遠比丘 敏性比丘 性印比丘 震悅比丘 ……(필 자 진하게)"이다(도11). 따라서 목조가섭·아난존자와 16나한상은 1695년 에 부안면 선운리 소요산 백련사에 봉안하기 위하여 고창군 흥덕면에 살 던 문만영이 시주하여 畵員 성심, 체원, 민성, 성인, 진열 등이 제작하였 다.27) 이 기록은 진열의 스승이 누구인지 밝힐 수 있는 중요한 단서로,

27) 『한국의 사찰문화재 -전라북도·제주도』(문화재청·대한불교조계종 문화유산발굴조 사단, 2003), 179쪽과 『자료집』, 113쪽의 발원문을 검토하는 과정에 證明 다음에 나열된 승려 가운데 畵員이나 工匠 등의 명칭이 있어야 하는데, 그렇지 않아 직 접 조사에 참여한 대한불교조계종 문화부 임석규 선생에게 문의하여 사찰 측에서 筆書한 발원문을 확인할 수 있었다. 이런 과정을 통하여 나한상 조성의 수화승이 畵員 性沈비구임을 알게 되었다. 가섭존자상에서 발견된 발원문의 사진을 제공해

도11. 가섭존자입상 발견 조성발원문, 1695년, 전주 서고사 소장

이를 통하여 진열이 性沈의 문하에서 불상 제작의 수련기를 거쳤음을 알 수 있다. 그러나 현재까지 조사된 조선후기 기년명불상 가운데 성심이 제작한 여래상과 보살상이 발견되지 않아 진열 작 불상과 비교할 수는 없는 실정이다. 그 후 진열은 1706년에 전남 곡성 관음사 대은암 목조관음보살좌상(현재 곡성 서산사 소장)을 제작할 때부터 수화승으로 등장하고, 1713년에 경기도 고양 상운사 목조아미타삼존좌상을 조성하였다. 1719년 목포 달성사 소장 목조지장보살상과 시왕을 태원, 도안 등과 개금하였는데,[28] 이 지장보살과 시왕상은 전라남도 남평 운흥사에 봉안되었던 것을 1950년 한국전쟁 중에 달성사로 옮겨왔다고 한다.[29] 또한

주신 대한불교조계종 문화부와 임석규 선생님께 지면을 통해 감사드리는 바이다.

28) 이 목조지장보살좌상은 1565년에 전라남도 남평 운흥사에서 조성되었다고 한다.
成春慶, 「達成寺 木造地藏菩薩 및 阿彌陀三尊佛」, 『文化史學』 14(한국문화사학회, 2000.12), 69-98쪽 참조.

1722년 경상도 지역으로 넘어간 청우, 정휘 등과 같이 부산 범어사 비로
전 비로자나불 개금과 관음전 목조관음보살좌상을 조성하여, 그의 활동
시기는 1695년부터 1719년까지로 파악되고 있다. 그런데 진열과 15년을
같이 활동한 태원이 1726년에 강원도 춘천 청평사 불상 조성에 수화승
으로 참여하여 진열로부터 독립하였던지 아니면 진열이 입적한 것으로
추정해 볼 수 있다. 따라서 진열은 17세기 중반에 태어나 성심의 문하에
서 불상 제작의 수련기를 거친 후, 18세기 전반에 전라도를 중심으로 경
기도와 경상도 등지에서 불상 조성과 개금을 주도한 조각승임을 알 수
있다.

이 밖에 15년 동안 진열과 같이 활동한 태원은 1728년에 강원도 춘천
청평사 목조삼존불상을 道眼과 조성하고, 1748년에 전남 장흥군 보림사
신법당 불상과[30] 전남 영광 불갑사 대웅전 목조삼존불좌상을 尙淨(相淨,
常淨)과 같이 개금하였다.[31] 따라서 태원의 활동 시기는 1706년부터

---

29) 성춘경 선생님은 위의 논문에서 조각승을 道體로 읽었으나, 태원과 같이 활동한
조각승은 道眼이다. 불상에서 나온 발원문은 다음과 같다. "十王像重修願文 康熙
五十八年己亥八月日記入　海東朝鮮國全羅左道南平縣南嶺德龍山雲興寺舊基成安
地藏及兩大補處等重修改金而與此王重修改塑臟新彩移安于新基事始於孟秋畢于
仲秋之哉生魄爾仍玆奉祝 上上三殿下壽各萬千齊歲 城主 兪夏基 方伯 辛士哲 …
緣化秩 畵員秩 進悅 太元 玉楚 守英 道眼 熙遠 淸輝 就詳 證觀 省悅 誦呪 廣悅
負木 丁七生…願以此功普及於一切我等與衆生皆共成佛道…"

30) 「長興府迦智山寶林寺法堂各殿閣僚舍重創燔瓦年月與工師化主別座等芳啣記錄」은
전라남도 장흥군 보림사의 중창과 중수 불사에 대한 내용을 시기별로 정리한 필
사본으로 대둔사 성보박물관에 소장되어 있다. 가로 29.7cm, 세로 41.7cm크기이
고, 총 201면의 방대한 분량이다. 서문은 백암 성총의 문인인 忠勵이 썼으며,
1658년 법원전을 중수한 기록을 시작으로 1954년 사천왕문 등의 수리까지 연대
순으로 기록되어 있다. 고경 감수, 김희태·최인선·양기수 譯註, 『역주 보림사중창
기』(장흥문화원, 2001) 참조.

31) "主佛三改金序記 奧昔天啓三年 癸亥新造成矣逮 至乾隆八年癸亥四月日二次改金
而于時神祇不護小有未安安之…緣化秩 證明 玄眼 同參大禪師 竺桂 震和 持殿 察
衍 通呪 義淨 敏浩 畵員 太元 常淨 宇允…", 『靈光 母岳山 佛甲寺 -地表調査報
告書』(동국대학교 박물관·영광군, 2001), 40쪽.

1748년까지로, 진열의 활동 시기와 비교해 보면 둘의 관계는 동료보다
사제지간일 가능성이 매우 높다. 그런데 태원이 1748년 보림사 불상을
개금할 때, 보림사 승려들은 불상 개금에 필요한 금을 전주금장에게 사
려고 했으나, 畫員의 말을 듣고 질이 좋고 가격이 싼 京城金으로 최종
결정하였다.[32] 이를 통하여 개금불사 시 재료는 사찰이 조달하고, 작업
은 화원이 담당하였음을 알 수 있다.

태원과 같이 활동한 尙淨(相淨, 常淨)은 1748년 장흥 보림사와 영광
불갑사 불상을 개금한 후, 1757년 전라남도 구례 화엄사 대웅전 삼존불
을 戒初와 같이 개금하였다. 화엄사 대웅전은 1630년 남한산성을 축조
한 벽암 각성이 중건한 건물로, 1757년에 대웅전 중수와 불상의 개금 및
후불탱화 조성이 이루어졌다. 당시 관련되었던 인물을 살펴보면, 證明은
大禪師 處寬, 片手는 快演, 佛畫는 義謙으로 당대 최고의 명성을 지녔던
승려들로 불상의 改金을 맡은 상정의 위상을 짐작할 수 있다.[33] 또한 의

---

32) "3월에 주지 法號 再正 화상은 僧中에서 拔萃한 분이다. 그 聖像의 도금이 떨어
져 티끌이 앉는 것을 개탄스럽게 여기고, 대중이 모인 곳에서 함께 일을 의논하
고, 西浮屠 화주 震禪과 동지 斷金이 勸善으로써 나름대로 재물을 모을 때, 진선
화사인 左座와 順洞 首座가 일찍이 특별한 사이로 힘을 모아 권화하니, 3인이 한
마음으로 권화하여 두세 달 동안 금값을 살펴봄으로써 금을 살 계획을 세우려 할
때, 全州 金匠이 그 개금 소문을 듣고 본사를 찾아와서 그 일을 할 수 있기를
원하기도 하여 여러 곳에서 서로 하려는 까닭으로 의견이 분분해지자 화주는 전
주 금장의 말을 믿고 全州金을 사기로 하였는데, 화상이 각 방 老德의 말을 물어
보자, 금은 京城에 있으니 경성으로 사람을 보내 금을 사오게 하는 것이 옳을 것
이라 하였다. 그러므로 화상의 굳은 고집으로 경성 금장 金聲遠 집에 사람을 보
내어 금을 사 가지고 와서 같은 해 윤7월 초7일에 일을 시작하여 같은 달 23일에
마쳤다. 봉안할 금의 경중과 좋고 나쁨은 畫員들 만이 자세히 아는 것임으로 화
원의 말에 의하면 '전주 사람의 속이는 말에 속지 말 것이며, 서울에서 사온 금을
자세히 판단해본 즉, 금은 好品이며 가격도 높지 않아 십분 다행한 일이다'라고
하였다." 고경 감수, 김희태·최인선·양기수 譯註, 앞의 책, 85-88쪽.
33) 『華嚴寺事蹟』 "(仁祖)八年庚午碧嚴大師等華嚴寺重建之役始"라는 문구를 통하여
1630년 직후 불상이 제작된 것으로 보인다. 1757년의 기록은 韓國佛敎硏究院 著,
『華嚴寺』(一志社, 1990), 85-87쪽과 『海東湖南道大華嚴寺事蹟』(『佛敎學報』 6,

겸이 조성한 불화에 "施主比丘 常淨伏爲 先亡父母祖上列名靈駕"라는 내
용이 남아있어 불화 조성에 재물을 시주했음을 알 수 있다.[34] 이후 상정
은 1767년에 경북 영주 부석사 무량수전 미타불을 칭숙과 개금하고,
1769년에 경북 경주 불국사 대웅전 삼존상과 관음전 독존을 개금하였
다. 특히 후자의 사적기 내용에 "塗金良工 湖南 尙淨"이라고 기록되어
있어 상정이 전라도 지역의 조각승임을 알 수 있다.[35] 또한 상정은 1771
년 戒心과 경상북도 김천 직지사 불상을 改金하여 1748년부터 1771년
까지 활동하였음을 알 수 있다. 따라서 태원의 활동 시기보다 30년 정도
뒤져 태원과 상정이 사제관계였을 것으로 추정된다.

상정과 같이 활동한 계초, 계심, 우학, 칭숙 등은 18세기 후반 여러
지역의 불상 조성과 개금에 참여한 조각승들로, 계심과 봉현은 1790년
정조대왕이 발원한 화성 용주사 대웅전 목조석가삼존불좌상을 조성한
조각승이다.[36] 이들 역시 여러 지역의 사찰에 불상의 조성과 개금을 한
기록이 남아있는 18세기 후반을 대표하는 조각승이다.

3. 진열과 그 계보 조각승 작 불상의 변화과정

조선후기 불상 가운데 발원문과 사적기를 통해 제작연대를 알 수 있
는 불상은 150여 점에 이른다. 이 중 수화승으로 진열이 제작한 불상은
본존 1점, 보살 3점이다. 진열이 제작한 불상은 조선후기 전형적인 불상
의 형태를 따르고 있지만, 신체 비례와 대의 처리 등에서는 시기별로 차
이가 있다. 18세기 전반에 활동한 진열 작 불상은 무염 작 1651년 강원

東國大學校 佛敎文化硏究所, 1969), 211쪽을 참조하였다.
34) 『韓國의 佛畵 11 - 華嚴寺本末寺 編』(聖寶 文化財硏究所, 1988), 235쪽.
35) 「慶尙道江左大都護府慶州東嶺吐含山大華嚴宗佛國寺古今歷代諸賢繼創記」, 『佛國
寺誌(外)』(亞細亞文化社,1983), 43-91쪽.
36) 최선일, 앞의 논문(2003), 73-87쪽.

도12. 무염, 목조아미타여래좌상
1650년, 속초 신흥사

도13. 운혜, 목조지장보살좌상
1667년, 화순 쌍봉사

도14. 봉현, 목각도
1782년, 실상사 약수암(금산사성보박물관)

도15. 초변, 목조석가여래좌상
1706년, 영광 불갑사

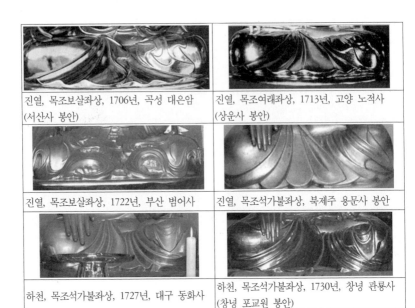

진열, 목조보살좌상, 1706년, 곡성 대은암 (서산사 봉안)	진열, 목조여래좌상, 1713년, 고양 노적사 (상운사 봉안)
진열, 목조보살좌상, 1722년, 부산 범어사	진열, 목조석가불좌상, 북제주 용문사 봉안
하천, 목조석가불좌상, 1727년, 대구 동화사	하천, 목조석가불좌상, 1730년, 창녕 관룡사 (창녕 포교원 봉안)

도16. 하반신의 대의 처리

도 속초 신흥사 목조아미타여래좌상(도12)과 색난 작 1684년 전라남도 강진 옥련사 목조석가여래좌상(강진 정수사 조성)과 비교하여 볼 때, 턱 선은 수평으로 깎아 방형을 이루고, 얼굴의 양미간이 넓으며, 눈두덩이 안으로 들어가지 않아 밋밋한 인상을 주고 있다. 특히 이전에 제작된 불 상에 비하여 어깨 폭이 좁아지고, 오른쪽 어깨에 걸친 대의자락이 가슴 까지 긴 물방울의 U자형으로 늘어져 있는 표현은 1667년 운혜의 전라남 도 화순 쌍봉사 목조지장보살좌상의 대의자락에 비하여 도식화가 이루 어졌다(도13). 이러한 긴 물방울의 U자형의 대의자락은 이후 진열의 계 보에 속하는 계심의 1779년 온양민속박물관 소장 목조대세지보살좌상 과 봉현의 1782년 실상사 약수암 목각도(도14) 및 1790년 화성 용주사 대웅전 목조아미타여래좌상에서 지속적으로 나타나고 있다. 이는 같은 시기에 활동한 색난의 제자인 楚卞과 夏天이 제작한 1706년 전라남도

도17. 상정, 목조여래좌상, 1755년, 양주 회암사

영광 불갑사 팔상전 목조석가여래좌상과 1730년 경상북도 창녕 포교당 목조석가여래좌상 등과 비교하면,[37] 오른쪽 어깨에 걸친 대의자락을 초생달 같이 처리한 것과 차이가 있다(도15).

한편 진열이 제작한 불상의 결가부좌한 다리를 덮은 대의 표현은 1706년 곡성 서산사 목조관음보살좌상에서 가장 안쪽의 대의자락이 S자형으로 처리되어 나머지 자락이 자연스럽게 늘어져 있는 반면, 1713년 고양 상운사 목조아미타여래좌상은 가장 안쪽의 대의자락이 활짝 펼쳐지고 잔잔한 물결이 일렁이듯 표현되었으며, 1722년 부산 범어사 목조보살좌상은 대의자락 위에 천의자락이 걸쳐져 복잡하게 표현되어 있다(도16). 이에 비하여 상정이 제작한 불상의 대의자락은 밑으로 내려오다가 바닥 면에서 대의 사이로 연봉우리가 나온 듯 역오메가(℧)형으로 처리되었다(도17). 이와 같은 대의 처리는 1782년 실상사 약수암 목각도의 본존(금산사박물관 소장), 호림박물관 소장 목조불감(도18),[38] 미국 금강산갤러리 소장 목조여래좌상

---

37) 김창균, 「거창·창녕 포교당 성보조사기」, 『聖寶』 4(大韓佛敎曹溪宗 聖寶保存委員會, 2002), 157-172쪽. 그러나 이 불상을 제작한 조각승들은 색난과 같이 1699년 개인소장 목조불감, 1700년 해남 성도암 조성 나한상을 제작한 一機와 1720년 순천 송광사 사천왕상의 개채(『曹溪山松廣寺史庫』 第2目 片史 중 1720년 庚子 四月 四天王重修改彩 참조)를 한 승려이다(최선일, 앞의 논문(2002), 137-155쪽 참조).

도18. 목조불감, 18세기 후반, 호림박물관

에서 볼 수 있다. 그러나 색난의 계보에 속하는 조각승이 제작한 불상의
특징인 왼쪽 무릎을 완전히 덮은 연봉우리형의 대의 처리는 진열이 제작
한 1713년 고양 상운사 목조아미타삼존불좌상에서만 나오고 있는데, 이
는 증명을 맞은 천기가 1684년 색난이 제작한 옥련사 목조석가여래좌상
(강진 정수사 조성)의 발원문을 쓸 정도로 색난 작 불상의 특징을 알고
있었기 때문일 가능성이 매우 높다.39) 이후 진열이 제작한 다른 불상이
더 조사된다면 이러한 특징이 나타나는 이유를 더 명확하게 이해할 수
있을 것이다. 진열 작 불상의 승각기 표현은 18세기 대부분 불상의 승각
기 상단에 연판형의 주름을 표현한 것에 비하여 진열이 제작한 기년명
불상 3점은 승각기를 수평이나 대각선으로 접은 표현만을 고수하고 있
다.

---

38) 최선일, 「湖林博物館소장 木造佛龕에 관한 연구」, 『미술사연구』 9(미술사연구회,
   1995), 333-338쪽.
39) 최선일, 앞의 논문(2000), 35-62쪽.

도19. 목조여래좌상
　　18세기 전반, 태백 장명사

도20. 목조여래좌상
　　18세기 전반, 개인 소장

　이제까지 진열과 그 계보의 조각승이 제작한 불상의 특징을 살펴보았다. 각 조각승의 양식적 특징을 바탕으로 제작연대를 알 수 없는 불상에 대한 접근을 시도해 보면, 고양 홍국사 목조아미타여래좌상, 태백 장명사 목조여래좌상(도19), 부안 내소사 지장암 목조아미타여래좌상, 순창 두암사 대모암 목조여래좌상, 개인 소장 목조여래좌상(도20) 등은 1713년 고양 상운사 목조아미타삼존불좌상과 비교하여, 전체적인 인상과 대의 처리 등이 동일하여 진열이 활동하던 18세기 전반에 제작된 것으로 추정된다. 그리고 남양주 홍국사 목조삼존불좌상, 목조지장보살좌상(도21), 서울 봉은사 목조여래좌상(도22) 등은 계초와 봉현 등이 제작한 목조여래좌상과 인상이나 대의 처리 등에서 유사성을 가져 18세기 후반에 제작된 것으로 보인다.

도21. 목조지장보살좌상
　　18세기 후반, 남양주 흥국사

도22. 목조여래좌상
　　18세기 후반, 서울 봉원사

Ⅳ. 맺음말

　　이상으로 조선후기, 18세기 활동한 조각승 중 상당한 영향력을 형성한 것으로 추정되는 진열과 그 계보의 조각승에 대하여 살펴보았다. 현재까지 공개된 자료의 한계로 인해 생몰연대와 그의 스승인 성심에 대한 구체적인 접근을 할 수 없었지만, 진열의 계보가 性沈(-1695-)→ 進悅(-1695-1722-)→ 太元(-1706-1748-)→ 尙淨(-1748-1771-)→ 戒初(-1748-1790-), 封珓으로 사제관계를 형성한 사실을 밝힐 수 있었다. 또한 18세기에 접어들면 불상의 제작보다는 중수와 개금이 조각승들의 주요 활동이 되었다. 이는 16세기 말의 임진왜란 동안에 소실된 사찰의 중창과 더불어 본격적인 불상의 제작이 17세기 전반부터 후반까지 이루어져 대부분 사찰에 불상을 조성할 필요가 없어지는 상황으로 접어들기 때문이다. 법당에 봉안된 불상은 불화와 달리 탈색이나 변형이 되지 않아 화재 등의 특별한 재해를 당하지 않는 한 불상을 새로 조성할 필요가 없어져 18세기 중반을 넘어가면 불상 제작이 급격히 줄어들게 된다.

　조각승 진열과 그 계보에 속하는 조각승의 활동지역은 전국에 걸쳐있지만, 발원문과 사적기 등 19개의 작업 지역을 보면, 호남이 12곳, 영남이 4곳, 경기 2곳, 강원 1곳으로 대부분 전라도를 중심으로 활동하였다. 뿐만 아니라 진열의 계보에 속하는 조각승 상정이 『佛國寺古今創記』에 "塗金良工 湖南 尙淨"으로 기록되었고, 계초와 봉현이 용주사 불상을 제작할 당시의 기록인 「諸人芳嘞」에 釋迦如來는 전라도 정읍 내장사 通政 戒初, 西方阿彌陀佛은 전라도 지리산 파근사 通政 奉絃으로 적혀 있다. 따라서 진열과 그 계보에 속하는 조각승들은 전라도를 중심으로 활동한 조각승으로 추정된다. 그럼에도 불구하고 진열이 조선후기 활동한 조각승 현진, 청헌, 무염, 운혜, 색난 등과 관련된 근거를 찾지 못한 것은 17세기 중반의 불상에 대한 체계적인 복장조사가 이루어지지 않았기 때문이다.

　앞으로 전국 사찰에 봉안된 조선후기 불상의 체계적인 조사가 이루어진다면 17세기 후반의 불상에서는 진열의 스승인 성심이, 18세기 중반에서는 태원과 상정이 제작한 불상이 발견될 것이다. 이러한 조사를 통하여 개별 조각승의 생애와 계보를 중심으로 한 조선후기 불상의 시기성과 변화과정이 명확해졌으면 한다.

제3장
18세기 중반 彫刻僧 尙淨의 활동과 佛像 硏究

I. 머리말

17～18세기는 우리나라 불교미술의 새로운 復興期라 할 수 있다. 16세기 말의 임진왜란과 정유재란 중에 滅失된 사찰의 중창과 중수가 17세기 전반부터 대규모로 이루어져 전각에 봉안될 불상, 불화, 범종 등이 꾸준히 제작되었기 때문이다. 특히, 이러한 불교미술품을 만든 僧侶匠人(이하 승장) 가운데 조선후기를 대표하는 佛畵僧, 鑄鐘匠, 彫刻僧들의 활동과 양식이 구체적으로 밝혀지고 있다.

승장에 대한 연구는 1990년대를 전후하여 주종장 思印과 불화승 義謙이 연구된 이후,[1] 15년 동안 개별 鑄鐘匠과 佛畵僧에 대한 접근이 꾸준히 이루어져 대부분 승장의 활동 시기와 양식적인 특징에 대한 접근이 이루어졌다.[2] 불상을 제작한 조각승은 2000년에 17세기 후반 활동한 色難(色蘭)의 연구가 진행된 이후 10여명이 연구되었다.[3] 그러나 개별 조

---

1) 安貴淑,「朝鮮後期 鑄鐘匠 思印比丘에 관한 硏究」,『佛敎美術』9(동국대학교 박물관, 1988), 128-181쪽; 安貴淑,「조선후기 佛畵僧의 계보와 義謙比丘에 대한 연구(상)」(『미술사연구』8, 1994), 63-137쪽과「조선후기 佛畵僧의 계보와 義謙比丘에 대한 연구(하)」(『미술사연구』9, 1995), 153-201쪽.
2) 화승연구에 대해서는 장희정,『조선후기 불화와 화사 연구』(일지사, 2003) 참조.
3) 김리나,「뉴욕 메트로폴리탄박물관의 조선시대 가섭존자상」,『美術資料』33(국립중앙박물관, 1982. 12), 59-65쪽; 崔宣一,「朝鮮後期 全羅道 彫刻僧 色難과 그 系

각승의 기년명 불상과 문헌자료를 통한 연구가 진행되고 있음에도 불구하고, 조각승의 계보와 개별 조각승의 불상 양식 및 변화과정에 대한 구체적인 연구는 이루어지지 못하였다.

최근 조선후기 불상의 改金이나 지정문화재 조사를 통하여 불상 내부에서 발견된 發願文이 공개되고 있으며, 이러한 새로운 문헌자료는 조선후기에 활동한 조각승의 계보와 불상 양식을 밝힐 수 있는 중요한 단서를 제공한다.[4]

필자는 조각승 色難을 연구하면서 여러 문헌자료에 조각승 尙淨이 활동한 내용과 그의 스승이나 제자로 추정되는 조각승들이 제작한 불상들이 남아있음을 알게 되었다. 2002년 9월 미술사학회 월례발표회에서 문헌자료를 중심으로 상정의 활동 시기와 불교조각사에서 차지하는 비중에 대하여 구체적으로 접근하였다.[5] 그러나 학계에 알려진 상정의 기년명 불상이 없어서 그의 불상 양식에 대하여 알 수 없었는데, 금년 경기도 문화재 지정조사를 계기로 상정이 제작한 두 구의 불상을 실견하였고, 사찰에서도 불상을 학계에 공개하여도 좋다는 허락을 받았다. 불상에서 발견된 발원문에는 제작 시기와 봉안처 등이 구체적으로 언급되어 있을 뿐만 아니라, 상정의 부모가 돌아가신지 얼마 되지 않았는지 부모의 이름 뒤에 靈駕라는 단어를 쓰고 있어 그의 俗姓을 알 수 있다. 더욱

譜」, 『미술사연구』 14(2000), 35-62쪽과 「日本 高麗美術館 所藏 朝鮮後期 木造三尊佛龕」, 『미술사연구』 16(2002), 137-155쪽.

4) 조선후기 활동한 조각승과 불교조각에 관해서는 崔宣一, 「朝鮮後期 彫刻僧의 활동과 佛像硏究」(홍익대학교 박사학위 청구논문, 2006. 8)을 참조할 만하다.

5) 필자는 조각승 尙淨을 2002년 9월 28일 한국미술사학회 제 131차 월례발표회를 통하여 학계에 소개하였다. 당시 상정은 18세기 중반에 전라도를 근거지로 경상도까지 활동한 승려로, 그의 스승과 제자 등이 제작한 불상이 남아있어 그가 조성한 불상 역시 조사될 것이라고 주장하였는데, 발표 시 몇 분의 연구자가 尙淨은 조각승이 아니라, 改金畵員일 뿐이라는 의견을 강력하게 제기하여 학계에 논문으로 발표하지 않았다.

이 상정과 관련된 조각승 進悅과 戒初, 奉玹(封玹) 등에 관한 연구가 진행되어 18세기 상정과 그 계보에 속하는 조각승이 제작한 불상의 변화과정까지 고찰할 수 있다.[6]

현재까지 상정과 관련된 단편적인 문헌기록은 1748년 전남 장흥 보림사와 전남 영광 불갑사, 1757년 전남 구례 화엄사, 1767년 경북 영주 부석사, 1771년 경북 김천 직지사 불상을 개금한 것이다. 따라서 최소한 그의 활동 시기는 1748년부터 1771년까지이다.

이 글에서는 상정이 제작한 불상과 발원문을 통하여 양식적인 특징을 살펴보고, 상정과 관련된 문헌기록을 중심으로 그의 활동 상황을 접근하여 보고자 한다. 그리고 상정과 같이 활동한 조각승들과 상호관련성을 밝히면서 그들이 제작한 기년명 불상과 비교하여 조각승별 불상 양식과 변화과정을 알아보고자 한다. 이러한 결과를 토대로 전국에 산재하는 불상 가운데 상정파에 의하여 제작된 것으로 추정되는 불상에 대하여 알아보고자 한다. 마지막으로 조선후기 불교조각사에서 상정과 그 계보에 속하는 조각승들이 차지하는 비중에 대하여 언급해 보겠다.

Ⅱ. 彫刻僧 尙淨의 紀年銘 佛像과 發願文

최근 경기도 지정문화재 조사를 통하여 조각승 尙淨(相淨, 常淨 : -1748-1771-)이 제작한 불상과 발원문을 경기도 양주 회암사와 부천 석왕사에서 조사할 수 있었다.[7]

---

6) 진열에 관해서는 崔宣一,「高陽 祥雲寺 木造阿彌陀三尊佛坐像과 彫刻僧 進悅」,『美術史學研究』244(2004. 12), 171-197쪽; 계초에 관해서는 崔宣一,「용주사 대웅보전 목조석가삼존불좌상과 조각승 - 戒初比丘를 중심으로」,『東岳學術史學』4(동악미술사학회, 2003), 73-87쪽.

7) 필자가 상정 관련 발표 시 개금화원이라고 주장하시던 한 분의 연구자는 상정이

1. 양주 회암사 봉안 목조여래좌상

회암사 영성전에 봉안된 목조여래좌상의 복장조사는 이전에 그 사찰 승려들에 의하여 이루어졌다. 불상 내부에서 발견된 발원문에 "發菩提願 施主 金氏貴眞 黃氏璧善 金貴瑞 金大惡只 李枝元 文九成 崔興金 尹貴益 彩松伏爲亡父柳之溫靈駕 尙淨伏爲亡父母張漢臣 金氏善業兩主 靈駕 尹乞伊 金守淨 兩主 金成大 兩主 朴世仁 兩主 劉進雄 尙運伏爲亡父母金善學兩主 靈駕 比丘 尙玄 智英 尙淨 見解 漢淨 王演 印和 費森 … 緣化秩 證明 聰眼 敬玉 持殿 瑞岸 誦呪 戒雄 說愚 演秀 樟匠 尙淨

도1. 상정, 목조여래좌상
1755년, 양주 회암사(창평 용흥사 상선
암 조성)

有淳 宇學 稱淑 供養主 雪覺 給侍 坦敏 戒禪 察心 來往 信贊 別座 彩松 化主 一還 性旻 等 歸依佛 歸依法 歸依僧 弟子 等 從於今日發此大心不爲自求人天福報緣覺聲聞乃至權乘諸位菩薩唯依最上乘發菩提心願與各各等現生父母師尊多生父母師尊久近先亡親緣眷屬廣及法界冤親非冤親一切衆生俱生淨土一時同得 不退轉於阿耨多羅三貌三菩提 乾隆二十乙亥年三月 日 昌平 龍興寺 上禪庵 設辦 書"이라 적혀 있다(도1).[8] 따라서 불상

제작한 부천 석왕사 보살상을 조사한 후에 조사보고서를 썼다(문명대, 「석왕사 목관음보살좌상(木觀音菩薩坐像)」, 2006년 경기도 문화재지정신청서 첨부자료).
8) 필자는 조각승 상정을 발표한 후에 고려대학교 대학원생으로부터 상정이 제작한 불상이 경기도 양주 회암사에 있다는 이야기를 전해 들었다. 월례발표회가 끝나

은 1755년에 창평 용흥사 상선암에 봉안하기 위하여 尙淨, 有淳, 宇學, 稱淑이 제작한 것을 알 수 있다. 창평 용흥사는 『梵宇攷』에 "在全羅南道 昌平(今入潭陽郡)龍龜山", 『伽藍考』에 "在縣北五十里", 1871년에 간행 된 『湖南邑誌』 昌平縣 寺刹條에 "용흥사는 龍龜山에 자리하며 宮의 願 堂으로 종이를 만드는 임무를 담당하였다"고 적혀 있다.[9] 현재 이 사찰 은 담양군 월산면 용흥리에 위치하고 있다.

목조여래좌상은 높이가 50.2㎝로, 조선후기 제작된 중소형불상이다. 불상은 약간 상체를 앞으로 내밀어 구부정한 자세로 얼굴과 앉은키의 비 례가 알맞은 편이다. 머리는 뾰족한 螺髮과 경계가 불분명한 肉髻로 표 현되었고, 육계 밑에는 머리 정상부에 반원형의 中央髻珠와 정수리 부위 에 원통형의 頂上髻珠가 있다. 타원형의 얼굴에 반쯤 뜬 눈은 눈꼬리가 약간 위로 올라갔고, 코는 콧날이 뾰족하며, 입에 살짝 미소를 머금고 있다. 따로 제작된 오른손과 왼손은 무릎 위에 가지런히 놓은 채 엄지와 중지를 둥글게 맞대어 阿彌陀手印을 취하고 있다.

바깥쪽에 걸친 대의는 오른쪽 어깨에 대의자락이 가슴까지 내려와 긴 물방울 같이 U자형을 이루고, 나머지 대의자락은 팔꿈치와 腹部를 지나 왼쪽 어깨로 넘어가고, 반대쪽 대의자락은 왼쪽 어깨를 완전히 덮고 내 려와 복부에서 편삼과 자연스럽게 접혀있다.[10] 특히 하반신을 덮은 대

고 일주일 후에 방문한 회암사에서 실견을 도와주신 스님이 먼저 조사한 연구자 가 발표할 때까지 불상에 대하여 공개를 하지 말 것을 당부하였기에 기존 논문에 서 봉안처를 밝히지 않았다. 상정이 제작한 불상을 조사할 수 있게 도와주신 석왕 사 영담 주지스님, 회암사 연홈 주지스님, 경기도청 문화정책과 송성근 선생님께 지면을 통하여 감사드리는 바이다.

9) 용흥사는 숙종 때 궁녀 崔福順이 이 절에서 기도하여 영조를 낳고 숙빈이 된 후, 절 이름을 龍興寺라 하고 산 이름을 夢聖山으로 고쳤다고 하나 1644년에 주조된 용흥사 동종에 '龍龜山 龍興寺'라는 명문이 남아있다.

10) 조선후기 불상의 대의처리는 정은우 선생님의 견해에 따라 변형통견과 변형우견 편단으로 보고자 한다. 정은우, 「高麗後期 佛敎彫刻 硏究」(홍익대학교 대학원 박 사학위청구논문, 2001), 64-68쪽.

도2. 목조여래좌상 측면   도3. 목조여래좌상 후면

의자락은 배 부분에서 늘어진 중앙의 옷자락이 S자형을 이루고, 옆으로 4~5겹으로 펼쳐져 대좌까지 길게 늘어진 옷자락 사이사이에 연봉오리가 튀어나온 것처럼 표현하였다. 이러한 표현은 이전에 제작된 紀年銘 불상에서 볼 수 없는 상정 작 불상의 특징이다. 대의 안쪽에 입은 僧脚崎는 가슴까지 올려 끈으로 묶어 상단에 주름이 眼象같이 표현되었다. 불상의 측면은 어깨선을 따라 두 가닥의 옷주름이 수직으로 내려오다가 앞자락에서 대각선 방향으로 한 가닥의 옷주름이 늘어져 人자형으로 접혀있다(도2). 불상 뒷면의 처리는 목둘레에 대의 끝단을 두르고, 왼쪽 어깨에 앞에서 넘어온 옷자락이 대좌 위까지 길게 늘어져 있는데, 가운데 두 가닥의 주름이 도식적으로 표현되었다(도3).

2. 부천 석왕사 봉안 목조보살좌상

석왕사에 봉안된 목조관음보살좌상 역시 이전에 사찰 승려들에 의하

여 복장조사가 이루어졌다. 발
견된 발원문에 "龍華庵觀音尊
上11)願文 證師 卓桂 誦呪 就悅
玄封 弘贊 … 金魚 尙淨 稱淑
畵師 色敏 定印 普心 … 願以
此功德 普及於一切 我等如12)
衆生 皆功13)成佛道乾隆二十年
乙亥四月造成奉安"이라 적혀
있다(도4). 따라서 관음상은
1755년 용화암에 봉안하기 위
하여 金魚 尙淨, 稱淑, 畵師 色
敏, 定印, 普心이 제작하였음을
알 수 있다. 현재까지 용화암이
어디라고 단정할 수 없지만, 조

도4. 상정, 목조보살좌상
1755년, 부천 석왕사(용화사 조성)

각승과 불화승이 공동으로 불상을 제작한 것은 이전 시기에는 매우 드문
일로, 18세기 중반부터 불화승들이 불상의 개금과 조성에 서서히 참여하
고 있는 현황을 단적으로 보여주는 자료이다. 불상 제작에 참여한 色敏
은 18세기 중반의 대표적인 불화승으로, 상정이 1757년 구례 화엄사 대
웅전 불상을 개금할 때에 後佛圖를 首畵僧 義鎌과 제작하였다.14)

---

11) 上은 像의 誤記이다.
12) 如는 與의 誤記이다.
13) 功은 共의 誤記이다.
14) 색민(色敏, 色旻, 嗇旻 : -1741-1772-)은 白月堂으로, 18세기 중반의 의겸파에 속
하는 불화승이다. 1741년 수화승 玲眼과 곡성 도림사 신덕암 지장시왕도(順天 仙
巖寺 所藏)를 제작한 후, 수화승 義謙(義兼)과 1745년 나주 다보사 괘불도와
1749년 부안 개암사 괘불도, 1757년 화엄사 대웅전 후불도 등을 제작하였다. 또
한 1750년부터 수화승이 되어 장흥, 구례, 보성 등의 사찰에 불화를 제작한 것으
로 보아 전라남도를 중심으로 활동하였음을 알 수 있다. 현존하는 작품은 대략

목조관음보살좌상은 높이가 48㎝, 무릎 폭이 31㎝인 조선후기 중소형 보살상이다. 보살상은 화려하게 장식된 커다란 보관을 쓰고, 상체를 약간 앞으로 내밀어 구부정한 자세를 취하고 있다. 보관 중앙에는 화려하게 장식된 火焰文과 花文이 장식되어 있다. 보살상은 타원형의 얼굴에 눈꼬리가 약간 위로 올라간 반쯤 뜬 눈과 원통형의 코, 그리고 살짝 미소를 머금은 입이 특징적이다. 手印은 따로 제작된 손을 손목에 끼워 넣었으며, 오른손은 엄지와 중지를 둥글게 맞댄 中品下生印을 취하고 있다.

바깥쪽에 걸친 대의는 變形右肩偏袒으로, 오른쪽 어깨에 대의자락이 가슴까지 내려와 물방울 같이 U자형을 이룬다. 나머지 대의자락은 팔꿈치와 腹部를 지나 왼쪽 어깨로 넘어가고, 반대쪽 대의자락은 왼쪽 어깨를 완전히 덮고 내려와 복부에서 편삼과 자연스럽게 접혀있다. 하반신을

도5. 목조보살좌상 측면

도6. 목조보살좌상 후면

20여점이고, 여러 사찰의 사적기에 그에 관한 기록이 남아있다(필자 조사).

덮은 대의자락은 배 부분에서 늘어진 중앙의 옷자락이 S자형을 이루고, 옆으로 다섯 가닥으로 펼쳐져 대좌까지 길게 늘어져 마치 끝자락 사이사이에 연봉오리가 튀어나온 것 같이 표현하였다. 僧脚崎는 가슴에서 수평으로 묶어 상단 중앙에 眼象같은 마름모꼴 주름을 중심으로 자연스럽게 좌우대칭을 이룬다. 보살상의 측면은 어깨선을 따라 두 가닥의 옷 주름이 수직으로 내려와 끝자락이 U자형을 이루고, 그 밑으로 한 가닥의 주름이 접혀있다(도5). 보살상의 뒷면은 목 주위에 대의 끝단을 두르고, 왼쪽 어깨에 앞에서 넘어온 오른쪽 대의 끝자락이 엉덩이까지 늘어져 있는데, 회암사 목조여래좌상의 뒷면의 옷주름보다 더 자연스럽고 부드럽게 늘어져 있다(도6).

Ⅲ. 彫刻僧 尙淨의 活動

조각승 상정의 생애와 僧匠이 된 배경에 대한 기록은 전해지고 있지 않으며 그에 관한 문헌 기록을 통하여 활동 시기와 내용 등에 대한 접근이 가능할 뿐이다. 조각승 尙淨에 관련되어 조사된 문헌기록은 여덟 건으로, 불상에서 발견된 발원문 두 건과 사적기 내용 여섯 건이 알려졌다(표1 참조).

표1에서 보듯이 조각승 尙淨이 태어난 때와 僧匠이 된 배경에 대한 내용은 없다. 그러나 尙淨이 개금한 불상에서 발견된 發願文과 단편적인 문헌기록을 통하여 활동 시기와 계보를 밝히는 것이 가능하다.

상정과 관련된 가장 빠른 기록은 1748년 장흥 보림사 신법당 불상(자료1)과 영광 불갑사 목조삼세불좌상을 개금한 내용으로, 尙淨이 수화승 太元과 작업하여 그의 계보를 알 수 있다.[15) 이 문헌들은 尙淨을 相淨 또는 常淨으로 표기하였으나, 이러한 차이는 조선후기 불화와 비석 등에

표1. 尙淨 관련 문헌기록

연대	지역	사찰명	작업내용	조 각 승	發願文과 奉安處	비고
1748	전남 장흥	보림사	신법당 불상 개금	金魚 太元 相淨 …	『寶林寺重修記』	자료 1)
	전남 영광	불갑사	대웅전 삼세불 개금	畵員 太元 常淨 宇允	「改金腹藏記」	註 15)
1755	전남 창평	용흥사 상선암	목조여래좌상 조성	梓匠 尙淨 有淳 宇學 稱淑	發願文 경기도 양주 회암사 봉안	圖 1~3
1755		용화암	목조보살좌상 조성	金魚 尙淨 稱淑 畵師 色敏 定印 善心	發願文 경기도 부천 석왕사 봉안	圖 4~6
1757	전남 구례	화엄사	대웅전 삼존불 개금	改金畵員 尙淨 戒初	『華嚴寺事蹟記』	자료 2)
1767	경북 영주	부석사	무량수전 미타존상 개금	畵工 尙淨 稱淑 宇允 …	「無量壽殿彌陀尊 像改金記」	자료 3)
1769	경북 경주	불국사	대웅전 삼존과 관음 전 독존 개금	塗金良工 湖南尙 淨	『佛國寺古今創記』	자료 4)
1771	경북 김천	직지사	불상 개금	畵員 尙淨 戒心 羽學 …	「直指寺佛像改金 施主秩」	자료 5)

서 흔히 볼 수 있다.16) 尙淨은 1755년에 회암사에 봉안된 목조여래좌상
을 有淳, 宇學, 稱淑과 함께 제작하였고, 부천 석왕사에 봉안된 목조보살
좌상을 稱淑, 色敏 등과 함께 만들었다. 또 1757년에 碧巖 覺性(1575~
1660)이 1630년 중건한 구례 화엄사 대웅전에 봉안된 삼존불을 戒初와

---

15) 主佛三改金序記 奥昔天啓三年 癸亥新造成矣□ 至乾隆八年癸亥四月日二次改金
而于時神祇不護小有未安安之 … 緣化秩 證明 玄眼 同參大禪師 竺桂 震和 持殿
察□ 通呪 義淨 敏浩 畵員 太元 常淨 宇允…; 동국대학교 박물관, 『靈光 母岳山
佛甲寺』(2001), 40쪽 註76 재인용.

16) 이 문헌들에는 尙淨을 常淨, 相淨으로 표기한 것은 발원문이나 비문을 각자가 직
접 쓰는 것이 아니기 때문에 약간 다른 표기의 한문이 조선후기 문헌에는 흔히
나타나고 있다. 예를 들어 조선후기 조각승에서도 色難을 色蘭으로, 釋俊을 碩俊
으로, 行坦을 幸坦이라 하였다. 崔宣一, 「朝鮮後期 全羅道 彫刻僧 色難과 그 系
譜」, 58쪽 표 3) 참조.

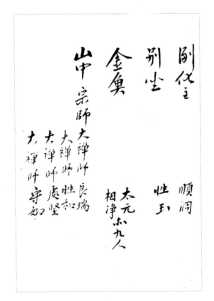

자료1. 불상 개금기록
1748년, 『寶林寺重創記』

자료2. 불상 개금기록
1757년, 「海東湖南道大華嚴寺事蹟」

같이 개금하였다(자료2). 이 때 대웅전 중수, 불상 개금, 후불탱화 조성 등이 동시에 이루어졌는데, 이 佛事에 참여한 승려로는 證明에 大禪師 處寬, 片手에 快演, 佛畵에 義謙 등으로 당대 최고의 지위에 있던 승려들 이다. 따라서 불상을 개금한 상정도 이들 정도의 지위와 명성을 지녔던 승려로 추정할 수 있다.17) 대웅전 불상은 현존하는 조선후기 대표적인 대형불상으로 사적기에 2명의 조각승이 개금한 것으로 언급되어 있지 만, 최소한 십여 명의 조각승들이 참여하였을 것이다. 이는 1780년 봉선 사 대웅전 불상 개금에 17명의 조각승들이 동원된 예를 보아도 알 수

---

17) 英祖大王三十三年丁丑華嚴寺大雄殿重修兼三尊佛改金及後佛幀三軸成 施主引勸 及改金 後佛證師 大禪師處寬 學贊 攝心 卓戒 改金畵員 尙淨 戒初 金魚 義謙 色敏 會密 定心 道還 大法堂木手 快演 定心 太性 大化士 覺禪 慈眼 禪宇 淨明 致安 改金化士 最華 智敏;「海東湖南道大華嚴寺事蹟」,『佛教學報』6(東國大學 校 佛教文化研究所, 1969), 211쪽.

供	養	主				
會軒	清梅	海鵬	懶鳫	良洽	可祥	會宗
畫	工	秩				
尙淨	稱淑	宇允	亘葉	永一	最善	振浩
宗戒	富日	來徃	宇心	禪嘗	淨楠	叔賢
負木	尙演					
引	勸	化	主			
綻宙	雷玉	處閑	弘信	法還		

자료3. 불상 개금, 1767년, 「無量壽殿彌陀尊像改金記」

자료5. 불상 개금기록, 1771년, 「直指寺佛像改金施主秩」

자료4. 불상 개금기록, 1769년, 『佛國寺古今創記』

있다.18) 상정은 의겸이 제작한 불화에 돌아가신 부모를 추모하면서 시주를 하였다. 이후 그는 영남 지역으로 넘어가 1767년 경상북도 영주 부석사 무량수전 아미타불상을 稱淑 등과 개금하고(자료3),19) 1769년 경상북도 경주 불국사 대웅전 삼존과 관음전 독존을 개금하였다. 특히 불국사 불상 개금 시의 사적기에 "塗金良工 湖南 尙淨"으로 언급되어 尙淨

---

18) 韓國學文獻研究所, 『奉先寺本末寺誌』(亞細亞文化社, 1977), 19쪽.

19) … 畫工秩 尙淨 稱淑 宇允 亘葉 永一 最善 振浩 宗戒 富日… (「無量壽殿彌陀尊像改金記」); 「浮石寺資料」, 『불교미술』 3(동국대학교박물관, 1977), 63-67쪽.

이 전라도에서 거주하였던 승려임을 알 수 있다(자료4).[20] 상정에 대한 마지막 기록은 1771년 김천 직지사 불상을 戒心 등과 개금한 내용이다 (자료5).[21]

지금까지 알려진 발원문과 사적기를 중심으로 尙淨의 생애를 살펴보면, 1700년 전후에 태어난 상정은 1730년대 보조화승으로 활약한 후, 1748년 보림사와 불갑사 불상을 太元과 개금하고, 1757년 구례 화엄사 불상의 개금을 首畵僧으로 진행하였으며, 이후 경상도의 주요 사찰에 봉안된 불상을 중수·개금한 것으로 보아 전국적인 명성을 인정받았음을 알 수 있다. 따라서 尙淨은 太元과 밀접한 관련을 가지고, 18세기 중반에 전라도를 중심으로 경상도까지 활동한 조각승임을 알 수 있다.

Ⅳ. 彫刻僧 尙淨의 系譜와 佛像 樣式

조각승 상정이 제작한 紀年銘 불상과 관련된 문헌기록을 중심으로 그의 생애에 대한 접근을 시도하여 보았다. 상정과 함께 불상을 제작한 조각승들을 중심으로 상정파의 계보를 살펴보고자 한다. 그리고 상정파에 속하는 조각승들의 기년명 불상을 중심으로 불상양식과 변화과정을 밝혀보겠다.

---

20) 乾隆三十四年乙丑五月十三日大雄殿三尊觀音殿獨尊改金重修迦葉阿難信畵成大雄 殿後佛帳帝釋天龍會成造大化主凌虛堂宇定大禪師塗金良工湖南尙淨畵幀良工本 寺有成等二三人改金大施主通政……; 韓國學文獻硏究所, 「慶尙道江左大都護府 慶州東嶺吐含山大華嚴宗佛國寺古今歷代諸賢繼創記」, 『佛國寺誌(外)』(亞細亞文 化社, 1983), 89쪽.

21) 韓國學文獻硏究所, 「直指寺佛像改金施主秩」, 『直指寺誌』(亞細亞文化社, 1980), 417쪽.

1. 조각승 상정파의 계보

彫刻僧 尙淨과 관련된 발원문과 사적기를 통하여 상정파 조각승을 정리하여 보면 표2와 같다.

표 2. 상정과 그 계보에 속하는 조각승의 문헌기록

제작 연대	제작 지역	제작 사찰	작업 내용	조 각 승	현존 유무	비 고
1695	전북 부안	백련사	보처보살, 나한상 제작	畵員 性沈 … 進 悅 …	○	「發願文」 전북 전주 서고사 봉안
1706	전남 곡성	관음사 대은암	관음보살좌상 제 작	畵員 進悅 太元 …	○	「發願文」 전남 곡성 서산사 봉안
1713	경기 고양	노적사	극락보전 목조아 미타삼존불좌상 조성	畵員 進悅 靈熙 太元 … 淸徽	○	「改金腹藏記」 경기 고양 상운사 봉안
1719	전남 남평	운흥사	목조지장보살상 개금 시왕상 개채	畵員 進悅 太元 … 道眼 …	○	「改金腹藏記」 전남 목포 달성사 봉안
1722	부산	범어사	비로전, 관음전 비 로자나불 개금과 관음보살좌상 제작	畵員 進悅 … … 淸徽	○	「發願文」과 事蹟記
1728	강원 춘천	청평사	삼존불 조성	畵工 太元 道眼 외2인	×	「淸平寺事蹟記」 (『楡岾寺本末寺誌』)
1748	전남 장흥	보림사	신법당 개금	金魚 太元 相淨 외9인	×	『寶林寺重修記』
1748	전남 영광	불갑사	대웅전 삼존불 개금	畵員 太元 常淨 宇允	○	「改金腹藏記」
1754	전남 옥과	관음사	목조관음보살좌상 제작	良工片手 戒初 有 淳 稱淑 宇學 等海	○	發願文 전남 곡성 수도암 봉안
1755	전남 담양	용흥사	목조여래좌상 제작	樺匠 尙淨 有淳 宇學 稱淑	○	發願文 경기 양주 회암사 봉안
1755		용화암	목조보살좌상 제작	金魚 尙淨 稱淑 畵師 色敏 定印 普心	○	發願文 경기 부천 석왕사 봉안
1757	전남 구례	화엄사	대웅전 삼존불 개금	改金畵員 尙淨 戒 初	○	『華嚴寺事蹟記』

1767	경북 영주	부석사	무량수전 미타존상 개금	畵工 尙淨 稱淑 宇允 亘葉 ……	○	『無量壽殿彌陀尊像改金記』
1769	경북 경주	불국사	대웅전 삼존과 관음전 독존 개금	塗金良工 湖南 尙淨	○	『佛國寺古今創記』
1771	경북 김천	직지사	불상 개금	畵員 尙淨 戒心 羽學 ……	○	「直指寺佛像改金施主秩」
1779	전북 정읍	원적암	아미타, 관음 조성 선운사 백련암 봉안	畵士 默讓堂 戒心 幸安 天民 世瓘 融鑑	○	「改金腹藏記」 온양민속박물관 소장
1780	전남 장흥	보림사	천왕 개금	首畵員 戒心 稱淑	○	『寶林寺重創記』
			금강, 문수, 보현 제작	聖民 處禪 외 30인	×	
1782	전북 남원	실상사 약수암	목각탱 제작	畵□ 封玹 儀弘 廣海 性□ 桂永 …	○	畵記
1787	전북 정읍	선운사	대웅전, 장륙전 불상 개금	畵員 戒心 幸安 自寬 天定 封玹 □□ □□ 戒岑 融鑑 允溢 允奇	○	「禪雲寺大法堂丈六殿八相殿改金各帖重修記」
1787	전남 장흥	보림사		造像 聖旻	×	「수동암중건기」
1790	경기 화성	용주사	대웅전 삼존불 조성	畵員 奉紋 尙植 戒初	○	「本寺諸般書畵造作等諸人芳啣」과 닷집 발견 願文

　　상정의 스승이나 선배로 여겨지는 승려들을 살펴보면 우선 조각승 太元이 주목된다. 그는 1748년 상정과 장흥 보림사와 불갑사와 영광 불갑사 불상을 개금하는데, 상정보다 먼저 언급되어 있는 것을 보면 스승이나 선배일 것으로 추정된다. 그런데 태원은 이보다 앞선 시기 수화승 進悅과 함께 1713년에 경기도 북한산 고양시 노적사 극락보전 목조아미타삼존상을 제작하고,22) 1719년에 전라남도 남평 운흥사 목조지장보살좌

---

22) 康熙五十二年癸巳自七月初五日始役於至八月人初六日畢大成功也奉安干露積寺極樂寶殿主補陀蓮臺也于造成處則北寺別室也 緣化秩 證明 天機比丘 持殿 宗辨比丘 畵員 進悅比丘 靈熙比丘 太元比丘 處林比丘 淸徽比丘 …(『北漢山의 佛敎遺

상을 개금하면서 시왕상을 改彩하였다.[23) 태원은 1728년 수화승으로 강
원도 춘천 청평사 불상을 道眼 외 2인과 개금하였다.[24) 현재까지 태원이
수화승으로 제작한 불상은 조사되지 않았지만, 그의 활동이 18세기 전반
에 집중되어 상정의 활동 시기보다 30여 년 빠른 것으로 보아 상정의
스승일 것으로 추정된다.

상정파 조각승 중에 가장 중요한 인물은 1757년 화엄사 대웅전 불상
을 같이 개금한 戒初로, 1790년 정조에 의하여 발원된 용주사 대웅전
삼존불 중에 본존불인 석가불을 제작한 승려이다.[25) 매우 흥미롭게도
용주사 대웅전 삼존불은 세 지역의 승려가 모여 제작하였는데, 이러한
내용은 「本寺諸般書畵造作等諸人芳啣」이나 대웅전 닫집에서 발견된 「三
世像願文」 등에 적혀있다.[26) 특히, 「本寺諸般書畵造作等諸人芳啣」에 계
초가 전라도 정읍 내장사에 거주하는 통정의 벼슬을 가진 승려로 표기되
어 있다. 따라서 1757년 화엄사 대웅전 불상을 개금 당시에 次畵僧으로
언급된 때를 중년기로 본다면 용주사 불상을 제작할 때에는 나이가 상당
히 많았을 것으로 여겨진다. 뿐만 아니라 용주사 삼존불 가운데 아미타
불을 제작한 奉絃(封玹)이 상정과 함께 작업한 史料는 조사되지는 않았

蹟』, 176-177쪽). 조각승 진열에 관해서는 註5)참조.

23) 康熙五十八年己亥八月日□□ 海東朝鮮國全羅左道 南平縣南嶺德龍山雲興寺 …
   畵員秩 進悅 太元 玉楚 守英 道眼 □遠 …(「十王重修願文」)

24) 擁正六黃猿之年季春之月 佛像三尊造成 證明 □白 持殿性規 畵員 太元 道眼 (外
   二人) … : 韓國學文獻研究所, 「淸平寺事蹟記」, 『楡岾寺本末寺誌』(亞細亞文化社,
   1977), 719쪽.

25) 조각승 계초에 관해서는 註6)를 참조하기 바란다.

26) "… 極樂大願觀音菩薩造成彫刻畵員 觀虛堂 雪訓 西方阿彌陀佛造成彫刻畵員全
   羅道智異山波根寺 通政大夫 奉絃 東方藥師如來造成彫刻畵員江原道杆城乾鳳寺
   通政大夫 尙植 釋迦如來造成彫刻畵員全羅道井邑內藏寺承傳 通政大夫 戒初 …"
   (「本寺諸般書畵造作等諸人芳啣」, 『畿內寺院誌』(경기도, 1988), 351-352쪽). 그러
   나 대웅전 닫집에서 발견된 三世像의 願文에는 "聖上之十三年乙酉十月七日 …
   尙戒 雪訓 戒初 奉玹 等二十僧造像 …"(위의 책, 341쪽)이라 적혀 있어 두 문헌
   이 조각승을 尙植과 尙戒로 다르게 표기하고 있다.

으나, 아마도 상정의 계보에 속하는 조각승 戒心과 함께 활동한 기록이 남아 있는 점을 보면 그 역시 상정과 관련된 조각승으로 여겨진다.

상정의 후배이거나 제자로 추정되는 조각승 가운데 가장 많은 문헌이 남아 있는 승려는 戒心이다. 계심은 경상북도 김천 직지사 불상을 1771년에 尙淨, 羽學, 震頹, 允幸, 枓熏, 敎願, 喜淨 등과 같이 개금하고,[27] 1780년에 전라남도 장흥 보림사 천왕상을 개금했으며 금강, 문수, 보현을 稱淑, 聖民, 震禪 등 30인과 같이 제작하였다.[28] 1780년부터 계심이 독자적인 집단을 거느리고 불상을 제작한 사실에 비추어볼 때, 계심은 당시에는 상정으로부터 독립하였거나 상정이 이미 입적한 것으로 추정된다. 특히 계심은 온양민속박물관 소장 목조대세지보살좌상의 발원문을 통하여 이 상을 제작하였음을 알 수 있다. 발원문에 보면 "건륭 44년 (戌戌) 6월 무장 선운사 백련암에 있는 아미타존상과 대세지보살을 정읍 내장산 원적암에서 새로 만들었다. (그런데 이 곳은) 성전에 있는 치성광여래와 일월양대획와 칠성불을 새로 만든 곳이다. 그리고 관음존상은 다만 금칠만 했는데 이미 흠이 있기 때문이다 …"라고 적혀있다.[29] 이 불상은 1779년 戒心, 幸安, 天民, 世瓛, 融鑒이 함께 제작하였는데, 발원문 내용 중 계심이 전라북도 정읍 내장산 원적암에서 불상을 제작한 것을 보면, 그가 주로 활동한 지역이 현재 전라북도 지역임을 알 수 있다. 또

---

27) 「直指寺佛像改金施主秩」, 『直指寺誌』(亞細亞文化社, 1980).

28) "天王金剛文殊普賢 諸位尊相壞破之重新年月日記 … 首畫員 戒心 禰淑 聖民 震禪 等 30人 供養主 勝仁 致明 六色掌合 20餘人 冶匠 朴再春 助役 淸玉 法玄 誦呪 在閑 采訓 淨宇 祐寬 勝彦 平一 宇一等 9人 持殿 性悟 奉鏡 敬訓 …"(『寶林寺重創記』, 169-172쪽(原文)).

29) "乾隆四十四年戌戌閏六月日 茂長禪雲寺白蓮庵阿彌陀尊像大勢至菩薩 新成於井邑內藏山圓寂庵聖殿熾盛光如來 日月兩卉及七星佛新成所 而觀音尊像 但改金 則曾有故也 敬安于本庵蓮花寶座 化主別座等 … 證明 定坡堂 瑞和 畵師 默讓堂 戒心 幸安 天民 世瓛 融鑑 …"; 柳龍桓, 「腹藏遺物의 實證的 研究 - 大勢至菩薩像의 腹藏과 儀軌의 比較」, 『1302年 阿彌陀腹藏物의 調査研究』, 溫陽民俗博物館 (1991), 246-247쪽.

한 계심 앞에 默讃堂이라는 堂號를 사용한 것을 보면, 그가 상당한 지위와 인품을 지녔던 승려였음을 알 수 있다.

온양민속박물관 대세지보살에서 발견된 발원문은 조선후기 불상 제작에 중요한 두 가지 사실을 알려 준다. 하나는 이제까지 조선후기 불상은 대부분 봉안하는 사찰에서 제작한 것으로 추정하였지만, 경우에 따라서는 조각승이 거주하던 사찰에서 만들어 봉안처로 옮겼음을 알려주고 있다. 다른 하나는 조선후기 사찰에 봉안된 불상이 모두 동일한 시기에 같은 조각승이 제작한 것으로 추정하였지만, 발원문에 보면 아미타불와 대세지보살은 새로 제작하고, 관음보살은 있던 것을 개금하였다는 것을 보면 다른 시기에 제작된 불상을 함께 봉안하는 경우도 있음을 알 수 있다.

이외에도 상정파에 속하는 조각승으로 稱淑을 들 수 있다. 그는 상정을 수화승으로 1755년 양주 회암사 목조여래좌상(담양 용흥사 제작)과 부천 석왕사 목조관음보살좌상(용화사 제작)을 제작하고, 1767년 영주 부석사 무량수전 미타불을 개금하였으며, 1780년 장흥 보림사 천왕 등을 戒初, 聖旻(聖民), 處禪과 주도적으로 제작하면서 천왕금강중신공덕에 발원자로 참여하였다.[30] 한편 聖旻은 1787년 장흥 보림사에서 불상을 제작한 기록이 남아있어 칭숙과 더불어 장흥 보림사와 밀접한 관련을 가졌던 승려로 계초와 계심 등이 모두 동년배일 가능성이 있다.[31] 宇允은 1748년 영광 불갑사 대웅전 삼존불과 1767년 영주 부석사 무량수전 미타불을 개금한 것을 보면 상정의 제자보다는 후배일 가능성이 높다.

현재까지 상정의 선배와 후배로 추정되는 조각승들의 기년명 불상이 조사된 예가 많지 않지만, 18세기 중반 이후의 불상에 대한 체계적인 조

---

30) 「寶林寺天王金剛重新功德記」, 『가지산 보림사』(국립목포대학교 박물관, 1995), 110쪽과 고경 감수, 김희태·최인선·양기수 譯註, 『역주 보림사 중창기』(장흥문화원, 2001), 105쪽.

31) … 造像 聖旻 等 三人 …(「水東庵重建記」, 『寶林寺重創記』, 174-178쪽).

사가 이루어진다면 앞으로 그들이 수화승으로 제작한 기년명 불상이 발견될 가능성은 매우 높다.

2. 상정파의 불상 양식과 변화과정

조선후기 불상 가운데 발원문과 사적기를 통해 제작연대를 알 수 있는 불상은 200여 점에 이른다. 이 가운데 상정이 수화승으로 제작한 불상은 여래상과 보살상이 한 점씩 조사되었다. 상정이 제작한 불상은 조선후기 불상의 전형성을 따르면서도 얼굴과 대의 처리 등에서 다른 조각승이 제작한 불상과 차이가 있다.

18세기 중반에 활동한 尙淨이 제작한 불상은 1651년 無染의 속초 신흥사 목조아미타여래좌상(도7a), 1667년 雲惠(雲慧)의 화순 쌍봉사 목조지장보살좌상(도7b), 1684년 色難(色蘭)의 강진 옥련사 목조석가여래좌상(도7c, 강진 정수사 제작)과 불상 양식에서 차이가 있다. 우선 얼굴형에서 상정이 제작한 불상은 턱선을 둥글게 처리하여 타원형이고, 양미간이 좁으며, 耳目口鼻가 오밀조밀하여 강한 인상을 주고 있다. 신체비례에서는 1755년 회암사 목조아미타여래좌상(도7e; 고 50cm, 견폭 24cm, 슬폭 36cm)은 1: 0.48: 0.72이고, 부천 석왕사 목조관음보살좌상(도7f; 고 48cm, 견폭 21cm, 슬폭 31cm)은 1: 0.43: 0.64으로 여래상이 보살상에 비하여 어깨와 무릎 너비가 넓다. 이러한 신체비례는 조선후기 목조불상 높이와 무릎 너비가 1: 0.65-0.75 사이인 것을 보면 거의 유사한 신체비례를 따르고 있음을 알 수 있다. 17세기 중반에서 18세기 후반의 대표적인 불상들을 살펴보면, 신체가 가늘고 긴 형태에서 짧고 다부진 형태로 변화되었다(도7). 그리고 불상의 크기가 중형에서 소형으로 바뀌는 것은 봉안하는 전각과 밀접한 관련성이 있다.

상정이 제작한 불상은 오른쪽 어깨에 걸친 대의자락이 긴 물방울 모양으로 가슴까지 길게 늘어져 있다(도8d). 이러한 긴 물방울의 U자형의

a. 무염, 목조아미타여래좌상, 1651년, 속초 신흥사	b. 운혜, 목조지장보살좌상, 1667년, 화순 쌍봉사	c. 색난, 목조석가여래좌상, 1684년, 강진 옥련사 (강진 정수사 제작)	d. 진열, 목조여래좌상, 1713년, 고양 상운사(고양 노적사 제작)
e. 상정, 목조아미타여래좌상, 1755년, 양주 회암사(창평 용흥사 제작)	f. 상정, 목조관음보살좌상, 1775년, 부천 석왕사(용화암 제작)	g. 봉현, 목각탱, 1782년, 남원 실상사 약수암	h. 계초, 목조석가여래좌상, 1790년, 화성 용주사

도7. 17-18세기 기년명 불상

대의 자락은 進悅이 제작한 1705년 곡성 서산사 목조보살좌상이나 1713년 고양 상운사 목조여래좌상을 따르고 있다(도8c). 그리고 상정의 제자인 戒心이 1779년 제작한 온양민속박물관 목조대세지보살좌상(도9), 奉玹(封玹)이 1782년에 제작한 남원 실상사 약수암 목각도(도8e)와 1790년 화성 용주사 대웅전 목조아미타여래좌상에 그대로 반영되었다(도8f). 이와 달리 戒初는 불상마다 대의자락이 다르게 나타난다. 1754년 곡성 수도암 봉안 보살상은 안쪽 대의자락이 직선으로 내려와 딱딱한 느낌을 주지만(도10), 1790년 화성 용주사 석가불은 한 가닥의 주름이 넓게 펼쳐지면서 끝 부분이 물결모양으로 늘어져 있다(도11). 이러한 대의자락이

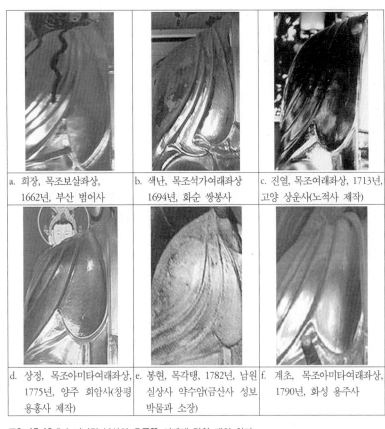

a. 희장, 목조보살좌상, 1662년, 부산 범어사	b. 색난, 목조석가여래좌상 1694년, 화순 쌍봉사	c. 진열, 목조여래좌상, 1713년, 고양 상운사(노적사 제작)
d. 상정, 목조아미타여래좌상, 1775년, 양주 회암사(창평 용흥사 제작)	e. 봉현, 목각탱, 1782년, 남원 실상사 약수암(금산사 성보 박물관 소장)	f. 계초, 목조아미타여래좌상, 1790년, 화성 용주사

도8. 17-18세기 기년명 불상의 오른쪽 어깨에 걸친 대의 처리

표현된 17세기 불상으로는 熙藏이 제작한 1653년 고흥 능가사 목조여래 좌상(도12), 1662년 부산 범어사 목조석가삼존불좌상에서 V자형을 이루 고 있는 것과 유사성이 있다(도13). 이와 달리 색난이 제작한 불상은 오 른쪽 어깨에 걸친 대의 자락이 초생 달같이 늘어져 있는 것이 특징으로, 색난의 제자인 楚卞과 夏天이 제작한 1706년 영광 불갑사 팔상전 목조 석가여래좌상과 1727년 대구 동화사 목조석가여래좌상 등에 그대로 나 타난다(도14).

도9. 계심, 목조대세지보살좌상
1779년, 온양민속박물관 소장

도10. 계초, 목조관음보살좌상
1754년, 곡성 수도암(곡성 관음사 조성)

도11. 계초, 목조석가여래좌상
1790년, 화성 용주사

도12. 희장, 목조여래좌상
1653년, 고흥 능가사(고흥 불대사 조성)

도13. 희장, 목조석가여래좌상
1662년, 부산 범어사

도14. 하천, 목조석가여래좌상
1727년, 대구 동화사

도15. 진열, 목조관음보살좌상
1706년, 곡성 서산사(대은암 조성)

도16. 목조여래좌상
18세기 후반, 미국 금강산갤러리 소장

한편 상정이 제작한 불상의 대의 자
락은 밑으로 내려오다가 바닥 면에
서 대의 사이로 연봉우리가 나온 듯
옷주름이 접혀져 있다. 그러나 진열
은 1706년 곡성 서산사 목조관음보
살좌상에서 가장 안쪽의 대의 자락
이 S자형으로 처리되어 나머지 자락
이 자연스럽게 늘어져 있는 반면(도
15), 1713년 고양 상운사 목조아미
타여래좌상에서는 가장 안쪽의 옷자
락이 활짝 펼쳐져 잔잔한 물결이 일
렁이듯 표현되었고(도8c), 1722년 부
산 범어사 목조관음보살좌상은 대의
자락 위에 천의자락이 걸쳐져 복잡

도17. 목조불감
18세기 후반, 호림박물관 소장

하게 엉켜져 있다. 조선후기 불상 가운데 대의자락 사이사이에 연봉우리
가 피어오르듯 유려하게 표현된 불상으로는 1782년 봉현이 제작한 남원
실상사 약수암 목각탱의 본존상을 들 수 있다(도7g). 이외에도 미국 금강
산갤러리 소장 목조여래좌상(도16),[32] 호림박물관 소장 목조불감(도17
),[33] 순천 선암사 불조전 목조여래좌상(1구) 등이 있다.[34]

　　상정도 진열과 마찬가지로 색난파 불상 양식의 가장 큰 특징인 왼쪽

32) *Korean Fine Art Gallery Gum Gang San*, NJ. Gum Gang San, 圖 32-33과 최선일,
　　「용주사 대웅보전 목조석가삼존불좌상과 조각승 - 戒初比丘를 중심으로」, 84쪽
　　圖版 17.
33) 崔宣一, 「湖林博物館 소장 조선후기 木造佛龕」, 『미술사연구』 9(1995), 333-342
　　쪽.
34) 선암사 불조전 내에 봉안된 목조여래좌상은 대부분 18세기 전반의 색난파가 제작
　　한 것이지만, 현재 박물관에 소장된 한 구만이 18세기 후반 상정파에 의하여 제
　　작된 것으로 보인다.

도18. 목조보살좌상
　　18세기 중반, 산청 정취사

도19. 목조여래좌상
　　18세기 후반, 순천 선암사 불조전(선암사
　　성보박물관 소장)

무릎을 완전히 덮은 연봉우리형의 대의 처리가 부천 석왕사 목조보살좌
상에 나타나고 있다. 상정이 제작한 불상의 승각기 상단은 17세기 후반
불상이 蓮瓣形인 것에 비하여 眼象形으로 처리되었다.

　18세기 중·후반에 이르면 불상은 새로 제작되기 보다는 중수·개금이
더 많은 비중을 차지하게 된다. 이러한 불상의 개금에 서서히 佛畵僧이
참여하면서 조각승의 역할을 대신하였다. 불화승 最白은 당시의 이런 경
향을 대표적으로 보여준다. 그는 1762년에 강화 전등사 불상을 개금하
고, 1748년에 수화승 印性과 인제 백담사 불상을 제작한 후, 1755년에
順懷世子上諡封園 碑石所 畵僧,[35] 1758년에 驪州 神勒寺 極樂寶殿 三藏

---

35) 朴廷蕙,「儀軌를 통해서 본 朝鮮時代의 畵員」,『미술사연구』9(1995), 233쪽[『順
　　懷世子上諡封園都監儀軌』碑石所 畵僧(奎章閣 13493호)].

圖,36) 1762년에 莊祖 永祐園 造成所 畵僧,37) 1787년 금강산 화장사 불상 개금 시 持殿으로 참여하였다.38) 따라서 最白은 최소한 1748년부터 1762년까지 불상의 개금이나 제작, 불화의 제작 등에 참여하였음을 알 수 있다.

도20. 목조지장보살좌상
18세기 후반, 남양주 흥국사

상정과 그 계보 조각승이 제작한 불상 양식을 바탕으로 전국 사찰에 봉안된 無紀年銘 佛像의 제작 시기를 접근해 보면, 18세기 중반에 상정이 제작한 것으로 추정되는 불상은 경상남도 산청 정취사 목조보살좌상(도18)으로 전체적인 인상과 대의 처리 등이 같다. 그리고 그의 제자인 戒初와 奉玹(封玹) 등이 제작한 것으로 추정되는 불상은 전라남도 순천 선암사 불조전 목조여래좌상 1구(도19), 경기도 남양주 흥국사 극락전 목조삼존여래좌상과 지장전 목조지장보살좌상(도20),39) 전라북도 고창 문수사 목조여래좌상(도21), 서울 봉은사 영산전 목조여래좌상(도22) 등으로 18세기 중·후반의 계초와 봉현이 제

---

36) 『韓國의 佛畵 28 - 龍珠寺 本末寺篇(上)』(聖寶文化財硏究院, 2003), 圖18.

37) 朴廷蕙, 앞의 논문, 235쪽(奎章閣 13607호).

38) 「乾隆五十二年丁未十二月歙谷金剛山華藏寺阿彌陀佛觀世音大勢至三位尊像改金願文」; 「華藏寺」, 『楡岾寺本末寺誌』(韓國學文獻硏究所, 1977), 744쪽.

39) 이 불상에 대해서는 구체적인 접근이 이루어지지 않았는데, 시왕상은 시왕도가 그려진 1744년으로 추정하였다(『畿內寺院誌』(경기도, 1988), 198-199쪽). 그러나 필자는 목조지장보살좌상과 시왕상이 尙淨의 제자인 戒初 등에 의하여 1780년 -1800년 사이에 제작된 것으로 추정한다.

도21. 목조여래좌상
18세기 중·후반, 고창 문수사

도22. 목조여래좌상
18세기 중·후반, 서울 봉은사 영산전

작한 불상과 유사성을 가지고 있다.

Ⅴ. 맺음말

이상으로 18세기를 중반 불상 제작에 가장 큰 영향력을 끼친 조각승 중에 호남지방에서 활동한 상정과 그 계보에 대하여 살펴보았다. 아직까지 얻을 수 있는 자료의 한계로 인하여 상정의 생몰연대나 다른 조각승과의 교류관계 등 많은 문제점을 명확하게 밝힐 수 없었지만, 이제까지 막연하게 조선후기나 말기라고 추정되던 조선후기 불상 가운데 상정과가 제작한 불상을 중심으로 조각승의 계보와 그들이 제작한 불상양식을 파악하였다. 이 연구를 통하여 조선후기 불상을 제작하던 조각승 집단도 불화나 범종을 만들던 僧匠과 마찬가지로 일정한 계보를 형성하면서 유기적인 관계를 형성하였음을 알 수 있다. 또한 18세기 중반까지는 대부분 불상의 改金이나 改彩가 佛畵僧보다 彫刻僧에 의하여 이루어졌음을 다시 한 번 확인할 수 있었다.

발원문과 사적기를 중심으로 살펴본 尙淨의 생애는 1700년 전후에 태어나 1748년 보림사와 불갑사 불상을 太元과 개금하여 1730년대 보조화승으로 활약하였을 것으로 추정된다. 1757년 구례 화엄사 불상 개금을 首畵僧으로 진행하고, 이후 경상도의 주요 사찰에 봉안된 불상을 중수·개금하여 조선후기 불교조각사에서 그의 위상이 매우 크다는 것을 알 수 있다. 그의 계보는 自修(-1673-)→性沈(-1673-1695-)→進悅(-1695-1722-)→太元(-1698-1748-)→尙淨(-1747-1771-)→戒初(-1754-1790-), 奉玹(封玹 ; -1780-1790-), 稱淑(-1754-1780-), 戒心(-1771-1787-)으로 이어졌으며, 상정은 전라도 장성 등을 중심으로 생활하면서 여러 지역의 불상 제작과 중수·개금을 주도한 것으로 보인다. 18세기 후반에는 불상 제작보다 중수·개금이 차지하는 비중이 절대적으로 많아지면서 불상의 중수·개금에 佛畵僧들이 주도하는 경우가 점차 늘어나는데, 이는 1750년부터 서서히 새로운 불화 제작의 수요가 급격히 늘어난 것과 밀접한 관련이 있다.

상정의 제자로 추정되는 계심과 계초가 전라북도 정읍 등을 중심으로 여러 지역의 사찰에 불상을 조성하거나 중수·개금한 것을 통하여 상정파의 계보와 불상조각이 19세기 전반까지 이어졌을 것으로 추정된다. 앞으로 전라도와 경상도 지역 불상의 기초 작업이 이루어진다면 18~19세기를 이어주는 조각승의 계보와 불상양식의 변화를 밝힐 수 있을 것으로 기대된다.

제5부

18세기 후반

제1장
용주사 대웅전 목조석가삼존불상과 조각승
-戒初比丘를 중심으로-

Ⅰ. 머리말

경기도 서남부지역 사찰을 관할하는 화성 龍珠寺는 대한불교조계종 제2본사로, 흔히 "孝心의 寺刹"이라 불리고 있다.[1] 이는 정조가 先親인 莊獻世子(일명 思悼世子)의 무덤을 양주 拜峰山에서 花山으로 옮겨 조성한 顯隆園을 보호하기 위해 세웠기 때문이다.[2] 이와 같이 陵寢을 관리하고, 亡者의 명복을 비는 齋를 지낼 목적으로 건립된 사찰을 陵寺라 부르는데, 조선시대 崇儒抑佛 정책으로 능사의 造營이 쉽지 않았다. 태종대에 불교를 억압한 정책 가운데 陵寺 制度를 폐지한 것은 그러한 상황을 잘 설명해 준다. 그럼에도 불구하고 儒敎의 덕목 가운데 하나인 孝思想이 사회 전반에 퍼져 亡者의 極樂往生을 바라던 종교적 믿음은 몇 차례 능사 건립을 가능하게 하였다. 예를 들어 1397년 서울 貞陵의 興天寺, 1420년 개풍 厚陵의 興敎寺, 1467년 남양주 光陵의 奉先寺, 1562년 서울 宣陵과 靖陵의 奉恩寺, 1632년 김포 章陵의 奉陵寺, 1790년 화성 顯

---

1) 『孝心의 本刹 龍珠寺』(寺刹文化研究院, 1993).
2) 「御製花龍珠寺奉佛祈福偈」에 "용주사는 현륭원의 재궁으로 쓰기 위해 지은 절이다(寺爲顯隆園齋宮而建也)"라고 사찰 창건의 목적을 밝혔다.

隆陵의 龍珠寺가 가장 대표적인 능사이다.

이 가운데 『水原府旨令謄錄』을 보면, 용주사 건립이 정조와 왕실을 비롯한 일반인들까지 참여한 佛事였음을 알 수 있다.[3] 특히, 대웅보전 닫집에서 발견된 『三世像願文(이하 願文)』에는 佛像을 尙戒, 雪訓, 戒初, 奉玆 등 20명이, 佛畵를 敏寬, 尙謙, 性允 등 25명이 제작한 것으로 적혀 있다. 그러나 1825년 작성된 『本寺諸般書畵造作等諸人芳啣(이하 諸人芳啣)』에는 불상 조성에 尙戒를 대신하여 尙植이, 불화 제작에 延豊縣監 金弘道가 언급되어 있다.[4] 이러한 문헌을 통하여 1790년 용주사의 불상과 불화를 제작한 인물을 구체적으로 밝힐 수 있는데, 불화를 그린 민관, 상겸, 성윤 등은 조선후기 불화 연구를 통하여 18세기 후반을 대표하던 佛畵僧임을 알 수 있다.[5] 그러나 대웅전에 봉안된 목조석가삼존불상은 왕실에서 발원한 불상임에도 불구하고, 형식적인 특징이나 관련 인물에 대한 접근이 이루어지지 않아 조선후기 불교조각사에서 차지하는 비중을 명확히 밝히지 못하였다. 특히, 각각의 불상은 전라도와 강원도 지역에서 활동한 조각승에 의해 제작되어 18세기 후반 불상의 시기·지역적 특징을 반영하고 있다.

---

3) 奎章閣 1152, 「看役策應裨校史匠手僧徒秩」, 『水原府旨令謄錄』 1790. 10. 6, 19-20쪽(國史編纂委員會. 『各司謄錄』 5 -京畿道篇(時事文化社, 1982), 519-520쪽).

4) 「三世像願文」과 「本寺諸般書畵造作等諸人芳啣」 등은 朝鮮總督府內務部地方局 纂輯, 『朝鮮寺刹史料 上』(1911), 40-61쪽과 『畿內寺院誌』(京畿道, 1988), 339-352쪽 및 『京畿道指定文化財 實測調査報告書』(京畿道, 1989), 206-212쪽을 참조하였다.

5) 李殷希, 「雲興寺와 畵師 義謙에 관한 考察」, 『文化財』 28(1991), 195-211쪽; 安貴淑, 「조선후기 佛畵僧의 계보와 義謙比丘에 대한 연구(상)」, 『미술사연구』 8(1994), 63-137쪽과 「조선후기 佛畵僧의 계보와 義謙比丘에 대한 연구(하)」, 『미술사연구』 9(1995), 153-201쪽; 吳柱錫, 「金弘道의 龍珠寺三世如來體幀과 七星如來四方七星幀」, 『美術資料』 55(1995.6), 90-118쪽; 金京燮, 「龍珠寺 三佛會幀圖의 硏究 -金弘道作說에 대한 再考-」, 『講座 美術史』 12(1999.3), 55-96쪽; 심효섭, 「朝鮮後期 畵僧 信謙 硏究」, 『蓮史洪潤植敎授 停年退任紀念論叢 : 韓國文化의 傳統과 佛敎』(2000) 등을 참조할 만하다.

본고에서는 용주사 창건과 관련된 『願文』과 『諸人芳啣』 등의 문헌을 중심으로 관련 인물에 대하여 접근해 보겠다. 이는 용주사 건립에 참여한 인물들의 사회적 명성을 통해 삼존불상을 만든 조각승을 밝힐 수 있는 단서를 찾기 위함이다. 이러한 단서를 바탕으로 용주사 대웅전의 본존불을 만든 조각승 계초의 다른 기년명 작품인 1754년 전라남도 곡성 관음사 무설암 조성 목조관음보살좌상(현재 곡성 수도암 봉안)을 근거로 그의 조각적 특성을 살펴보겠다.6) 그리고 기존 공개되었던 사적기와 불상에서 발견된 발원문을 통하여 조각승 계초의 생애와 같이 작업한 승려들의 현황을 밝혀 보고, 18세기 후반 기년명 불상의 형식적인 특성을 알아보고자 한다.

Ⅱ. 龍珠寺 조성 관련 문헌

숭유억불사상이 사회 전반을 지배하던 시기인 1790년 용주사 건립은 정조를 비롯한 왕실의 대대적인 후원이 있어 가능했다. 조선후기 사찰 건립이나 불상 제작의 기간과 비교하여 용주사는 왕실의 후원으로 단기간에 건립되었다는 특징이 있다. 용주사 건립의 주요 날짜를 적은 『各項擇日』,7) 『願文』,8) 『諸人芳啣』,9) 『龍珠寺建築時各道化主僧』, 『水原府旨

---

6) 『谷城郡의 佛敎遺蹟』(국립광주박물관, 2003), 208-209쪽.

7) 開基 開國三百九十九年二月十九日午時 / 定礎 仝　三月二十一日巳時 / 立柱 仝 四月初十日未時 / 上樑 仝 仝 十五日巳時 / 造佛 仝 八月十六日 / 點眼　九月二十九日(朝鮮總督府內務部地方局 纂輯, 앞의 책, 47-48쪽과 權相老 編著, 『韓國寺刹全書』 下(東國大學校出版部, 1979)).

8) 聖上之十三己酉十月七日 永祐園梓宮 卜吉地移奉于水園之顯隆園 越明年二月十九日營願寺于園傍東北二里許利仁察訪曺允植薰其事 又命臣德諄興龍洞宮小次知臣尹興莘 來監造像畵幀之役 塗□器皿帷帳舖陳旗幟輩盖鍾鼓佛腹寶坐幅皆自內下 仍令管檢其八月十六日 行供始役 九月三十日告功 十月初日行點眼齋招延國內

令膽錄』10)을 통하여 사찰 건립에 관련된 당시의 상황을 알 수 있는데,
용주사 건립에 중요한 역할을 한 인물은 寶鏡堂 獅馹이다. 그는 전라남
도 장흥 보림사 출신으로, 즉위 초에 불교를 억압하는 정책을 폈던 정조
에게 『佛說大父母恩重經』을 바쳐 불교에 대한 인식을 바꾸게 한 인물이
라는 정도만 알려져 있었다. 그런데 최근 전문이 공개된 『長興府迦智山
寶林寺法堂各殿閣僚舍重創燔瓦年月與工師化主別座等芳喞記錄』11)에 의

名僧 宇平性逢等義沾璀絢 爲證師 震環法眼豊一迪澶呂贊竺訓等 爲誦呪獅馹哲學
養珍月信弘尙天祐慧玭等都監別座持殿書記 尙戒雪訓戒初奉玹等二十僧造像 旻
寬尙謙性允等二十五畫幀 俱極精美 堂宇壯麗 幀像之嚴 儼□出尋常於戲 以我慈
宮邸下爲宗祐至誠盛德主上殿下奉承大孝皇天祖宗陰口聖佛靈信默佑邦慶應期 國
本大定神人之歡□溢于宇宙 伏願大慈世尊吊加春願 主上殿下王妃殿下亨岡陵之壽
臻堯舜之治 聖子神孫繼繼承承於千萬年 元子邸下仁孝賢明四方延頸 仰德神明 保
讚壽福寧王大妃殿下慈宮殿下萬壽無彊福椽永昌 百靈衛護園寢萬歲永吉之大願 前
司謁黃德諄小次知尹興莘拜手稽首(『孝心의 寺刹 龍珠寺』, 236-237쪽; 필자 진하
게)

9) 恩重經石板鐵板自內下嘉慶七年六月二十二日 法華經十件全羅道順天松廣寺引來 大
雄殿寶榻後佛幀三世如來體幀畫員延豊縣監金弘道三藏幀畫員敏寬下坍幀畫
員尙謙 七星閣七星如來四方七星幀畫員敬玉演弘雲順等 大雄殿丹靑都片手嘉
善敏寬 天保樓都片手丹靑畫員僧江原道三陟靈隱寺八定 極樂大願觀音菩薩造成彫
刻畫員寬虛堂雪訓 西方阿彌陀佛造成彫刻畫員全羅道智異山波根寺通政奉絃 東
方藥師如來造成彫刻畫員江原道杆城乾鳳寺通政尙植 釋迦如來造成彫刻畫員全羅
道井邑內藏寺通政戒初 僧꼴都片手平安道香山普賢寺僧義涉 七星閣都片手七長寺
僧雪岑 仙堂都片手江原道杆城乾鳳寺僧雲明 大雄殿都片手全羅道長興天冠寺僧文
彦 樓片手慶尙道永川銀海寺嘉善南漢總攝快性 鐵物次知通政勝悟 正憲哲學 錢穀
次知通政信策 書記震環(朝鮮總督府內務部地方局 纂輯, 『朝鮮寺刹史料 上』
(1911), 60-61쪽; 필자 진하게).

10) "…佛像後偵監董 前察訪金弘道 折衝金得臣 前主薄李命基..佛像造成監董 黃德諄
尹興莘 … 自二月十九日至九月二十九日 合實役二百十六日.. 造成片手僧戒初 畫
幀片手僧尙謙 … 木手都邊首僧萬謙…副邊首僧快性 自二月十九日至九月二十九
日 合實役二百十六日 … 畫員邊手僧旻官自八月十二日至九月二十九日 合實役四
十五日…"(奎章閣 1152, 「水原旨令膽錄」, 『看役策應神校史匠手僧徒秩』 1790.
10. 6, 19-20쪽, 國史編纂委員會. 『各司膽錄』5 -京畿道篇(時事文化社, 1982),
519-520쪽(오주석, 앞의 논문, 93쪽 註13과 金京燮, 앞의 논문, 60쪽 註16을 참조
하여 원문 확인)).

하면, 1785년 5월 「水東庵 重建記」에는 "1781년 수동암이 失火로 불탄 후, 石潭興悅의 동료였던 보경사일이 자비심을 발하여 보시하고, 1783년 봄에 燔瓦를 시작한 후, 1784년 2개월 동안 삼존을 조성·개금"하였으며,[12] 1792년 5월 「願堂記蹟」에는 "도봉산 망월암에 머물며 16나한상을 조성하고, 이듬해 전령을 받들어 용주사를 창건하였다"는 것을 보면, 1790년 용주사 건립 이전에 망월사에 16나한상을 조성한 사실을 알 수 있다.[13] 보경당은 용주사 창건 시 팔도도화주와 황해·평양 양도도화주와 도감을 맡아 용주사 건립에 중추적인 직무를 담당하였다.[14] 그리고 成月堂 哲學은 팔도부화주와 경기·전라 양도도화주로, 보경당과 같이 도감을 담당하였다.[15] 그의 부도와 탑비는 서울 승가사에 남아있다.[16] 기봉당 쾌성은 황해·평양 양도도화주로 활동하였는데,『諸人芳啣』에 "樓片手 慶尙道 永川 銀海寺 嘉善南漢總攝 快性"이라는 기록이 있어 경상도 영천 은혜사를 중심으로 활동한 편수임을 알 수 있다.

용주사 대웅보전 건립은 「各項擇日」에 의하면 2월 19일 시작하여 4월 15일 上樑할 계획을 가졌다(도1). 이는 서산대사가 衣鉢을 전한 조선 후기 대표적인 사찰인 대둔사 대웅보전을 1665년 봄에 시작하여 1667년

---

11) 이 문헌은 보림사의 중창과 중수를 시기별로 정리한 필사본으로 해남 대둔사 서산대사유물관에 소장되어 있다. 가로 29.7cm, 세로 41.7cm크기이고, 총 201면의 방대한 분량이다. 서문은 백암 성총의 문인인 忠洞이 썼으며, 1658년 법원전을 중수한 기록을 시작으로 1954년 사천왕문 등의 수리까지 연대순으로 기록되어 있다. (김희태·최인선·양기수 역주, 『譯註 寶林寺重創記』(장흥문화원, 2001). 11-15쪽)

12) 김희태·최인선·양기수 역주, 앞의 책, 110-113쪽 참조.

13) 김희태·최인선·양기수 역주, 앞의 책, 114-115쪽 참조.

14) 「龍珠寺建築時各道化主僧」 참조.

15) 甘露幀의 畵記에 "聖上之十四年 庚戌九月畵成 甘露會 奉安于隋城花山龍珠寺 … 畵師 尙兼 弘旻 性玗 宥弘 法性 斗定 慶□ 處治 處澄 軺□ 勝□ … 都監 獅馹 哲學…"(吳柱錫. 앞의 논문, 95쪽 註18 참조)

16) 「龍珠寺建築時各道化主僧」 참조

도1. 용주사 대웅보전, 1790년, 경기 화성

가을에 완성한 것에 비하여 매우 단기간에 건립되었는데, 사찰 건립에 대한 후원세력의 사고를 반영한 것으로 볼 수 있다.[17] 용주사 전각과 불상 및 불화의 제작에 관련된 인물은 『諸人芳啣』에 기록되어 있다. 관련 인물을 표기방법에 따라 분류하면, 지역과 사찰 이름을 쓴 승려가 9명, 이름만 쓴 승려 11명으로 총 20명이다. 전자는 전라도와 강원도 각 3명, 경상도와 평안도 각 1명, 竹山 七長寺 雪岑은 경기도 안성에 살았던 승려이다. 후자 중 尙謙은 의겸파의 일원인 守海의 스승으로 추정되는 인물로,[18] 1780년 觀(寬)虛堂 雪訓과 함께 봉선사 대웅전 불상을 중수·개금하고, 1786년 경상북도 상주군 黃嶺寺 阿彌陀會上圖와 神衆幀, 1788년 경북 상주 남장사 掛佛을 그렸다. 대웅보전 後佛幀은 『願文』에 旻寬, 尙謙, 性允 등 25명을, 『諸人芳啣』에는 대웅전 三世如來體幀은 단원 김홍도, 삼장탱화를 敏寬, 하단탱화 尙謙, 칠성탱화 敬玉, 演弘, 雲順 등이

---

17) 三愚의 「大屯寺大雄殿重建記」 참조(韓國佛教研究院, 『大興寺 -韓國의 寺刹 10』 (一志社, 1996), 83쪽).

18) 안귀숙, 위의 논문, 68-69쪽: 심효섭, 「朝鮮後期 畵僧 信謙 研究」: 姜永哲, 「18세기말-19세기초 경기지역 首畵僧 考察 -楊州牧·水原府 首畵僧들의 畵籍을 중심으로-」, 『東岳美術史學 -瓦本 金東賢博士 停年紀念論叢』 3(2002), 242-244쪽.

제작한 것으로 적어놓았다. 이들은 대부분 용주사 건립시 경기도를 무대로 활동한 18세기 후반 불화승들로 지역이나 사찰명을 쓰지 않은 공통점이 있다. 이에 비하여 전각은 다른 지역의 승려들이 대부분 참여하였는데, 大雄寶殿은 전라도 장흥 천관사 文彦, 七星閣은 경기도 죽산 칠장사 雪岑, 天保縷는 강원도 삼척 영은사 八定, 僧堂은 평안도 향산 보현사 義涉, 仙堂은 강원도 간성 건봉사 雲明이다.

대웅보전 봉안 불상은 「各項擇日」에 1790년 8월 16일 시작하여 9월 26일 점안하려고 계획되었지만, 『願文』에는 8월 16일 시작하여 9월 30일 완성한 후, 10월초에 點眼式을 거행한 것으로 적혀있다.[19] 이러한 문헌을 근거로 목조석가삼존불좌상은 대략 한 달 보름만에 제작되어 1684년 전라남도 강진 정수사 나한전에 조성된 불상이 열 달 동안 제작된 것에 비하면 짧은 기간에 집중적으로 제작되었음을 알 수 있다.[20] 불상을 제작한 승려는 『諸人芳啣』에 釋迦如來는 전라도 정읍 내장사 通政 戒初, 西方阿彌陀佛은 전라도 지리산 파근사 通政 奉絃, 東方藥師如來는 강원도 간성 건봉사 通政 尙植으로, 『願文』에서는 尙植 대신에 尙戒가 적혀있다. 또한 관음보살을 만든 觀(寬)虛堂 雪訓은 2002년 경기도 가평 현등사 문화재 조사시 청동지장보살좌상이 조사되어 18세기 후반 불상과 불화를 제작하던 승려였음을 밝혀졌다.[21]

---

19) 그런데 흥미로운 사실이 「水原府旨令謄錄」에 계초비구가 머문 기간이 2월 19일에서 9월 29일간 총 216일 이라고 적혀있어 실제 불상 제작에 소요된 기간을 「願文」에 적은 것이다.

20) 목조석가여래좌상은 전라남도 강진군 대구면 淨水寺 羅漢殿에 봉안되었다가 본존상만 1951년 강진읍 옥련사로 옮겨졌다고 한다(崔仁善,「康津 玉蓮寺 木造釋迦如來坐像과 腹藏」,『文化史學』創刊號(1994. 6), 129-158쪽).

21) 이 청동지장보살좌상은 2002년 상반기 경기도 문화재 지정신청에 따른 懸燈寺 현지조사를 통하여 불상 밑면에 음각되어 적혀있는 있는 발원문을 확인하였다. 기존에 이 불상에 대한 조사보고서(李殷希,「懸燈寺의 佛像과 佛畵」,『聖寶』3(대한불교조계종 성보보존위원회, 1991), 68-93쪽)에서는 塑像比丘 □虛으로 언급되었지만, 조사에 참여하신 안귀숙 문화재위원에 의하여 寬虛堂의 작품임이 밝혀졌

용주사는 창건 직후 승려들의 기강과 승품을 규찰하는 5대 규정소로 선정되어 전라도 지역을 관할함으로써 조선후기 용주사의 위상이나 전라도 지역 불교세력과의 깊은 관련성을 추정할 수 있다.

Ⅲ. 조각승 계초의 기년명 불상

조선후기에 불상을 제작한 조각승은 17세기를 전후해 전라도 지역에서 활동한 色難비구, 18세기 중반 전라도와 경상도에서 불상 조성과 개금을 한 尙淨비구 정도가 알려져 있다.[22] 이는 앞서 언급한 바와 같이 불상의 복장조사가 체계적으로 이루어지지 않았기 때문이다. 그런데 색난과 상정비구를 연구하면서 사적기와 발원문을 통하여 戒初비구를 알게 되었다. 계초가 제작한 기년명 불상은 1754년 谷城 觀音寺 造成 木造觀音菩薩坐像과 1790년 龍珠寺 大雄寶殿 木造釋迦三尊佛坐像의 가운데 본존인 釋迦如來坐像이 있다. 이 불상에서 발견된 발원문을 통하여 계초와 같이 활동한 조각승들과 불상의 형식적 특징을 고찰할 수 있다.

1. 곡성 관음사 조성 목조관음보살좌상

전라남도 곡성군 옥과면 수도암 원통전에 봉안된 목조관음보살좌상(도2)은 국립광주박물관에 의하여 복장조사가 이루어졌다. 관음보살상의

다. 문화재 조사에 동행하신 경기도청 송성근 선생님과 현등사 주지 초격스님의 도움이 있었기에 지면을 통하여 감사드린다. 청동지장보살좌상의 명문의 주요 내용은 "乾隆五十五年庚戌五月日 京畿加平地西嶺雲岳山懸燈寺地藏庵 鑄像造成矣 仍而奉安本庵也 施主秩 證明比丘 天峯泰屹 秋月宇策 海明妙一 塑像比丘 寬虛雪訓 龍峯敬還 比丘慧淸 比丘性一 性允 比丘怡信(後略; 필자 진하게)"이다.

22) 최선일, 「朝鮮後期 全羅道 彫刻僧 色難과 그 系譜」, 『미술사연구』14(2000), 35-62쪽.

도2. 계초, 목조관음보살좌상
　　　1754년, 곡성 수도암 봉안

밑면에 쓰여 있는 발원문(도3)은 "乾隆十九年甲戌初四月十五日始役　于全羅道玉果縣聖德山觀音寺 五月初　五日奉安于無說庵　主上三殿下聖壽萬歲　觀世音菩薩　尊像獨辦大施主安泰明兩主保體　以此造成　善根功德現世消□解□增福保體報萬往生見　佛得道還度苦海衆生 (中略) 良工片手 戒初　有淳　稱淑 宇學 (後略)"으로, 이 보살상은 1754년 옥과현 성덕산 관음사 무설암에 봉안하기 위하여 戒初, 有淳, 稱淑, 宇學, 等海가 제작하였

도3. 목조관음보살좌상 조성발원문

도4. 목조관음보살좌상 보관

도5. 목조관음보살좌상 후면

다.23) 따라서 1790년 제작된 화성 용주사 석가여래좌상보다 26년 앞서 만들어진 작품으로, 이 보살상이 발견됨으로써 조각승 계초의 생애와 같이 활동한 조각승을 밝힐 수 있는 중요한 계기가 마련되었다.

목조관음보살좌상은 전체 높이가 83㎝, 무릎 폭이 59㎝인 조선후기 중형보살상이다. 보살상은 화려하게 장식된 커다란 보관을 쓰고, 상체를 약간 앞으로 내밀어 구부정한 자세를 취하고 있다. 보관의 중앙(도4)에는 하강하는 봉황 밑으로

23) 『谷城郡의 佛敎遺蹟』, 209쪽.

頭光과 身光을 갖춘 化佛을 배치하고, 측면에는 수평으로 날고있는 용과
화염문 등을 빈틈없이 장식하였다. 보살상은 둥근 얼굴에 눈 꼬리가 약
간 위로 올라가 반쯤 뜬 눈, 원통형의 코, 살짝 미소를 머금은 입을 가지
고 있다. 手印은 別造된 손을 손목에 끼워 넣었으며, 오른손은 엄지와
중지를 둥글게 맞댄 阿彌陀手印을 취하고 있다. 두꺼운 大衣는 變形右肩
偏袒으로, 대의 끝은 오른쪽 어깨에 걸친 복견의 위를 지나 팔꿈치 뒤와
복부를 지나 왼쪽 어깨로 넘어가고, 반대쪽 대의는 왼쪽 어깨를 완전히
덮고 수직으로 내려와 배부분에서 부채꼴로 펼쳐져 결가부좌한 다리 위
에 놓여 있다. 僧脚崎는 가슴에서 수평으로 묶어 상단 중앙에 안상같은
마름모꼴 주름을 중심으로 자연스럽게 좌우대칭의 주름을 표현하였다.
보살상의 뒷면은 목 주위에 대의 끝단을 두르고, 왼쪽 어깨에는 앞에서
넘어온 오른쪽 대의 끝자락(도5)이 허리까지 늘어져 있다.

2. 용주사 대웅전 봉안 목조석가여래좌상

목조석가삼존불좌상은 전체 높이가 110㎝정도의 중형불상으로, 석가
를 중심으로 아미타와 약사를 배치하였다(도6). 목조삼존불상은 모두 전
형적인 조선후기 불상의 형태와 의습을 따르고 있으며, 세부적인 조각기
법에서 약간의 차이를 있다. 목조석가여래좌상은 오른손을 觸地印하고,
왼손을 무릎 위에 가지런히 놓은 채 손바닥을 펴고 중지와 약지를 손바
닥 쪽으로 구부려 엄지와 맞댄 수인을 취하고 있다(도7). 이 手印은 1684
년 제작된 강진 정수사 조성 목조석가여래좌상(강진 옥련사 대웅전 봉
안)의 왼쪽 팔에 "釋迦"라는 명문이 있어 조선후기 석가여래의 수인임을
알 수 있다(도8).[24] 이와 달리 목조아미타여래좌상은 오른손의 손바닥을
밑으로 엄지와 중지를, 왼손은 반대로 손바닥을 위로 중지와 약지를 맞

---

24) 崔仁善, 위의 논문, 131쪽.

도6. 봉현·계초·상계, 목조삼세불좌상, 1790년, 화성 용주사 대웅보전

도7. 계초, 목조석가여래좌상

도8. 색난, 목조석가여래좌상
1684년, 강진 옥련사 봉안

도9. 봉현, 목조아미타여래좌상　　　도10. 상계(또는 상식), 목조약사여래좌상

댄 阿彌陀手印을 취하고(도9), 목조약사여래좌상은 아미타불과 손의 위
치와 자세가 반대로 오른손에 뚜껑이 덮인 작은 藥盒을 들고 있다(도10).

　목조삼존불상은 상체를 약간 앞으로 내밀어 구부정한 자세(도11)로,
앞으로 숙인 머리의 螺髮은 촘촘하지만, 肉髻의 표현이 명확하지 않다.
머리 정상부에 원통형의 頂上髻珠와 이마 위에 반원형의 中央髻珠가 표
현되었으나 크기와 형태면에서 약간의 차이를 가진다. 전체적인 얼굴 형
태에서도 석가여래와 약사여래는 턱 부분을 둥글게 처리한 반면, 아미타
여래는 턱 부분을 수평으로 처리하여 각이진 형태를 취하고 있다. 삼존
불좌상 모두 눈꼬리가 약간 위로 올라가 반쯤 뜬 눈, 원통형의 코, 살짝
미소를 머금은 입이 표현되었다. 삼존이 걸친 대의는 모두 變形右肩偏袒
으로 대의 끝이 오른쪽 어깨에 반달모양(도12)으로 걸치고, 팔꿈치 뒤와
腹部를 지나 왼쪽 어깨로 넘어가고 있다.[25] 오른쪽 어깨에 걸친 대의(도

25) 이 본존상의 대의 처리를 通肩으로 보는 견해(최인선, 위의 논문, 135쪽; 成春慶,

도11. 목조약사여래좌상 측면   도12. 목조석가여래좌상 측면

도13. 목조삼존불좌상의 상반신

13)도 석가여래의 경우 반전하는 옷깃이 자연스럽게 처리된 반면, 아미
타여래와 약사여래는 U자형을 이루고 있다. 반대쪽 대의는 왼쪽 어깨를

「조선시대 17세기 목조불상에 대하여 - 전남지방을 중심으로」, 『文化史學』
11·12·13(1999), 724쪽)와 變形通肩으로 보는 견해(정은우, 「高麗後期 佛敎彫刻
研究」(홍익대학교 박사학위청구논문, 2001), 64-68쪽)가 있다.

완전히 덮고 내려와 복부에서 부채꼴로 결가부좌한 다리 위에 펼쳐져 있다(도14). 펼쳐진 모습에서 조각승마다 많은 차이가 나는데, 계초가 제작한 석가여래는 1754년 곡성 관음사 목조관음보살좌상 같이 복부 바로 밑에 가장자리 의습선이 완만한 S자를 이루고 있다. 이와 달리 아미타여래는 펼쳐진 주름이 볼륨이 있으며, 끝자락에 둥근 연봉우리가 밖으로 밀려나오듯이 표현되었고, 약사여래는 복부에 짧은 U자형의 주름이 수직

도14. 목조삼존불좌상의 하반신

으로 내려와 밑에 펼쳐진 주름 가운데 놓여 있다. 대의 안쪽에 입은 僧脚崎는 가슴까지 올려 끈으로 묶어 상단에 주름이 표현되었다. 석가여래는 가운데 둥근 양감을 준 주름을 중심으로 좌우에 작은 주름 2개를 배치한 반면, 아미타여래는 반원형의 주름을 중심으로 좌우 1개의 주름을, 약사여래는 각이진 오각형의 주름을 중심으로 좌우 2개씩 주름이 접힌 부분을 표현하였다. 목조삼존불상의 뒷면은 목 주위에 대의 끝단과 왼쪽 어깨에 앞에서 넘어온 대의 끝자락이 대좌 위까지 길게 늘어져 있다.

목조삼존불상이 앉아있는 대좌는 삼존이 동일한 형태로 석가여래는 상단이 仰蓮과 伏蓮으로 이루진 이중연화대좌이고, 아미타여래와 약사여래는 상단이 仰蓮만 있는 연화대좌로, 중대 정면에는 용과 당초문 등

을 화려하게 투각하였다.

Ⅳ. 18세기 후반 조각승과 불상조각의 특징

지금까지 계초가 제작한 곡성 관음암 목조관음보살좌상과 용주사 대웅전 목조석가여래좌상을 중심으로 발원문과 불상의 형식에 대하여 알아보았다. 그 결과 계초와 같이 활동한 조각승과 18세기 후반 불상의 조각적 특징을 찾게 되었다. 이를 근거로 계초와 관련된 사적기를 통하여 그의 일대기와 교류관계를 살펴본 후, 그와 같이 활동한 조각승이 제작한 기년명 불상을 중심으로 18세기 후반 불상에 대하여 알아보겠다.

1. 18세기 후반 조각승

조선후기 조각승 계초의 생애와 승장이 된 배경에 대해서는 기록이 남아있지 않아 자세히는 알 수 없다. 다만 그가 제작한 불상 내에서 발견된 발원문과 단편적인 사적기의 내용을 통하여 활동시기를 추정할 수 있다. 계초와 관련된 문헌은 발원문 3개와 사적기 5개로 표1)과 같다.

표1. 戒初와 관련된 文獻과 發願文

연대	지역	사찰	활동 내용	조각승	비고
1754	전남 곡성	관음사 무진암	목조관음보살 조성	戒初 有淳 稱淑 宇學 等海	「發願文」 곡성 수도암 봉안
1757	전남 구례	화엄사 대웅전	삼존불 개금	尙淨 戒初	『海東湖南道智異山大華嚴寺事蹟』
1767	경북 영주	부석사 무량수전	미타존상 개금	尙淨 稱淑 …	「無量壽殿彌陀尊像改金記」

1771	경북 김천	직지사	불상 개금	尙淨 戒心 羽學 …	「直指寺佛像改金施主秩」
1779	전북 정읍	선운사 백련암	아미타불, 관음보살 원적암에서 조성	默讓堂 戒心 …	「改金發願文」 온양민속박물관 소장
1780	전남 장흥	보림사	천왕 금강 문수 보현 중수	毘手羯磨師 稱淑 戒心 … 封玹 …	「寶林寺天王金剛重新功德記」 懸板과 『寶林寺重創記』
1787	전북 정읍	선운사 대웅전 장륙전 팔상전	불상 개금	戒心 … 封玹 …	「禪雲寺大法堂丈六殿八相殿改金各帖重修記」
1790	경기 화성	용주사 대웅전	삼존불 조성	奉絃 尙戒 戒初	「願文」 「諸人芳啣」 *尙植으로 나옴

표1을 살펴보면 조각승 계초는 1754년에 전라남도 곡성 관음사 목조 관음보살좌상을 제작할 때, 발원문 맨 앞에 언급될 정도로 불상 제작을 주도한 인물이다. 그는 1757년 전라남도 구례 화엄사 대웅전 삼존불을 조각승 尙淨과 같이 改金하는데,[26] 화엄사 대웅전은 임진왜란 때 소실 되어 1636년 碧巖 覺性이 중건한 건물로 내부에 봉안된 목조삼존불상은 조선후기의 대표적인 대형 목조불상이다. 따라서 화엄사 대웅전 불상 개 금활동은 그가 지닌 위상을 추정할 수 있는 단서이다.[27] 그리고 1790년 용주사 대웅전 불상을 조성할 때, 전라도 정읍 내장사에 거주하였음을 알 수 있다. 따라서 1754년경에는 조각승려 집단을 이끌던 인물로 18세

---

26) 『海東湖南道智異山大華嚴寺事蹟』

27) 尙淨비구에 대해서는 필자가 2002년 9월 28일 한국미술사학회 제131차 월례발표 회를 통하여 18세기 중반을 전후한 시기에 전라도와 경상도에서 활동하던 조각승 임을 밝혀냈다. 발표 시 상정비구가 제작한 불상을 발견할 수 없어 일부 연구자는 상정비구는 조각승이 아니라 개금화사일 것이라는 의견이 나왔다. 발표회를 마치 고 1달 후 상정비구가 제작한 불상이 있다는 연락을 받고, 경기도 모 사찰을 방문 하여 불상과 발원문은 확인하였지만, 먼저 조사한 연구자가 있어 발원문의 촬영 은 하지 못하였다.

기 전반에 태어나 불상 제작의 수련기를 거친 후, 1740년대부터 1790년
대까지 활동한 승려였을 것으로 추정된다.

계초와 같이 불상을 제작한 조각승은 有淳, 稱淑, 羽學(宇學), 等海, 封
玹(奉絃), 尙戒이다. 그 가운데 칭숙은 1754년 전라남도 곡성 관음사 목
조관음보살좌상을 계초와 작업한 후, 1767년 경상북도 영주 부석사 무
량수전의 미타존상을 尙淨과 개금하고,[28] 1780년 전라남도 장흥 보림사
천왕과 금강 등을 중수하였다.[29] 현재 보림사에 소장되어 있는 「寶林寺
天王金剛重新功德記」 현판은 이전부터 내용이 알려져 있었지만, 최근
송광사 고경스님에 의해 정확히 번역되었다. 현판의 내용 중에 稱淑 앞
에 毘手羯磨라는 명칭은 기존 畵員, 金魚, 良工, 畵工 등으로 불리던 조
각승을 부르던 다른 명칭으로 보인다. 이때 동원된 승려는 모두 34명인
데, 두 번째 언급된 戒心은 1771년 경상북도 김천 직지사 불상 개금을
尙淨, 羽學(宇學)과 작업하고,[30] 1779년 온양민속박물관 목조아미타불상
과 목조대세지보살좌상을 제작한 인물이다.[31] 발원문에 의하면 "건륭
44년…무장 선운사 백련암에 있는 아미타존상과 대세지보살을 정읍 내
장산 원적암에서 새로 만들었다…관음존상은 다만 금칠만 했는데 이미

---

28) 「無量壽殿彌陀尊像改金記」
29) 당시 중수 현황을 알 수 있는 자료는 『寶林寺重創記』와 懸板이 있다. 전자에서는
    首畵員 戒心, 稱淑, 聖民 處禪 등 30인으로, 현판에는 毘手羯磨師 稱淑 戒心 樂
    松 宇允 勝藝 自文 政恩 天定 聖民 奉玹 世弘 有戒 震禪 煥敏 義弘 允明 允贊
    有性 會聞 桂永 采瓘 檜隱 月瓘 義初 戒岑 融鑑 快正 等賢 廣禧 体寬 允奇 快一
    萬俊 靈仁(고경 감수/김희태·최인선·양기수 역주, 『譯註 寶林寺重創記』(장흥문화
    원, 2001), 103쪽 註345 참조).
30) 「直指寺佛像改金施主秩」
31) 乾隆四十四年戊戌閏六月日 茂長禪雲寺白蓮庵阿彌陀尊像大勢至菩薩 新成於井邑
    內藏山圓寂庵聖殿熾盛光如來 日月兩卉及七星佛新成所 而觀音尊像 但改金 則曾
    有故也 敬安于本庵蓮花寶座 … 證明 定её堂 瑞和 畵師 默讓堂 戒心 幸安 天民
    世瓘 融鑑 … (柳龍桓,「腹藏遺物의 實證的 研究 - 大勢至菩薩像의 腹藏과 儀軌
    의 比較」,『1302年 阿彌陀腹藏物의 調査研究』(溫陽民俗博物館, 1991), 242-348쪽).

흠이 있었기 때문이다…증명 정파당 서화 화사 묵양당 계심 행안 천민 세관 융감 □경 성규…"로 계심, 행안, 융감은 1787년 전북 고창 선운사 대웅전, 장륙전, 팔상전의 불상을 개금한 인물들이다.[32] 특히, 선운사 대웅보전 등의 불상 개금 시 용주사 대웅전 아미타여래를 제작한 봉현비구가 참여하였다. 봉현은 1780년 장흥 보림사 천왕과 금강 등 중수를 칭숙, 계심 등과 공동 작업하고, 1785년 경남 밀양 표충사 팔상전 영산회상도를 제작하였다. 따라서 계초와 봉현가 1790년 용주사 대웅보전 불상을 조성하기 이전에 공동 작업한 자료는 발견되지 않았지만, 동일한 인물들과 각각 작업을 하고 다니는 것으로 보아 둘이 밀접한 관련성이 있을 것으로 추정된다. 1790년 봉현은 통정으로 전라도 지리산 波根寺에 거주한 점을 근거로, 조각승 계초, 계심, 봉현 등은 상정비구와 깊은 관련성을 갖고, 전라도를 중심으로 활동하였음을 확인할 수 있다. 그리고 용주사 대웅전 목조약사여래좌상을 제작한 조각승은 『願文』에 尙戒로, 『諸人芳啣』에는 강원도 간성 乾鳳寺 通政 尙植이라 적혀있다. 아직까지 강원도 지역에서 조사된 조선후기 불상 가운데 이들의 이름을 확인할 수 있는 불상은 없지만, 1768년에 제작된 강원도 속초시 신흥사 감로왕도에 良工 尙戒比丘가 연화질로 참가한 예가 있어 용주사 건립 직후 쓰인 『願文』에 나오는 상계로 보는 것이 더 타당할 것으로 여겨진다.[33]

2. 조각승 계초의 조각적 특징

지금까지 조선후기 불상 가운데 발원문과 사적기를 통하여 18세기 후반에 제작된 것으로 알려진 불상은 30여 점에 이른다. 이 가운데 용주사 대웅전 목조삼존불상을 제작한 계초, 상계, 봉현이 제작한 다른 불상은 알려진 것이 없었는데, 2003년 국립광주박물관에서 발간한 『곡성군의

---

32) 「禪雲寺大法堂丈六殿八相殿改金各帖重修記」
33) 洪潤植 編, 『韓國佛畵 畵記集 1』(가람사연구소, 1995), 166쪽.

불교유적』을 통하여 수도암 봉안 목조관음보살좌상이 계초에 의하여 제작되어 그와 관련된 조각승들이 제작한 불상을 이해할 수 있는 계기가 되었다.

조각승 계초가 제작한 목조아미타여래좌상과 목조관음보살좌상은 전형적인 조선후기 불상의 형태를 따르고 있다. 전체적인 불상의 비율은 높이와 폭(膝幅)이 2:1 또는 2.5:1로 불상보다 보살상이 보관의 높이 때문에 인체 비례에 가깝다. 얼굴의 형태는 측면선을 거의 수직으로 깎아 원통형을 이루고, 얼굴의 이목구비는 여타 조선후기 불상에서 볼 수 있는 형태를 따르고 있다. 이와 같이 조선후기 불상은 거의 유사한 형태로 변화의 폭이 크지 않지만, 각각의 불상에서 차이점을 찾는다면 대부분 오른쪽 어깨와 하반신에 걸친 대의 표현과 가슴에 묶은 승각기 표현을 들 수 있다. 계초가 제작한 기년명 불상 2점의 오른쪽 어깨에 걸친 대의

도15. 봉현, 목각탱 본존상
　　1782년, 남원 실상사 약수암

는 곡성 관음사 목조관음보살좌상에서는 가슴 위쪽까지 올라가 접힌 부분이 볼륨감이 있고 밖으로 벌어진 반면, 용주사 목조석가여래좌상에서는 접힌 부분이 넓게 펼쳐지면서 밑면이 S자를 이루고 있다. 하반신에 펼쳐진 대의는 오른쪽 무릎을 덮은 옷자락의 밑으로 물방울 같은 옷자락이 오른쪽으로 S자로 늘어진 형태로 계초가 제작한 불상에서 공통적으로 나타난다. 이와 같은 대의 표현에서

도16. 목조불감, 18세기 후반, 호림박물관 소장

특이한 불상은 봉현이 제작한 목조아미타여래좌상이다. 마치 갈퀴같이
대의 자락이 내려오다 중앙 하단에서 Ω형으로 마치 연봉오리가 밖으로
나오듯이 표현된 모습으로 1782년 제작된 실상사 약수암 목각탱의 본존
(도15), 호림박물관 소장 목조불감 내 불상(도16),[34] 미국 금강산갤러리
소장 목조불상(도17)에서 볼 수 있다. 그 중에 실상사 약수암 목각탱의
화기가 최근에 알려졌다. "乾隆四□□□寅十一□□□庵□□諸佛□□
□幀□□□□□□□… 畵□ 封瑞 儀弘 廣海 性□ 桂永 漢□ □□…"
이다.[35] 그러나 보고자는 제작자 가운데 봉서, 의홍, 광해, 성□, 계영,
한□, □□를 제외하고 빈칸으로 처리하였다. 18세기 후반에 전라도 지
역에서 활동한 조각승 가운데 封瑞라는 승려는 찾을 수 없고, 의홍과 계

---

34) 최선일, 「湖林博物館소장 木造佛龕에 관한 연구」, 『미술사연구』 9(1995), 333-
    338쪽.
35) 『韓國의 佛畵 13 - 金山寺本末寺編』(聖寶文化財硏究院, 1999), 219쪽 圖32.

도17. 목조불상, 미국 금강산갤러리 소장   도18. 상정, 목조여래좌상, 1755년, 양주 회암사

도19. 목조아미타여래좌상
    1779년, 온양민속박물관 소장

도20. 목조대세지보살좌상
    1779년, 온양민속박물관 소장

영은 1780년 보림사 천왕과 금강 등을 봉현과 같이 중수한 인물들이다. 따라서 기존에 알려진 실상사 약수암 목각탱의 화기가 封玹을 封瑞로 잘못 읽었을 가능성이 매우 높을 것으로 여겨진다. 왜냐하면 발원문의 대부분이 정자로 쓰이지 않고 흘려 써 잘못 확인된 글자가 보고서와 저서에서 흔히 발견되기 때문이다. 이러한 추정은 불상들의 형태에서 쉽게 찾을 수 있는데, 용주사 불상을 제외하고는 연화대좌의 연봉오리가 의습 밖으로 나와 표현되는 특징을 갖고 있다. 이러한 불상의 대의 처리는 봉현보다 먼저 활동한 상정비구가 제작한 목조불상(도18)에서 볼 수 있어 같은 계보에 속하는 조각승이라는 추정이 가능하다. 또한 용주사 불상을 제작한 조각승은 아니지만, 앞서 1779년 정읍 내장산 원적암에서 제작한 목조아미타여래좌상(도19)과 목조대세지보살좌상(도20)이 온양민속박물관에 소장되어 있다. 이 불상은 앞서 언급한 바와 같이, 계심에 의하여 제작된 불상으로 계초보다 같은 지역에 살았던 봉현이 제작한 불상과 유사한데, 오른쪽 어깨에 걸친 대의자락이나 결가부좌한 다리 밑으로 펼쳐진 대의처리 등이 그러하다. 한편 계초가 제작한 불상과 보살상의 승각기 처리는 시기에 따라 차이가 있다. 용주사 목조석가여래좌상에서는 중앙에 볼록한 반원형의 주름을 중심으로 좌우 2개의 주름이 접힌 반면, 관음사 목조관음보살좌상에서는 석탑에서 흔히 보이는 안상같은 마름모꼴의 주름을 중심으로 좌우 1개의 주름이 접혀있다. 이러한 마름모꼴의 주름은 尙戒가 만든 용주사 대웅보전 목조약사여래좌상에서 더 간략하게 표현되었다.

이제까지 18세기 후반 전라도를 무대로 활동하던 조각승들이 제작한 불상에 대하여 알아보았다. 이 시기의 불상 표현은 1700년대를 전후하여 같은 지역에서 활동한 색란과 조각승들이 만든 불상과 많은 차이가 있다. 色難의 제자인 楚卞이 제작한 1706년 전라남도 영광 불갑사 팔상전 봉안 목조석가여래좌상(도21)은 조선후기 불상의 전형적인 형태를 따

르지만, 오른쪽 어깨에 걸쳐친 반달형의 주름이 역C자형을 이루는 것에 비하여 계초와 관련된 조각승들은 불상에서는 U자형이나 V자형으로 수직을 이루며 가슴까지 내려와 있고, 오른발 밑에서 시작된 주름은 완만한 곡선을 그리며 접혀지고, 왼쪽 무릎을 완전히 덮은 연봉오리형의 대의 끝단은 허벅지 위에 짧게 놓여 있다.

도21. 목조석가여래좌상
    1706년, 영광 불갑사

V. 맺음말

이상으로 1790년 용주사 대웅전 조성 목조석가삼존불상을 만든 조각승을 중심으로 그들이 제작한 기년명 불상에 대하여 알아보았다. 아직까지 조선후기 불상의 체계적인 조사가 이루어지지 않아 계초, 봉현, 상계의 생몰연대와 그들이 속한 계보를 파악할 수 없었지만, 왕실에서 발원한 용주사에 불상을 조성할 정도의 지명도를 가졌던 조각승이라는 사실을 밝힌 것은 작은 성과이다. 뿐만 아니라 이 조각승들은 18세기 중반을 전후하여 전라도지역에서 활동한 尙淨비구와 관련성이 있다. 그렇기때문에 이제까지 막연히 조선후기나 말기라고 추정되던 조선불상 가운데 18세기 후반에 제작된 목조불상의 형식적인 특징을 1754년 곡성 관음암 조성 목조관음보살좌상, 1782년 남원 실상사 약수암 목각탱, 1790년 화성 용주사 목조석가삼존불상 등을 통하여 밝혀보았다. 같은 지역에서 1700년 전후로 활동한 색란파와 다른 계보를 가져 1706년에 제작된 불갑사 목조석가여래좌상과 비교하여 차이점을 가진다.

　이번 연구를 통하여 전국에 분포되어 있는 조선후기 불상의 체계적인 조사·연구가 진행된다면 계초, 봉현, 계심, 칭숙, 우학 등의 조각승들의 불상이 더 많이 확인될 것이다. 그러나 임진왜란으로 소실된 사찰의 중창과 중수가 마무리된 시점이 대략 17세기 후반으로, 18세기부터는 새로운 불상의 제작보다는 기존 불상의 중수와 개금작업이 주요 활동이었음을 계초를 통하여 알 수 있다. 표1에서 새로 제작한 불상과 관련된 기록이 4건이지만, 대웅전 같은 큰 법당보다는 사찰의 부속건물이나 암자에 봉안하기 위한 불상의 제작이 주류를 이루고, 나머지 사적기의 기록은 큰 법당에 봉안된 불상의 개금과 중수를 한 기록이다. 이러한 현황은 조선후기에 시기별로 변하는 조각승들의 작업형태를 이해할 수 있는 중요한 단서이다. 법당에 봉안된 불상의 제작시기를 주로 18세기에서 19세기로 추정하는 경향이 많았지만, 최근 조사된 불상은 대부분 17세기에 제작된 것이 다수를 차지하고 있다. 한편, 1700년 이전에는 불상과 불화를 같이 제작한 승려가 많지 않은데, 18세기 전반부터 이 둘을 모두 잘하는 승려들이 나타나고 있다. 그 대표적인 인물이 용주사 관음보살을 제작한 관허당 설훈과 목조아미타불좌상을 만든 봉현비구이다. 이러한 현상은 19세기 이후에 거의 대부분의 불화승들이 불화 제작과 불상개금을 주로 하는 경향으로 변화되는 초기의 모습이다.

　앞으로 조선후기 불상의 체계적인 복장조사가 진행되면 18세기 후반에 활동한 계초와 봉현, 그보다 먼저 활동한 상정 같은 조각승에 대한 자료가 더 공개되어 조선후기 조각승들의 체계적인 계보와 조각적인 특성이 명확해질 것이다.

제2장
湖林博物館 소장 木造佛龕에 관한 연구

I. 머리말

조선시대는 정치적으로 숭유억불정책을 폈음에도 불구하고 불교신앙은 고려시대와 마찬가지로 일반 민중들에게 여전히 커다란 영향을 미치고 있었다. 조선전기에 비하여 조선후기에는 더욱 그러한 경향이 컸으며, 임진왜란 이후 많은 사찰의 조성과 더불어 불상, 불구류, 불화 등의 제작이 크게 활발해진 것도 그러한 사정을 잘 설명해 준다. 따라서 조선시대 후기는 우리나라 불교미술사의 측면에서 볼 때 많은 주목을 받아왔다. 이 시기의 불화나 범종 등에 대한 적지 않은 연구 성과가 축적된 것은 그러한 결과이다. 그러나 조선시대 불상에 대한 연구는 매우 부진한 편이었다고 할 수 있는데, 그 주요한 원인 가운데 하나는 전국에 산재한 조선시대 후기의 불상에 대한 개별적인 조사가 제대로 이루어지지 못하였기 때문이 아닐까 한다.

조선시대 후기에 제작된 목조불감의 경우 예배대상인 불상의 한 영역을 차지하면서도 이제까지의 연구상황이 별로 활발하지가 못하다. 개별적으로 소개된 목조불감의 예는 동국대학교박물관소장 현원 작 목조아미타삼존불감과 전남 광양군 옥룡면 상백운암소장 영현 작 목조아미타삼존불감,[1] 그리고 국립중앙박물관소장 목조불감에 불과하다.[2] 따라서 조선후기의 불감에 대한 보다 체계적인 이해를 위해서는 먼저 그 시기에 제작된 불감의 구체적인 소개가 이루어져야 할 것이다. 이에 호림박물관 소장의 목조불감을 학계에 소개하여 이후 조선시대 불상연구에 자료가 되기를 바란다.

본고에서는 먼저 호림박물관소장 목조불감과 그 안에 안치되어 있는 목조불좌상의 형식적 특성을 구체적으로 살펴보고자 한다. 이러한 작업 을 통하여 그 불감의 구조 및 양식계통, 그리고 그 제작연대를 추정할 수 있는 단서를 찾을 수 있을 것으로 기대된다. 다음으로 호림박물관소 장 불감 안에 봉안된 불상과 유사한 실상사 약수암 소장의 아미타목각불 탱과 비교하여 불감의 제작시기를 추정해보고자 한다. 마지막으로 이와 같은 작업을 토대로 조선후기 목조불감의 계통에 대해서도 고찰해 볼 수 있었으면 한다.

Ⅱ. 불감의 구성 및 형식적 특징

호림박물관 소장의 불감은 불감과 그 안에 안치되어 있는 불상 및 복 장품으로 구성되어 있다(도1). 불감과 불상은 모두 목재이며, 복장품은 향, 비단, 실, 다라니를 쓴 것으로 추정되는 종이 등으로 이루어져 있다.

1. 불감

불감은 높이가 29.7cm이고 하단의 지름은 18.6cm×18.8cm이다. 전체

---

1) 문명대, 「조선조(17세기2/4분기) 목아미타삼존불감의 한 고찰」, 『고고미술』 146·147(1980. 8), 46-54쪽. 그러나 영현 작 목조아미타삼존불감은 원래 전라남도 상백운암에 소장되었지만, 현재 소재를 파악할 수 없다.
2) 진홍섭,『한국의 불상』(일지사, 1987), 331쪽.

도1. 목조불감, 18세기 후반, 호림박물관 소장　　　　　도2. 불감 외면

적으로 포탄과 흡사한 모습의 이 불감은 완만한 곡선의 천정부와 몸체로
구성되어 있다. 따라서 이러한 불감은 흔히 '포탄형불감'이라고 부른다
(도2).3) 불감의 내부는 주칠이 되어 있는데 부분적으로 칠부분이 떨어져
나간 상태이며, 외부는 전면에 고르게 옻칠을 하여 지금도 광택이 난다.
또한 불감의 감실과 문이 맞닿는 가장자리에 금칠을 한 흔적이 남아 있
는 것으로 미루어 적어도 테두리에는 금칠되었던 것으로 추정된다.

　불감의 감실 전면에는 좌우에 상부가 뾰족한 방패모양의 문이 각각
2개의 경첩으로 연결되어 여닫을 수 있도록 되어 있으나, 현재는 틈이

---

3) 이러한 형태의 불감은 '탄피꼴 불감' 또는 '원뿔꼴 불감'이라고 부르기도 하는데
　(문명대,「조선조(17세기2/4분기 목아미타삼존불감의 한 고찰」, 46쪽), 원뿔꼴은 그
　상하의 단면이 이등변삼각형이므로, 그 단면이 ○형인 호림박물관 소장 불감과
　같은 형태의 불감을 이르는 명칭으로는 적당해 보이지 않는다. 따라서 본고에서
　는 '포탄형 불감'으로 부르기로 하겠다. 또한 동국대학교박물관과 전남 상백운암
　소장의 17세기에 제작된 두 구의 불감은 '탄피형 불감'으로 부르고 있지만, 양쪽
　문을 연 상태의 천정부가 평평하고 동체가 직선을 그리고 있어 필자는 '원통형
　불감'으로 부르는 것이 바람직하다고 본다. 한편 불감의 시원과 전개에 대해서는
　문현순,「고려시대 말기 금동불감의 연구」,『고고미술』179(1988. 9). 33-72쪽 참
　조.

벌어져 제대로 닫히지 않는다. 불감 천정의 중앙부는 균열이 생겨 'ㄷ'형의 철정을 사용하여 고정시켰다. 감실의 하단은 각각 안상과 앙련을 조각한 이층의 단으로 이루어져 있으며, 그 밑에는 전후좌우에 4개의 다리를 가지고 있다.

이러한 형태를 가진 또 다른 목조불감의 비슷한 예는 개인소장의 목조불감에 있는 것으로 알려졌다. 이 목조불감은 1995년 4월 13일부터 4월 19일까지 藝郎房·古木堂이 주최한 전시회에 출품되었는데,[4] 형태는 비교적 길고 둘레가 좁은 편이며, 상부가 하부에 비하여 좀 더 불룩한 점에서 호림박물관소장의 불감형태와는 어느 정도 차이점을 보이고 있다. 고려 및 조선전기에 제작된 불감중에는 실제 사찰건물과 유사한 佛殿形佛龕이 주류를 이루고 있었다는 점과 비교하여 보면,[5] 이러한 포탄형불감은 조선후기의 특징적인 불감형태 중에 하나라고 할 수 있다.

2. 불상

감실안에 봉안된 이 불상은 좌상으로 높이는 18㎝이고 대좌하단은 12.2㎝×7.8㎝이다. 불상은 엄지와 중지를 맞댄 下品中生의 아미타수인을 하고 있어 阿彌陀像이라는 것을 알 수 있다(도3). 아미타상의 두 손은 따로 만들어 佛身의 손목에 끼워넣어 결합하도록 제작되었다.

불상은 상체보다 머리를 앞으로 쭉 내밀어 구부정한 자세를 취하고 있는데, 앞으로 내민 佛頭의 螺髮은 촘촘하고 육계의 표현이 명확하지 않다. 머리에는 반원호의 中間髻珠와 정수리에 원통모양의 頂上髻珠를

---

4) 藝郎房·古木堂, 『木工藝品百選展』(1995), 39쪽.
5) 현존하는 고려시대의 불전형 금동불감은 澗松美術館, 泉隱寺, 國立中央博物館, 미국 하바드대학 포그박물관에 소장되어 있고, 조선전기의 불전형 금동불감은 국립중앙박물관소장 水鐘寺 石塔 出土 금동불감이 있다(『國寶』 2 및 文賢順의 「高麗時代 末期 金銅佛龕의 연구」, 33-72쪽 참조).

가지고 있다. 얼굴은 통통하며 귀
는 어깨까지 내려와 있고, 전체적
인 얼굴의 모습은 어린 아이의 얼
굴이며 표정이 별로 없다.

불상의 착의형식을 살펴보면,
속에 입은 대의는 가슴에서 배부
분까지 U자형을 이루고, 그 바깥
에 걸친 대의는 오른쪽 어깨를 살
짝 덮고 오른팔을 지나 배부분에
서 반전하여 왼쪽 어깨로 넘어가
있다. 반대로 왼쪽 어깨를 덮은 대
의는 옆구리를 따라 수직으로 내
려오다 배부분에서 꺾어 오른쪽

도3. 목조불상

다리 위에서 펼처져 대의 한 쪽은 왼쪽다리 위에 길게 놓이고 다른 쪽은
불상의 측면으로 넘어가 양 무릎에 八자형으로 늘어져 있다. 하체를 덮

도4. 불상하단의 대의표현

도5. 불상의 뒷면

은 대의자락은 대좌 밑으로 늘어져 마치 상현좌처럼 보이는데, 대의 끝단은 연화좌의 연판 사이에 둥글게 늘어져 ♋형으로 처리되었다. 이와 같은 주름의 표현은 이 불상이 가지는 대표적인 특징이라 말할 수 있다(도4). 대의 속의 내의는 가슴에 수평으로 입었는데, 가로질러 끈으로 동여맨 군의 상단에는 양쪽으로 대칭되는 5개의 주름이 표현되어 있다. 그러나 끈 하단에도 있어야 하는 주름은 보이지 않는다. 불상의 뒷모습은 목 주위에 대의 끝단이 둘려있고, 왼쪽 어깨에 앞에서 넘어온 대의 끝자락이 대좌 위에까지 길게 늘어져 있을 뿐, 별다른 옷 주름은 표현되지 않았다(도5).

부처의 대의자락이 길게 늘어진 사이사이에 앙련이 표현되어 있어 아미타상이 연화좌 위에 앉아 있음을 알 수 있다. 仰蓮과 伏蓮 잎마다 수직으로 細線을 새기고 있으며, 대좌의 뒷부분은 연잎이 생략되어 마치 둥근 방석같이 상하 2단으로 처리되어 있다.

3. 복장품

불상 대좌 밑에는 마름모 모양의 뚜껑을 만들고 불상 내부를 파내어 복장품을 넣을 공간을 마련하였다. 현재 전하는 복장품으로는 조각난 香과 그것을 싼 노란 비단 및 비단을 감았던 파란실, 그리고 다라니를 쓴 것으로 추정되는 종이가 남아 있다. 유감스럽게 이 불감의 제작시기를

도6. 불상 대좌 하단의 梵字

알려주는 발원문은 발견되지 않았다. 대좌 하단에는 梵字가 朱書되어 있
다(도6).

Ⅲ. 實相寺 藥水菴所藏 木刻佛幀 본존과의
비교

앞장에서 호림박물관소장 목조불감의 구성과 본존불의 형식적 특징
을 살펴보았다. 이러한 검토를 토대로 본장에서는 이 불감의 제작시기를
추정해 보고자 한다. 이와 관련하여 각별히 주목해야할 불상은 전라남도
실상사 약수암소장의 목각불탱의 본존이다.6)

약수암 목각탱의 크기는 높이 1.81m이고 폭은 1.83m인데, 전체적으
로 2단으로 구성되었다. 하단부에는 본존불을 중심으로 좌우에 2구씩의

---

6) 구례 실상사 약수암소장 목각탱에 대해서는 李鍾文,「朝鮮後期 木刻幀 硏究」(弘
　益大學校大學院 碩士學位論文, 1992. 11), 40-48쪽 참조.

도7. 木刻佛幀, 1782년, 實相寺 藥水庵

도8. 본존상 정면

보살상을, 상단부에는 보살상 4구와 나한상 2구를 배치하였다(도7). 그중 본존상의 형태를 살펴보면, 불상은 엄지와 중지를 맞대 하품중생의 수인을 한 아미타상이다(도8). 불상은 나발이 촘촘하고 육계의 표현이 불명확하다. 머리에는 중간계주와 정수리에 원통모양의 정상계주를 가지고 있다. 각이진 얼굴에 미소를 띠고 귀는 어깨까지 늘어져 있다. 불상의 대의는 가슴에서 배부분까지 U자형을 이루고, 바깥에 걸친 대의는 오른쪽 어깨를 덮고 배

부분에서 반전하여 왼쪽 어깨로 넘어가 있다. 반대로 왼쪽 어깨를 덮은 대의는 옆구리를 따라 수직으로 내려오다 배부분에서 대좌 밑으로 늘어져 마치 상현좌처럼 보인다. 대의 끝단은 연화좌의 연판 사이에 둥글게 늘어져 ひ형으로 처리되었다. 대의 속의 내의는 가슴에 수평으로 입었는데, 가로질러 끝으로 동여맨 군의 상단에는 앞으로 3개의 주름과 사이에 3개의 주름이 배치되었다. 그리고 끈 하단까지 접힌 부분을 표현하였다. 아미타상은 연화대좌 위에 앉아있는데, 연화대좌 밑에는 사천왕상에서나 볼 수 있는 악귀의 모습이 표현되어 매우 특이하다.

이와 같이 실상사 약수암 소장 목각불탱 본존상은 호림박물관소장 목조불감 안에 봉안된 불상과 비교하여, 세부적인 측면에서는 다소의 차이가 있지만, 전체적인 형태에서 커다란 유사성을 띠고 있다. 먼저 이중대의를 입어 어깨에 걸친 반달모양의 주름표현이나 양다리 사이의 대의가 대좌 밑으로 늘어져 마치 상현좌처럼 보인다는 점을 들 수 있다. 대의자락이 연판 사이로 길게 늘어진 표현은 18세기 제작된 명문을 가진 몇 구의 상에서 볼 수 있지만 다른 불상에 비하여 두 상은 유려하게 늘어진 모양이 너무도 흡사하다. 그리고 두 불상은 대의 안에 입은 군의를 끈으로 묶어 상단에 주름을 표현하였다는 점에서도 일치한다.

이 두 불상의 형식이나 양식상의 친연성은 그 제작시기가 서로 크게 다르지 않음을 암시한다. 그런데 실상사 약수암 소장 목각불탱 하단에는 건륭47년(정조6년, 1782)에 제작되었다는 명확한 명문이 있어서 이 목각탱이 18세기 후반에 제작되었음을 알 수 있다.[7] 따라서 호림박물관소장 불감도 실상사 약수암 소장 목각탱과 마찬가지로 대체로 18세기 후반에 제작된 것으로 추정된다.

---

7) 乾隆四七年壬寅十一月○○山實相寺○○○諸佛○○諸○○○幀(李鍾文, 「朝鮮後期 木刻幀 硏究」, 43쪽)

Ⅳ. 맺음말 -조선후기 불감의 系統에 관한 試論-

이제까지 호림박물관소장 불감의 구성 및 본존불의 형식적 특징을 살펴보고, 그 특성을 중심으로 1782년 실상사약수암소장의 목각탱과의 친연성을 통하여 제작시기를 추정하여 보았다. 본고에서 제기한 필자의 견해에 큰 무리가 없다면 호림박물관소장 불감은 조선후기 목조불감의 계통을 파악하는데, 중요한 의미를 가진다고 생각된다.

앞서 언급한 바와 같이, 현재 확인할 수 있는 조선후기 목조불감의 예는 東國大學校博物館 소장 賢元 作 木阿彌陀三尊佛龕(도9), 全南 光陽시 玉龍面 上白雲庵 소장 英賢 作 木阿彌陀三尊佛龕(도10), 國立中央博物館소장 佛龕(도11), 개인소장 목조불감(도12), 그리고 호림박물관소장 목조불감이 있다. 그런데 이 목조불감들은 몇 가지 점에서 양식적인 차이를 보여준다. 먼저 동국대학교박물관 소장 목조아미타삼존불감과 상

도9. 賢元, 木造阿彌陀三尊佛龕, 1637년, 東國大學校博物館 소장

도10. 英賢, 木造阿彌陀三尊佛龕, 1644년

도11. 木造佛龕, 國立中央博物館 소장

도12. 木造佛龕, 18世紀末, 個人소장

백운암 소장 목조아미타삼존불감은 구조상 양쪽 문을 열었을 때 천정부가 평평하고 동체는 거의 직선을 이루는 원통형이며, 감실 내부를 파내어 불상을 조각하고 감실의 벽과 대좌 사이에 일정한 공간을 두는 특징이 있다. 그리고 감실 안에 봉안된 불상의 경우도 신체표현의 비례가 알맞고 앉아있는 자태가 당당하며 시선이 정면을 주시하고 있다. 그밖에 국립박물관 소장 목조불감은 원통형이면서 불감 내부에 불상을 따로 봉안하고 있다.

반면에 호림박물관소장 불감과 개인소장 불감은 그 구조에서 양쪽 문을 열었을때 천정부가 완만한 곡선을 이루며 동체는 배가 불룩한, 이른바 포탄형을 띠고 있다. 그리고 앞서 살펴본 동국대학교박물관 소장과 상백운암 소장의 두 목조아미타삼존불감과는 달리 불상을 따로 조각하여 감실에 봉안하였으며, 불감 바닥에 다리를 세운 특징이 있다. 불상표현에 있어서 신체에 비하여 머리 부분이 상대적으로 크고 앞으로 내밀어 구부정한 자세를 취하면서, 시선은 바닥을 향하고 있다.

불감의 형태를 중시할 경우, 전자는 '원통형불감', 후자는 '포탄형불감'으로 부를 수 있을 것이다. 그러면 이 두 유형 사이의 양식적 차이는 무엇을 의미하는 것일까? 이 불감들의 제작시기를 통하여 이 의문의 실마리를 풀 수 있을 것이다.

위에서 언급한 조선후기의 불감들 가운데 절대 제작연대를 알 수 있는 것은 1637년 제작의 동국대학교박물관 소장 목조아미타삼존불감과 1644년의 상백운암 소장 목조아미타삼존불감으로 모두 원통형불감에 속한다. 나머지 3구의 불감은 절대연대는 확인할 길이 없지만, 그 중 호림박물관소장 목조불감은 실상사의 목각불탱의 본존과 비교하여 제작연대를 18세기 후반으로 추정하였다. 이러한 사실을 고려하면 원통형불감은 주로 17세기 중반을 전후한 시기에 제작되었으며, 포탄형 불감은 대체로 18세기 후반에 만들어졌다고 보아도 큰 무리가 없을 것이다. 따라서 조선후기의 불감은 원통형불감에서 포탄형 불감으로 변천되었다고 추정된다.

이렇게 볼 때 국립중앙박물관 소장의 목조불감이나 개인 소장 목조불감의 대략적인 제작연대도 추정해 볼 수 있다. 즉 원통형불감에 속하면서 불상이 따로 봉안된 국립중앙박물관 소장 불감은 17세기 후반일 가능성이 크고, 포탄형 불감에 속하는 개인 소장 불감은 18세기 후반에 제작된 것으로 볼 수 있다.

이제까지 호림박물관소장 불감을 중심으로 현재까지 알려진 불과 5점의 예를 토대로 조선시대 후기 목조불감의 계통을 간략히 살펴보았다. 앞으로 조선시대 목조불감의 例가 소개된다면 그 유형 및 계보의 연구에 큰 도움이 되리라고 본다.

제6부

朝鮮 後期 彫刻僧과

佛像樣式의 변천

제1장
朝鮮 後期 彫刻僧과 佛像樣式의 변천

Ⅰ. 머리말

조선시대 불교조각은 1592년부터 1597년까지 일어난 임진왜란과 정유재란을 기점으로 전기(1392~1599)와 후기(1600~1910)로 나눌 수 있다. 이는 전쟁 기간 동안에 義僧軍의 활동으로 외세에 의한 사찰의 파괴와 소실이 이루어졌고, 終戰과 더불어 전국적으로 사찰의 중창과 중건이 본격화되면서 전각에 봉안할 불상이 제작되었기 때문이다. 또한 왕실이나 사대부 등이 불교와 승려에 대한 인식이 변하면서 전각의 건립과 불상의 제작에 후원세력으로 참여하게 되었다.

조선 후기의 불교조각 연구는 2000년을 기점으로 개별 僧侶匠人(이하 僧匠)의 작품을 중심으로 논의되면서 새로운 전환기를 맞이하였다.[1] 특히 전국에 걸쳐 사찰 내에 봉안된 불상 안에서 발견된 造成發願文이 체계적으로 조사되면서 불상을 만든 僧匠에 관한 연구가 활성화되었다. 조성발원문에는 제작 연대와 사찰 및 관련 인물들이 나열되어 있는데, 그 중 불상을 제작한 승장들을 彫刻僧이라 부르고 있다. 그러나 조각승이라 통칭되는 僧匠은 조선 전기에 제작된 목조불상에서 발견된 조성발원문

---

1) 崔宣一, 「朝鮮後期 全羅道 彫刻僧 色難과 그 系譜」, 『미술사연구』 14(2000), 35~62쪽.

을 보면,[2] 흙이나 나무로 부처의 형상을 만드는 장인에서 옻칠이나 금칠 등을 하는 사람에 이르기까지 모두 포함하는 명칭으로 각각의 역할을 구 분할 수 없는 한계가 있다. 그럼에도 불구하고 조각승들이 불상 제작에 필요한 숙련된 기술을 얻기 위해서는 오랜 기간 수련기를 거치면서 자연 스럽게 師承關係와 交流가 이루어졌을 것으로 추정된다.

지금까지 밝혀진 조선 후기의 개별 조각승에 대한 연구는 활동 시기 를 바탕으로 양식적인 특징과 그 계보를 연구하는 방향으로 전개되었다. 이들 조각승에 관해서는 불상 내에서 발견되는 發願文이나 事蹟記 등의 단편적인 기록을 토대로 조각승의 활동과 불상양식을 접근하고 있다. 뿐 만 아니라 불상 제작에 공동으로 참여한 기록을 바탕으로 조각승의 계보 와 사승관계에 관한 연구까지 이루어졌다.[3] 그러나 개별 조각승에 관한 연구가 많이 진행되었음에도 불구하고 시기적인 특징이나 불상의 변화 과정까지 접근하지 못한 실정이다.

따라서 본고에서는 조선 후기 조각승의 활동과 불상양식을 바탕으로 그 계보와 변천과정을 밝혀보고자 한다. 이를 위하여 불상의 제작과 중 수·개금의 현황을 시기적으로 살펴본 후, 조선 후기 불교조각의 시기구 분을 시도해 보겠다. 그리고 기년명 불상을 중심으로 조각승의 활동과

---

2) 1458년에 제작된 法泉寺 목조아미타불좌상(경북 영주 흑석사 봉안)에서 발견된 발원문에는 "畵員 李重善 李興孫 付金韓信 金箔李松山 漆舍牛□莫同 刻手黃小 奉 磨造金弓同 小木梁日峯"으로 기록되어 불상 제작에 관련된 작업과 장인을 구 체적으로 알 수 있다(崔素林, 「黑石寺 木造阿彌陀佛坐像 硏究」, 『강좌 미술사』 15 (한국미술사연구소, 2000), 81~83쪽). 그러나 조선 후기 불상의 발원문에는 불상을 제작한 승려장인을 畵員, 畵士, 畵工, 畵手, 匠人, 匠主, 良工, 工師, 工畵, 巧匠, 樺 匠, 金魚, 片手, 造像 등으로 언급하였다(최선일, 「朝鮮後期 彫刻僧의 활동과 佛像 硏究」홍익대학교 박사학위논문, 2006.8), 21~22쪽).

3) 조선 후기 활동한 개별 조각승과 불상 양식에 관해서는 崔宣一, 「조선후기 조각 승의 활동과 불상연구」(홍익대학교 박사학위논문, 2006. 8)과 宋殷碩, 「17세기 朝 鮮王朝의 彫刻僧과 佛像」(서울대학교 박사학위논문, 2007.2)에 구체적으로 언급 되어 있다.

불상양식을 접근한 후, 개별 조각승 계보의 불상양식과 변천과정을 알아보고자 한다. 이는 전국에 산재하는 無紀年銘 불상의 제작시기와 조각승 등을 밝힐 수 있는 단서를 찾기 위한 작업이기도 하다.

Ⅱ. 조선 후기 불상의 제작과 중수·개금 현황

현재까지 필자가 조사한 조선 후기 불상 제작과 중수·개금은 총 292건으로, 불상 제작이 218건이고, 중수·개금이 74건이다. 이를 10년 단위로 나누어 살펴보면 다음과 같다.

표1. 조선 후기 불상의 제작과 중수·개금

시기	불상 제작	불상 개금	총수	비 고	시기	불상 제작	불상 개금	총수	비 고
1600~1610	3	1	4		1761~1770	2	7	9	
1611~1620	11	1	12		1771~1780	3	8	11	
1621~1630	14		14		1781~1790	5	6	11	
1631~1640	20		20		1791~1800	1	5	6	
1641~1650	22	1	23		1801~1810	1	6	7	
1651~1660	23		23		1811~1820	1		1	
1661~1670	18	4	22		1821~1830	1	2	3	
1671~1680	23	2	25		1831~1840	1		1	
1681~1690	19	1	20		1841~1850	3		3	
1691~1700	10	3	13		1851~1860	4		4	
1701~1710	15	3	18		1861~1870	2	7	9	
1711~1720	7	6	13		1871~1880	1	8	9	
1721~1730	13	11	24		1881~1890	1	8	9	
1731~1740	4	3	7		1891~1900		9	9	
1741~1750	2	8	10		1901~1910		7	7	
1751~1760	3	4	7			218	74	292	

　표1를 참고하면, 임진왜란과 정유재란이 끝나고 사찰의 중건과 중수
가 이루어지면서 불상 제작이 서서히 증가하다가 1630년대부터 1700년
대까지는 각 10년마다 거의 15건 이상씩 제작되었음을 알 수 있다. 그리
고 1710년대부터 1730년대까지는 불상의 제작과 중수·개금 숫자가 비
슷해지고, 1740년대를 지나면서부터 제작보다 중수·개금이 차지하는 비
중이 늘어나고 있다. 이러한 추이는 조선 후기에 불상이 전 기간에 고르
게 제작된 것이 아니라, 사찰의 중창과 중건이 본격적으로 이루어진 시
기에 대량 제작되었다가 사찰의 복원이 끝난 시점부터 불상 제작의 수요
가 줄어들면서 중수·개금이 주로 이루어졌음을 보여준다.[4]

　이러한 상황을 다시 도표로 정리하면 쉽게 이해할 수 있다(도표1). 도
표에서 진한 색은 불상의 제작을, 연한 색은 불상의 중수·개금을 나타낸
다. 이를 보면 17세기 전반부터 1700년대까지 활발하게 불상이 제작된
반면에 1710년부터 1730년대까지 불상 제작과 중수·개금이 비슷해지고,
18세기 후반부터 오히려 중수·개금이 많아지는 사실을 명확하게 알 수
있다. 특히 1600년부터 1730년까지 제작된 불상 제작의 수량은 조선 후
기 불상 제작의 84퍼센트를 차지하고 있다.

　이러한 현황 자료를 바탕으로 조선 후기 불교조각사는 네 시기로 구
분이 가능하다. 우선, 17세기 전반에 해당하는 성립기는 많은 조각승들
이 활동하여 불상을 제작함으로써 다양한 불상 형식이 공존하는 시기이
다. 그리고 전성기는 17세기 중반부터 18세기 전반까지 여러 조각승들
의 활발한 활동과 불상 양식이 성립되어 조각승의 계보가 확실해지고 전

---

4) 임진왜란과 정유재란 기간에 전국의 사찰 피해에 대해서는 구체적인 연구가 진행
　되지 않았지만, 여러 사찰의 사적기를 살펴보면 임진왜란 기간보다 정유재란 동
　안에 많은 피해가 있었음을 알 수 있다(李康根, 「17세기 佛殿의 再建設」, 『미술
　사학연구』 208(1995,12), 39~81쪽). 전쟁이 끝나고 사찰의 중창과 중수는 전국에
　걸쳐 일시에 이루어지지 않고 중심 사찰이나 전각이 먼저 복원되었다.

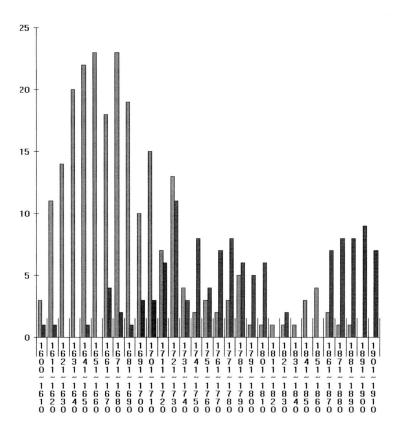

도표1. 조선 후기 불상 제작과 중수·개금의 그래프

형화 된 불상을 제작한 시기이다. 정체기는 18세기 후반에 이르러 불상 제작의 수요가 줄어들고 중수·개금이 늘어나는 시기이다. 마지막으로 쇠 퇴기는 불상 제작이 거의 없어지고, 중수·개금이 대부분을 차지하는 19 세기부터 20세기 초반에 해당하는 기간이다. 이상의 4단계에 해당하는 조선 후기에 활동한 승려 장인은 천여 명에 가깝고, 주도적인 역할을 한 수화승은 120여명에 달한다.[5]

---

5) 崔宣一, 『朝鮮後期僧匠人名辭典 - 佛敎彫塑』(養士齋, 2007).

Ⅲ. 조선 후기 불교조각의 흐름과 조각승의 활동

조선 후기 불교조각은 불상의 제작과 중수·개금을 바탕으로 크게 네 시기(성립기-전성기-정체기-쇠퇴기)로 나누어 살펴볼 수 있다.

1. 성립기

조선 후기 불상양식의 성립기는 17세기 전반에 해당되는 시기로, 대표적인 조각승은 玄眞, 守衍, 印均, 無染 등이다. 이 시기는 임진왜란과 정유재란이 끝난 직후부터 1620년대까지로 三寶寺刹인 전남 순천 송광사, 경남 합천 해인사, 경남 양산 통도사와 왕실과 관련된 충북 보은 법주사와 전북 고창 선운사 등이 중건되면서 전각에 불상이 봉안되고, 1630년대에는 전남 구례 화엄사, 전북 김제 금산사 등의 중심 전각에 3m 이상의 대형소조불상이 제작되었다.

이 기간을 대표하는 조각승은 玄眞(-1612-1637-)이며,6) 현

도1. 현진, 목조보살좌상, 1612년, 함양 상련대

---

6) 兪弘濬, 「비슬산 명적암 목조아미타여래좌상」, 『美術資料』 62(國立中央博物館, 1999) 73~81쪽 ; 송은석, 「17世紀 彫刻僧 玄眞과 그 流派의 造像」, 『美術資料』 70·71(2004), 69~106쪽 ; 최선일, 앞의 논문(2006. 8), 30~42쪽.

진이 제작한 가장 앞선 작품은 1612년 경남 함양 상련대의 목조보살좌상이다 (도1).[7] 이 보살상의 특징은 네모난 얼굴에 넓은 이마 밑으로 耳目口鼻가 몰려있고, 머리와 신체의 비례가 균형 잡혀 있는 것이 특징이다. 보살상의 오른쪽 어깨에 걸친 대의자락은 대각선으로 접혀 짧게 늘어지고, 왼쪽 어깨를 따라 한 가닥의 옷자락이 길게 늘어져 끝부분이 꽃잎모양으로 둥글게 처리되었으며, 두 무릎 사이에 늘어진 옷주름은 몇 가닥의 직선으로

도2. 이중선, 목조아미타여래좌상
1458년, 영주 흑석사

간략하게 표현되었다. 현진이 제작한 불상과 조선 전기에 제작된 불상을 비교해 보면, 1458년 경북 영주 흑석사 목조아미타여래좌상이나 1586년 경북 문경 봉암사 목조여래좌상에 나타나는 통통한 얼굴에 균형 잡힌 신체표현, 오른쪽 어깨에서 자연스럽게 늘어진 대의 표현, 왼쪽 어깨에서 한 가닥의 옷자락이 넓고 길게 늘어져 있는 점 등에서 유사성을 보여 준다 (도2). 현진의 불상양식은 3m가 넘는 1626년 충북 보은 법주사 소조삼세불좌상불상의 대형소조불을 만들면서 신체비례와 의습처리에 큰 변화가 있다. 현진의 불상양식을 대표하는 작품은 1629년 경남 창녕 관룡사 목조석가여래좌상으로 신체보다 얼굴이 커져 신체비례가 깨지면서 네모진 얼굴에 가늘게 뜬 눈, 원통형의 코, 작은 입을 표현하였다 (도3). 바깥에 걸친 대의는 오른쪽 어깨에 대의자락 일부가 가슴까지 늘

---

7) 이 보살상의 발원문은 전통사찰관광종합정보(http://www.koreatemple.net)에 게재된 사진을 통하여 알 수 있었다(최선일, 앞의 논문(2006.8)).

도3. 현진, 목조여래좌상
　　1629년, 창녕 관룡사

도4. 수연, 목조아미타여래좌상
　　1619년, 서천 봉서사

어져 끝부분이 U자형을 이루고, 나머지 대의자락은 팔꿈치를 지나 배부분에서 넓게 펼쳐진 후에 왼쪽어깨로 넘어가고 있다. 아직까지 왼쪽어깨선을 따라 가늘게 늘어진 옷자락이 그대로 나타나고 있다. 또한 무릎의 폭은 이전에 제작한 불상과 달리 좁고 높아졌다. 이러한 특징으로 보아 17세기 전반을 대표하는 조각승 현진의 불상양식은 1620년대에 대형불상을 만들면서 크게 변하여 1630년대까지 지속적으로 제작된 것을 알 수 있다.

　　玄眞과 쌍벽을 이루는 조각승은 守衍(-1615-1639-)이다.8) 수연은 1619년에 충남 서천 봉서사 목조아미타삼존불좌상을 제작할 때 首畵僧과 證明으로 참여하였다 (도4). 수연이 만든 불상은 네모진 얼굴에 이목

---

8) 金春實, 「鳳棲寺 極樂殿 塑造阿彌陀三尊佛像과 腹藏遺物」, 『聖寶』 2(大韓佛敎曹溪宗 聖寶保存委員會, 2000), 99~104쪽 ; 崔宣一, 「17세기 전반 조각승 수연의 활동과 불상」, 『東岳學術史學』 7(동악미술사학회, 2007), 149~171쪽.

도5. 수연, 목조석가여래좌상
1639년, 예산 수덕사

도6. 인균, 목조지장보살좌상
1648년, 여수 흥국사

구비가 몰려 강한 인상을 주는데, 이는 1612년에 현진이 제작한 함양 상
련대 목조보살좌상의 얼굴 표현과 비슷하다. 수연이 제작한 불상은 목이
짧고 각이 진 어깨에 당당한 신체를 가지고 있으며, 무릎이 각이 지고
낮은 편으로 이러한 조형감각은 1639년에 충남 예산 수덕사 목조석가삼
세불좌상에도 그대로 나타난다(도5). 그런데 수연이 제작한 불상에서 가
장 특징적인 부분은 두 무릎 사이에 늘어진 대의자락의 처리이다. 1619
년 충남 서천 봉서사 목조아미타삼존불좌상, 1634년 전북 익산 숭림사
목조지장보살좌상, 1639년 예산 수덕사 목조석가삼세불좌상에서 모두
두 무릎 사이에 늘어진 옷자락이 중앙에서 주름치마처럼 펼쳐지고, 두
번째 주름이 가장 위쪽에 놓이면서 끝부분이 역삼각형 → 사다리꼴형 →
원형으로 변하였다.[9]

　1615년에 수화승 太顚, 守衍과 함께 전북 김제 금산사 독성을 제작한

9) 崔宣一, 앞의 논문(2007), 163쪽.

印均(仁均, -1615-1655-)은 1633년에 수화승으로 김제 귀신사 영산전 목
조비로자나삼신불좌상과 1648년 전남 여수 흥국사 목조지장보살좌상을
제작하였다 (도6). 이 불상은 앞서 보았던 현진과 수연이 제작한 불상과
달리 눈두덩이가 넓어 부드러운 인상을 느낄 수 있다. 오른쪽 어깨에 완
만하게 늘어진 옷자락과 양 무릎사이에 늘어진 단순화된 옷주름 등이 인
균이 제작한 불상에 나타난 특징이다.[10]

조각승 無染(-1633-1656-)은 성립기에서 전성기로 넘어가는 과도기에
중요한 위치를 차지한 승려이다.[11] 무염이 제작한 1635년 전남 영광 불

도7. 무염, 목조아미타삼존불좌상 본존
1651년, 속초 신흥사

갑사 대웅전 목조삼세불좌상은
앞서 살핀 현진이 1629년에 제
작한 창녕 관룡사 목조삼세불
좌상과 신체비례나 얼굴 표현
이 유사하지만, 아직까지 그들
이 공동으로 불상을 제작했다
는 발원문이나 사적기의 내용
을 찾을 수 없어 1630년대의 시
대양식으로 생각된다. 무염은
1650년대에 이르러 독자적인
불상양식을 완성하게 되는데,
예를 들어 1650년 대전 비래사
목조비로자나불좌상, 1651년

---

10) 孫永文, 「조각승 印均派의 불상조각의 연구」, 『講座 美術史』 26-I(韓國佛敎美
術史學會, 2006), 53~82쪽.

11) 文明大, 「無染派 목불상의 조성과 설악산 新興寺 목아미타삼존불상」, 『고려·조선
불교조각사 연구; 삼매와 평담미』(예경, 2003), 402~416쪽 ; 「조각승 無染, 道祐
派 불상조각의 연구」, 『講座 美術史』 26-I(韓國佛敎美術史學會, 2006),
23~54쪽.

강원 속초 신흥사 목조아미타삼존불좌상, 1652년 전북 완주 정수사 목조삼존불좌상은 모두 1650년대 작품으로 신체비례가 서로 비슷하고, 타원형의 얼굴에 인중이 넓으며 둥근 턱선을 강조하였다(도7). 대의도 얇은 옷을 입은 듯 다른 불상에 비하여 몸에 달라붙은 것처럼 보이고, 두 다리 사이에 늘어진 옷주름이 많아졌다.

이상으로 성립기에 활동한 조각승의 불상양식은 조선 전기 양식을 계승하면서 점차 독자적인 불상양식으로 전개되었음을 알 수 있다. 특히, 1620년대부터 1630년대까지 현진과 수연이 조성한 불상에서 볼 수 있는 각이 진 얼굴 표현, 당당한 신체, 단순하고 평면적인 옷주름 표현이 특징적이다. 그리고 1650년대에 이르러 무염 같은 조각승들에 의하여 자기만의 독자적인 불상양식이 완성되면서 그 이후 같은 계보에 속하는 조각승들에게 영향을 주었다.

2. 전성기

전성기는 조각승마다 불상양식을 완성하여 사승관계를 통하여 서로 간의 많은 영향을 주고받던 시기이다. 이 시기는 前期와 後期로 나눌 수 있는데, 전기는 17세기 중·후반으로 여러 조각승이 활동하면서 조각승 계보마다 불상양식이 형성되어 다양한 불상양식이 공존한다. 후기는 18세기 전반으로 개별 조각승이 만든 불상양식을 계승하거나 다른 조각승 계보의 불상양식을 부분적으로 차용하여 불상을 제작하는 시기이다. 특히 18세기 전반에는 불상 제작의 숫자가 줄어들면서 소수의 조각승 계보만이 활동하고 있다. 전성기에 대표적인 조각승은 전기에 勝一, 雲慧, 熙藏, 色難, 丹應이고, 후기에 進悅, 夏天 등이다. 이 기간에는 7명 정도의 조각승이 큰 사찰의 부속전각이나 군소도시의 주요 사찰 전각에 1m 이하의 중·소형 불상을 지속적으로 제작하였다.

전성기를 대표하는 조각승 勝一(勝日, -1629-1670-)은 이미 17세기 전

도8. 승일, 목조여래좌상
1646년, 구례 천은사

도9. 희장, 목조석가여래좌상
1661년, 부산 범어사

반에 玄眞, 無染, 淸憲이 불상을 제작할 때 참여했던 인물이다.12) 그가
수화승이 되어 만든 가장 이른 시기의 불상은 1646년 전남 구례 천은사
수도암 목조여래좌상이다(도8). 이 불상은 균형잡힌 신체비례를 보여주
고, 두 무릎 사이에 늘어진 옷주름이 줄어들면서 발밑으로 늘어진 한 가
닥의 옷주름이 넓게 펼쳐지고, 왼쪽 무릎 밑으로 흘러내린 옷자락은 끝
이 날카롭게 표현되었다 . 이와 같은 옷주름 표현을 볼 수 있는 불상은
熙藏이 1661년에 수화승으로 제작한 부산 범어사 목조석가삼존불좌상
(도9)과 그의 제자로 추정되는 寶海가 1680년에 수화승으로 제작한 고흥
송광암 목조여래좌상으로 동일 계보에 속하는 조각승들이 주로 사용한
의습 처리라는 것을 알 수 있다(도10). 뿐만 아니라 왼쪽 허벅지 위에

---

12) 이희정, 「조선 17세기 불교조각과 조각승 淸憲」, 『불교미술사학』 3(통도사성보박
    물관 불교미술사학회, 2005), 159~184쪽 ; 李芬熙, 「조각승 勝一派 불상조각의
    연구」, 『講座 美術史』 26 - Ⅰ(韓國佛敎美術史學會, 2006), 83~112쪽.

도10. 보해, 목조여래좌상　　　　도11. 운혜, 목조지장보살좌상
　　　1680년, 고흥 송광암　　　　　　　1667년, 화순 쌍봉사

삐침이 강하게 늘어진 긴 소매자락의 형태도 이 계보에 속하는 조각승들
이 주로 사용하였다.

　勝一과 같은 시기에 활동한 조각승 雲慧(雲惠, 云惠, -1649-1680-)는
1650년에 수화승으로 해남 서동사 목조삼세불좌상을 제작하고,[13] 그의 대
표적인 불상은 1667년 전남 화순 쌍봉사 목조지장보살좌상이다 (도11). 운
혜가 제작한 두 불상의 특징은 정면을 응시하는 시선과 꽉 다문 입술이
주는 강한 인상과 두꺼운 대의를 어깨에 걸쳐 옷의 부피감이 표현된 것이
다. 운혜는 1660년대를 기점으로 옷주름 표현이 정리되면서 도식화되고,

───────────────

13) 崔宣一, 「全羅南道 和順 雙峰寺 木造地藏菩薩坐像과 彫刻僧 雲惠」, 『불교미술사
　　학』 2(통도사성보박물관 불교미술사학회, 2004), 199~219쪽. 이제까지 운혜의
　　활동시기는 1639년부터 1680년까지로 보았다(최선일, 앞의 책, 120~121쪽). 그
　　러나 고흥 능가사 불상에서 발견된 운혜가 제작한 불상에 관한 발원문에 언급된 스
　　님들을 검토한 결과, 운혜가 불상을 만든 연도가 1639년이 아니라 1675년임을 알게
　　되었다. 따라서 운혜의 활동 시기는 1649년부터 1680년까지이다.

두 무릎 사이에 퍼지는 옷자락은 부피감 있게 표현되어 앞서 살펴본 조각승들의 불상보다 늘어진 옷자락 끝부분이 두껍게 마무리 된 것이 특징이다.

조각승 色難(색란, -1680-1730-)은 조선 후기 불교조각의 발달과정에서 정점을 이루는 스님이다.[14] 색난이 제작한 불상은 현재 16건 100여 점에 이르고, 그의 활동을 밝힐 수 있는 문헌기록 5건이 조사되었다. 그는 구례 화엄사 각황전 목조삼존·사보살상에서 조사된 조성발원문에 八

影山沙門으로 적혀있어 전남 고흥 능가사에 살았던 승려임을 확인할 수 있다.[15] 색난이 제작한 불상을 시기적으로 나누어 보면 1684년 전남 강진 옥련사 목조석가여래좌상과 1694년 전남 화순 쌍봉사 목조석가여래좌상, 마지막 기년명 작품인 1709년 고흥 송광암 목조보살좌상을 중심으로 불상양식의 변화과정을 살필 수 있다 (도12).[16] 이 불상들은 동일한 형태의 이목구비에서 풍기는 온화한 인상을 하고, 오른쪽 어깨

도12. 색난, 목조석가여래좌상
　　　1684년, 강진 옥련사

---

14) 金理那, 「뉴욕 메트로폴리탄박물관의 조선시대 가섭존자상」, 『미술자료』 33(국립중앙박물관, 1982. 12) 59~65쪽 ; 崔宣一, 앞의 논문(2000), 35~62쪽 : 「日本 高麗美術館 所藏 朝鮮後期 木造三尊佛龕」, 『미술사연구』 16(2002), 137~155쪽 : 「彫刻僧 色難의 활동과 佛像樣式」, 『博物館紀要』 23(단국대학교 석주선기념박물관, 2008), 81~110쪽.
15) 吳珍熙, 「조각승 色難派와 華嚴寺 覺皇殿 七尊佛像」, 『講座 美術史 – 미술사의 작가와 유파』 26 – Ⅰ(韓國佛敎美術史學會, 2006), 113~138쪽.
16) 崔仁善, 「康津 玉蓮寺 木造釋迦如來坐像과 腹藏」, 『文化史學』 1(한국문화사학회, 1994.6), 129~158쪽.

에 걸친 대의자락이 완만하게 펼쳐져 있으며, 그 뒤로 세 겹으로 접힌 주름이 단을 이루면서 늘어져 있다. 두 무릎 사이에 늘어진 옷자락은 밑으로 완만하게 펼쳐져 있고, 옷자락이 왼쪽 무릎을 연판형으로 완전하게 덮고 있다. 색난의 불상에서는 이전 조각승과 같이 대의 안쪽에 입은 승각기를 끈으로 묶어 가슴 위에 다섯 개의 연판형 주름이 도식적으로 표현되었다. 이와 같이 색난이 제작한 불상양식은 그의 계보에 속하는 조각승 忠玉, 楚卞, 一機가 제작한 불상에서 그대로 표현되었다. 색난의 스승을 밝힐 수 있는 조성발원문이나 문헌은 아직까지 조사되지는 않았지만, 인균이 제작한 1648년 전라남도 여수 흥국사 목조지장보살좌상이 조사되면서 인균의 불상양식이나 활동 지역 등이 색난과 깊은 관련이 있을 것으로 추측된다(도6).

조각승 색난이 활동한 시기에 丹應(端應, -1656-1689-)은 강원도와 경상북도를 중심으로 불상을 제작하였다.[17] 단응이 제작한 불상은 3건으로 10여점이 남아있는데, 그는 1656년에 수화승 無染과 함께 전북 완주 송광사 목조석가삼존불좌상을 만들고, 수화승으로 1684년에 경북 예천 용문사 대장전 목조아미타삼존불좌상과 목각탱, 1689년에 충북 제천 정방사 목조관음보살좌상을 제작하였다 (도13). 따라서 그는 무염의 계보에 속하는 조각승으로, 단응이 제작한 불상도 동일한 얼굴의 표현을 하고, 두꺼운 대의 안쪽에 편삼을 입고, 오른쪽 어깨에 걸친 안쪽 옷자락이 동일한 두께로 거의 수직으로 펼쳐져 있고, 그 뒤로 세 겹으로 접힌 주름이 단을 이루면서 늘어져 있다. 두 무릎 사이에 늘어진 옷자락은 자연스럽게 표현되었다. 배 부분의 중앙에 대의자락과 편삼이 수직으로 접혀 늘어진 옷자락의 도식적인 표현은 丹應과 그 계보에 속하는 卓密(-1684-1689-)과 琢璘(-1689-1716-) 등이 제작한 불상에서 공통적으로

---

17) 沈柱完, 「龍門寺 木佛像의 작품과 그 영향」, 『講座 美術史－미술사의 작가와 유파』26-Ⅰ(韓國佛敎美術史學會, 2006), 139~161쪽.

도13. 단응, 목조아미타여래좌상
　　　1684년, 예천 용문사

도14. 하천, 목조석가여래좌상
　　　1730년, 거창 포교원

나타나고 있다. 그가 제작한 불상은 스승으로 추정되는 無染이 제작한 불상과 양식적으로 차이가 있어 하나의 계파를 형성한 것으로 보인다.

　色難의 계보에 속하면서 전성기의 후기인 18세기 전반에 활동한 조각승 夏天(-1703-1730-)은 1700년대에 스승과 함께 불상을 제작하다가 1720년대 수화승으로 활동하였다.[18] 그의 대표적인 불상은 1720년에 고흥 송광암 목조보살좌상과 1730년에 경남 거창 포교원 목조석가불좌상이다 (도14).[19] 모두 색난이 제작한 불상의 인상과 신체비례 및 대의처리 등을 따르지만, 조형성이나 조각기법은 스승이 제작한 불상보다 간략하고 단순하게 처리하였다.

　18세기 전반에 가장 대표적인 조각승 進悅(震悅, -1695-1722-)은 여러

---

18) 김미경, 「八公山 桐華寺 木造三世佛坐像의 腹藏物 檢討」, 『불교미술사학』 3(통도사성보박물관 불교미술사학회, 2005), 269~291쪽.

19) 김창균, 「거창·창녕 포교당 성보조사기」, 『聖寶』 4(大韓佛教曹溪宗 聖寶保存委員會, 2002), 157~172쪽.

조각승의 계보가 제작한 불상양식
을 부분적으로 사용하여 다양한 불
상양식을 제작한 스님이다.20) 그가
제작한 1706년 전남 곡성 서산사
목조보살좌상과 1722년 부산 범어
사 원통보전 목조관음보살좌상을
살펴보면,21) 보관은 크고 화려하
며, 오른쪽 어깨에 걸친 옷자락은
U자형으로 늘어져 있으면서 두 무
릎 사이에 늘어진 옷자락의 안쪽
끝단이 S자형으로 접혀있다 (도15).
특히 부산 범어사 목조보살좌상은
보관과 천의에 장식적 요소가 많아
번잡한 느낌을 주고 있다.

도15. 진열, 목조보살좌상
1706년, 곡성 서산사

이상으로 17세기 후반부터 18세기 전반까지 활동한 대표적인 조각승
과 불상양식을 살펴보았다. 전성기에는 성립기에 만들어진 불상을 바탕
으로 하여 각 계보의 조각승마다 독자적인 불상양식을 형성하며 師承關
係를 이루면서 지속성을 갖게 되었다. 이렇게 표준화 된 불상양식의 성
립이 가능했던 것은 17세기 전반에 대형불상을 제작할 때 참여하는 조
각승의 숫자에 비하여 17세기 중·후반에 중·소형 불상을 만들 때부터 적
은 인원이 몇 년씩 계속적으로 작업을 하면서 자연스럽게 제작기술이 전
수 되었기 때문으로 볼 수 있다.

---

20) 崔宣一, 「高陽 祥雲寺 木造阿彌陀三尊佛坐像과 彫刻僧 進悅」, 『美術史學硏究』
    244(2004.12), 171~197쪽.
21) 곡성 서산사 목조보살좌상은 『谷城郡의 佛敎遺蹟』(국립광주박물관, 2003),
    163~167쪽에 구체적으로 언급되어 있다.

3. 정체기

세 번째 시기인 정체기는 18세기 후반에 해당한다. 이 기간에 활동한 조각승은 尙淨, 戒初, 奉絃, 戒心 등으로 모두 18세기 전반에 활동한 진열의 계보에 속하는 조각승들이다. 이 시기의 불상은 전성기 후반의 불상양식을 답습하여 장식성이 강해지고 도식화 되었다. 특히, 불상 제작의 수요가 급격히 줄어들면서 조각승들이 불상 제작보다 중수·개금을 주도하게 되었다. 그러나 이 시기의 불상 개금은 1759년 경기 가평 현등

도16. 상정, 목조아미타여래좌상
1755년, 양주 회암사

사 보광전 아미타후불도의 畵記에서 보는 바와 같이 불화승이 불화를 그리면서 함께 하는 경우도 있다.

정체기를 대표하는 조각승 尙淨(常淨, -1747-1771-)은 최근 기년명 불상이 조사되면서 조선 후기 불교조각사에서 차지하는 비중이 새롭게 밝혀졌다(도16).[22] 특히 1755년에 제작한 경기 양주 회암사 목조아미타여래좌상에서 발견된 조성발원문에 아버지 장한신을 추모한 내용이 있어 그의 俗姓이 張씨라는 것과[23] 1769년에 경

22) 崔宣一, 「18세기 중반 彫刻僧 尙淨의 활동과 佛像 硏究」, 『美術資料』 75(2006. 12), 33~54쪽.

23) 發菩提願 施主 金氏貴眞 黃氏璧善 金貴瑞 金大惡只 李枝元 文九成 崔興金 尹貴益 彩松伏爲亡父柳之溫靈駕 尙淨伏爲亡父母張漢臣 金氏善業兩主 靈駕 … 緣化秩 證明 聰眼 敬玉 持殿 瑞岸 誦呪 戒雄 說愚 演秀 樺匠 尙淨 有淳 字學 稱淑 … 乾隆二十乙亥年三月 日 昌平 龍興寺 上禪庵 設辨 書(필자 진하게, 崔宣

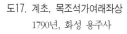

도17. 계초, 목조석가여래좌상
1790년, 화성 용주사

도18. 봉현, 목조아미타여래좌상
1790년, 화성 용주사

북 경주 불국사 불상을 개금하여 「佛國寺古今創記」에 "塗金良工 湖南
尙淨"으로 적혀 있어 전라도를 중심으로 활동한 것으로 파악할 수 있
다.[24] 그가 제작한 불상은 건장한 모습으로 진열이 제작한 불상과 같이
오른쪽 어깨에 걸친 옷자락은 U자형을 이루고, 두 무릎 사이에 늘어진
안쪽 옷자락도 S자형으로 펼쳐져 있다. 그러나 대좌의 연판 사이에 자연
스럽게 흘러내린 옷자락은 상정이 제작한 불상에서 먼저 표현된 이후,
그의 계보에 속하는 조각승이 제작한 불상에도 나타나고 있다.

상정의 불상양식을 계승한 조각승 戒初와 奉絃은 1790년에 정조가
발원한 경기 화성 용주사 대웅보전 목조삼세불좌상을 제작하였다(도17,

―, 앞의 논문(2006.12), 35쪽)

24) 乾隆三十四年乙丑五月十三日大雄殿三尊觀音殿獨尊改金重修迦葉阿難信畵成大雄
殿後佛帳帝釋天龍會成造大化主淩虛堂宇定大禪師塗金良工湖南尙淨畵幀良工本
寺有成等二三人改金大施主通政…(韓國學文獻研究所, 「慶尙道江左大都護府慶州
東嶺吐含山大華嚴宗佛國寺古今歷代諸賢繼創記」, 『佛國寺誌(外)』(亞細亞文化社,
1983), 89쪽)

18). 戒初(-1754-1790-)는 전라도 정읍 내장사 通政大夫로, 奉絃(奉玹, 封玹, -1780-1790-)은 전라도 지리산 파근사 通政大夫라고 언급되어 尙淨과 같은 지역에서 활동하였다.25) 戒初와 奉絃이 만든 불상은 尙淨의 불상보다 경직된 신체와 간략하고 과장된 의습 처리가 특징이다.26) 정체기를 대표하는 조각승 尙淨, 戒初, 奉絃의 대표적인 작품을 살펴본 결과, 이들은 進悅의 계보에 속하는 조각승으로 尙淨과 戒初는 1757년 구례 화엄사 불상을 개금하고, 戒初와 奉絃은 1780년대 전국적으로 불상을 중수, 개금한 기록이 남아있다. 따라서 進悅 → 尙淨 → 戒初, 奉絃으로 이어지는 조각승의 계보가 18세기 후반에 가장 활발하게 활동하였고, 그들이 제작한 불상에서는 단순화되면서 과장된 요소가 많아졌음을 알 수 있다.

4. 쇠퇴기

마지막으로 쇠퇴기는 19세기부터 20세기 초반까지이다. 전국 사찰의 전각에 대부분 불상이 봉안되면서 불상을 새로 제작할 필요성이 없어져 조각승이 활동할 수 있는 기반이 점차 사라졌다. 18세기 중반부터 불화 승에 의해 불상이 개금되기 시작하다가 쇠퇴기에는 불상의 중수·개금을 주로 담당하였다.27) 이 시기에 대표적으로 불상을 제작하고 중수·개금

---

25) "… 極樂大願觀音菩薩造成彫刻畫員 觀虛堂 雪訓 西方阿彌陀佛造成彫刻畫員全羅道智異山波根寺 通政大夫 奉絃 東方藥師如來造成彫刻畫員江原道杆城乾鳳寺 通政大夫 尙植 釋迦如來造成彫刻畫員全羅道井邑內藏寺承傳 通政大夫 戒初 …"(「本寺諸般書畫造作等諸人芳啣」, 『朝鮮寺刹史料』, 朝鮮總督府, 1911, 60~61쪽). 그러나 대응전 닫집에서 발견된 三世像의 願文에는 "聖上之十三年乙酉十月七日 … 尙戒 雪訓 戒初 奉玹 等二十僧造像 …"(「願記」, 『畿內寺院誌』, 경기도, 1988, 341쪽)이라 적혀 있어 두 문헌이 조각승을 尙植과 尙戒로 다르게 표기하고 있다.

26) 崔宣一, 「華城 龍珠寺 大雄寶殿 木造釋迦三尊佛坐像과 彫刻僧－戒初比丘를 중심으로」, 『東岳學術史學』 4(동악미술사학회, 2003), 73~87쪽.

27) 安貴淑·崔宣一, 『朝鮮後期僧匠人名辭典－佛教繪畵』(養士齋, 2008).

한 승려는 楓溪賢正(또는 楓溪舜精)이다. 『日本漂海錄』의 기록에 보면, 풍계당이 경주 남산에서 해남 대흥사 천불전에 봉안할 불상을 제작하였던 것을 확인할 수 있다. 이 시기를 대표하는 불상은 1821년에 제작된 전북 고창 선운사 팔상전 목조불상으로 불상을 제작한 승장에 대해서는 알려져 있지 않다.28) 이 불상은 계초와 봉현이 제작한 불상과 의습 처리가 유사하지만, 옷주름 처리에서 입체감이 줄어들고 선 위주의 표현기법을 쓰고 있다.

Ⅳ. 조선 후기 조각승의 계보와 불상양식의 변천

이상으로 조선 후기 불교조각의 시기구분에 따른 조각승들의 활동과 불상양식을 살펴보았다. 이를 바탕으로 조선 후기에 활동한 조각승의 활동시기와 그 계보 및 불상양식의 변천을 고찰하여 보겠다.

1. 조각승의 계보

조선 후기에 활동한 대표적인 조각승을 네 시기로 나누어 정리해 보면 다음과 같다(표2). 이러한 분석을 통하여 조각승의 활동시기와 수화승으로 활동한 시점 및 사승관계 등을 접근할 수 있는 단서를 찾을 수 있다. 예를 들어, 성립기에 대표적인 조각승 應元, 印均, 守衍, 法靈은 1615년에 수화승 太顚과 함께 김제 금산사 칠성각 독성을 제작하여 그들의 계보를 알 수 있다.29) 전성기의 色難은 1680년부터 1730년까지 생

---

28) 『美術史學誌』 3(한국고고미술연구소, 2000), 36쪽.

29) 萬曆四十三年 乙卯 獨聖造成 化主 竹衍 畵員 太顚 應元 守衍 法令 印均(韓國學文獻研究所, 「大藏殿奉安佛像造成年代及七星閣」, 『金山寺誌』(亞細亞文化社, 1983), 215~216쪽.)

표2. 조선 후기 수화승으로 활동한 조각승

조각승	활동시기	수화승 활동	사승관계	조각승	활동시기	수화승 활동	사승관계
玄眞	-1612-1637-	1612년		忠玉	-1668-1703-	1684년	색난
應元	-1600경-1636-	1624년	태전	敬坦	-1673-1677-	1673년	
印均	-1615-1655-	1633년	태전, 응원	性諶	-1673-1695-	1695년	자수
守衍	-1615-1639-	1619년	태전	守一	-1675-1730-	1675년	
法靈	-1615-1641-	1629년	태전	色難	-1680-1730-	1680년	
無染	-1633-1656-	1633년		楚卞	-1680-1706-	1706년	색난, 충옥
淸憲	-1626-1643-	1636년경	현진	卓密	-1684-1689-	1687년	단응
淸虛	-1605-1640-	1640년	원오, 각민	性澄	-1688-1724-	1705년	지현, 탁휘
賢允	-1637-1643-	1637년	청헌, 청허	進悅	-1688-1722-	1706년	지현, 성심
勝一	-1629~1670-	1646년	현진, 무염 청헌	琢璘	-1689-1716-	1716년	단응, 수일
思印	-1614-1656-	1649년	현진, 수연 계훈, 무염	法宗	-1695-1730-	1708년	수일
靈哲	-1623-1649-	1649년	수연	太元	-1698-1748-	1728년	진열
道祐	-1633-1664-	1655년	무염	一機	-1698-1720-	1720년	색난
海心	-1633-1654-	1648년	무염	夏天	-1703-1730-	1722년	색난, 일기
懷鑑	-1633-1666-	1661년	인균	應玉	-1704-1716-	1716년	인문
熙藏	-1639-1661-	1649년	청헌, 승일	瑞俊	-1737-1743-	1743년	순민
雲慧	-1639-1680-	1639년	영철	尙淨	-1747-1771-	1755년	태원
敬琳	-1639-1680-	1678년	운혜	戒初	-1754-1790-	1754년	상정
慧熙	-1640-1677-	1650년	법령, 청헌	雪訓	-1758-1794-	1765년	
寶海	-1646-1680-	1680년	승일, 회장 도우	戒心	-1771-1787-	1778년	상정, 청숙
丹應	-1656-1689-	1684년	무염	奉絃	-1780-1790-	1782년	청숙, 유성 계심
				舜精	-1797-1817-		

존하고, 忠玉, 楚卞, 夏天 등 20여 명의 조각승과 계속해서 불상을 만들어 18세기 전반 남부지방의 불상을 대부분 제작한 것을 파악할 수 있다.

현재까지 필자가 밝힌 조선 후기 조각승의 계보는 玄眞의 계보(玄眞 → 淸憲, 勝一 → 熙藏 → 寶海), 守衍의 계보(太顚 → 守衍 → 性玉, 靈哲 → 雲慧, 敬琳 → 印性, 三忍), 淸虛의 계보(元悟 → 覺敏 → 淸虛 →

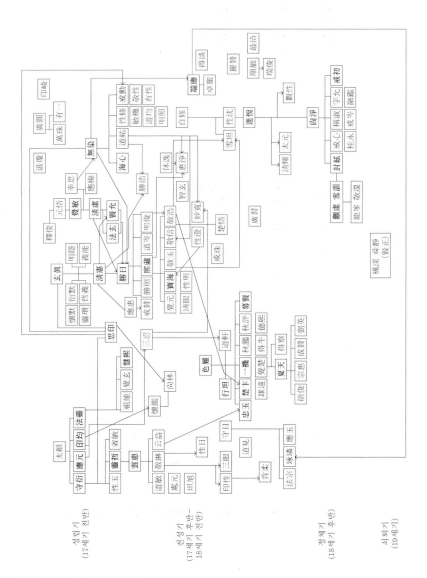

도표2. 조선후기 조각승의 관계도

法玄, 賢允), 無染의 계보(幸思 → 無染 → 海心, 道祐, 性修, 敬性 → 雪坦과 丹應, 卓密), 色難의 계보(色難 → 忠玉, 楚卞, 一機 → 夏天), 進悅의 계보(自修 → 性諶 → 進悅 → 太元, 尙淨 → 戒初, 奉絃)로 나눌 수 있다. 그리고 이 중심 계보에서 파생한 수십 개의 조각승 계파가 활동하면서 다양한 불상을 만들었다.

앞의 표를 바탕으로 조선 후기에 활동한 조각승들의 상호관계도를 그려보면 다음과 같다(도표2). 불상양식의 성립기인 17세기 전반 조각승들은 대부분 1회 이상 같이 활동하였기 때문에 몇몇의 조각승을 제외하고는 사승관계와 계보를 구체적으로 밝히기가 어렵다. 전성기인 17세기 후반부터 18세기 전반까지의 조각승은 7명 정도가 그룹이 되어 여러 차례 불상을 제작하면서 유대관계가 성립되었고, 동일한 불상양식을 공유하였던 것으로 추정된다. 불상 제작의 수요가 줄어드는 정체기인 18세기 후반에는 적은 수의 조각승들이 전국을 무대로 불상을 제작하면서 불상양식이 표준화되고 장식적으로 변화되었다. 쇠퇴기는 불상 제작의 수요가 없어지면서 조각승의 존재기반이 사라지고, 불상의 중수·개금을 佛畫僧들이 담당하였다.

2. 불상의 양식변화

이러한 조각승과 그 계보를 중심으로 조선 후기 불상양식의 변천을 살펴보면, 이 시기에 제작된 전형화 된 불상양식에서 조각승 계보마다 신체비례와 착의법 등이 달라 시기적인 변화과정을 밝힐 수 있다.

1) 신체 비례

17세기 전반부터 18세기 후반까지 대표적인 조각승이 제작한 불상의 신체비례는 높이와 무릎 너비가 대략 1:0.79~1:0.62 사이에 놓여 있다. 예를 들어, 玄眞이 제작한 1626년 보은 법주사 소조삼신불좌상은 높이가 509센티미터고 무릎너비가 404센티미터로 신체비례가 1:0.79이지만, 1637년 제작된 영남대학교 박물관 소장 목조여래좌상은 높이가 33.1센티미터고 무릎너비가 22.2센티미터로 신체비례가 1:0.67로 줄어들었다. 그런데 守衍이 제작한 불상에서도 제작 시기가 늦어지면서 신체와 무릎너비가 줄어드는 경향을 볼 수 있다.

성립기에서 전성기로 넘어가는 시기에 활동한 조각승 無染은 1630년대 제작한 불상은 신체비례와 대의처리가 개별 불상마다 다르지만, 1650년대 제작된 불상은 신체비례가 1:0.62~0.68 사이에 놓여 있고, 이런 수치는 17세기 후반의 雲慧와 色難, 18세기 전반의 進悅과 夏天 등이 제작한 불상에서도 그대로 따르고 있다(도11, 12, 15). 그러나 정체기에 활동한 戒初가 1754년에 제작한 곡성 관음사 목조관음보살좌상은 1:0.71이고, 奉絃이 제작한 1782년 남원 실상사 약수암 목각탱 본존은 1:.0.72이다(도19). 따라서 戒初와 奉絃의 불상은 스승인 尙淨의 불상보다 신체에 비하여 무릎 너비가 넓어 전체적으로 낮고 옆으로 퍼진 느낌을 주고 있다. 이러한 시기별 차이는 신체에서 얼굴이 차지하는 비중에서도 그대로 반영되었다. 17세기 전반에 활동한 玄眞과 守衍 등이 제작한 불상은 얼굴이 몸에 비하여 작고 차지하는 비율이 적은 반면에 17세기 후반부터 활동한 熙藏과 雲慧의 불상에서는 신체와 얼굴의 비율이 적당한 반면에 色難과 丹應의 불상에서는 점점 비율이 커지다

도19. 봉현, 목각탱 본존
1782년, 남원 실상사 약수암

가 18세기 후반에 戒初와 奉絃이 제작한 불상은 1/3정도를 차지하고 있다.

이와 같은 불상의 신체비례의 변화는 개별 조각승의 조형감각에서 차이가 있지만, 불상이 봉안되는 전각의 크기나 수미단의 높이 등과도 밀접한 관련성이 있을 것으로 추정된다.

2) 얼굴 표현

조선 후기에 제작된 불상의 얼굴은 눈꼬리가 약간 위로 올라가 있고, 코가 圓筒形이며, 입가에 살짝 미소를 머금고 있다. 그러나 불상양식의 성립기인 17세기 전반에 제작된 불상은 조각승과 제작 시기마다 다르게 표현되었다. 1612년에 玄眞이 제작한 함양 상련대 목조보살좌상과 1619년에 守衍이 제작한 서천 봉서사 목조아미타삼존불좌상은 넓은 이마에 耳目口鼻가 顏面 중앙으로 몰려 있고, 짧고 뾰족한 코에 미소를 머금은 작은 입을 가지고 있다(도1, 4). 그러나 玄眞이 1629년에 제작한 창령 관룡사 목조삼세불좌상은 네모난 얼굴에 원통형의 코, 얼굴에 비하여 작은 입을 표현하였다(도3). 이러한 耳目口鼻의 처리는 玄眞보다 守衍이 제작한 불상에서 더 강한 인상이 나타난다.

無染이 제작한 불상의 인상은 1630년대 제작된 불상에서 동일 작가의 작품이라고 볼 수 없을 정도로 차이가 나지만, 1650년대에 제작된 불상은 거의 동일한 인상을 하고 있다(도7). 이 시기 無染이 제작한 불상의 얼굴은 인중이 짧고 작은 입에 미소를 머금고 있으며 턱에 한 줄의 음각선을 두르고 있다. 이는 17세기 전반에 활동한 玄眞, 守衍, 淸憲 등이 제작한 불상과 無染에 제작한 불상이 가장 다른 점이다. 이와 달리 1680년대 色難이 제작한 불상은 동일한 인상을 하고, 進悅이 제작한 불상은 1705년과 1713년 제작된 보살상의 얼굴형과 耳目口鼻가 유사하다(도12, 15).

尙淨이 제작한 1755년 경기 양주 회암사 목조여래좌상은 계란형의 얼굴에 오밀조밀한 耳目口鼻에서 다부진 느낌을 주지만, 奉絃이 1782년 제작한 남원 실상사 약수암 목조탱은 같은 시기에 활동한 조각승과 달리 부드러운 표정에 코볼까지 사실적으로 표현하였다(도19). 그러나 1790년 화성 용주사 목조아미타여래좌상에서는 방형의 얼굴에 근엄한 표정을 하고 있다(도18). 戒初는 1754년 관음사 목조보살좌상보다 1790년 화성 용주사 목조석가여래좌상에서 耳目口鼻가 커지고 강한 인상을 주고 있다. 따라서 18세기 후반에 대표적인 조각승인 戒初와 奉絃이 제작한 화성 용주사 목조삼세불좌상은 기존 조각승들이 지녔던 조형감각과 달리 도식화된 이목구비의 표현으로 경직된 인상을 주고 있다.

3) 착의법

조선 후기에 제작된 불상의 착의법은 거의 유사한 형태를 하고 있다. 그러나 조각승마다 오른쪽 어깨와 하반신에 걸친 옷자락의 처리가 다르게 나타난다. 이러한 차이점은 조선 후기 불상양식의 변천을 밝힐 수 있는 중요한 단서이다.

(1) 오른쪽 어깨에 걸친 옷자락

불상의 오른쪽 어깨에 걸친 옷자락의 표현은 고려시대부터 내려오던 착의법으로, 대의 안쪽에 편삼을 걸친 경우 變形偏袒右肩式, 편삼을 걸치지 않은 경우 變形通肩式으로 나눌 수 있다.[30] 조선 후기에 제작된 석가불은 변형통견식으로, 나머지 불·보살은 변형편단우견식으로 표현되었다. 1482년 제작된 국립중앙박물관 소장 천주사 목조여래좌상은 오른쪽 어깨에 걸친 옷자락이 자연스럽게 흘러내려 실제로 옷을 입은 것처럼 표현된 반면, 17세기 전·중반 제작된 불상들은 대의 가장자리 옷깃이 사

---

30) 변형통견식에 대해서는 정은우, 「高麗後期 佛敎彫刻 硏究」(홍익대학교 박사학위 논문, 2001. 12), 56~64쪽을 참조하라.

선이나 수직으로 접혀 있고, 그 뒤로 부채를 펼치듯 일정한 간격을 두고 옷주름이 펼쳐져 있다(도2, 4).

玄眞이 제작한 1612년 함양 상련대 목조보살좌상은 오른쪽 어깨에 짧게 옷자락이 늘어져 가장자리 옷깃이 사선으로 접혀 있지만, 1628년 창녕 관룡사 목조삼세불좌상에서는 대의자락의 끝부분이 U자형을 이루고 있다(도1, 3). 守衍이 제작한 1619년 서천 봉서사 목조삼존불좌상은 안쪽 대의자락 끝부분이 사선으로 접혀 있다. 17세기 중·후반에 제작된 불상은 가장자리의 옷깃이 수직이나 사선으로 접혀있고, 그 뒤로 부채를 펼치듯 옷자락이 일정한 간격으로 펼쳐져 있다. 無染이 제작한 1651년 속초 신흥사 목조보살좌상은 가슴까지 길게 늘어진 옷자락이 사선으로 접혀 끝부분이 U자형으로(도7), 勝日은 오른쪽 어깨에 걸친 옷자락이 완만하게 늘어져 초생달 모양으로 처리되고, 대의 끝부분이 완만하게 늘어져 있다(도9, 10). 이와 달리 勝日의 제자인 熙藏이 제작한 불상은 대의자락이 가슴까지 넓게 펼쳐져 끝부분이 V자형이다. 따라서 같은 시기에 활동한 조각승 無染, 雲慧, 勝日 등은 서로 다른 조형감각을 가지고 있음을 알 수 있다.

色難이 제작한 불상은 오른쪽 어깨에 걸친 대의자락이 가슴까지 완만하게 펼쳐져 있고, 그 뒤로 세 겹으로 접힌 주름이 段을 이루면서 비스듬히 늘어진 표현을 하고 있다. 進悅이 제작한 1713년 고양 상운사 목

도20. 진열, 목조아미타여래좌상
　　　 1713년, 고양 상운사

조여래좌상은 오른쪽 어깨에 걸친 대의자락이 17세기 중·후반의 熙藏과 寶海가 제작한 불상보다 도식화되어 가슴까지 대의자락이 긴 물방울 모양으로 늘어져 있다(도20). 그리고 夏天이 제작한 불상은 스승인 色難이 제작한 불상과 같이 오른쪽 어깨에 걸친 대의자락이 가슴까지 늘어져 완만하게 펼쳐져 있다.

尙淨이 제작한 불상은 오른쪽 어깨에 걸친 대의자락이 가슴까지 긴 물방울 모양으로 길게 늘어져 스승인 進悅이 제작한 불상을 따르고 있다(도16). 그러나 尙淨의 제자인 戒初는 불상마다 다른 옷자락을 하고 있다. 1754년 곡성 관음사 목조보살좌상은 안쪽 대의자락이 직선으로 내려와 딱딱한 느낌을 주는 반면에 1790년 화성 용주사 목조석가여래좌상은 한 가닥의 주름이 넓게 펼쳐지면서 끝 부분이 S자형으로 늘어져 있다(도17). 이와 달리 奉紞은 1782년 남원 실상사 약수암 목각탱이나 1790년 화성 용주사 목조아미타불좌상에서 물방울 모양의 긴 대의자락이 가슴까지 늘어져 있다(도18, 19).

(2) 하반신을 덮은 옷자락

17세기 전반에 활동한 조각승이 제작한 불상의 결가부좌한 다리 사이에 늘어진 옷자락은 玄眞이 제작한 1626년 보은 법주사 소조삼신불좌상을 제외하고 중앙에 늘어진 옷주름이 수직으로 접혀있고, 끝부분이 U자형으로 처리된 반면에 守衍이 제작한 1619년 서천 봉서사 목조아미타삼존불좌상, 1634년 익산 숭림사 목조보살좌상, 1639년 예산 수덕사 목조삼세불좌상은 중앙에 수직으로 내려온 두 번째 옷주름이 가장 위쪽에 위치하면서 끝부분이 역삼각형 → 사다리꼴형 → 원형으로 변하였다. 왼쪽 무릎 위에 늘어진 소매자락은 1634년 익산 숭림사 목조지장보살좌상이 사선 방향으로 길게 늘어져 끝이 날카롭게 처리된 반면에 1639년 예산 수덕사 대웅전 목조삼세불좌상에서는 길게 늘어져 넓게 펼쳐져 있다

(도4, 5).

17세기 후반에 활동한 雲惠는 1665년 곡성 도림사 목조여래좌상과 1667년 화순 쌍봉사 목조지장보살좌상은 하반신을 덮은 대의자락이 배 부분에서 직선으로 길게 늘어져 끝부분이 초생달 모양으로 처리되었다 (도11). 이러한 옷주름 끝부분 처리는 守衍이 제작한 불상에서 역삼각형 에서 변화된 것으로 볼 수 있다. 勝日은 1647년 구례 천은사 목조여래좌 상의 하반신을 덮은 대의자락이 배 부분에서 위가 좁고, 아래가 넓게 펼 쳐진 형태이고, 왼쪽 무릎에 소맷자락이 사선 방향으로 뾰족하게 늘어져 있다(도8). 그리고 勝日의 제자인 熙藏은 1649년 구미 수다사 목조여래 좌상, 1653년 고흥 불대사 목조여래좌상(고흥 능가사 봉안), 1662년 부 산 범어사 목조삼존불좌상에서 하반신을 덮은 대의자락이 윗부분이 좁 고, 아래 부분이 넓게 펼쳐진 형태이고, 왼쪽 무릎에 소맷자락이 사선 방향으로 뾰족하게 늘어져 있다(도9). 또한 熙藏의 제자인 寶海가 1680 년에 제작한 고흥 송광암 목조여래좌상에서도 동일한 형태를 취하고 있 다(도10). 色難이 제작한 불상은 대부분 하반신을 덮은 대의자락이 결가 부좌한 양다리 밑으로 늘어져 완만한 곡선으로 펼쳐지고 그 뒤로 세 가 닥의 옷주름이 규칙적으로 늘어져 있다. 소맷자락은 왼쪽 무릎을 완전히 덮어 蓮瓣形으로 처리되어 色難과 그 계보 조각승의 불상 표현 가운데 가장 큰 특징이다(도12).

18세기 전반에 활동한 進悅이 제작한 불상은 하반신을 덮은 대의자락 이 제작시기마다 차이가 있다. 1706년 곡성 대은암 목조보살좌상에서는 배 부분에서 내려온 두 번째 옷주름이 넓게 펼쳐지고, 가장 안쪽의 옷주 름이 S자형으로 짧게 늘어져 있다. 그리고 왼쪽 무릎을 덮은 소맷자락 역시 S자형으로 펼쳐져 있지만, 1713년 고양 상운사 목조여래좌상에서 는 色難이 제작한 불상과 같은 대의 표현을 볼 수 있다(도15, 20). 또한 進悅은 불상의 대의 표현에서 기존 조사된 네 구의 불상이 모두 다른 특징을 가져 다양한 조각수법을 추구하였던 조각승으로 추정할 수 있다. 夏天이 제작한 불상의 옷자락은 色難의 불상과 같이 완만하게 펼쳐지고, 소맷자락은 왼쪽 무릎을 완전히 蓮瓣形으로 덮어 色難이 제작한 불상양식을 그대로 계승하였다(도14).

18세기 후반에 활동한 尚淨이 제작한 불상은 하반신을 덮은 대의자락이 1706년 進悅이 제작한 곡성 대은암 목조보살좌상 같이 중앙에 놓인 옷주름이 짧게 늘어져 S자형을 이루고, 대의자락 사이사이에 연봉오리가 튀어 나오는데, 이러한 표현은 이전에 제작된 불상에서 볼 수 없었던 특징이다. 이 표현은 1782년에 奉絃이 제작한 실상사 약수암 목각탱 본존불에서 가장 잘 표현되었다. 그러나 戒初가 제작한 1754년 곡성 관음사 목조보살좌상과 1790년 화성 용주사 목조삼세불좌상은 배 부분에서 부채꼴로 결가부좌한 다리 위에 대의자락이 펼쳐져 있고, 가장 안쪽 옷주름이 완만한 S자형을 이루면서 바닥 면이 두껍게 처리되었다(도17, 18).

V. 맺음말

이상으로 조선 후기 불교조각의 시기구분을 바탕으로 조각승의 활동과 그 계보 및 불상양식의 변천을 접근해 보았다. 조선 후기 불상은 아직까지 미적 완성도가 떨어지고 양식적인 변화과정이 거의 없다는 선입관이 남아 있다. 그러나 개별 조각승이 제작한 불상을 중심으로 양식적인 특징을 살펴보면서 조형감각의 차이를 밝힐 수 있었다. 이러한 불상양식의 차이를 근거로 제작연대를 알 수 없는 불상의 제작시기와 조각승을 推論할 수 있다. 조선 후기 불교조각은 조각승의 활동과 불상 양식을 바탕으로 네 시기로 구분할 수 있다. 성립기는 임진왜란이 끝난 후 사찰의 중창과 중수로 인하여 불상의 제작이 1600년부터 서서히 시작되고 1620년대 중반부터 1640년 전반까지 명산대찰의 주요 전각이 건립되면서 3m~5m의 대형소조불상이 제작되었다. 이 시기 활동한 대표적인 조각승은 玄眞, 守衍, 淸虛, 淸憲, 無染 등으로 다양한 형태의 불상을 제작하였다. 전성기는 1651년부터 1740년까지로, 조각승들은 名山大刹의 부속건물인 冥府殿, 靈山殿, 八相殿 등과 각 지역의 대표적인 사찰에 100센티미터 정도의 중형 목조불상을 6~9명이 참여하여 제작하였다. 이 시기부터 동일 계보에 속하는 조각승들이 신체비례, 대의 표현 등에서 동일한 양식의 불상을 제작하였다. 이 시기를 대표하는 조각승은 17세기 중반의 無染, 雲惠, 勝日, 熙藏과 17세기 후반의 色難과 丹應, 18세기 전반의 進悅과 夏天 등이다. 정체기는 18세기 후반으로 대부분 사찰의 전각에 불상이 봉안되어 불상 제작의 수요가 줄어들면서 조각승들이 불상을 주로 중수·개금하는 시기이다. 이 시기를 대표적인 조각승은 尙淨, 戒初, 奉紞, 戒心 등이고, 이들은 18세기 전반에 활동한 進悅의 계보를 속하는 조각승들이다. 쇠퇴기는 19세기 이후로, 불상 제작이 거의 이루어지지 않아 조각승의 존립 자체가 붕괴되면서 불화승들이 불상의 중수와 개금을 주도하고, 불상을 제작하면서 조형성과 조각기술이 급격히 쇠퇴하였다. 아직까지 조사된 문헌기록의 한계로 개별 조각승의 生沒年代나 交流關係 등을 밝힐 수 없었지만, 이제까지 막연하게 추정되어 왔던 무기년명 불상의 제작 시기와 조각승을 밝힐 수 있는 단서를 찾은 것은 한국 불교조각사에서 조선 후기 불교조각이 차지하는 비중이 크기 때문이다. 뿐만 아니라, 조선 후기에 활동한 조각승도 불화와 범종을 제작한 佛畵僧이나 鑄鐘匠과 같이 일정한 계보를 형성하였음을 밝혀 보았다. 이와 같은 성과를 바탕으로 조선 후기 불교조각에 대한 새로운 평가가 이루어지기를 기대한다.

1. 事蹟記와 문헌자료

권상노, 『한국사찰전서』, 동국대학교출판부, 1979.

國史編纂委員會 編, 『各司謄錄5-京畿道篇』, 時事文化社, 1982.

『兜率山 禪雲寺誌』, 禪雲寺, 2003.

梵海 撰, 『東師列傳』(『韓國佛教全書』 10, 東國大學校 出版部, 1990 수록).

「浮石寺資料」, 『佛敎美術』, 동국대학교 박물관, 1977, 52~76쪽.

獅巖 采永, 『海東佛祖源流』(東國大學校 圖書館 所藏本)

『三神山 雙磎寺誌』, 雙磎寺, 2004.

性能, 『北漢誌』(원영환 역, 『國譯 北漢誌』, 서울특별시사편찬위원회, 1994).

林錫珍 原著/古鏡 改正編輯, 『曹溪山 大乘禪宗 松廣寺』, 松廣寺, 2001.

『長興府迦智山寶林寺法堂各殿閣僚舍重創燔瓦年月與工師化主別座等芳啣記錄』
　　　　(고경 감수, 김희태·최인선·양기수 譯註, 『역주 보림사 중창기』, 장흥문
　　　　화원, 2001).

「全羅北道 寺刹 史料集」, 『佛敎學報』 3·4, 東國大學校 佛敎文化研究所, 1966,
　　　　1~53쪽.

丁若鏞 鑑定, 梁光植 譯, 『白蓮社志』, 강진문헌연구회, 1998.

鄭彙憲 集錄, 「海東湖南道智異山大華嚴寺事蹟」, 『佛敎學報』 6, 東國大學校 佛
　　　　敎文化研究所, 1966, 205~237쪽.

『朝鮮寺刹史料』, 朝鮮總督府, 1911(亞細亞文化社, 1986 影印).

『朝鮮金石總覽』, 朝鮮總督府, 1919(亞細亞文化社, 1976 影印).

秦弘燮 編著, 『韓國美術史資料集成』 7, 一志社, 1998.

『抄錄譯註 朝鮮王朝實錄 佛敎史料集』 18~23, 동국대학교 불교문화연구원,
　　　　2003.

韓國學文獻研究所 編著, 『乾鳳寺本末事蹟·楡岾寺本末寺志』, 亞細亞文化社,

1977.

韓國學文獻硏究所 編著, 『大芚寺誌』, 亞細亞文化社, 1976.(『大芚寺誌』, 대둔사 지간행위원회·강진문헌연구회, 1997).

韓國學文獻硏究所 編著, 『金山寺誌』, 亞細亞文化社, 1983.

韓國學文獻硏究所 編著, 『大乘寺誌』, 亞細亞文化社, 1977.

韓國學文獻硏究所 編著, 『梵魚寺誌』, 亞細亞文化社, 1989.

韓國學文獻硏究所 編著, 『佛國寺誌(外)』, 亞細亞文化社, 1976.

韓國學文獻硏究所 編著, 『雲門寺誌』, 亞細亞文化社, 1977.

韓國學文獻硏究所 編著, 『楡岾寺本末寺誌』, 亞細亞文化社, 1977.

韓國學文獻硏究所 編著, 『曹溪山松廣寺史庫』, 亞細亞文化社, 1977.

韓國學文獻硏究所 編著, 『傳燈本末寺誌·奉先本末寺誌』, 亞細亞文化社, 1978.

韓國學文獻硏究所 編著, 『泰安寺誌』, 亞細亞文化社, 1978.

韓國學文獻硏究所 編著, 『華嚴寺誌』, 亞細亞文化社, 1997.

『湖南左道金陵縣天台山淨水寺輿地勝覽』(梁光植 譯, 『淨水寺志』, 강진문헌연구회, 1995).

황성렬, 『숭림사제산목록대장』, 1957(필사본)

2. 報告書·資料集

『迦智山 寶林寺 精密地表調査』, 順天大學校 博物館, 1995.

『京畿道佛蹟資料集』, 경기도박물관, 1999.

『京畿道指定文化財 實測調査報告書』, 京畿道, 1989.

『觀龍寺 大雄殿 修理報告書』, 文化財廳, 2002.6.

『谷城郡의 佛敎遺蹟』, 국립광주박물관, 2003.

『求禮郡의 文化遺蹟』, 국립목포대학교박물관, 1994.

『求禮 華嚴寺 實測調査報告書』, 文化公報部 文化財管理局, 1986.

『畿內寺院誌』, 京畿道, 1988.

『楞伽寺 大雄殿 實測調査報告書』, 문화재청, 2003.

『대승사 목각아미타여래설법상 및 관계문서』, 문경시·(재)불교문화재연구소, 2011.

『桐裏山 泰安寺』, 대한불교조계종 동리산 태안사·대한불교조계종 문화유산발굴조사단, 2001.

『麻谷寺 實測調査報告書』, 文化公報部 文化財管理局, 1989(『泰華山麻谷寺事蹟立案』과 「兼使立案完文」).

박원규 외, 「칠장사 목조문화재 연륜연대 측정」, 안성시청, 2008. 9.

『法住寺 捌相殿 修理工事報告書』, 國立文化財研究所, 1998.

『奉元寺 實測調查報告書』, 서울특별시, 1990.

『봉은사~수도산 봉은사 지표조사보고서』, 봉은사·문화유산발굴조사단, 2004.

『奉恩寺 實測調查報告書』, 서울특별시, 1990.

『北漢山의 佛敎遺蹟』, 대한불교조계종 총무원 불교문화재발굴조사단, 1999.

『佛影寺 大雄寶殿 實測調查報告書』, 文化財廳, 2000.8.

『사자산 쌍봉사』, 무돌, 1995.

『寺刹誌』, 전라북도, 1990.

『上樑文集(補修時 發見된 上樑文)』, 文化部 文化財管理局, 1991.

『順天市의 文化遺蹟』, 順天大學校博物館, 1992.

『仙巖寺』, 昇州郡·南道佛敎文化研究會, 1992.

『崇林寺 普光殿 修理報告書』, 文化財廳, 2002.8.

『雙峰寺』, 木浦大學校博物館, 1996.

『靈光 母岳山 佛甲寺 地表調查報告書』, 동국대학교 박물관·영광군, 2001.

『完州 松廣寺 鐘樓 實測調查報告書』, 文化財, 2000.12(「松廣寺開創碑文」, 「松廣寺三世佛造成記」, 「庚辰年十王訖功記」, 「石槽 銘文」).

『龍珠寺 本末寺誌』, 本末 住持會, 1984.

『全南金石文』, 全羅南道, 1990.

『全南의 寺刹』, 목포대학교 박물관, 1989.

『全羅北道의 佛敎遺蹟』, 국립전주박물관, 2001.

『指定對象佛像調查報告書』, 文化財管理局, 1988.

『淸平寺實測調查報告書』, 春城郡, 1984.

『掛佛調查報告書』, 文化財管理局 文化財研究所, 1992.

『韓國의 古建築』1, 文化財管理局, 1973.12.

『韓國의 古建築』9, 文化財管理局, 1987.12.

『韓國의 古建築』15, 文化財管理局, 1993.12.

『韓國의 古建築』19, 文化財管理局, 1997.12.

『韓國의 古建築』20, 국립문화재연구소, 1998.12.

『韓國의 古建築』21, 국립문화재연구소, 1999.

『韓國의 古建築』22, 국립문화재연구소, 2000.

『韓國의 古建築』23, 국립문화재연구소, 2001.12.

『華溪寺 實測調查報告書』, 서울특별시, 1988.

『興天寺 實測調查報告書』, 서울특별시, 1988.

3. 圖 錄

1) 國 文

『高麗美術館 藏品圖錄』, 高麗美術館, 2003.

『美術史學誌-麗川 興國寺의 佛敎美術』 1, 韓國考古美術硏究所, 1993.

『美術史學誌』 2, 韓國考古美術硏究所, 1997.

『美術史學誌』 3, 韓國考古美術硏究所, 2000.

『美術史學誌』 4, 韓國考古美術硏究所, 2007.

『梵魚寺聖寶博物館 名品圖錄』, 梵魚寺聖寶博物館, 2002.

『北韓文化財圖錄』, 文化財管理局, 1993.

『북한의 전통사찰』 1-10, 養士齊, 2011.

『佛』, 불교중앙박물관, 2007.

『불교문화재 도난백서』, 대한불교조계종 총무원, 1999.

『佛敎美術名品展』, 湖林博物館, 2002.

『새로운 발견 조선후기 조각전』, 호암미술관, 2001.

『새천년 새유물』, 국립중앙박물관, 2000.

『小川敬吉調査文化財資料』, 文化財管理局 文化財硏究所, 1994.

『지옥중생 모두 성불할 때까지』, 불교중앙박물관, 2010.

『李王家博物館寫眞帖-佛像 編』, 朝鮮總督府, 1929.

『인천의 문화재』, 인천광역시, 2001.

『2000 새천년 새유물』, 국립중앙박물관, 2000.

『조선불화특별전』, 한국불교미술박물관, 2002.

『朝鮮後期國寶展-위대한 문화유산을 찾아서(3)』, 湖巖美術館, 1998.

『衆生의 念願』, 한국불교미술박물관, 2004.

『韓國의 名刹-通度寺』, 통도사 성보박물관, 1987.

『韓國의 佛畫 4-해인사(上)』, 聖寶文化財硏究院, 1997.

『韓國의 佛畫 9-直指寺 本寺(下)』, 聖寶文化財硏究院, 1996.

『韓國의 佛畫 10-月精寺 本末寺』, 聖寶文化財硏究院, 1997.

『韓國의 佛畫 11-華嚴寺 本末寺』, 聖寶文化財硏究院, 1998.

『韓國의 佛畫 13-金山寺 本末寺』, 聖寶文化財硏究院, 1999.

『韓國의 佛畫 20-私立博物館』, 聖寶文化財硏究院, 2000.

『韓國의 佛畫 28-龍珠寺 本末寺(上)』, 聖寶文化財硏究院, 2003.

『韓國의 佛畫 30-은해사』, 聖寶文化財硏究院, 2003.

『한국의 사찰문화재-강원도』, 문화재청·대한불교조계종 문화유산발굴조사단, 2002.

『한국의 사찰문화재-전라북도·제주도』, 문화재청·대한불교조계종 문화유산발굴조사단, 2003.

『한국의 사찰문화재-충청남도·대전광역시』, 문화재청·대한불교조계종 문화유산발굴조사단, 2004.

『한국의 사찰문화재-충청북도』, 문화재청·대한불교조계종 문화유산발굴조사단, 2006.

『한국의 사찰문화재-광주광역시·전라남도』, 문화재청·대한불교조계종 문화유산발굴조사단, 2006.

『한국의 사찰문화재-대구광역시·경상북도Ⅰ』, 문화재청·대한불교조계종 문화유산발굴조사단, 2007.

『한국의 사찰문화재-경상북도Ⅱ』, 문화재청·재) 불교문화재연구소, 2008.

『한국의 사찰문화재-경상남도Ⅰ』, 문화재청·재) 불교문화재연구소, 2009.

『한국의 사찰문화재-경상남도Ⅱ』, 문화재청·재)불교문화재연구소. 2010.

『한국의 사찰문화재-경상남도Ⅲ』, 문화재청·재)불교문화재연구소. 2011.

『韓國人體彫刻展-옛날과 오늘』, 湖巖美術館, 1984.

黃壽永 責任編輯, 『韓國美術全集 5-佛像』, 同和出版公社, 1973.

_____ 責任監修, 『韓國의 美 10-佛像』, 中央日報社, 1979.

2) 日 文

『高麗·李朝の佛敎美術展』, 山口縣立博物館, 1997.10.

3) 英 文

Chung, Yang~mo, Ahn Hwijoon, Yi Songmi, Kim Lena, Kim Hongnam and Jonathan Best. et. al, Arts of Korea, New York: The Metropolitan Museum of Art. 1998.

4. 論 著

1) 單行本

(1) 國 文

강건기·김성우·권희경,『송광사』, 대원사, 1997(4쇄).

『구산선문 최초가람-실상사』, 선우도량 출판부, 2000(3쇄).

고경·최선일 엮음,『팔영산 능가사와 조각승 색난』, 養士齊, 2010.

곽동석,『금동불』, 예경, 2000

權相老,『韓國寺刹全書』, 동국대학교 출판부, 1979(『退耕堂全集』2 재수록).

김갑주,『朝鮮時代 寺院經濟硏究』, 同和出版公社, 1983.

金東旭,『韓國建築工匠史硏究』, 技文堂, 1993.

金理那,『韓國古代佛敎彫刻事硏究』, 一潮閣, 1989.

_____,『韓國古代佛敎彫刻 比較硏究』, 문예출판사. 2003.

_____ 책임편집,『한국조각사 논저해제』, 시공사, 2001.

김리나 외,『한국불교미술사』, 미진사, 2011.

김보현·배병선·박도화,『부석사』, 대원사, 1995.

김봉렬 외,『법주사』, 대원사, 1994.

김상영 외,『약사신앙의 성지 갓바위 부처님-禪本寺 寺誌』, 寺刹文化硏究所, 1996.

김상영 외,『한국불교의 중흥도장 봉은사』, 寺刹文化硏究所, 1997.

김상영·안상빈·한상길 執筆,『孝心의 寺刹 龍珠寺』, 寺刹文化硏究所, 1993.

김창화·김옥희,『제주 불교문화재 자료집』, 제주특별자치도 제주문화예술재단, 2008.

明煓 監修, 眞玉 編著,『護國의 聖地 興國寺』, 興國寺, 1989.

文明大,『高麗·朝鮮佛敎美術史 硏究 ; 三昧와 平淡美』, 예경, 2003.

박상국 편저,『全國寺刹所藏木板集』, 문화재관리국, 1987.

朴春圭·千得琰,『光州의 佛蹟』, 光州直轄市 鄕土文化開發協議會, 1990.

梵玄 編著,『천삼백년 고찰 호남의 화엄성지 歸信寺』, 귀신사불서간행위원회, 1998.

梵海 撰, 金侖世 譯,『東師列傳』, 廣濟院, 1991.

寺刹文化硏究院,『전통사찰총서』1~21, 사찰문화연구원 출판국, 1992~2006.

申榮勳 編,『韓國古建物上樑記文集』, 考古美術同人會, 1964.

安貴淑·崔宣一,『朝鮮後期僧匠人名辭典-佛敎繪畵』, 養士齋, 2008.

_____,『朝鮮後期佛敎匠人人名辭典-工藝·典籍』, 養士齋, 2009.

廉永夏,『韓國의 鐘』, 서울대학교 출판부, 1991.

이계표·천득염·최인선,『선암사』, 대원사, 2000.

이기영·김동현·정우택,『통도사』, 대원사, 1996(4쇄).

李政 編著,『韓國佛敎人名辭典』, 불교시대사, 1993.

李載昌,『韓國佛敎寺院經濟硏究』, 불교시대사, 1993.

이재창·장경호·장충식,『해인사』, 대원사, 1998(5쇄).

李智冠 編著,『伽倻山 海印寺誌』, 伽山文庫, 1992.

장희정,『조선후기 불화와 화사 연구』, 일지사, 2003.

鄭永鎬,『善山地域古蹟調査報告書』, 檀國大學校 出版部, 1968.

_____,『尙州地域古蹟調査報告書』, 檀國大學校 出版部, 1969.

秦弘燮,『韓國의 佛像』, 一志社, 1987(7쇄).

_____,『韓國美術史資料集成』5, 일지사, 1996.

채상식·서치상·김창균,『범어사』, 대원사, 1996(3쇄).

崔宣一,『朝鮮後期僧匠人名辭典 ～佛敎彫塑』, 養士齋, 2007.

_____·김형우 편저,『江華 寺刹 文獻資料의 調査硏究』, 인천대학교 인천학연구원, 2011.

최완수,『명찰순례』1~3, 대원사, 1994.

최인선·김희태·양기수,『보림사』, 장흥문화원, 2002.

『팔공산 동화사의 역사와 사상』, 동화사, 2001.

韓國佛敎硏究所 著,『韓國의 寺刹』1~15, 一志社, 1974~1980.
　　　　(『洛山寺 [附]神興寺·百潭寺』,『大興寺』,『梵魚寺』,『法住寺』,『佛國寺』,『松廣寺』,『月精寺 [附]上院寺』,『傳燈寺』,『通度寺』,『海印寺』,『華嚴寺』)

洪潤植 編,『韓國佛畵畵記集』1, 가람사연구소, 1995.

黃壽永·秦弘燮·鄭永鎬,『韓國佛像三百選』, 韓國精神文化硏究院, 1982.

_____,『黃壽永全集 4-金石遺文』, 도서출판 혜안, 1999.

(2) 英　文

Kim Lena, Buddhist Sculpture of Korea, HOLLYM, 2007.

2) 論 文

(1) 國 文

姜順愛, 「靈光 佛甲寺의 腹藏典籍考」, 『寺刹造景研究-佛甲寺의 綜合的 考察』 6, 東國大學校 附設 寺刹造景研究所, 1998, 11~66쪽.

姜永哲, 「18세기 말-19세기 초 경기지역 首畵僧 考察-楊州牧·水原府 首畵僧들 의 畵籍을 중심으로」, 『東學美術史學』 3, 동악미술사학회, 2002, 235~ 251쪽.

郭東錫, 「全北 地域 佛敎美術의 흐름과 特性-불상을 중심으로-」, 『全羅北道의 佛敎遺蹟』, 국립전주박물관, 2001, 411~433쪽.

金甲周, 「壬辰倭亂 이후 僧侶의 産業活動에 對한 一考」, 『研究論文』 8, 동국대 학교 대학원, 1978, 29~39쪽.

_____, 「朝鮮後期의 僧軍制度」, 『朝鮮時代史研究』, 新書苑, 1989(『北漢山城 重 興寺 復元과 그 意義』, 重興寺, 2001.4, 60~80쪽 재수록).

김길웅, 「佛甲寺의 佛敎彫刻像」, 『寺刹造景研究-佛甲寺의 綜合的 考察』 6, 東 國大學校 附設 寺刹造景研究所, 1998, 135~156쪽.

_____, 「彫刻僧 勝浩가 제작한 불상」, 『문화사학』 27, 한국문화사학회, 2007, 881~894쪽.

_____, 「靑松 大典寺 冥府殿 石造地藏三尊像에 관한 考察」, 『문화사학』 29, 한 국문화사학회, 2008, 111~124쪽.

金景美, 「朝鮮後期 四佛山 佛畵 畵派의 研究」, 『美術史學研究』 236, 2002.12, 133~165쪽.

金理那, 「뉴욕 메트로폴리탄박물관의 조선시대 가섭존자상」, 『미술자료』 33(국 립중앙박물관, 1982. 12, 59~65쪽.

_____, 「統一新羅時代 이후의 佛敎彫刻」, 『國寶』 2, 藝耕産業社, 1984, 193~ 208쪽.

김미경, 「八公山 桐華寺 木造三世佛坐像의 腹藏物 檢討」, 『불교미술사학』 3, 통도사성보박물관 불교미술사학회, 2005, 269~291쪽.

김영희, 「金蓉 日燮(1900~1975)의 佛像과 藝術觀 - 個人樣式 成立期를 중심으 로」, 『불교미술사학』 9, 불교미술사학회, 2010, 75-109쪽.

김요정, 「年輪年代와 목조불상의 편년」, 『한국 木造刻像의 樹種과 年輪 분석 그 리고 美術史的 해석』, 충북대학교 목재연륜소재은행·명지대학교 미술 사학과, 2009, 23-32쪽.

金相淏, 「朝鮮朝 寺刹板 刻手에 관한 研究」, 성균관대학교 대학원 박사학위청구논문, 1990.

김정희, 「開巖寺 應眞殿 16羅漢像考」, 『聖寶』2, 大韓佛敎曹溪宗 聖寶保存委員
　　　會, 2000, 26~46쪽.

_____, 「松廣寺 冥府殿의 圖像硏究」, 『講座 美術史』13, 韓國佛敎美術史學會,
　　　1999, 57~89쪽.

_____, 「松林寺 冥府殿 三藏菩薩像과 十王像 연구」, 『講座 美術史』27, 韓國
　　　佛敎美術史學會, 2006, 43~78쪽.

김창균, 「북한산지역의 불적과 불교미술」, 『北漢山의 佛敎遺蹟』, 대한불교조계
　　　종 총무원 불교문화재발굴조사단, 1999, 175~179쪽.

_____, 「安東 鳳停寺 木造觀音菩薩坐像考」, 『聖寶』3, 大韓佛敎曹溪宗 聖寶保
　　　存委員會, 2001, 6~29쪽.

_____, 「거창·창녕 포교당 성보조사기」, 『聖寶』4, 大韓佛敎曹溪宗 聖寶保存委
　　　員會, 2002, 157~172쪽.

金春實, 「鳳棲寺 極樂殿 塑造阿彌陀三尊佛像과 腹藏遺物」, 『聖寶』2, 大韓佛敎
　　　曹溪宗 聖寶保存委員會, 2000, 99~104쪽.

_____, 「충청북도 제천·단양 지역의 朝鮮 後期 木造佛像」, 『미술사연구』23,
　　　미술사연구 회, 2009, 257-277쪽.

김희경, 「조선후기 조각승 色難의 16羅漢像 연구」, 『한국 木造刻像의 樹種과
　　　年輪 분석 그리고 美術史的 해석』, 충북대학교 목재연륜소재은행·명지
　　　대학교 미술사학과, 2009, 55-70쪽.

_____, 「서울 진관사 소조십육나한상의 제작시기와 제작자의 추론」, 『불교미술
　　　사학』7, 2009, 71-91쪽.

_____, 「조선후기 彫刻僧 色難의 十六羅漢像 硏究-전남 고흥 능가사를 중심으
　　　로」, 『禪文化硏究』8, 2010, 279-309쪽.

김희태, 「『장흥 보림사 중창기』의 고찰」, 『역사학연구』36, 湖南 史學會, 2009,
　　　107~151쪽.

魯明信, 「朝鮮後期 四天王像에 대한 考察」, 『美術史學硏究』202, 1994.6,
　　　97~102쪽.

_____, 「松廣寺 사천왕상에 대한 고찰」, 『講座 美術史』13, 韓國佛敎美術史學
　　　會, 1999, 91~136쪽.

文甲洙, 「大乘寺 木刻幀」, 『考古美術』7-9, 1966.9(『考古美術』 合集 하권,
　　　1979.12, 227~230쪽 재수록).

_____, 「木刻幀의 一例」, 『考古美術』9-11, 1968.11(『考古美術』 合集 하권,
　　　1979.12, 488~489쪽 재수록).

_____, 「尙州 南長寺藏 木刻佛幀에 관하여」, 『歷史敎育』 11·12, 1969.4, 325~334쪽.

文明大, 「三幕寺 在銘磨崖三尊佛考」, 『丁仲煥博士還歷紀念論文集』, 1974. 231 ~241쪽(「삼막사 칠성전불상명 마애치성광삼존불상」, 『고려·조선불교 미술사 연구 ; 三昧와 平淡美』, 예경, 2003, 428~437쪽 재수록).

_____, 「朝鮮朝(17세기 2/4分期 木阿彌陀三尊佛龕의 한 考察」, 『考古美術』 146·147, 1980.8, 46~54쪽.

_____, 「高麗·朝鮮時代의 彫刻」, 『韓國美術史의 現況』, 藝耕, 1992, 207~226 쪽.

_____, 「韓國의 中·近代(高麗·朝鮮) 彫刻과 美意識」, 『韓國美術의 美意識』, 韓 國精神文化硏究所, 1984.4, 99~132쪽.

_____, 「百譚寺 木阿彌陀佛坐像」, 『講座 美術史』 5(한국미술사연구소, 1993.12, 83~88쪽(「영·정조시대 목불상의 전개와 百潭寺 목아미타불상」, 『고려· 조선불교미술사 연구 ; 三昧와 平淡美』, 예경, 2003, 417~427쪽 재수 록)

_____, 「비로자나삼신불도상의 형식과 기림사 삼신불상 및 불화의 연구」, 『불 교미술』 15, 東國大學校 박물관, 1998, 77~99쪽.

_____, 「松廣寺 大雄殿 塑造釋迦三世佛像」, 『講座 美術史』 13, 韓國佛敎美術 史學會, 1999, 7~26쪽.

_____, 「高麗·朝鮮朝 佛像彫刻 新例考」, 『講座 美術史』 15, 韓國佛敎美術史學 會, 2000.12. 251~258쪽.

_____, 「無染派 목불상의 제작과 설악산 新興寺 목아미타삼존불상」, 『고려·조 선불교미술사 연구 ; 三昧와 平淡美』, 예경, 2003, 402~416쪽.

_____, 「印性派 木佛像의 제작과 道詵寺 木阿彌陀三尊佛像의 고찰」, 『聖寶』 5, 大韓佛敎曹溪宗 聖寶保存委員會, 2003, 5~16쪽.

_____, 「조각승 無染, 道祐派 불상조각의 연구」, 『講座 美術史』 26-Ⅰ, 韓國佛 敎美術史學會, 2006, 23~54쪽.

_____, 「松林寺 大雄殿 木 釋迦三尊佛坐像의 연구」, 『講座 美術史』 27, 韓國 佛敎美術史學會, 2006, 5~23쪽.

_____, 「松林寺 大雄殿 石 阿彌陀三尊佛坐像의 연구」, 『講座 美術史』 27, 韓 國佛敎美術史學會, 2006, 25~39쪽.

_____, 「상정계 목 불상조각(尙淨系 木 佛像彫刻)의 연구(硏究)」, 『강좌미술사』 29, 한국불교미술사학회, 2007, 87~106쪽.

_____, 「17세기 전반기 조각승 현진파(玄眞派)의 성립과 지장암 목(木) 비로자나

불좌상(毘盧遮那佛坐像)의 연구」,『강좌미술사』29, 한국불교미술사학회 2007, 355~380쪽.

＿＿＿, 「조각승 혜희(慧熙)의 작품세계와 부산 금성사 봉안 용문사 목 아미타불상의 복원적(三世佛像)연구」,『講座 美術史』, 韓國佛敎美術史學會, 34, 2010, 81~106쪽.

＿＿＿, 「청룡사 명부전 석(石)지장시왕상 연구」,『講座 美術史』, 韓國佛敎美術史學會, 34, 2010, 319~333쪽.

＿＿＿, 「대국 보성선원 봉안 견암사(見巖寺) 현욱(玄旭派) 석가삼존불상(釋迦三尊像)의 도상특징과 복장(復藏)연구」,『講座 美術史』, 韓國佛敎美術史學會, 35, 2010, 373~424쪽.

＿＿＿, 「석준(釋俊), 원오(元悟)파의 성립과 논산 쌍계사 삼세불상(1605년) 및 복장의 연구」,『講座 美術史』, 韓國佛敎美術史學會, 36, 2011, 579-597쪽.

文永杉, 「寺刹」,『壬辰倭亂 以後의 造營活動에 대한 硏究』, 韓國文化財保存技術振興協會, 1992, 92~146쪽.

閔泳珪, 「佛國寺古今歷代記解題」,『學林』3, 연세대 사학연구회, 1954.

박도화, 「松廣寺 五百羅漢殿의 羅漢像」,『講座 美術史』13, 韓國佛敎美術史學會, 1999, 27~56쪽.

박찬수, 「韓國 佛敎 木彫刻의 歷史와 製作」,『蓮史洪潤植敎授 停年退任紀念論叢』, 2000, 824~846쪽.

박원규, 「묵조불상 樹種의 변천」,『한국 木造刻像의 樹種과 年輪 분석 그리고 美術史的 해석』, 충북대학교 목재연륜소재은행·명지대학교 미술사학과, 2009, 13-22쪽.

＿＿＿, 외, 「전라도지역 조선후기 목조불상의 수종」,『한국가구학회지』21, 한국가구학회, 2010, 72~82쪽.

成春慶·李啓杓·李英淑, 「求禮郡의 佛敎遺蹟」,『求禮郡의 文化遺蹟』, 국립목포대학교박물관, 1994, 99~228쪽.

＿＿＿, 「朝鮮後期 17세기 목조불상에 대하여-전남지방을 중심으로」,『文化史學』11~13, 한국문화사학회, 1999.12, 713~743쪽.

＿＿＿, 「達成寺 木造地藏菩薩 및 阿彌陀三尊佛」,『文化史學』14, 한국문화사학회, 2000.12, 69~98쪽.

孫永文, 「조각승 印均派의 불상조각의 연구」,『講座 美術史』26~Ⅰ, 韓國佛敎美術史學會, 2006, 53~82쪽.

＿＿＿, 「彫刻僧 應惠派 佛像彫刻의 硏究-潭陽 晦迹庵 木造阿彌陀佛像을 中心으로」,『불교문화연구』8, 한국불교문화학회, 2006. 61~93쪽.

宋殷碩, 「朝鮮後期 佛菩薩像의 着衣法」, 『조선후기 조각전』, 호암미술관, 2001, 102~109쪽.

_____, 「17世紀 彫刻僧 玄眞과 그 流派의 造像」, 『美術資料』 70·71, 國立中央博物館, 2004, 69~106쪽.

_____, 「朝鮮後期 17世紀 彫刻僧 熙藏과 熙藏派의 造像」, 『泰東古典硏究 22, 한림대학교 태동고전연구소, 2006, 189~229쪽.

_____, 「고흥 능가사 대웅전의 목조삼방불좌상」, 『미술사의 정립과 확산』 2권, 사회평론, 2006, 176~197쪽.

_____, 「17세기 朝鮮王朝의 彫刻僧과 佛像」, 서울대학교 대학원 박사학위청구논문, 2007.2.

_____, 「法靈派 彫刻僧과 佛像-法靈, 惠熙, 祖能」, 『불교미술사학』 5, 불교미술사학회, 2007, 179~207쪽.

_____, 「조선 17세기 彫刻僧 유파의 합동작업」, 『미술사학』 22, 한국미술사교육학회, 2008, 69~103쪽.

_____, 「조선 후기 佛殿 내 儀式의 성행과 佛像의 造形性」, 『美術史學硏究』 263, 韓國美術史學會, 2009, 71~97쪽.

_____, 「조각승 勝日과 勝日派의 造像 활동」, 『한국선학』 26, 한국선학회, 2010, 411~449쪽.

_____, 「조각승 應元·印均派의 활동:應元, 印均, 三忍·」, 『韓國文化』 52, 서울대학교 규장각한국학연구원, 2010, 219~249쪽.

신광희, 「朝鮮 後期 十六羅漢圖像의 繼承」, 『東岳美術史學』 10, 동악미술사학회, 2009, 85~112쪽.

沈柱完, 「17世紀 前半期 大形塑造佛像 硏究」, 『미술사학연구』 233·234, 2002, 95~135쪽.

_____, 「龍門寺 木佛像의 작품과 그 영향」, 『講座 美術史』 26~Ⅰ, 韓國佛教美術史學會, 2006, 139~161쪽.

安貴淑, 「朝鮮後期 鑄鐘匠 思印比丘에 관한 硏究」, 『佛教美術』 9, 동국대학교 박물관, 1988, 128~181쪽.

_____, 「조선후기 佛畵僧의 계보와 義謙比丘에 대한 연구(상)」, 『미술사연구』 8, 1994, 63~137쪽.

_____, 「조선후기 佛畵僧의 계보와 義謙比丘에 대한 연구(하)」, 『미술사연구』 9, 1995, 153~201쪽.

梁基洙·金熹台, 「記文·金石文」, 『仙巖寺』, 昇州郡·南道佛教文化硏究會, 1992, 225~354쪽.

梁銀容, 「임진왜란 이후 佛敎義僧軍의 동향-全州 松廣寺 開創碑 및 新出 腹藏
　　　記를 중심으로」, 『인문학연구』 4, 원광대학교 인문학연구소, 2003,
　　　127~140쪽.

廉永夏, 「韓國梵鐘에 관한 硏究-第15報 朝鮮朝鐘의 特徵」, 『梵鐘』 11, 韓國梵鐘
　　　硏究會, 1988, 17~95쪽.

吳京厚, 「17世紀 佛國寺古今創記와 湖南의 寺刹事蹟記」, 『新羅文化』 19, 신라
　　　문화연구소, 2001, 121~150쪽.

吳珍熙, 「조각승 色難派와 華嚴寺 覺皇殿 七尊佛像」, 『講座 美術史』 26-Ⅰ, 韓
　　　國佛敎美術史學會, 2006, 113~138쪽.

_____, 「彫刻僧 夏天의 佛像彫刻 硏究」, 『講座 美術史』 34, 2010, 207-230쪽.

柳龍桓, 「腹藏遺物의 實證的 硏究-大勢至菩薩像의 腹藏과 儀軌의 比較」, 『1302
　　　年 阿彌陀腹藏物의 調査硏究』, 溫陽民俗博物館, 1991, 242~348쪽.

兪弘濬, 「비슬산 명적암 목조아미타불좌상」, 『美術資料』 62, 國立中央博物館,
　　　1999, 73~81쪽.

尹武炳, 「水鐘寺八角五層石塔內發見遺物」, 『金載元博士回甲紀念論叢』, 乙酉文
　　　化社, 1969, 945~972쪽.

尹鍾均, 「法住寺 大雄寶殿 三身佛 腹藏調査」, 『東垣學術論文集』 5, 韓國考古美
　　　術硏究所, 2002.11, 127~153쪽.

李康根, 「17世紀 佛殿의 莊嚴에 관한 硏究」, 東國大學校 博士學位 請求論文,
　　　1994.

_____, 「17세기 佛殿의 再建設」, 『미술사학연구』 208, 1995.12, 39~81쪽.

_____, 「完州 松廣寺의 建築과 17세기 開創役」, 『講座 美術史』 13, 韓國佛敎
　　　美術史學會, 1999, 103~136쪽.

_____, 「芬皇寺 寶光殿 上樑文調査」, 『聖寶』 1, 大韓佛敎曹溪宗 聖寶保存委員
　　　會, 1999, 35~50쪽.

_____, 「경주지역의 불교사원과 17·18세기의 再建役」, 『관광학논총』, 경주대
　　　학교, 2001.6, 53~78쪽.

李啓杓, 「沿革」, 『仙巖寺』, 昇州郡·南道佛敎文化硏究會, 1992, 23~50쪽.

이기선, 「高敞 禪雲寺에서 새로 발견된 造像 資料」, 『昔步鄭明鎬敎授 停年退任
　　　紀念論叢』, 2000, 359~376쪽.

李芬熙, 「奉恩寺 三世佛像의 硏究」, 『한국불교문화학회 하계학술세미나-봉은사
　　　의 불교문화』(발표 논문집 6호), 한국불교문화학회, 2004.7, 13~21쪽.

_____, 「光州 紫雲寺 木造阿彌陀佛坐像」, 『聖寶』 6, 大韓佛敎曹溪宗 聖寶保存
　　　委員會, 2004, 60~82쪽.

_____,「조각승 勝一派 불상조각의 연구」,『講座 美術史』26-Ⅰ, 韓國佛敎美術
        史學會, 2006, 83~ 112쪽.

李殷希,「雲興寺와 畵師 義謙에 관한 考察」,『文化財』24, 문화재관리국, 1991,
        195~211쪽.

_____,「懸燈寺의 佛像과 佛畵」,『聖寶』3, 大韓佛敎曹溪宗 聖寶保存委員會,
        1991, 69~93쪽.

_____,「掛佛畵記에 나타난 佛畵造成에 관한 試論」,『文化財』31, 문화재관리
        국, 1998, 103~135쪽.

李鐘文,「朝鮮後期 後佛木刻幀 研究」,『美術史學研究』209, 1996.3, 39~96쪽.

이희정,「조선 17세기 불교조각과 조각승 淸憲」,『불교미술사학』3, 통도사성보
        박물관 불교미술사학회, 2005, 159~184쪽.

_____,「부산 범어사 대웅전 목조석가여래삼존불좌상과 熙藏의 造像」,『文物研
        究』12, 동아시아문물연구학술재단, 2007, 165-194쪽.

_____,「기장 장안사 대웅전 석조삼세불좌상과 조선후기 석조불상」,『文物研
        究』14, 동아시아문물학술재단, 2008, 137~160쪽.

_____,「김해 圓明寺 乾漆地藏菩薩坐像에 대해」,『文物研究』16, 동아시아문물
        연구학술재단, 2009, 53-76쪽.

_____,「창원 聖住寺 地藏殿과 靈山殿 石造佛像에 관한 연구」,『文物研究』18,
        동아시아문물연구학술재단, 2010, 129-158쪽.

林玲愛,「完州 松廣寺 목패와 17세기 조선시대 불교」,『講座 美術史』13, 韓國
        佛敎美術史學會, 1999, 165~175쪽.

_____,「조선후기 강원도 양구 深谷寺 木造阿彌陀三尊佛像」,『講座 美術史』
        20, 韓國佛敎美術史學會, 2003, 83~103쪽.

張忠植,「景泰七年 佛像腹藏品에 對하여」,『考古美術』138·139, 1978, 42~50
        쪽.

장헌덕,「연혁」,『楞伽寺 大雄殿 實測調査報告書』, 문화재청, 2003, 57~83쪽.

전경미,「조선후기 호남 북서부지역 소조상 제작기법 및 보존에 대하여」,『講
        座 美術史』32, 韓國佛敎美術史學會, 2009, 179-209쪽.

鄭永鎬,「水鍾寺 石塔內發見 金銅坐像 12軀」,『考古美術』106·107, 1970.9,
        22~27쪽.

鄭于澤,「靈光 佛甲寺의 佛敎繪畵」,『寺刹造景研究-佛甲寺의 綜合的 考察』6,
        東國大學校 附設 寺刹造景研究所, 1998, 107~133쪽.

정은우,「高麗後期의 佛敎彫刻 研究」,『美術資料』33, 국립중앙박물관, 1983.12,
        33~57쪽.

_____,「高麗後期 佛敎彫刻 硏究」, 홍익대학교 박사학위청구논문, 2001.12.

_____,「17세기 조각가 혜희(惠熙)와 불상의 특징」,『미술사의 정립과 확산』2권, 사회평론, 2006, 152~175쪽.

_____,「龍門寺 木造阿彌陀如來坐像의 특징과 願文 분석」,『미술사연구』22, 미술사연구회, 2008, 93-116쪽.

_____,「남양주 흥국사의 조선전기 목조16나한상」,『東岳美術史學』10, 동악미술사학회, 2009, 137-160쪽.

趙恩廷,「松廣寺 十六羅漢像에 대한 硏究」,『文化財』22, 文化財管理局, 1989, 75~95쪽.

_____,「朝鮮後期 十六羅漢像에 對한 硏究」,『考古美術』182, 1989.6, 3~32쪽.

秦弘燮,「三和寺의 塔像」,『考古美術』129·130, 1976.6, 113~116쪽.

崔夢龍,「莞島 觀音寺 木造如來坐像과 腹藏遺物」,『美術資料』20, 국립중앙박물관, 1977.6, 63~70쪽.

_____,「全南地方의 佛敎彫刻」,『美術資料』 22, 국립중앙박물관, 1978.6, 49~55쪽.

崔宣一,「湖林博物館 소장 조선후기 木造佛龕」,『미술사연구』9, 1995, 333~342쪽.

_____,「朝鮮後期 全羅道 彫刻僧 色難과 그 系譜」,『미술사연구』14, 2000, 35~62쪽.

_____,「日本 高麗美術館 所藏 朝鮮後期 木造三尊佛龕」,『미술사연구』16, 2002, 137~155쪽.

_____,「華城 龍珠寺 大雄寶殿 木造釋迦三尊佛坐像과 彫刻僧-戒初比丘를 중심으로」,『東岳美術史學』4, 동악미술사학회, 2003, 73~87쪽.

_____,「全羅南道 和順 雙峰寺 木造地藏菩薩坐像과 彫刻僧 雲惠」,『불교미술사학』2, 통도사성보박물관 불교미술사학회, 2004, 199~219쪽.

_____,「고양 상운사 <목조아미타삼존불좌상>과 조각승 進悅」,『美術史學研究』244, 2004.12, 171~197쪽.

_____,「朝鮮後期 彫刻僧의 활동과 佛像 研究」, 홍익대학교 대학교 박사학위청구논문, 2006.6.

_____,「18세기 중반 彫刻僧 尙淨의 활동과 佛像 研究」,『美術資料』75, 2006, 33~54쪽.

_____,「17세기 전반 彫刻僧 守衍의 활동과 佛像 研究」,『東岳美術史學』8, 2007, 149~171쪽.

_____,「彫刻僧 色難의 활동과 佛像樣式」,『博物館紀要』23, 단국대학교 석주

선기념박물관, 2008, 81~110쪽.

_____, 「安城 七長寺 木造地藏菩薩坐像과 彫刻僧 金文」, 『역사민속학』 29, 2009.3, 185~208쪽.

_____, 「朝鮮 後期 彫刻僧과 佛像樣式의 변천」, 『美術史學研究』 261, 2009.3, 41~75쪽.

_____, 「새로 발견된 조선후기 紀年銘 목조불상과 조각승」, 『한국 木造刻像의 樹種과 年輪 분석 그리고 美術史的 해석』, 충북대학교 목재연륜소재은 행·명지대학교 미술사학과, 2009, 1-12쪽.

_____, 「17세기 후반 彫刻僧 勝浩의 활동과 불상연구」, 『禪文化研究』 8, 2010, 83-119쪽.

_____, 「파주 보광사 대웅보전 목조보살입상과 彫刻僧 英賾」, 『美術史學』 24, 한국미술사교육학회, 2010, 67~92쪽.

_____, 「완주 대원사 대웅전 목조불상의 제작시기와 조각승 推論」, 『문화사학』 35, 한국문화사학회, 2011, 161~183쪽.

최성은, 「14세기의 기년명보살상에 대하여」, 『미술자료』 32, 1983.6, 19~36쪽.

_____, 「조선후기 불갑사 불교조각의 一考察」, 『서지학보』 35, 한국서지학회, 2010, 119~158쪽.

崔素林, 「黑石寺 木造阿彌陀佛坐像 研究」, 『강좌 미술사』 15, 한국미술사연구 소, 2000, 77~100쪽.

최순우, 「法住寺 捌相殿의 舍利裝置」, 『考古美術』 通卷100, 469쪽.

崔仁善, 「佛像」, 『仙巖寺』, 昇州郡·南道佛教文化研究會, 1992, 95~123쪽.

_____, 「康津 玉蓮寺 木造釋迦如來坐像과 腹藏」, 『文化史學』 創刊號, 한국문 화사학회, 1994.6, 129~158쪽.

_____, 「雙峰寺의 遺蹟과 遺物」, 『雙峰寺』, 木浦大學校博物館, 1996, 101~156쪽.

_____, 「제주 서산사의 <목조보살좌상>과 복장물」, 『順天大博物館誌』 2, 순 천대학교박물관, 2001, 97~114쪽.

_____, 「全州 三暎寺 木造佛像 2軀와 腹藏物」, 『文化史學』 21, 韓國文化史學 會, 2004.6, 855~873쪽.

_____, 「高興 蓬萊寺 木造觀世音菩薩坐像과 腹藏物」, 『문화사학』 27, 한국문 화사학회, 2007, 913~924쪽.

_____, 「筏橋 龍淵寺 大雄殿 佛像」, 『전남문화재』 13, 全羅南道, 2006, 207-222 쪽.

_____, 「全南 新安 一心寺 木造菩薩像과 腹藏物」, 『호남문화연구』 42, 전남대학 교 호남학연구원, 2008, 341-375쪽.

_____,「조선 후기의 불상」,『博物館紀要』23, 단국대학교 석주선기념박물관, 2008, 53-79쪽.

秋波 泓宥 原作／金鎬然 飜譯,「治人李子說記」,『梵鐘』1, 韓國梵鐘研究會, 1978, 90~92쪽.

허상호,「朝鮮時代 佛卓莊嚴 研究」,『미술사학연구』222, 2004.12, 121~170쪽.

洪思俊,「鴻山 無量寺 極樂殿 發見 主佛尊 腹藏品」,『美術資料』19, 國立中央博物館, 1976.12, 29~31쪽.

洪潤植,「朝鮮後期 木刻佛幀에 대하여」,『문화재』14, 문화재관리국, 1981.12, 169~182쪽.

_____,「朝鮮初期 上院寺文殊童子像에 대하여」,『考古美術』164, 1984.12, 9~22쪽.

黃壽永,「朝鮮의 彫刻」,『藝術總攬』, 藝術院, 1964. 292~294쪽.

(2) 英　文

Lee Soyung, A Seated Bodhisattva in the Collection of the Mary and Jackson Burke Foundation, Orientations, Vol. 35, No. 7 (Oct. 2004), pp.90~91

ㄱ

각림(覺林)　　100, 102

각민(覺敏)　　4, 14~28, 81, 386

각선(覺善)　　100, 102

각성(覺性)　　19, 21, 22, 28, 78, 100, 101, 172, 276, 285, 303, 341

각초(覺初)　　81, 172, 188

감선(監禪)　　117, 118

갑사(甲寺)　　58, 59, 82, 146, 148

개심사(開心寺)　　84

경국사(慶國寺)　　174, 178

경림(敬林, 敬琳, 瓊琳)　　48, 50, 60, 116~132, 181, 386

경성(敬聖)　　20

경호(敬浩)　　205, 206

경희(敬熙)　　100, 102

계심(戒心)　　281~321, 341~343, 349, 382, 396

계초(戒初)　　30, 108, 267~293, 296, 303, 309, 311, 313, 319, 321, 325~349, 382~396

계화(戒和)　　38, 48

계훈(戒訓, 戒勳)　　92, 100, 102, 103, 104, 107, 107, 108

관룡사(관룡사)　　83, 192, 196, 371, 374, 390

관해(寬海)　　20, 52, 52, 143, 145, 147

광원(廣圓)　　24, 26, 27, 81, 82, 83

광척(宏陟)　　188

구인사(救仁寺)　　165

귀신사　　49, 52, 52, 102, 144, 145, 146, 151, 374

극침(尅沈)　　251, 252

금문(金文)　　197, 208, 227, 243~265

금산사(金山寺)　　9, 19, 20, 28, 31, 45~51, 82, 230, 231, 255, 257, 370, 385

금탑사(金塔寺)　　15, 176, 180, 185, 189, 196

ㄴ

노원(魯元)　　20

뇌습(雷習)　　176

뇌인(雷忍)　　20

능가사(楞伽寺)　　48, 50, 55, 111, 124~131, 161~196, 206, 314, 378

능인(能仁)　　138, 145

ㄷ

다보사(多寶寺)   31, 38

단응(端應, 丹應)   201, 206, 207, 248, 379

대오(大悟)   52, 145

대웅(大雄)   42

대흥사(大興寺)   169, 171, 178, 195, 196, 230, 235, 385

덕기(德奇)   15, 17, 18

덕장(德莊, 德藏)   214, 251, 252, 254, 259, 260

덕희(德熙)   176, 188, 188

도견(道見, 道堅)   81, 102, 159, 172, 224

도균(道均)   20, 102

도능(道能)   137, 138, 143, 145

도림사(道林寺)   38, 48, 50, 58, 111, 118, 122~134, 189, 394

도민(道敏)   124, 125, 128

도상(道尙),   118

도일(道日)   48, 118

도헌(道軒)   102, 157, 159, 162, 177, 185

동화사(東和寺)   80, 92~94, 103, 134, 192, 238, 314

두오(斗吳)   188

득우(得牛, 得祐)   157, 161~163, 167, 185, 189, 193

득찰(得察, 得察)   188

ㅁ

마곡사(麻谷寺)   48, 130, 131, 131

마일(摩日)   197~209, 256, 260, 263

만강(萬江)   128

만일사(萬日寺)   92~104, 105, 145, 148

명옥(明玉)   202, 204, 205

명은(明隱)   101

명조(明照)   20

명준(明俊)   205, 206

명혜(明惠)   43, 101

모선(慕禪)   171, 178

모현(慕賢)   102, 157, 159, 167, 170, 185, 191

묘경(妙瓊)   48, 124

묘성(妙聖)   251, 252, 254, 258

무남(武男)   251, 252, 254, 258

무염(無染)   20, 22, 30, 58, 91~107, 151, 189, 267, 293, 312, 374~379, 388~396

무위사(無爲寺)   84, 93, 104, 136~138, 142, 148

문인(文印)   102, 159, 161, 162, 166

민기(敏機)   20

ㅂ

백담사(百譚寺)   130

백련사(白蓮寺)   48, 59, 111, 118, 124~133

백양사(白羊寺)   58, 122, 129, 130

법기(法機)   100

법령(法靈, 法令)   46, 52, 146, 257~260, 265, 385

법림(法林)　　36, 38

법준(法俊)　　202, 204, 205

법해(法海)　　188

법현(法玄)　　20, 21, 25, 386

벽운(碧雲)　　48, 116, 118

보광사(보광사)　　63

보열(宝悅)　　254, 258, 258

보옥(寶玉)　　20, 21, 81

보월사(寶月寺)　　130

보융(寶融)　　254, 255, 258

보인(寶印)　　121

보희(宝熙)　　33

보해(寶海)　　179, 220, 224, 237, 376, 386, 393, 394

봉원사(奉元寺)　　195

봉현(奉玹, 奉絃, 封玹)　　30, 108, 110, 286~296, 309, 313, 317, 319, 331, 341~349, 383~391, 395

부석사(浮石寺)　　245, 256, 260, 261, 286, 311, 342

불대사(佛臺寺)　　124, 394

ㅅ

사인(思印, 思忍, 四印)　　43, 92, 93, 99~107, 148

사준(思俊)　　20

삼안(三眼)　　48, 50, 60, 124, 128~132

삼우(三愚)　　20

삼응(三應)　　100, 102, 254, 258

상림(尙林, 尙琳)　　93, 97, 103~107, 137, 138, 151

상민(尙敏, 賞敏)　　137, 138, 148, 151

상전(尙全)　　122, 129

상정(尙淨, 常淨)　　30, 108, 268, 28 1~293, 294~321, 341, 348, 349, 382~384

상준(尙俊)　　138

상현(尙玄)　　202, 205, 206

새선(璽善)　　251, 252, 254

색난(色難, 色蘭)　　30, 56, 60, 105, 108, 114, 135, 155~196, 201~ 207, 234, 237, 243, 271, 276, 288, 290, 294, 295, 314, 332, 375~380, 388, 390, 393, 394, 396

서동사(瑞洞寺)　　48, 58, 105, 111, 118, 122, 130, 377

석준(碩俊)　　4, 20, 196

선수(善修)　　100

선암사(仙岩寺)　　83, 195, 319

선운사(禪雲寺)　　15, 205, 310, 343, 370, 385

선일(善一)　　188

선지사(仙地寺)　　4, 5, 9, 15, 22

설주(雪珠)　　38, 48

성관(性寬)　　20

성도암(成道庵)　　169, 170, 180, 191

성률(性律)　　20

성림(性林)　　41, 42, 101

성민(省敏)　　41~43

성순(性淳)　　100, 102

성열(性悅)　　254, 255, 258

성옥(性玉)　　33, 36, 38, 49, 53, 60, 386

성초(性楚)　　138, 145

성학(性學) 138
성행(性行) 117, 118
세균(世均) 251, 252, 254, 259, 261
송광암(松廣庵) 175, 177, 180, 183, 184, 376, 378, 394
수연(守衍) 29~61
순경(順瓊) 161, 162
순일(淳一) 52, 100
숭림사(숭림사) 31, 41, 44, 56, 373
승균(勝鈞) 48, 125
승매(勝梅) 81, 172, 178
승연(勝衍) 48, 130
승일(勝日, 勝一) 91, 244, 255, 259, 263, 375, 377, 386, 392, 394
승추(勝秋) 20
승호(勝浩) 210~239, 260
시건(時建) 250~254, 258
신계(信戒) 52, 102, 143, 147
신관(信寬) 43, 48, 101
신언(神彦) 138, 143
신일(神釰) 8, 13, 81
신학(信學) 202, 204, 205, 206
신현(信玄, 信賢) 8, 13, 17, 18, 81
실상사(實相寺) 356
심정(心淨) 20, 21, 81
쌍계사(雙溪寺) 13, 26, 36, 38, 51, 63, 75, 78, 83, 146
쌍봉사(雙峰寺) 48, 50, 58, 105, 111~121, 126, 130~134, 166, 174, 180, 184, 196, 288, 377, 394
쌍휘(双輝) 42, 48

ㅇ

안심사(安心寺) 254, 255, 260, 265
애생(愛生) 138, 145
여찬(呂贊, 呂燦) 251, 252, 259, 261
영봉사(靈鳳寺) 157, 177, 179, 196
영색(靈賾) 62~87
영선(靈善) 188, 192
영철(靈哲, 灵澈) 31, 36, 41~60, 100, 105, 106, 107, 130, 386
영초(靈招) 33, 48
옥련사(玉蓮寺) 149, 159, 160, 166, 167, 173, 183, 288, 335
옥순(玉淳) 48
옥천사(玉泉寺) 128, 195, 196, 238
용문사(龍門寺) 80, 207, 379
운익(雲益) 48, 121, 130, 131
운일(雲日) 48, 130
운혜(雲惠, 雲慧) 30, 31, 55, 58, 59, 60, 91, 105, 106, 109~134, 149, 151, 265, 267, 288, 312, 377, 386, 389, 389, 394
웅원(雄遠, 雄源) 81, 159, 162, 166, 169, 171, 174, 178
원오(元悟) 4, 5, 15, 17, 18, 19, 20, 21, 22, 24, 26, 27, 28, 62, 82
응매(應梅) 20, 21, 81
응원(應元, 應圓) 20, 46, 49, 51, 52, 60, 62, 75, 102, 146, 385
응인(應仁) 33, 38, 48
응혜(應惠) 74, 144
의상(義尙) 121

의암(儀庵)　　11, 13
의엄(儀嚴)　　38, 48
의철(儀哲)　　42, 48
의한(義閑, 儀閑, 依玄)　　138, 146,
　　251, 252, 254, 259
의호(義浩)　　121
이중선(李重善)　　23, 86, 371
인계(印戒)　　143, 145
인균(印均)　　30, 46, 52, 62, 63, 75,
　　78, 91, 103, 143~151, 158, 370,
　　374, 379
인명(印明)　　48
인선(印先)　　138, 143
인성(印性)　　48, 50, 60, 117, 118,
　　131, 132, 267, 318, 386
인종(印宗)　　21, 43, 101
일기(一機)　　81, 108, 169~172,
　　175, 178, 186, 188, 191, 193, 196,
　　208, 265, 388

ㅈ

전등사(傳燈寺)　　19, 31, 32, 35, 4
　　2~47, 53, 73
정수사(淨水寺)　　102, 149, 159, 160,
　　171, 179, 191, 196, 288, 312, 331,
　　375
정률(淨律)　　121
정혜(定惠)　　81, 172, 188, 196
지경(志敬)　　46
지수(智修)　　100, 257
지장암(地藏庵)　　75, 101
지준(智准)　　20

지한(智閑)　　48
직지사(直指寺)　　244, 254, 255, 263,
　　286, 306, 310, 342
진관암(津寬庵)　　48, 50, 130
진열(進悅)　　30, 80, 266~293, 296,
　　308, 380~396
진일(進一)　　172
진총(進聰)　　81, 172
집삼(執森)　　166, 167

ㅊ

찰영(察英)　　36
처경(處瓊)　　48, 124
처기(處機)　　48, 124
처명(處明)　　15
처상(處祥)　　254, 257, 258
처원(處元)　　117, 118, 125, 128, 276
천기(天機, 天琦)　　35, 38, 48, 202,
　　204, 205, 276
천성(天性)　　138, 143, 145
천신(天信)　　100, 185, 188, 189
천윤(天允)　　254, 257
철옥(哲玉, 徹玉)　　159, 161
철학(哲學)　　257, 329
청룡사(青龍寺)　　24, 26, 27, 81, 82
청윤(清允)　　244, 245, 251, 252,
　　256, 259, 260, 265
청허(清虛)　　4, 8, 13~25, 30, 55,
　　63, 76~78, 86, 91, 225, 386, 396
청헌(清憲)　　26, 30, 36, 52, 54, 55,
　　62, 63, 74~78, 83, 86, 87, 91, 103,
　　146, 260, 267, 386, 390, 396

초명(楚明)   124, 125
초변(楚卞, 初卞, 楚汴)   81, 157~
   162, 172, 178, 185, 188, 191, 193,
   196, 288, 314, 347, 379, 386, 388
초우(楚祐)   161
추붕(秋鵬, 秋朋)   81, 166, 167,
   170, 172, 178, 185, 187
추평(秋平, 秋評, 秋評)   81, 166,
   167, 170~172, 178, 185, 187
축성암(祝聖庵)   170, 171, 178, 186,
   187
충신(忠信)   8, 13, 17, 18, 20, 81
충연(沖衍)   100
충옥(忠玉, 沖玉)   81, 108, 177,
   178, 185~193, 234, 235, 239, 265,
   386
취습(就習)   252
치웅(致雄)   171, 178
치준(緇俊)   48, 130
칠장사(七長寺)   66, 188, 197, 198,
   203~208, 244~246, 251~261,
   330

ㅌ

탁린(琢璘)   206, 379, 386
탁밀(卓密)   379, 386, 388
탄욱(坦旭)   48, 125
태원(太元)   30, 268, 276~278, 28
   1~286, 292, 302, 306, 308, 309,
   321
태전(太顚)   20, 46, 49, 50, 51, 60,
   146, 258~260, 265, 373, 385, 386

태호(太浩)   97, 125
통도사(通度寺)   3, 238, 280, 370

ㅍ

표충사(表忠寺)   195, 196
풍국사(豊國寺)   31, 32, 43~49,
   92, 101, 107
필영(弼英)   188

ㅎ

하천(夏天)   81, 172~178, 187~
   196, 288, 314, 375, 380, 388, 389,
   393, 396
해기(海機)   143, 145
해심(海心)   20, 386, 388
해인사(海印寺)   3, 17, 19, 195,
   196, 370
해정(海淨)   100, 102
행경(幸瓊)   116, 118, 125
행사(幸思)   20~28, 81, 388
행탄(幸坦, 行坦)   81, 159~166,
   171, 172, 175, 185~191
향천사(香泉寺)   59, 133
현윤(賢允)   20, 25, 386, 388
현준(玄淮)   102
현진(玄眞)   24, 30, 34, 46, 54, 55,
   62, 63, 74~78, 83, 87, 99~107,
   148, 227, 370~374, 386~393
현회(玄淮)   100
혜우(惠祐)   36
혜희(惠熙, 慧熙)   30, 77, 91, 108,

146, 148, 244, 255~265, 386

화계사(華溪寺)　31, 54, 58, 105,
111

화엄사(華嚴寺)　13, 19, 52, 54, 63,
75, 83, 87, 146, 172, 180, 189~
195, 276, 285, 296~309, 321, 341,
370, 378, 384

회감(懷鑑)　93, 104, 135~151, 386

회신(懷信)　202, 205

회암사(檜岩寺)　63, 70~78, 296~
298, 302, 307, 312, 382

회일(懷日)　254, 255

흑석사(黑石寺)　23, 24, 85, 371

흥국사(興國寺)　18, 49, 52, 147,
291, 319, 374

희순(熙淳)　20, 21

희일(熙日)　251, 252, 254

희장(希藏)　30, 74, 77, 81, 206, 386

조선 후기 불교조각 관련 首畵僧

이름	활동 시기	이름	활동시기
(ㄱ)		상계(尙桂, 尙戒)	-1768~1790-
각민(覺敏)	-1614-	상정(尙淨, 常淨)	-1739~1771-
각수(覺修)	-1720-	색난(色難, 色蘭)	-1680~1730-
경림(敬琳, 瓊琳, 敬林)	-1665~1680-	서준(瑞俊)	-1737~1743-
경잠(景岑, 敬岑)	-1650~1656-	설훈(雪訓)	-1758~1794-
경탄(敬坦)	-1673~1677-	성민(聖民)	-1780~1785-
경호(敬浩, 瓊湖)	-1649~1700-	성심(性諶)	-1673~1695-
계심(戒心)	-1771~1787-	성인(性仁)	-1622~1628-
계주(戒珠)	-1684~1689-	성일(性日)	-1677~1688-
계초(戒初)	-1750~1790-	성징(性澄)	-1688~1724-
계훈(戒訓, 戒勳)	-1654~1656-	세관(世冠)	-1681~1747-
관오(寬悟)	-1729-	세균(世均)	-1703~1723-
광습(廣習)	-1710~1718-	세원(世元, 世圓)	-1832~1861-
광원(廣圓)	-1603-	수연 1(守衍)	-1615~1639-
금문(金文)	-1655~1706-	수연 2(守衍)	-1681~1709-
긍법(肯法)	-1883~1907-	수일(守一, 守日)	-1675~1730-
긍유(肯柔)	-1748~1765-	순민(順敏)	-1715~1741-
기연(錡衍, 琦演, 琪演)	-1847~1886-	순정(舜靜)	-1797~1817-
기전(琪銓)	-1863~1887-	승윤(勝允)	-1781~1804-
(ㄷ)		승일(勝一, 勝日)	-1622~1670-
단응(丹應)	-1656~1689-	승호(勝浩)	-1640~1719-이전
담경(湛瓊)	-1612-	신겸(信謙)	-1788~1828-
도우(道祐, 道雨)	-1633~1664-	신정(愼淨)	-1713-
(ㅁ)		(ㅇ)	
마일(摩日)	-1685~1701-	여찬(麗贊, 呂燦)	-1708~1746-
명준(明俊, 明峻)	-1666~1676-	연묵(衍默)	-1626~1641-
무염(無染)	-1633~1656-	영색(英賾)	-1626~1645-
(ㅂ)		영인(靈仁, 永印, 靈印)	-1774~1780-
백기(白基)	-1698~1730-	영철(靈哲, 灵澈)	-1623~1649-
법령(法靈, 法令, 法玲)	-1615~1641-	영환(永煥, 永環, 永幻)	-1856~1895-
법종(法宗)	-1684~1730-	오관(悟寬)	-1758~1759-
보해(寶海)	-1646~1680-	운혜(雲慧, 雲惠)	-1649~1680-
봉현(奉絃, 封玹)	-1780-1790-	웅원(雄遠)	-1684~1709-
(ㅅ)		원오(元悟, 願悟)	-1599~1624-
사인(思印, 思忍)	-1614~1656-	유성(有誠, 有成, 惟性, 有性, 維性)	-1755~1786-
삼인(三忍)	-1628~1659-		

이름	활동 시기	이름	활동시기
윤익(閏益, 潤益)	-1862~1905-	태전(太顚)	-1600~1615-
응옥(應玉)	-1704~1716-	⑪	
응원(應圓, 應元)	-1600~1636-	평삼(評三, 平三, 萍三)	-1765~1808-
응혜(應惠)	-1625~1678-	필영(弼英, 必英)	-1715~1730-
의겸(義謙)	-1713~1757-	ⓗ	
인균(印均, 仁均)	-1615~1655-	하천(夏天)	-1703~1730-
인성(印性)	-1660~1753-	학한(學閑)	-1644-
인준(印峻)	-1611-	해심(海心)	-1633~1654-
일기(一機)	-1698~1720-	행종(幸宗)	-1725~1730-
ⓩ		현윤(賢允, 賢亂)	-1637~1643-
자수(自修)	-1673-	현진(玄眞)	-1612~1637-
조능(祖能)	-1640~1657-	혜정(惠淨)	-1650~1666-
지경(智經)	-1661-	혜희(慧熙, 惠熙)	-1640~1677-
지성(支性, 志成)	-1789~1805-	회감(懷鑑)	-1633~1666-
지현(智玄)	-1648~1688-	휴일(休逸)	-1651-
진열(進悅, 震悅)	-1688~1722-	희장(希藏, 熙藏, 凞莊)	-1639~1666-
진찰(震察, 震刹)	-1752~1762-		
ⓧ			
천신(天信)	-1655~1700-		
철유(喆侑)	-1875~1910-		
철학(哲學)	-1640~1673-		
청윤(淸允)	-1684~1714-		
청허(淸虛)	-1605~1645-		
청헌(淸憲)	-1626~1643-		
초변(楚卞, 楚汴)	-1668~1715-		
초오(楚悟)	-1700~1712-		
최백(最白, 最伯)	-1748~1787-		
최흡(最洽)	-1726-		
추붕(秋鵬, 秋朋)	-1693~1703-		
추평(秋評, 秋平)	-1693~1703-		
축연(竺衍, 竺演, 竺淵)	-1865~1927-		
충옥(忠玉, 冲玉)	-1668~1703-		
칭숙(稱淑)	-1750~1780-		
ⓔ			
탁린(琢璘, 卓吝)	-1689~1716-		
탁밀(卓密)	-1684~1689-		
태원	-1698~1748-		

도판목록

제1부 17세기 전반

제1장 17세기 전반 彫刻僧 元悟의 활동과 佛像 硏究

도1. 원오, 목조여래좌상, 1605년, 김해 선지사

도2. 목조여래좌상 측면

도3. 목조여래좌상 얼굴

도4. 목조여래좌상 하반신

도5. 조성발원문 세부, 1605년

도6. 원오, 목조보살입상, 1605년, 익산 관음사

도7. 목조보살입상 얼굴

도8. 목조보살입상 측면

도9. 유화, 1980년대, 익산 관음사

도10. 조성발원문 세부, 1605년, 익산 관음사

도11. 조성발원문 세부

도12. 목조보살입상, 익산 혜봉원

도13. 목조보살입상, 완주 위봉사(도난, 『불교문화재 도난백서』 재촬영)

도14. 중수발원문, 1599년, 평창 상원사(문화재청 사이트)

도15. 각민, 목조비로자나삼존불상, 1614년, 순천 송광사(소실, 고경 스님 제공)

도16. 이중선, 목조여래좌상, 1458년, 영주 흑석사(곽동석, 『금동불』 재촬영)

도17. 목조여래좌상, 1482년, 국립중앙박물관(곽동석, 『금동불』 재촬영)

도18. 목조여래좌상, 1586년, 문경 봉암사

도19. 광원, 소조여래좌상, 1603년, 안성 청룡사

도20. 현진, 목조보살좌상, 1612년, 함양 상련대(고경 스님 제공)

도21. 청허, 목조여래좌상, 1640년, 거창 심우사(정은우 교수님 제공)

도22. 광원, 소조보살입상(향좌) 1603년, 안성 청룡사

제2장 17세기 전반 彫刻僧 守衍의 활동과 佛像 研究

도1. 수연, 목조삼존불좌상 본존, 1619년, 서천 봉서사
도2. 조성발원문 세부(金春實, 「鳳棲寺 極樂殿 塑造阿彌陀三尊佛像과 腹藏遺物
　　」재촬영)
도3. 목조삼존불좌상 협시보살
도4. 수연, 목조삼세불좌상, 1623년, 강화 전등사
도5. 목조삼세불좌상 본존
도6. 목조삼세불좌상 협시불
도7. 본존과 협시불의 얼굴
도8 조성발원문(12존자 발견), 1625년, 나주 다보사(나주 쌍계사 조성)
도8-1. 조성발원문 세부
도9. 수연, 소조여래좌상, 1625년, 나주 다보사(나주 쌍계사 조성)
도10. 소조여래좌상 측면
도11. 수연, 목조지장보살좌상, 1634년, 익산 숭림사
도12. 수연, 목조삼세불좌상, 1639년, 예산 수덕사
도13. 수연, 목조삼세불좌상 본존
도14. 「大藏殿奉安佛像造成年代及七星閣」(『金山寺誌』 재촬영)
도15. 응원, 목조여래좌상, 1624년, 순천 송광사 광원암
도16. 인균, 목조여래좌상, 1633년, 김제 귀신사 영산전
도17. 청헌, 목조삼세불좌상 본존, 1636년경, 구례 화엄사 대웅전
도18. 인균, 목조지장보살좌상, 1648년, 여수 흥국사 무사전
도19. 영철, 목조지장보살좌상, 1649년, 서울 화계사(배천 강서사 조성)
도20. 조성발원문 세부(온양민속박물관 필름 제공)
도21. 17세기 전·중반 기년명 불상
도22. 17세기 전·중반 기년명 불상의 오른쪽 어깨에 걸친 대의자락
도23. 17세기 전·중반 기년명 불상의 하반신에 걸친 대의자락
도24. 목조삼세불좌상 본존, 17세기 전반, 공주 동학사
도25. 소조삼세불좌상 본존, 17세기 전반, 공주 갑사
도26. 목조지장보살좌상, 17세기 중반, 해남 미황사

제3장 파주 보광사 대웅보전 목조보살입상과 彫刻僧 英賾

도 1. 목조석가오존상, 파주 보광사 대웅보전

도 2, 영색, 목조보살입상, 1633년, 높이 117㎝, 파주 보광사(양주 회암사 조성)

도 3. 광원, 소조보살입상, 1603년, 안성 청룡사

도 4. 원오, 목조보살입상, 1605년, 높이 152.5㎝, 익산 관음사(완주 위봉사 북암 조성)

도 5. 목조보살입상 측면

도 6. 목조보살입상 상반신

도 7. 목조보살입상 후면

도 8. 조성발원문1

도 9. 조성발원문2

도 10. 대웅전 삼세불 조성발원문 일부, 1623년, 강화 전등사(범우스님 제공)

도 11. 청헌, 목조삼신불좌상 본존, 1636년경, 구례 화엄사

도 12. 청헌, 목조아미타삼존불좌상 본존, 1645년, 상주 남장사

도 13. 목조보살입상, 1620년, 동국대학교박물관 소장

도 14. 소조보살입상, 1627년경, 높이 879㎝, 김제 금산사

도 15. 색난, 목조보살입상, 1703년, 구례 화엄사

도 16. 목조보살입상, 18세기 전반, 높이 265㎝, 고창 선운사

도 17. 목조아미타삼존불좌상, 1486년, 강진 무위사

도 18. 목조아미타삼존상, 1480년대 추정, 서산 개심사

도 18-1. 목조관음보살입상 세부

도 19. 이중선, 목조아미타불좌상, 1458년, 영주 흑석사(문화재청 사이트)

도 20. 목조아미타불좌상, 1482년, 국립중앙박물관(천주사 조성, 강우방『불교조 각 Ⅱ』)

제2부 17세기 중반

제1장 京畿道 抱川 東和寺 木造如來坐像과 彫刻僧 思忍

도1. 대웅전 내부, 포천 동화사

도2. 사인, 목조여래좌상, 1649년, 포천 동화사(만일사 제작)

도3. 목조여래좌상 측면

도4. 목조여래좌상 상반신

도5. 목조여래좌상 얼굴 측면

도6. 목조여래좌상 하반신

도7. 목조여래좌상 후면

도8. 『지장보살본원경』 복장물 일부, 포천 동화사
도9. 조성발원문 필사본(봉선사 회주 밀운스님 작성)
도10. 현진, 목조보살좌상, 1614년, 구례 천은사
도11. 수연, 목조삼세불좌상 본존, 1639년, 예산 수덕사
도12. 계훈, 목조원패, 1654년, 완주 송광사
도13. 17세기 중·후반 기년명 불상
도14. 17세기 중·후반 기년명 불상의 얼굴
도15. 17세기 중·후반 기년명 불상의 오른쪽 어깨에 걸친 대의자락
도16. 17세기 중·후반 기년명 불상의 하반신에 걸친 대의자락
도17. 무염, 목조여래좌상, 1656년, 완주 송광사

제2장 全羅南道 和順 雙峰寺 木造地藏菩薩坐像과 彫刻僧 雲惠

도1. 운혜, 목조지장삼존상, 1667년, 화순 쌍봉사
도2. 목조시왕상
도3. 목조지장보살좌상
도4. 목조지장보살좌상 얼굴
도5. 목조지장보살좌상 하반신
도6. 색난, 목조석가여래좌상 하반신, 1694년, 화순 쌍봉사
도7. 목조지장보살좌상 측면, 1667년, 화순 쌍봉사
도8. 조성발원문 세부(『雙峰寺』 재촬영)
도9. 운혜, 목조석가삼세불좌상, 1650년, 해남 서동사
도10. 목조석가여래좌상 본존
도11. 목조석가삼세불좌상 하반신
도12. 목조약사여래좌상 측면
도13. 운혜, 목조아미타여래좌상, 1661년, 제주 월계사(장성 백양사 조성, 김창
　　　화 선생님 제공)
도14. 운혜, 목조아미타삼존불좌상, 1665년과 1680년, 곡성 도림사
도15. 목조아미타여래좌상, 1665년
도16. 목조보살상, 1680년
도17. 조성발원문 일부, 1675년(『楞伽寺 大雄殿 實測調査報告書』 재촬영)
도18. 경림, 목조아미타삼존불좌상, 1678년, 목포 달성사(강진 백련사 조성)
도19. 목조아미타불좌상
도20. 목조보살좌상 측면
도21. 조성발원문 세부

도22. 「泰華山麻谷寺事蹟立案」(『麻谷寺 實測調査報告書』재촬영)
도22. 목조지장보살좌상, 강진 백련사
도23. 목조아미타여래좌상, 예산 향천사

제3장 17세기 중반 조각승 懷鑑의 활동과 불상 연구

도1. 회감, 목조지장삼존상, 1661년, 강진 무위사
도2. 목조지장보살좌상
도3. 목조지장보살좌상 상반신
도4. 목조지장보살좌상 상반신, 화순 쌍봉사
도5. 목조지장보살좌상 하반신
도6. 목조지장보살좌상 측면
도7. 회감, 목조도명존자, 1661년, 강진 무위사
도8. 회감, 목조시왕상, 1661년, 강진 무위사
도9. 회감, 목조아미타여래좌상, 1666년, 군산 불주사(문화재청 사이트)
도10. 목조아미타여래좌상 상반신(문화재청 사이트)
도11. 목조아미타여래좌상 하반신(문화재청 사이트)
도12. 인균, 목조여래좌상, 1633년, 김제 귀신사
도13. 인균, 목조지장보살좌상, 1648년, 여수 흥국사(안귀숙 교수님 제공)
도14. 인균, 목조석가여래좌상, 1655년, 여수 흥국사(안귀숙 교수님 제공)
도15. 혜희, 목조보살좌상, 1665년, 보은 법주사
도16. 사인, 목조여래좌상, 1649년, 포천 동화사
도17. 17세기 중·후반 기년명 불상
도18. 목조대세지보살좌상, 1661년, 평창 상원사(문화재청 사이트)
도19. 목조여래좌상, 통영 안정사(전통사찰관광종합정보 - koreatemple.net)

제3부 17세기 후반

제1장 彫刻僧 色難의 활동과 佛像樣式

도1. 색난, 목조지장보살좌상, 1680년, 광주 덕림사(화순 영봉사 조성)
도2. 색난, 목조석가여래좌상, 1684년, 강진 옥련사(강진 정수사 조성)
도3. 색난, 목조나한상, 1684년, 강진 정수사
도4. 색난, 목조석가여래좌상, 1685년, 고흥 능가사
도5. 색난, 목조보살좌상, 1685년, 고흥 능가사

도6. 색난, 목조가섭존자상, 1685년, 고흥 능가사
도7. 목조나한상
도8. 색난, 목조삼존불감, 1689년, 일본 교토 고려미술관
도9. 목조아미타여래좌상
도10. 색난, 목조불감, 1689년, 서울 한국불교미술박물관
도11. 목조불감, 단양 구인사
도12. 색난, 목조여래좌상, 1693년, 구례 천은사
도13. 색난, 목조석가여래좌상, 1694년, 화순 쌍봉사
도14. 색난, 목조가섭존자, 1694년, 화순 쌍봉사
도15. 색난, 목조아미타여래좌상, 1694년, 화순 쌍봉사
도16. 색난, 목조보살좌상 개금, 1698년, 제주 관음사
도17. 색난, 목조여래좌상, 1699년, 개인 소장(『第9會 마이아트 競賣』 재촬영)
도18. 색난, 목조가섭존자, 1700년, 미국 메트로폴리탄미술관(金理那, 「뉴욕 메
　　　트로폴리탄박물관의 조선시대 가섭존자상」 재촬영)
도19. 색난, 목조나반존자상, 1700년, 영암 축성암(전남도청 제공)
도20. 색난, 목조여래좌상, 1701년, 해남 대흥사
도21. 색난, 목조여래좌상, 1703년, 구례 화엄사
도22. 목조보살입상
도23. 색난, 목조보살입상, 1694년, 화순 쌍봉사(도난. 『불교문화재 도난백서』
　　　재촬영)
도24. 색난, 목조보살좌상, 1703년, 서울 경국사(영암 도갑사 조성)
도25. 색난 추정, 목조석가여래좌상, 1707년 추정, 고흥 능가사
도26. 색난 추정, 목조보살입상, 1707년 추정, 고흥 능가사(도난, 『불교문화재 도
　　　난백서』 재촬영)
도27. 색난, 목조보살좌상, 1709년, 고흥 송광암
도28. 색난, 목조석가불좌상, 1709년, 광주 덕림사(소실, 『光州의 佛蹟』 재촬영)
도29. 범종 시주질, 1698년, 고흥 능가사
도30. 『禪門拈頌說話』 시주질, 1707년, 고흥 능가사(동국대학교 불교학자료실
　　　buddhism.dongguk.edu 인용)
도31. 기와, 1711년, 고흥 능가사(고경 스님 제공)
도32. 범종 시주질, 1730년, 곡성 서산사(『谷城郡의 佛敎遺蹟』 재촬영)
도33. 사적비 후면 일부, 1750년, 고흥 능가사
도34. 충옥, 석조비로자나불좌상, 1684년, 순천 송광사
도35. 충옥, 목조지장보살좌상, 1690년, 곡성 도림사

도36. 득우, 목조보살좌상, 1695년, 서울 염불암(안귀숙 교수님 제공)

도37. 일기, 목조보살좌상, 1718년, 안성 칠장사

도38. 초변, 목조석가불좌상, 1706년, 영광 불갑사

도39. 하천, 목조석가불좌상, 1727년, 대구 동화사(김미경 선생님 제공)

도40. 목조여래좌상, 강진 백련사

도41. 목조삼세불좌상 본존, 해남 대흥사

도42. 목조지장보살좌상, 서울 봉원사

도43. 목조여래좌상, 1702년, 순천 선암사 불조전

도44. 목조보살좌상, 고성 옥천사 나한전(전통사찰관광종합정보 - koreatemple.net)

도45. 목조여래좌상, 밀양 표충사 대광전(전통사찰관광종합정보 - koreatemple.net)

도46. 목조여래좌상, 남원 실상사

도47. 목조보살좌상, 인천시립박물관(『인천의 문화재』 재촬영)

도48. 목조여래좌상, 해남 미황사 응진전

제2장 安城 七長寺 大雄殿 木造三尊佛坐像과 彫刻僧 摩日

도1. 마일, 목조석가삼존불좌상, 1685년, 안성 칠장사 대웅전

도2. 목조미륵보살좌상 조성발원문

도3. 목조석가여래좌상

도4. 목조석가삼존불좌상 얼굴

도5. 목조석가삼존불좌상 측면

도6. 목조석가삼존불좌상 측면

도7. 목조석가삼존불좌상 하반신

도8. 목조보살좌상

도9. 명준, 목조지장보살좌상, 1676년, 고창 선운사

도10. 경호, 목조석가여래좌상, 1700년, 곡성 도림사

도11. 색난, 목조석가여래좌상, 1685년, 고흥 능가사

도12. 단응, 목조아미타여래좌상, 1684년, 예천 용문사

제3장 17세기 후반 彫刻僧 勝浩의 활동과 佛像 硏究

도1. 승호, 석조석가삼존불좌상, 1678년, 청도 덕사

도2. 승호, 석조석가여래좌상

도3. 승호, 석조석가여래좌상 하반신

도4. 승호, 석조제화갈라보살좌상

도5. 승호, 석조지장보살좌상, 1678년, 청도 덕사 명부전

도6. 승호, 석조지장보살좌상, 1681년, 창원 성주사 지장전

도7. 승호, 석조석가삼존불좌상, 1684년, 기장 장안사

도8. 승호, 석조지장보살좌상, 1684년, 기장 장안사

도9. 승호, 석조석가불좌상, 1684년, 청송 대전사

도10. 승호, 석조보살좌상

도11. 조성발원문, 1688년, 군위 인각사(문화재청 제공)

도12. 석조아미타불좌상, 1688년 추정, 군위 인각사

도13. 도우 석조지장보살좌상, 1655년, 칠곡 송림사 배전

도14. 시왕상 조성발원문, 1684년, 기장 장안사

도15. 색난, 목조석가여래좌상, 1684년, 강진 옥련사(강진 정수사 조성)

도16. 단응, 목조아미타불좌상, 1684년, 예천 용문사

도17. 금문, 목조지장보살좌상, 1707년, 안성 칠장사

도18 .수일, 석조여래좌상, 1702년, 제주 정방사(순천 대흥사 조성, 김창화 선생
       님 제공)

도19. 수일, 목조여래좌상, 1703년, 거제 세진암(와룡산 심적암 조성,『한국의 사
       찰문화재-경상남도 I ①』재촬영)

도20. 수연, 석조지장보살좌상, 1703년, 청송 대전사

도21. 충옥, 석조여래좌상, 1684년, 순천 송광사

제4부 18세기 전·중반

제1장 安城 七長寺 木造地藏菩薩坐像과 彫刻僧 金文

도1. 금문, 목조지장보살좌상, 1706년, 지장전

도2. 목조지장보살좌상

도3. 목조지장보살좌상 얼굴

도4. 목조지장보살좌상 측면

도5. 색난, 목조석가여래좌상, 1684년, 강진 옥련사(강진 정수사 조성)

도6. 단응, 목조아미타여래좌상, 1684년, 예천 용문사 대장전

도7. 목조지장보살좌상 후면(전재훈 선생님 제공)

도8. 대좌 묵서, 1706년, 안성 칠장사

도8-1. 대좌 묵서 세부

도9. 조성발원문(시왕상 출토)

도9-1. 조성발원문 세부

도10. 혜희, 목조관음보살좌상, 1655년, 보은 법주사

도11. 승일, 석조비로자나삼존불좌상, 1668년, 김천 직지사 비로전

도12. 금문, 석조삼세불좌상 중수·도금발원문, 1703년, 부산 기장 장안사(이희정 선생님 제공)

도13. 운혜, 목조지장보살좌상, 1667년, 화순 쌍봉사

도14. 색난, 목조지장보살좌상, 1680년, 광주 덕림사(화순 영봉사 조성)

도15. 승일, 석조보살좌상, 1668년, 김천 직지사 비로전

도16. 마일, 목조석가여래좌상, 1685년, 안성 칠장사

도17. 혜희, 목조여래좌상, 1650년경 추정, 공주 갑사 보장각(대한불교조계종 중앙기록관 자료 인용)

도18. 목조관음보살좌상, 강릉 백운사(대한불교조계종 중앙기록관 자료 인용)

도19. 목조관음보살좌상, 봉화 중대사(대한불교조계종 중앙기록관 자료 인용)

도20. 목조지장보살좌상, 고령 반룡사(대한불교조계종 중앙기록관 자료 인용)

제2장 高陽 祥雲寺 木造阿彌陀三尊佛坐像과 彫刻僧 進悅

도1. 진열, 목조아미타삼존불좌상, 1713년, 고양 상운사

도2. 진열, 목조아미타여래좌상, 1713년, 높이 61㎝, 고양 상운사

도3. 진열, 목조아미타여래좌상 하반신, 1713년, 높이 61㎝, 고양 상운사

도4. 색난, 목조석가여래좌상, 1684년, 강진 옥련사

도5. 진열, 목조아미타여래좌상 뒷면, 1713년, 높이 61㎝, 고양 상운사

도6. 진열, 목조대세지보살좌상, 1713년, 높이 61㎝, 고양 상운사

도7. 관음보살 대좌 상면 조성발원문, 1713년, 고양 상운사

도8. 아미타불 대좌 하면 개금발원문, 1713년, 고양 상운사

도9. 진열, 목조관음보살좌상, 1706년, 곡성 서산사(『谷城郡의 佛教遺蹟』재촬영)

도10. 진열, 목조관음보살좌상, 1722년, 부산 범어사

도11. 가섭존자입상 발견 조성발원문, 1695년, 전주 서고사

도12. 무염, 목조아미타여래좌상, 1650년, 속천 신흥사

도13. 운혜, 목조지장보살좌상, 1667년, 화순 쌍봉사

도14. 봉현, 목각도, 1782년, 실상사 약수암 조성(금산사 성보박물관 소장 『국보』 재촬영)

도15. 초변, 목조석가여래좌상, 1706년, 영광 불갑사 소장

도16. 하반신 대의 처리

도17. 상정, 목조여래좌상, 1755년, 양주 회암사

도18. 목조불감, 18세기 후반, 호림박물관 소장

도19. 목조여래좌상, 18세기 전반, 태백 장명사 소장

도20. 목조여래좌상, 18세기 전반, 개인소장

도21. 목조지장보살좌상, 18세기 중반, 남양주시 홍국사

도22. 목조여래좌상, 18세기 중반, 서울 봉은사

제3장 18세기 중반 彫刻僧 尙淨의 활동과 佛像 硏究

도1. 상정, 목조여래좌상, 1755년, 양주 회암사(창평 용흥사 상선암 조성)

도2. 목조여래좌상(도1의 측면)

도3. 목조여래좌상(도1의 후면)

도4. 상정, 목조보살좌상, 1755년, 부천 석왕사(용화사 조성)

도5. 목조보살좌상(도4의 측면)

도6. 목조보살좌상(도4의 후면)

도7. 17~18세기 기년명 불상

도8. 17~18세기 기년명 불상의 오른쪽 어깨에 걸친 대의 처리

도9. 계심, 목조대세지보살좌상, 1778년, 온양민속박물관 소장

도10. 계초, 목조관음보살좌상, 1754년, 곡성 서산사수도암(곡성 관음사 조성)

도11. 계초, 목조석가여래좌상, 1790년, 화순 용주사

도12. 희장, 목조여래좌상, 1653년, 고흥 능가사(고흥 불대사 조성)

도13. 희장, 목조석가여래좌상, 1662년, 부산 범어사

도14. 하천, 목조석가여래좌상, 1727년, 대구 동화사

도15. 진열, 목조관음보살좌상, 1706년, 곡성 서산사(대은암 조성)

도16. 목조여래좌상, 18세기 후반, 미국 금강산갤러리 소장

도17. 목조불감, 18세기 후반, 호림박물관 소장

도18. 목조보살좌상, 18세기 중반, 산청 정취사

도19. 목조여래좌상, 18세기 후반, 순천 선암사 불조전(선암사 성보박물관 소장)

도20. 목조지장보살좌상, 18세기 후반, 남양주 홍국사

도21. 목조여래좌상, 18세기 중·후반, 고창 문수사

도22. 목조여래좌상, 18세기 중·후반, 서울 봉은사 영산전

제5부 18세기 후반

제1장 용주사 대웅보전 목조석가삼존불좌상과 조각승

도1. 용주사 대웅보전, 1790년, 경기 화성
도2. 목조관음보살좌상 전면, 1754년, 곡성 수도암 봉안
도3. 목조관음보살좌상의 발원문(『谷城郡의 佛敎遺蹟』 재촬영)
도4. 목조관음보살좌상 보관(『谷城郡의 佛敎遺蹟』 재촬영)
도5. 목조관음보살좌상의 후면(『谷城郡의 佛敎遺蹟』 재촬영)
도6. 봉현·계초·상계, 목조석가삼존불좌상, 1790년, 화성 용주사 대웅전 봉안
도7. 계초, 목조석가여래좌상
도8. 색난, 목조석가여래좌상, 1684년, 강진 옥련사 봉안
도9. 봉현, 목조아미타여래좌상
도10. 상계(또는 상식), 목조약사여래좌상
도11. 목조약사여래좌상 측면
도12. 목조석가여래좌상 측면
도13. 목조삼존불좌상의 상반신
도14. 목조삼존불좌상의 하반신
도15. 목각탱의 본존상, 1782년, 남원 실상사 약수암
도16. 목조불감, 18세기 후반, 호림박물관 소장
도17. 목조불상, 미국 금강산갤러리 소장
도18. 상정, 목조여래좌상, 1755년, 양주 회암사
도19. 목조아미타여래좌상, 1779년, 온양민속박물관 소장
도20. 목조대세지보살좌상, 1779년, 온양민속박물관 소장
도21. 목조석가여래좌상, 1706년, 영광 불갑사

제2장 湖林博物館 소장 木造佛龕에 관한 연구

도1. 목조불감, 18세기 후반, 호림박물관 소장
도2. 불감 외면
도3. 목조불상
도4. 불상하단의 대의표현
도5. 불상의 뒷면
도6. 불상대좌 하단의 梵字
도7. 木刻佛幀, 1782년, 實相寺 藥水庵所藏

도8. 본존상 정면(『國寶』2)
도9. 賢元, 木造阿彌陀三尊佛龕, 1637년, 東國大學校博物館 소장
도10. 英賢, 木造阿彌陀三尊佛龕, 1644년(文明大, 「朝鮮朝 木阿彌陀佛龕의 한
　　　考察」, 재촬영)
도11. 木造佛龕, 國立中央博物館소장(秦弘燮, 『韓國의 佛像』, 재촬영)
도12. 木造佛龕, 18世紀末 以後, 個人소장(『木工藝品百選展』, 재촬영)

제6부 朝鮮 後期 彫刻僧과 佛像樣式의 변천

제1장 朝鮮 後期 彫刻僧과 佛像樣式의 변천

도1. 현진, 목조보살좌상, 1612년, 함양 상련대(고경 스님 제공)
도2. 이중선, 목조아미타여래좌상, 1458년, 영주 흑석사(문화재청 사이트)
도3. 현진, 목조여래좌상, 1629년, 창녕 관룡사
도4. 수연, 목조아미타여래좌상, 1619년, 서천 봉서사
도5. 수연, 목조석가여래좌상, 1639년, 예산 수덕사
도6. 인균, 목조지장보살좌상, 1648년, 여수 흥국사
도7. 무염, 목조아미타삼존불좌상, 1651년, 속초 신흥사
도8. 승일, 목조여래좌상, 1646년, 구례 천은사(이분희 선생님 제공)
도9. 희장, 목조석가여래좌상, 1661년, 부산 범어사
도10. 보해, 목조여래좌상, 1680년, 고흥 송광암(고경 스님 제공)
도11. 운혜, 목조지장보살좌상, 1667년, 화순 쌍봉사
도12. 색난, 목조석가여래좌상, 1684년, 강진 옥련사(강진 정수사 제작)
도13. 단응, 목조아미타불좌상, 1684년, 예천 용문사
도14. 하천, 목조석가여래좌상, 1730년, 거창 포교원(이희정 선생님 제공)
도15. 진열, 목조보살좌상, 1706년, 곡성 서산사(『곡성군의 불교유적』 재촬영)
도16. 상정, 목조아미타여래좌상, 1755년, 양주 회암사
도17. 계초, 목조석가여래좌상, 1790년, 화성 용주사
도18. 봉현, 목조아미타여래좌상, 1790년, 화성 용주사
도19. 봉현, 목각탱 본존, 1782년, 남원 실상사 약수암(『국보』2 재촬영)
도20. 진열, 목조아미타여래좌상, 1713년, 고양 상운사

본서에 수록된 연구논문의 발표 지면과 날짜를 발표순으로 적어보면 다음과 같다.

「湖林博物館 소장 조선후기 木造佛龕」, 『미술사연구』 9, 1995, 333~342쪽.

「華城 龍珠寺 大雄寶殿 木造釋迦三尊佛坐像과 彫刻僧-戒初比丘를 중심으로」, 『東岳美術史學』 4, 2003, 73~87쪽.

「全羅南道 和順 雙峰寺 木造地藏菩薩坐像과 彫刻僧 雲惠」, 『불교미술사학』 2, 2004, 199~219쪽(『17세기 彫刻僧과 佛像 研究』 재수록).

「高陽 祥雲寺 木造阿彌陀三尊佛坐像과 조각승 進悅」, 『美術史學研究』 244, 2004.12, 171~197쪽.

「18세기 중반 彫刻僧 尙淨의 활동과 佛像 研究」, 『美術資料』 75, 2006, 33~54쪽.

「17세기 전반 彫刻僧 守衍의 활동과 佛像 研究」, 『東岳美術史學』 8, 2007, 149~171쪽(『17세기 彫刻僧과 佛像 研究』 재수록).

「彫刻僧 色難의 활동과 佛像樣式」, 『博物館紀要』 23, 2008, 81~110쪽(『17세기 彫刻僧과 佛像 研究』 재수록).

「安城 七長寺 木造地藏菩薩坐像과 彫刻僧 金文」, 『역사민속학』 29, 2009.3, 185~208쪽(『17세기 彫刻僧과 佛像 研究』 재수록).

「朝鮮 後期 彫刻僧과 佛像樣式의 변천」, 『美術史學研究』 261, 2009.3, 41~75쪽(『17세기 彫刻僧과 佛像 研究』 재수록).

「17세기 전반 彫刻僧 元悟의 활동과 佛像 研究」, 『17세기 彫刻僧과 佛像 研究』, 재)한국연구원, 2009.8, 1~26쪽

「京畿道 抱川 東和寺 木造如來坐像과 彫刻僧 思忍」, 『17세기 彫刻僧과 佛像 研究』, 재)한국연구원, 2009.8, 59~76쪽

「17세기 중반 彫刻僧 懷鑑의 활동과 佛像 研究」, 『17세기 彫刻僧과 佛像 研究』, 재)한국연구원, 2009.8, 104~119쪽

「安城 七長寺 大雄殿 木造三尊佛坐像과 彫刻僧 摩日」, 『17세기 彫刻僧과 佛像 研究』, 재)한국연구원, 2009.8, 187~198쪽

「파주 보광사 대웅보전 목조보살입상과 彫刻僧 英賾」, 『美術史學』 24, 2010, 67-92쪽.

「17세기 후반 彫刻僧 勝浩의 활동과 불상 연구」, 『禪文化研究』 8, 2010.6, 83~119쪽

경인한국학연구총서

① 高麗時代의 檀君傳承과 認識	金成煥 / 372쪽 / 20,000원	
② 대한제국기 야학운동*	김형목 / 438쪽 / 22,000원	
③ 韓國中世史學史(॥) -朝鮮前期篇-*	鄭求福 / 472쪽 /25,000원	
④ 박은식과 신채호 사상의 비교연구	배용일 / 372쪽 / 20,000원	
⑤ 重慶 大韓民國臨時政府史	황묘희 / 546쪽 / 30,000원	
⑥ 韓國 古地名 借字表記 硏究	李正龍 / 456쪽 / 25,000원	
⑦ 高麗 武人政權과 地方社會**	申安湜 / 350쪽 / 20,000원	
⑧ 韓國 古小說批評 硏究**	簡鎬允 / 468쪽 / 25,000원	
⑨ 韓國 近代史와 萬國公法	김세민 / 240쪽 / 15,000원	
⑩ 朝鮮前期 性理學 硏究	이애희 / 316쪽 / 18,000원	
⑪ 한국 중·근세 정치사회사	이상배 / 280쪽 / 17,000원	
⑫ 고려 무신정권시대 文人知識層의 현실대응*	金晧東 / 416쪽 / 20,000원	
⑬ 韓國 委巷文學作家 硏究*	차용주 / 408쪽 / 20,000원	
⑭ 茶山의 『周易』 解釋體系	金麟哲 / 304쪽 / 18,000원	
⑮ 新羅 下代 王位繼承 硏究	金昌謙 / 496쪽 / 28,000원	
⑯ 한국 고시가의 새로운 인식*	이영태 / 362쪽 / 20,000원	
⑰ 일제시대 농촌통제정책 연구**	김영희 / 596쪽 / 32,000원	
⑱ 高麗 睿宗代 政治勢力 硏究	金秉仁 / 260쪽 / 15,000원	
⑲ 高麗社會와 門閥貴族家門	朴龍雲 / 402쪽 / 23,000원	
⑳ 崔南善의 歷史學	李英華 / 300쪽 / 17,000원	
㉑ 韓國近現代史의 探究*	趙東杰 / 672쪽 / 30,000원	
㉒ 일제말기 조선인 강제연행의 역사	정혜경 / 418쪽 / 23,000원	
㉓ 韓國 中世築城史 硏究	柳在春 / 648쪽 / 33,000원	
㉔ 丁若鏞의 上帝思想	金榮一 / 296쪽 / 16,000원	
㉕ 麗末鮮初 性理學의 受容과 學脈	申千湜 / 756쪽 / 35,000원	
㉖ 19세기말 서양선교사와 한국사회*	유영렬·윤정란 / 412쪽 / 20,000원	
㉗ 植民地 시기의 歷史學과 歷史認識	박걸순 / 500쪽 / 25,000원	
㉘ 고려시대 시가의 탐색	金相喆 / 364쪽 / 18,000원	

29	朝鮮中期 經學思想研究	이영호 / 264쪽 / 15,000원
30	高麗後期 新興士族의 研究	李楠福 / 272쪽 / 14,000원
31	조선시대 재산상속과 가족**	文淑子 / 344쪽 / 17,000원
32	朝鮮時代 冠帽工藝史 研究*	張慶嬉 / 464쪽 / 23,000원
33	韓國傳統思想의 探究와 展望	최문형 / 456쪽 / 23,000원
34	동학의 정치사회운동*	장영민 / 664쪽 / 33,000원
35	高麗의 後三國 統一過程 研究	류영철 / 340쪽 / 17,000원
36	韓國 漢文學의 理解	車溶柱 / 416쪽 / 20,000원
37	일제하 식민지 지배권력과 언론의 경향	황민호 / 344쪽 / 17,000원
38	企齋記異 研究	柳正一 / 352쪽 / 17,000원
39	茶山 倫理思想 研究*	장승희 / 408쪽 / 20,000원
40	朝鮮時代 記上田畓의 所有主 研究*	朴魯昱 / 296쪽 / 15,000원
41	한국근대사의 탐구	유영렬 / 528쪽 / 26,000원
42	한국 항일독립운동사연구**	신용하 / 628쪽 / 33,000원
43	한국의 독도영유권 연구	신용하 / 640쪽 / 33,000원
44	沙溪 金長生의 禮學思想*	張世浩 / 330쪽 / 17,000원
45	高麗大藏經 研究	崔然柱 / 352쪽 / 18,000원
46	朝鮮時代 政治權力과 宦官	張熙興 / 360쪽 / 18,000원
47	조선후기 牛禁 酒禁 松禁 연구*	김대길 / 334쪽 / 17,000원
48	조선후기 불교와 寺剎契	韓相吉 / 408쪽 / 20,000원
49	식민지 조선의 사회 경제와 금융조합	최재성 / 488쪽 / 24,000원
50	민족주의의 시대 · 일제하의 한국 민족주의 · **	박찬승 / 448쪽 / 22,000원
51	한국 근현대사를 수놓은 인물들(1)**	오영섭 / 554쪽 / 27,000원
52	農巖 金昌協 研究	차용주 / 314쪽 / 16,000원
53	조선전기 지방사족과 국가*	최선혜 / 332쪽 / 17,000원
54	江華京板 『高麗大藏經』의 판각사업 연구**	최영호 / 288쪽 / 15,000원
55	羅末麗初 禪宗山門 開創 研究*	조범환 / 256쪽 / 15,000원
56	조선전기 私奴婢의 사회 경제적 성격**	安承俊 / 340쪽 / 17,000원
57	고전서사문학의 사상과 미학*	허원기 / 320쪽 / 16,000원
58	新羅中古政治史研究	金德原 / 304쪽 / 15,000원

59 근대이행기 민중운동의 사회사	박찬승 / 472쪽 / 25,000원	
60 朝鮮後期 門中書院 研究**	이해준 / 274쪽 / 14,000원	
61 崔松雪堂 文學 研究	金鍾順 / 320쪽 / 16,000원	
62 高麗後期 寺院經濟 研究*	李炳熙 / 520쪽 / 26,000원	
63 고려 무인정권기 문사 연구	황병성 / 262쪽 / 14,000원	
64 韓國古代史學史	정구복 / 376쪽 / 19,000원	
65 韓國中世史學史(I)	정구복 / 근간	
66 韓國近世史學史**	정구복 / 436쪽 / 22,000원	
67 근대 부산의 민족운동	강대민 / 444쪽 / 22,000원	
68 大加耶의 形成과 發展 研究	李炯基 / 264쪽 / 16,000원	
69 일제강점기 고적조사사업 연구*	이순자 / 584쪽 / 35,000원	
70 淸平寺와 韓國佛敎	洪性益 / 360쪽 / 25,000원	
71 高麗時期 寺院經濟 研究*	李炳熙 / 640쪽 / 45,000원	
72 한국사회사의 탐구	최재석 / 528쪽 / 32,000원	
73 조선시대 農本主義思想과 經濟改革論	吳浩成 / 364쪽 / 25,000원	
74 한국의 가족과 사회*	최재석 / 440쪽 / 31,000원	
75 朝鮮時代 檀君墓 認識	金成煥 / 272쪽 / 19,000원	
76 日帝强占期 檀君陵修築運動	金成煥 / 500쪽 / 35,000원	
77 고려전기 중앙관제의 성립	김대식 / 300쪽 / 21,000원	
78 혁명과 의열-한국독립운동의 내면-*	김영범 / 624쪽 / 42,000원	
79 조선후기 천주교사 연구의 기초	조 광 / 364쪽 / 25,000원	
80 한국 근현대 천주교사 연구	조 광 / 408쪽 / 28,000원	
81 韓國 古小說 研究*	오오타니 모리시게 / 504쪽 / 35,000원	
82 高麗時代 田莊의 構造와 經營	신은제 / 256쪽 / 18,000원	
83 일제강점기 조선어 교육과 조선어 말살정책 연구*	김성준 / 442쪽 / 30,000원	
84 조선후기 사상계의 전환기적 특성	조 광 / 584쪽 / 40,000원	
85 조선후기 사회의 이해	조 광 / 456쪽 / 32,000원	
86 한국사학사의 인식과 과제	조 광 / 420쪽 / 30,000원	
87 高麗 建國期 社會動向 研究*	이재범 / 312쪽 / 22,000원	
88 조선시대 향리와 지방사회*	권기중 / 302쪽 / 21,000원	

89 근대 재조선 일본인의 한국사 왜곡과 식민통치론*   최혜주 / 404쪽 / 29,000원

90 식민지 근대관광과 일본시찰   조성운 / 496쪽 / 34,000원

91 개화기의 윤치호 연구   유영렬 / 366쪽 / 25,000원

92 고려 양반과 兩班田 연구   윤한택 / 288쪽 / 20,000원

93 高句麗의 遼西進出 硏究   尹秉模 / 262쪽 / 18,000원

94 高麗時代 松商往來 硏究   李鎭漢 / 358쪽 / 25,000원

95 조선전기 수직여진인 연구   한성주 / 368쪽 / 25,000원

96 蒙古侵入에 대한 崔氏政權의 外交的 對應   姜在光 / 564쪽 / 40,000원

97 高句麗歷史諸問題   朴眞奭 / 628쪽 / 44,000원

98 삼국사기의 종합적 연구   신형식 / 742쪽 / 51,000원

99 조선후기 彫刻僧과 佛像 硏究   崔宣一 / 450쪽 / 30,000원

*대한민국학술원 우수학술 도서   **문화체육관광부 우수학술 도서

최선일 崔宣一

홍익대학교 대학원 미술사학과 졸업(文學博士)
문화재청 인천국제공항 문화재감정관실 감정위원
경기도 문화재위원, 서울특별시 문화재전문위원
명지대학교와 충북대학교 등 출강

주요 논문은 박사학위 논문「朝鮮後期 彫刻僧의 활동과 佛像 硏究」외에「朝鮮後期 彫刻僧 色難과 그 系譜」,「고양 상운사 〈목조아미타삼존불좌상〉과 조각승 進悅」,「17세기 조각승 守衍의 활동과 불상 연구」등이 있다. 저서는『朝鮮後期僧匠人名辭典-佛敎彫塑』(2007, 양사재)와『朝鮮後期佛敎匠人人名辭典-工藝와 典籍』(공저, 2009, 양사재) 등이 있다.

조선후기 彫刻僧과 佛像 硏究   값 30,000원

2011년 10월 11일 초판 인쇄
2011년 10월 18일 초판 발행

저　　자 : 최 선 일
발 행 인 : 한 정 희
발 행 처 : 경인문화사
편　　집 : 문 영 주
서울특별시 마포구 마포동 324 · 3
전화 : 718 · 4831〜2, 팩스 : 703 · 9711
이메일 : kyunginp@chol.com
홈페이지 : 한국학서적.kr / www.kyunginp.co.kr
등록번호 : 제10 · 18호(1973. 11. 8)

ISBN : 978-89-499-0817-5　　93910
ⓒ 2011, Kyung-in Publishing Co, Printed in Korea